2010년 3월 1일까지 개정된 **人名用漢字** 5,376字

'이름효과' 작명법

신상춘 지음

장서원
도서출판

머리말

‘당신의 이름이 당신의 행동을 결정한다.’ 미국 일간지 USA투데이는 ‘이름 효과(Name-Letter Effect)'에 관한 최신 연구결과를 보도했다. 이름이 C나 D로 시작되는 미국 학생은 A나 B로 시작되는 학생보다 낮은 학점을 받을 확률이 높다. 이름이 K로 시작되거나 끝나는 메이저리그 야구 선수는 삼진 아웃(Strikeout. 약자 K로 표시)을 당할 확률이 월등히 높다. 이름효과란 인간은 무의식적으로 자기 이름과 유사한 문자를 가진 직업과 행동을 선택할 가능성이 높다는 것이다. 조지프 시몬스 예일대 심리학과 교수와 레프 넬슨 캘리포니아 주립대 샌디에고 캠퍼스(UCSD) 심리학과 조교수는 지난 5년간 메이저리그 선수 6,398명, 경영대학원(MBA) 과정을 밟고 있는 1만 5,000명 등 총 5개 집단에 대한 연구를 통해 이 같은 결론을 도출했다는 것이다.

인사유명(人死遺名)이요, 호사유피(虎死留皮)란 말은, 그만큼 인간사에서 사람의 이름은 중요하다는 것이다. 동식물에게 사람이 관심과 사랑의 감정만을 베풀어도 성장이나 결실에 차이가 있다는데, 사람의 한자이름은 음과 훈이 있어서, 글자가 의미하는 뜻을 매일 듣고 부르면 그 영향력과 암시하는 힘이 얼마나 클지 짐작할 수 있다. 즉 우리는 ‘이름효과’를 경험하며 살게 된다. 인간은 나쁜 소리를 듣거나 글을 읽게 되면 화가 나고 우울해지지만, 아름다운 음악이나 칭찬을 듣는다든지 좋은 글을 읽게 되면 기분이 상승하고 희망찬 삶을 살게 된다. 좋은 이름도 타인에게 불러질수록 자신의 기가 향상되고 발전 운이 북돋아져서 성공을 돕는다.

이름은 개인에게 평생 동안 심리적으로 영향을 미친다. 어떤 사람들은 큰 어려움을 경험하게 되는데, 그 사람들의 이름을 분석하면 다수가 소위 성명학에서 말하는 나쁜 이름에 해당된다는 것을 발견하게 된다. 따라서 좋은 이름을 지어서 건강하고, 성공하는 삶을 이끄는데 도움이 된다면 각자에게 어울리는 좋은 이름을 지어 부르는 것이 당연하며 바람직한 일이다.

대법원은 1990년 12월 이후 호적법 시행규칙을 9차례 개정하여, 2010년 3월 1일 대법원지정 인명용 한자를 2,731字에서 5,376字로 대폭 확대하여 시행함으로써 이전 보다 더 다양한 이름을 각 개인의 개성과 능력에 맞게 지을 수 있게 되었다.

이 책은 대법원지정 인명용 한자 5,376字(2010년 3월 1일 개정된 일부 한자는 제외)를 이름에 많은 영향을 미치는 순서를 고려하여 한자의 음과 훈을 표시하였다. 같은 글자라도 한자획수 순으로 배열하고, 한자획수는 원획법에 따라 한자 부수(部首) 본래의 획수를 기준으로 계산하였다. 그러므로 일반 한자사전에서 표시하는 한자획수와는 다르다.

현대작명의 주류는 작명에서 필획법보다 원획법을 대부분이 사용하고 있으므로 한자 부수(部首)는 본자(本字)를 기준으로 사용한다. 예로 氵(水)은 삼수변이라 필획으로는 3획이지만 본자가 水(물수)이므로 작명에서는 4획으로 본다. 여기 성명학에서 다루는 한자의 획수는 '강희자전'의 획수 계산법에 준하여 사용한다. 또한 대법원지정 인명용 한자 모두를 한자획수별로 오행으로 분류하여 보기에 편리하도록 하였다. 측자파자 란에는 동자와 약자, 한자의 비밀에 속하는 측자파자 풀이, 속자, 예명이나 호에 좋은 글자를 표시하여 한 눈에 파악할 수 있도록 하였다.

좋은 이름을 짓는 데는 다음과 같은 원칙이 필요하다. 건강하고 성공하는 이름이 되려면 부르기 좋고, 듣기 좋고, 뜻이 좋아야 하며, 그 사람에게 잘 어울리는 이름이어야 한다. 그리고 일단 지어준 이름은 의미를 부여하는 이미지화 작업을 잘 해 주어야 한다. 이러한 원칙에 따라 각 개인의 능력과 개성에 알맞게 작명하여 '이름효과'를 보아서 행복한 사람이 많아졌으면 하는 마음으로 이 책을 만들었다.

2005년 11월 범죄 은폐 의도 등이 없다면 원칙적으로 개명을 허가해 줘야 한다는 대법원 결정이 나온 이후 전국에서 개명 허가신청이 크게 늘어 2006년 한 해 동안 10만 9천 567건의 개명신청이 접수되었다. 또 두음법칙의 예외를 인정해 柳·羅·李 등의 한자 성씨를 `류·라·리' 등으로 쓸 수 있게 된 후 2년간 5만 5천여 명이 한글표기를 변경하였다.

우리는 다른 사람에게 조금이라도 더 나은 이미지를 주려고 성형수술을 하고 자신에게 어울리는 패션스타일을 추구하는 것처럼, 이름도 한 사람이 갖는 평생 간판이요 인격이다. 따라서 법원도 이제는 이름이 개인에게 인격권이요 행복추구권이라 인정하여 개명을 허용하는 것이다.

끝으로, 이 책을 읽는 독자들에게 자녀의 이름을 직접 지어

볼 것을 권유하고 싶다. 여러분의 자녀 이름을 창의적인 작품을 만든다는 생각으로 자녀의 이름 작명에 정성을 들여 보라. 자녀에게 기울이는 관심과 사랑이 증폭되어 '이름효과'가 나타나서 건강하고 성공하는 이름이 될 것이다.

2010년 10월

신 상 춘

<제목 차례>

I 부. 이름에 대한 연구 경향

Ⅱ부. 좋은 이름을 지으려면

Ⅰ부. 이름에 대한 연구 경향

1. 이름에 대한 연구 : 미국

1. "이름대로 행동한다"... '이름 효과' 발표

이름이 C나 D로 시작되는 미국 학생은 A나 B로 시작되는 학생보다 낮은 학점을 받을 확률이 높다. 이름이 K로 시작되거나 끝나는 메이저리그 야구 선수는 삼진 아웃(Strikeout. 약자 K로 표시)을 당할 확률이 월등히 높다. '당신의 이름이 당신의 행동을 결정한다.'

미국 일간 유에스에이(USA)투데이는 14일 이른바 '이름 효과(Name-Letter Effect)'를 뒷받침하는 최신 연구결과가 발표됐다고 보도했다. 이름효과란 인간은 무의식적으로 자기 이름과 유사한 문자를 가진 직업과 행동을 선택할 가능성이 높다는 것이다. 조지프 시몬스 예일대 심리학과 교수와 레프 넬슨 캘리포니아 주립대 샌디에고 캠퍼스(UCSD) 심리학과 조교수는 지난 5년간 메이저리그 선수 6,398명, 경영대학원(MBA) 과정을 밟고 있는 1만 5,000명 등 총 5개 집단에 대한 연구를 통해 이같은 결론을 도출했다.

2002년부터 학계에 알려진 이름 효과에 따르면, 톰(Tom)이란 이름을 가진 사람은 이름과 비슷한 '도요다(Toyota)'차를 구매하고 토론토(Toronto)에 살 가능성이 높고, 데니스(Dennis)와 데

나(Denna)라는 이름을 가진 사람은 치과의사(Dentist)가 될 확률이 높다.

이름 효과를 처음 발표했던 브렛 펠햄 뉴욕주립대 심리학과 교수는 "이 효과가 무의식적인 것이라면 우리는 중요한 결정을 내릴 때 자유의지와는 상관없이 행동한다는 것을 의미 한다"고 주장한다. 이번 연구를 맡았던 넬슨 교수는 "이름 효과는 주로 부정적으로 작용한다." 면서 "부정적 단어와 연결되는 이니셜은 부정적인 효과를 내기 쉽다"고 밝혔다. 하지만 시몬스 교수는 이름 효과가 절대적인 것은 아니라고 덧붙였다. 한편 이 같은 연구 결과는 심리학 전문지 '심리 과학(Psychological Science)' 12월호에 게재된다.

<2007. 11. 18. 국민일보 쿠키뉴스 임성수 기자>

2. 별난 이름 남성, 범죄율 높다.

청소년 때부터 차별대우 받아 튀는 행동.

美연구진 상관관계 조사 : 2009년 1. 30 Am7 양성욱 기자

'마이클'이나 '데이비드'처럼 흔한 이름을 가진 미국 소년들은 자라서 범죄자가 될 확률이 '어니스트'나 '이반' 등 흔치 않은 이름의 소유자에 비해 낮다는 연구가 나왔다고 라이브사이언스 닷컴이 보도했다. 미국 펜실베이니아주 쉬펀버그대학 연구진은 남성 소년범들의 이름을 일반 소년들의 이름과 비교하는 새로운 연구 끝에 이런 사실을 발견했다.

연구진은 자신들이 개발한 '이름 인기도 지수(PNI)'를 각각의 이름에 적용했는데 예를 들어 미국에서 가장 인기 있는 남아 이

름인 마이클의 PNI는 100, 마이클에 비해 빈도가 절반인 데이비드는 PNI가 50, 알렉, 어니스트, 이반, 카림, 맬컴과 같은 이름의 PNI는 1이라는 식이다. 이처럼 PNI를 비교한 결과 인종에 상관없이 인기 없는 이름을 가진 청소년들은 범죄에 연루될 가능성이 더 큰 것으로 나타났다고 연구진은 계간 사회과학 저널 최신호에 발표했다. 이들은 이름 자체가 범죄의 원인일 가능성은 없지만 이름은 "불우한 가정환경, 사회경제적 지위가 낮은 지역내 주거, 편부모 가정 등 범죄율 증가와 관련 있는 요인과 연결돼 있다"고 주장했다.

이 연구에 대해 사회과학 저널 발행인은 "유별난 이름을 가진 청소년들은 또래들로부터 차별대우를 받아 관계 형성에 어려움을 겪기 때문에 범죄 쪽으로 기울 가능성이 있다."는 논평을 냈다. 인기 없는 이름을 가진 청소년들은 의식적, 무의식적으로 자기 이름을 싫어해 튀는 행동을 할 가능성이 있다는 것이다. 연구진은 이 연구 결과가 범죄를 저지르거나 재범 우려가 높은 청소년들을 가려내 보다 효율적이고 표적이 분명한 예방 계획을 세우는데 도움이 될 것이라고 말했다.

2009. 1.30 am 양성욱 기자

3. 아기 이름 잘 지으면 10년 더 산다?

아기 이름을 짓는 일은 예나 지금이나 힘든 일중 하나이다. 국내에선 '작명 전문가'가 있을 정도이다. 그러나 실제로 이름에 따라 수명을 10년씩 늘릴 수 있고 성공적인 인생으로 이끌 수도 있다면?

미국 미시간주 웨인 주립대학의 심리학 연구팀은 최근 아이 이름의 첫 글자가 수명과 인생진로에 중요한 영향을 끼친다는 연구결과를 발표했다. 연구팀은 1875년에서 1930년 사이에 태어났던 프로 운동선수, 의사, 변호사 1만 명의 이름과 수명사이의 관계를 고찰했다. 이들은 성적 평가의 상징이기도 한 A, B, C, D를 이름 첫 글자로 쓴 사람들에 주목했다. 알파벳 순서대로 성적이 매겨지듯 이름 첫 글자에 따라 인간 심리도 무의식적으로 우월감과 열등감을 느끼게 된다고 봤기 때문이다. 데이터 분석 결과 연구팀의 가설은 들어맞았다. D로 시작되는 이름을 가진 사람은 평균 수명이 다른 이들보다 짧았다.

특히 프로 운동선수의 경우 D로 시작되는 이름을 가진 이들은 평균 수명이 69.2세로 A(73.4세)나 E~Z(71.3세)로 시작하는 이름과 4년 이상 수명 차이가 났다. 특히 농구선수의 경우 D로 시작되는 이름을 가진 이들이 A를 쓴 이들보다 9.5년이나 수명이 짧았다. 연구팀은 이름이 학교 성적과도 연관돼 있으며, A로 시작되는 이름을 가진 아이가 D로 시작되는 이름을 가진 아이보다 성적이 더 높을 가능성이 있다고 밝혔다. 연구팀은 또 D로 시작되는 이름을 가진 사람은 평생 낮은 자신감을 가지게 되며 병약한 상태로 지내게 된다고 덧붙였다. 맨체스터 메트로폴리탄 대학의 심리학 교수인 데이비드 홈즈 박사도 이 같은 의견을 지지했다. 그는 "일반적으로 알파벳 순서대로 (계급이나 성적을) 분류하는 인간의 습관이 이 같은 결과를 낳을 수 있다"며 "이름 자체가 수명과 건강, 진로 등에 영향을 미칠 수 있다"고 말했다.

한편 최근 일각에선 이름과 인생이 깊은 연관을 맺고 있다는 연구결과가 잇따르고 있다. 로렌스(Lawrence)란 이름을 가진 이는 변호사(Lawyer · 로이어)가 될 확률이 높고, 데니스(Dennises) 란 이름을 가진 이는 치과의사(dentist · 덴티스트)가 될 가능성이 커진다는 식이다.

[성공투자 파트너]- 아시아경제 증권방송 박충훈 기자, 2010. 01. 05]

4. 佛부모들, 아이 이름으로 복고풍 선호

프랑스 신생아들 이름에 복고풍이 불고 있다고 프랑스 일간지 르 파리지앵이 16일 보도했다.

신문은 최근 출간된 '2011년 이름 사전'을 인용해 뤼카(Lucas, 남), 나탕(Nathan, 남), 엠마(Emmma, 여), 자드(jade, 여) 등과 같은 이름들이 최근 들어 새롭게 등장했다면서 이같이 전했다. 신문에 따르면 20세기에 태어난 아이에게 가장 많이 붙여졌던 이름인 장(Jean, 남)과 마리(Marie, 여)가 21세기 들어서도 여전히 가장 많이 불리고 있다. 마리는 130만 명의 여성이 쓰는 이름이고 그 뒤는 나탈리, 이자벨 등이 자리 잡았으며, 남자 가운데서는 장이라는 이름을 120만 명이 썼고 그 뒤를 미셸, 피에르 등이 이었다.

그러나 최근 부모들 사이에서는 흔하지 않으면서도 의미가 있는 뤼카, 나탕, 가브리엘(Gabriel), 노아(Noah), 아담(Adam, 이상 남), 엠마, 사라(Sarah), 에바(Eva) 등의 이름이 새롭게 각광을 받고 있다. 뤼크(Luke)의 옛날식 이름인 뤼카는 최근 새로 태어난 남자아이들 이름에서 3년 연속 1위를 차지했고, 여자아이 중에서는 18세기 유행했던 엠마가 5년 연속 수위를 이어갔다. 이런 이름들은 옛 프랑스적인 가치가 있거나 성서에서 많이 나오는 것이 특징이라고 신문은 설명했다. 이밖에 무슬림들도 모아메드(Mohamed), 아민(Amine), 야스민(Yasmine) 등과 같은 복고풍 이름을 선호하는 것으로 나타났다. 책의 저자인 스테파니 라포포르는 "이국적인 이름을 붙이던 시대는 지나갔다"면서 "요즘 부모들은 전형적인 프랑스식 가치를 표현하는 옛날 이름을 다시 선호하고 있다"고 말했다.

2010.09.17 (파리=연합뉴스) 김홍태 특파원 hongtae@yna.co.kr

2. 이름에 대한 연구 : 한국

1. 요즘 흔한 신생아 이름은 민준(男), 서영(女)

1945→ 1975→ 2006 시대별 '가장 많은 이름' 살펴보니
1945년 평균수명 짧아 장수 기원 '길 영(永)' 많이 써
1975년 개발시대 '공 훈(勳)-이룰 성(成)' 염원 담아
2006년 '남자처럼 활달하게' 중성적 여자이름 늘어

'영수(1945년)→정훈(1975년)→민준(2006년)<그림1-1>'가 1945년 광복 이후 한 세대(30년)를 지날 때마다 가장 많이 지어진 남성 이름이다. 가장 많은 여성 이름은 같은 시점에 '영자(1945년)→미영(1975년)→서연(2006년)<그림1-2>' 으로 바뀌어 왔다. 사람의 이미지를 형성하는 중요한 요소 중 하나인 이름은 특정 세대에서 선호했던 것이 다음 세대에서는 거의 찾아보기 어려울 정도로 급격히 변화하는 양상을 보여 왔다.

2007년 3월 20일 대법원에 따르면 '해방둥이' 남성 이름에는 영수, 영호, 영식 등 '길 영(永)' 자가 압도적으로 많았다. 상위 5개 이름 중 4개에 '영' 자가 들어 있다. 이는 일제강점기 말기에 전쟁과 질병 등으로 남성의 평균 수명이 40세가 채 되지 않던 시대 상황 때문이다. 성명학자들은 "아들이 장수하길 바라는 부모의 마음이 반영된 것" 이라고 풀이했다.

고속성장시대인 1975년에는 정훈, 성호, 성훈, 성진 등 남성 이름에 '공 훈(勳)' 자나 '이룰 성(成)' 자가 단연 많았다. 재력이나 권력에 대한 부모의 염원이 담겨 있다는 것이다.

그러나 남성은 돌림자를 쓰는 까닭에 특정 한자를 쓰더라도 이름이 똑같은 경우는 많지 않았다. 1945년 1위였던 영수라는 이름이 853명이었고, 1975년에 가장 많았던 정훈은 2,286명, 지난해 1위였던 민준은 2,304명이었다.

광복이 되던 해에 태어난 여성의 이름은 영자, 정자, 순자 등 대부분 '자(子)' 로 끝났다. 당시 상위 10개 이름 중 '자' 로 끝나지 않은 이름은 9위를 차지한 정순이 유일했다. 이는 일본식 이름(~코·자)의 잔재 때문이다. 영자(9,298명), 정자(8,995명), 순자(8,314명) 등 같은 이름의 여성이 1만 명에 이를 정도로 많았다.

그러나 한 시대가 지난 1975년 여성 이름 상위 10개 중 '자' 로 끝나는 이름은 하나도 없었다. 미영, 은정, 은주 등 '미(美)' 자나 '은(銀)' 자 등 아름다움과 여성스러움을 나타내는 이름이 이를 대체했다. 하지만 이때도 미영(9,129명), 은정(9,012명), 은주((8,732명) 등 같은 이름을 가진 여성이 많은 현상은 여전했다.

다시 30년이 지난 지난해에는 남성이나 여성 이름은 어떤 경향을 찾기 어려울 정도로 다양해졌다. 세련된 이름을 선호한다는 공통점이 있지만 이름을 구성하는 한자도 같은 글자를 찾기 힘들다.

근래에 가장 많이 지어진 여성 이름인 서연은 2005년 3,006명 2006년에는 2,892명에 그쳤다. 이전 세대에 비해 같은 이름을 가진 여성이 훨씬 줄어든 것이다. 여성 이름 상위권에 민서(2위), 지원(7위), 지민(9위) 등 중성적인 느낌을 주는 이름이 많은 것도 최근 시대상을 반영한다.

동국대 평생교육원 김동완(성명학 박사) 교수는 "한 자녀 가정이 늘면서 딸 하나를 둔 부모들이 딸이 성장해서 남성처럼 활발하게 사회생활을 하길 바라는 마음에서 중성적인 이름을 선호하는 것 같다" 고 말했다.

1980년대에는 한동안 순 한글 이름이 유행했으나 이들이 성인이 되면서 어른 이름으론 잘 맞지 않는다는 인식 때문인지 퇴조 현상이 뚜렷해지고 있다.

<2007.3.21. 중앙일보 조용우 기자>

<표1-1> 시대별 가장 많은 남자 이름 단위: 명

순위	1945년 출생자	1975년 출생자	2006년 출생자
1위	영수(845명)	정훈(2,286명)	민준(2,304명)
2위	영호(710명)	성호(1,789명)	민재(1,733명)
3위	영식(622명)	성훈(1,746명)	지훈(1,581명)
4위	정웅(577명)	성진(1,659명)	현우(1,581명)
5위	영길(570명)	정호(1,641명)	준서(1,485명)

<표1-2> 시대별 가장 많은 여자 이름 단위: 명

순위	1945년 출생자	1975년 출생자	2006년 출생자
1위	영자(9,298명)	미영(9,129명)	서연(2,892명)
2위	정자(8,995명)	은정(9,012명)	민서(2,718명)
3위	순자(8,314명)	은주(8,732명)	수빈(2,367명)
4위	춘자(5,615명)	은영(8,159명)	서현(2,178명)
5위	경자(4,340명)	현주(7,351명)	민지(2,163명)

2. 선호하는 이름도 시대에 따라 바뀐다.

【서울=뉴시스】 김종민 기자 입력 2010.01.18

<사법부 60년사>가장 긴 이름은 17자 '박…'

◇1948년 인기 이름은 '영수' · '순자'

18일 법원행정처 사법발전재단 사법사편찬위원회(위원장 이진성 법원행정처 차장)가 발간한 '역사 속의 사법부'에 따르면 출생신고 때 이름을 기준으로 1948년 가장 인기 있는 이름은 남자의 경우 '영수', 여자는 '순자'였다. 그해 남자 2위는 영호, 여자 2위는 영자가 차지했다. 1958년에는 '영수'와 '영숙', 1968년에는 '성호'와 '미경', 1978년에는 '정훈'과 '지영', 1988년에는 '지훈'과 '지혜', '1998년에는 '동현'과 '유진', 2008년에는 '민준'과 '서연'이 각각 가장 인기 있는 남여 이름이었다.

전반적으로 1970년대까지만 해도 여자 이름 끝자에 흔하게 쓰이던 '자', '숙', '희'는 1978년생의 인기 이름에는 나타나지 않는다. 남자도 1978년생 인기 이름에서는 이름 끝 글자에 '철'자가 보이지 않는다. 2000년대에는 '지원', '현서'와 같이 남녀의 성별을 구분하기 어려운 이름도 많이 나타났다. 인기 있는 이름을 사용하는 비중도 남자보다 여자가 더 크다.

◇대한민국 국적자 중 가장 긴 이름은 '박…'

대한민국 국적자 중 가장 긴 이름을 가진 이는 '박 하늘별님구름햇님보다사랑스러우리'다. 총 17자. 이중국적자 중에는 '프라이인드로스테쭈젠댄마리소피아수인레나테엘리자벳피아루이제(30자)'가 가장 긴 이름으로 등록됐다.

자녀가 태어난 날부터 한 달 이내에 출생신고를 하지 않으면 과태료를 물어야 한다. 이때 이름을 짓지 못했다면 출생신고서의 이름을 적는 란에 '명미정(名未定)'이라고 적으면 된다. 이름은 나중에 신고하면 되고, 법원은 그때까지 가족관계등록부에 이름 란을 비워둔다.

◇1995년 이후 개명신청 급증

한편 '이름을 바꿔 달라'는 개명허가 신청은 2005년 11월 대법원이 그 요건을 완화하면서 급증, 이듬해 10만 건을 돌파했다.

개명에 대한 사회적 인식이 바뀐 계기는 1995년 대법원이 1년간 한시적으로 '국민학교 아동에 대한 개명허가신청사건 처리지침'을 시행하면서 부터다. 당시 7만3186명이 개명허가를 신청해 96%가 이름을 바꿨다. 그리고 2005년 11월 대법원이 개명허가 요건을 완화하면서 개명신청사건은 급증, 이듬해 신청건수가 10만9567건에 달했고 2007년엔 허가건수도 10만건을 넘어섰다. 허가사례를 살펴보면 출생신고서에 이름을 잘못 기재한 경우에서부터 부르기 힘들거나 잘못 부르기 쉬운 경우, 발음이 나쁘거나 저속한 것이 연상되는 경우, 놀림감이 되는 경우, 한때 유행했던 한글이름을 한자이름으로 바꾸려는 경우 등 이유도 다양하다.

◇2008년 개명 인기 이름은 '지원'

김치국, 변분돌, 김하녀, 임신, 송아지, 이아들나, 경운기, 방기생, 홍한심, 맹천재, 서동개, 소총각 등 이름을 지어준 이의 뜻과는 달리 놀림감이 되기에 충분했던 이름이나, 박시알, 이미매 등 부르기 어려운 이름들도 개명 허가를 받았다.

실제로 통용되는 이름과 일치시키기 위해 개명을 선택한 경우도 있다. 영화배우이자 전 국회의원인 강신성일 씨는 법원의 개명허가 절차를 거쳐 성은 그대로 둔 채 '신일'이라는 본명을 예명으로 사용했던 '신성일'로 바꿨다. 최근에는 영화배우 김민선 씨가 김규리로 개명, 관심을 끌기도 했다.

사법통계에 따르면 2008년 말 현재 개명 신청자는 14만 6,840명으로, 1999년 3만 656건과 비교할 때 5배 가까이 늘었다. 허가율도 같은 기간 81.6%에서 87.9%로 6.3% 포인트 높아졌다. 2008년 개명 때 가장 인기 있는 이름은 '지원'이었다.

3. 문화 류(柳)씨 '가문의 승리'

호적부 성명란에 '柳(유)'씨 성(姓)의 한글 표기는 '류'씨로 써도 된다는 법원의 판단이 나왔다.

대전지법 민사1부(재판장 손차준 부장판사)는 12일 유(柳)모(81)씨가 호적부 성의 한글 표기를 '유'씨에서 '류'씨로 고쳐달라며 제기한 호적정정신청을 기각한 원심을 깨고 이를 허가하는 결정을 내렸다.

재판부는 결정문에서 "국가가 개인의 구체적 상황이나 의사를 전혀 고려하지 않고 일방적으로 성의 한글 표기에 두음법칙 적용을 강요하는 것은 헌법상 인격권을 침해하는 것"이라고 밝혔다.

재판부는 또 "성은 개인의 동일성을 식별하고 혈통을 상징하는 기호인데 성의 '柳'씨를 '유'로 표기되는 '劉· 兪씨'와 구별되지 않고 성에 대해 두음법칙 적용을 강제할 만한 정당한 목적이나 이익을 찾을 수 없다"고 덧붙였다. 재판부는 "성에 대한 두음법칙 강제는 개인의 기본권을 침해하거나 제한하는 규정인데도 법률 형식을 취하지 않고 행정규칙인 대법원 예규(제520호 제2항)로 정한 것은 헌법에 위배돼 무효"라고 밝혔다.

이에 따라 유(劉 · 兪)씨 등과는 달리 한글 이름 성을 '류'씨로 불러온 문화 유(柳)씨 후손과 일부 '리(李)'씨 '라(羅)'씨 문중 등의 호적정정신청도 잇따를 전망이다.

유씨는 '문화유(柳)'씨로 그 성의 올바른 한글 표기가 '류' 인데도 호적에는 '유'로 기재돼 있어 인권을 침해하고 있다며 법원에 호적정정신청을 냈으나 3월 1심에서 기각됐다.

이에 앞서 대법원은 1994년 호적법시행규칙 개정으로 한자 대신 한글과 한자를 쓰게 되자 한자로 된 성(姓)을 한글로 적을 때는 한글맞춤법에 따라 표기해야 한다는 내용의 대법원호적예규를 제정했다. 이에 따라 '柳· 李나· 羅'를 호적부에 한글로 표기할 때는 두음법칙에 따라 '유· 이'로 표기하도록 했었다.

<2006.6.13. 중앙일보 김방현 기자>

'유씨 ->류(柳)씨' 1년 만에 4만여 명 바뀌

라(羅)씨 402명, 리(李)씨 126명도 姓 변경

가족관계등록부(옛 호적)에 한자로 된 성(姓)을 한글로 발음대로 적을 수 있게 된지 1년 만에 4만야 명의 '유씨'가 '류씨'로 성을 바꿨다. 24일 대법원에 따르면 지난해 8월 두음법칙 예외를 인정토록 개정한 예규 시행 1년여 만인 올 7월 말까지 접수된 정정허가 신청은 柳(류)씨 9695건, 羅(라)씨 86건, 李(리)씨 26건 등 모두 9814건이다. 법원은 9,496건을 허가하고 143건을 불허하였으며(허가율 98%) 175건은 처리중이다.

성씨가 바뀌면 자녀의 성씨 표기도 자동으로 바뀌기 때문에 류씨로 고쳐진 사람은 모두 4만 1,622명, 라씨로 고쳐진 사람은 402명, 리씨로 바뀐 경우는 126명에 이른다. 성씨가 고쳐지면서 평균적으로 자손 3, 4명의 성씨도 함께 바뀐 셈이다.

성씨가 '류' 로 변경된 사람들은 지역별로 경북이 15%로 가장 많고, 전남 12.6%. 서울 11.1% 순이다.

<2008.8.25. 동아일보 전지성 기자>

유씨→류씨…5만5천명 姓 한글표기 바꿨다

연합뉴스 입력 2009.9.6일 |(서울=연합뉴스) 백나리 기자

두음법칙의 예외를 인정해 `柳·羅·李' 등의 한자 성씨를 `류·라·리' 등으로 쓸 수 있게 된 후 2년간 5만 5천여 명이 한글표기를 변경한 것으로 나타났다. 6일 대법원에 따르면 2007년 8월부터 소리 나는 대로 한자 성씨를 쓸 수 있도록 예규가 개정된 뒤 2년 동안 5만5천175명이 변경 신청을 해 받아들여졌다. 이 중 98.5%에 해당하는 5만4천346명이 유(柳) 씨를 류 씨로 고쳤으며 나(羅) 씨를 라 씨로 바꾼 이들이 575명(1%)으로 뒤를 이었다. 이(李) 씨를 리 씨로 바꾼 경우는 211건이었고 여(呂) 씨를

려 씨로, 임(林) 씨를 림 씨로 정정한 이들도 각각 19명과 17명이 있다. 드물지만 노(盧) 씨를 로 씨로, 양(梁) 씨를 량 씨로 변경한 경우도 3건씩 있었으나 육(陸) 씨를 륙 씨로 바꾼 이는 없었다.

성(姓) 표기 정정이 가능해진 첫 달에는 `유→류' 변경 신청만 1만 8천여 건이 들어왔으며 지난해 7월부터는 1천 건대 안팎의 신청이 꾸준히 접수되고 있다. 대법원은 2007년 호적에 한자 성씨를 한글로 기재할 때 한글맞춤법의 두음법칙에 맞추도록 했던 예규를 고쳐 8월부터 시행했으며 2008년부터는 호적이 폐지됨에 따라 정정 허가를 받으면 가족관계등록부상의 표기를 변경했다. 예규 상 1994년 이전에는 호적에 성씨를 한자로만 썼다가 이후에는 한글로 같이 적도록 했으며 1996년부터는 모든 성씨에 두음법칙을 적용해 기재해왔다.

대법원에 따르면 국민의 약 23%인 1천 100만 명이 두음법칙이 적용될 수 있는 성씨를 가지고 있으며 본적지를 관할하는 가정법원에 신청해 성씨 표기를 바꾸고 나면 다시 변경할 수 없다.

nari@yna.co.kr (끝)

4. 배꼽 빼는 가게 이름, 한번 보면 못 잊어

'돈내고돈(豚)먹기' '탄다디비라' '진짜루'…. 114 전화번호 안내 회사인 코이드가 2007년 6월 20일부터 이달 4일까지 각 지역 본부 114 상담원 2,520명에게 조사한 '전화번호 안내를 하며 접한 특이하고 웃긴 가게 이름'들이다.

설문조사에 따르면 "돈내고돈먹기(돼지고기구이), 진짜루(중국집), 마님을보쌈해(보쌈집), 그놈이라면(분식집), 김밥찐빵놀랄만두하군(분식집)" 등이 가장 웃기는 상호(商號)로 뽑혔다.

경상도 사투리를 이용한 고깃집 '탄다디비라(탄다, 뒤집어라)' 를 비롯해 만화 '광수생각' 을 패러디한 '광어생각' (횟집), '선영아 사랑해' 를 패러디한 '선영아노래해' (노래방), 사투리를 이용한 '버르장머리' (미용실) 등도 웃기는 상호로 뽑혔다.

코이드 측은 "전국적으로 '닭과 오리가 한약을 만났을 때' '닭과 오리의 만남' 등 '만남 시리즈'와 '난칼국수넌수제비' '난자장넌돈가스' '난피자넌치킨' 등 '나와너시리즈'가 웃기는 상호리스트에 가장 많이 올라왔다"고 밝혔다.

<2007.7.6. 동아일보 김선우 기자>

5. 이름으로 태교한다.

누구보다도 더 똑똑하고 뛰어난 아이로 키우고 싶은 부모들의 욕심은 끝이 없다. 최근 태교가 각광을 받는 데에는 이러한 사회적 분위기가 한몫을 하고 있다.

최초 태교의 기록이 동양에서 중국 주나라의 가의가 편찬한 <가의 신서>와 <대대례기>에 "태속의 자식을 교육하는 방법을 옥돌에 새겨 황금상자에 간직해서 임금님의 조상을 모시는 사당에 두고 그것으로 후세의 경계가 되도록 한다."고 하였는데, 무척 진지하게 태교가 이루어졌음을 짐작케 한다.

우리나라 태교에 관한 최초의 기록은 고려 말 정몽주의 어머니 이씨 부인이 자신의 체험을 바탕으로 기록한 <태중훈문>과 <태중명심기>가 있다. 이씨는 태교의 목적을 '가정의 행복을 이룩할 효자와 충신 자손을 낳는 것'에 두고 조심할 것과 힘써야 할 것들에 대해 상세히 기록해 놓았다. 조선 초기만 해도 태교는 왕실이나 상류사회의 여성을 교육하는 것으로 행해졌으나, 17세기 이후 실학을 바탕으로 근대적 사상이 태동하고 인간 평등의 이해가 깊어지면서 일반 사람들 중에서도 태교에 힘쓰는 사람들이 늘어났다.

이 시기에 태교 대중화에 큰 역할을 담당한 사람은 바로 사주당 이씨입니다. 그는 해박한 독서를 토대로 이전의 전통 태교 방법들을 총정리 했고, 1남 3녀의 어머니로서 자신의 경험을 더하여 <태교신기>를 썼다. 후에 그의 아들 유희가 <태교신기>를 한글로 풀어 <태교신기언해>라는 이름으로 재정리함에 따라 일반에 보급되기 시작한 것이다.

세계의 의학은 모두 다 뇌에 시냅스가 형성되기 시작하는 임신 5개월 이후에 주목하고 있다. 흥미롭게도 인간이 평생 갖게 될 1,000-2,000억 개의 뉴런은 뇌의 성장급등기가 시작되기 전인 임신 6개월경에 이미 다 형성된다(Kolb & Fantie, 1989; Rakic,1999). 뉴런은 출생 후 더 생성되지 않는다. 따라서 현명한 엄마는 똑똑한 아이를 만들어서 낳는다. 태아기는 뇌가 최대로 발육하는 시기이므로 적절한 태교를 하여야 한다. 엄마와 태아의 뇌신경은 연결되어 있어서, 엄마가 공부하면 아이도 같이 공부한다. 공부의 수준은 어머니 눈높이로 하면 된다. 뇌신경을 자극해서 태아의 IQ와 EQ를 높이도록 태교를 해야 한다.

1) 임신전의 심신관리

태교의 첫 단계는 임신이전에 부체(父體)와 모체(母體)의 심신을 건강하게 관리하는 것이다. 우리 몸에서 한번 만들어진 정자는 80일 정도 체내에 머물게 되며, 이 기간 동안 담배, 알콜, 화학물질, 스트레스 등의 유해물질에 노출되면 손상을 입게 된다. 따라서 아버지가 되려는 남자는 아기를 갖기 전에 적어도 3개월 동안은 건강한 몸을 갖도록 노력해야 한다.

동의보감(東醫寶鑑)에서 허준은, 잉태전 모체(母體)는 월경이 정상적이어야 하고 마음이 온전하여야 하며 부체(父體) 역시 정(精)이 충실하고 욕망을 조절하여 마음을 맑게 가지는 것이 자식을 두는 상책이라고 하였다. 사주당 이씨는 태교신기(胎敎新記)에서 부친의 청결한 마음가짐이 모친의 10개월 못지않게 중요하다고 하였다. 그래서 아이의 기운과 피가 맺히어서 지각이 맑지 못한 것은 부친의 허물이라는 것이다. 임신을 하기 전에 부부가 모두 신체적으로 건강하고 또한 심리적으로 깨끗해야 한다는 것은 자녀의 임신에 그만큼 공을 드리고 생명의 창조에 동참할 준비가 정성스러워야 한다는 것이다.

2) 아버지의 태교

아비가 낳는 것과 아내가 기른 것과 스승이 가르치는 것, 이 세 가지가 합하여야 완전한 일개 인격자를 만들 수 있는데 세 사람 모두가 최선을 다해야 한다. 최선의 방법은 의원이 병자를 치료함과 같아서 명의는 병들기 전에 치료하는지라, 생육(生育)도 역시 아기 낳기 전에 가르칠지니 그러므로 스승이 10년을 잘 가르쳐도 어머니가 열 달을 뱃속에서 잘 가르침만 못하고 어머니가 열 달을 뱃속에서 가르침이 아비가 하루 밤 부부 교합할 때에 정심(正心)함만 못하니라(胎敎新記). 사주당 이씨는, 아버지가 태교와 관련된 여러 가지 금기사항을 잘 지키면 복과 덕성과 지혜를 겸한 자식을 얻게 되어 가도(家道)가 날마다 높아간다고 하여, 아버지의 태교가 태아의 지적, 신체적, 정서적 발달에 크게 영향을 주고 가문의 흥망에까지도 영향을 미친다고 강조하였다.

아빠가 태담을 해줘야 하는 가장 큰 이유는 태아가 엄마 목소리보다 아빠의 목소리를 더 잘 듣기 때문이다. 이것은 확실한 과학적 근거가 있는 것으로 저주파수인 남자 목소리가 고주파수인 여자 목소리보다 복벽과 양수막을 더 잘 통과한다는 것이 실험결과 밝혀졌다. 아마도 태아가 아빠에게 태교에 더 적극적으로 참여해 달라고 무언의 압력을 하는 것이 아닐까. 하지만 대부분의 아빠들은 정작 어떤 태담을 해야 할지 몰라 쑥스러워 하거나 고작 한 두 마디 하고 끝내버리는 경우가 많다. 굳이 할 말을 찾기가 힘들면 그 날 하루 동안 일어났던 일들을 아내에게 설명해 주는 기분으로 그대로 편하게 이야기해 보라. 태아를 가족으로 인정하고 말하면 된다. 그리고 맨 마지막에는 반드시 사랑한다는 말을 덧붙여 준다.

3) 태명을 만들어라

임신 사실을 확인하면 아이의 이름(태명)을 지어주는 것이 좋다. 이름을 미리 짓기가 어렵다면 태아를 생각나게 하는 부부만의 별칭이나 애칭으로도 충분하다. 애칭이 필요한 이유는 아기의 존재를 인정하게 만들고, 태담을 습관화하는데 도움이 되기 때문이다. 그냥 아가야라고 부르는 것보다 더 친밀감을 느끼게 하고 누구 엄마, 누구 아빠가 되었다는 기분도 미리 느껴볼 수 있다. 배를 가볍게 마사지 하면서 아기 이름을 불러주며, 태담을 해 준 아이는 태담이 부족했던 아이보다 사회성이나 정서 발달, 감각 신경, 그리고 부모와의 유대감 등 여러 면에서 앞선다.

아기에 대한 느낌이 별로 없는 임신 초기에는 가끔 아이의 이름을 불러 주는 것으로 아이의 존재를 깨닫고 훨씬 더 애정을 갖게 된다. 태담을 할 때도 아기의 이름을 불러 주면 훨씬 더 정겹고 듣는 아기도 기분이 좋아진다. 태명을 정해서 이름을 불러주면 더욱 사랑스럽고 이름이 있어 이야기하기도 더욱 쉽다. 엄마의 감정이 태아에게도 전달되기 때문에 뱃속 아이의 이름을 부르면서 이야기를 걸때는 마음부터 즐겁게 만든다.

태명을 지어주면 동생 맞을 준비를 시키기에도 좋다. 혼자만 독차지했던 관심이 동생에게 집중되거나 혹은 동생과 함께 나누어야 할 때를 위해서, 아기 이름을 지어서 함께 부르며 뱃속에 있는 동생과 대화하도록 하면 출산하였을 때에도 자연스럽게 동생 이름을 부르며 받아들일 것이다.

즉, '이름효과' 연구결과에서 보았듯이, 부모님의 소망과 정성이 들어간 태명을 지어서 불러주는 이름 속에는 각각 나름대로의 혼과 기운이 있어서 결국은 이름대로 행동하게 됩니다.

3. 최근 개명 경향

1. 초등학교 학생에게 개명을 허용하였더니, 화제의 한글 이름 대부분 改名

<박차고 나온 놈이 옹달샘> <조아라 우리 고은이> 등의 이름이 아름답고 독특한 한글이름이라고 해서 세간에 화제가 되었던 한글이름이다. 그러나 이 이름의 주인공들은 지난해 각각 박재형(朴哉炯)과 조아라로 이름을 바꿨다.

금잔디는 琴旼政으로, 김소리나는 金利那로, 최하늘은 崔炳珍으로 이름을 고쳤다. 아름답고 독특하기는 하지만 동년배 어린이들이 놀리는 경우가 잦고 생활에 불편이 크다는 것이 개명이유였다.

대법원은 ' 95년 한 해 동안 이름이 이상해서 놀림 받는 어린이들의 고민을 덜어주기 위해 한시적으로 초등학생 개명(改名) 허가를 결정하자 이들처럼 이름을 바꾼 학생은 7만 3백여 명이나 된다.

허송세월을 연상케 한다는 허송(許松⇒ 許松旭)을 비롯하여, 어감이 안 좋은 김처녀(金處女⇒ 金仁淑), 최병자(崔炳子⇒ 崔敬德), 배환자(裵還子⇒ 裵勝利), 윤창여(尹昌汝⇒ 尹章浩), 서풍선(徐豊善⇒ 徐昌完), 장시채(張時彩⇒ 張時哲), 장호미(張昊美⇒ 張惠媛), 조식순(趙植順⇒ 趙恩希), 이기생(李己生⇒ 李知修) 등이 새 이름으로 바꿔 구김살 없이 뛰어 놀고 있다(1996년 2월 12일, 중앙일보).

2. 최근 들어 개명 신청 봇물

< "맘에 안 든다." 이유도 다양하며 법원도 행복추구권 인정 작년부터 95% 변경 허가>

2005년 8월 1일 부산지법 가정지원에 따르면, 2001년부터 2003년까지 한 해 동안 3,000-4,000건에 불과하던 개명신청 건수가

지난해에는 4,387건을 기록한데 이어 올해는 상반기에만 3,307건으로 집계됐다고 1일 밝혔다. 법원의 개명허가도 과거에 비해 상당히 관대해진 것으로 조사됐다. 2001년에는 개명 허가율이 69%에 불과했지만 2003년에는 89%로 늘어났고 지난해부터는 95% 안팎으로 큰 하자가 없으면 대부분 개명을 허가해 주고 있다. 이 같은 추세는 법원이 개명으로 발생하는 부분적인 혼란보다는 '개인의 행복추구권'을 더욱 중요하게 생각하기 때문으로 풀이된다.

개명신청 이유로는 돌림자와 일치하지 않거나 출생신고서의 착오를 정정하기 위한 경우가 가장 많았다. 또 성명철학 상 운세가 좋지 않다거나 주변에 같은 이름을 가진 사람들이 많다는 이유로 개명을 신청하는 경우도 많은 것으로 나타났다. 이와 함께 노인들의 경우 일본식 이름을 한국식으로 고치기 위해 신청하거나 학생들의 경우 순수한글 이름을 한자 이름으로 바꾸기 위해 신청하는 사례도 크게 늘었다.

이 밖에 발음이 어렵다거나 옥편에 없는 한자 또는 희귀한 글자라는 이유로 개명을 신청하는 경우도 많았다. 최근 법원은 이 같은 개명신청에 대해 전과사실이 없고 신용불량자가 아닌 경우, 이전에 개명한 적이 없는 경우에는 대부분 개명을 허가하고 있다.

가정지원 관계자는 "이름에 대한 사회적인 인식이 많이 바뀌었고 개명절차가 과거와 같이 복잡하지 않기 때문에 최근 들어 개명신청이 급증하고 있다." 면서 "악용할 소지가 없는 한 이름을 고쳐 개인이 행복할 수 있다면 법원도 이를 수락하고 있다." 고 말했다.

<2005년 8월 2일 FOCUS 하태현 기자>

1) 삼순이도 고쳤는데, 내 이름은

최근 들어 법원에 이름을 바꿔 달라며 개명(改名)신청을 하는 사람들이 크게 늘고 있는 것으로 나타났다. 전국의 법원마다 "이름이 촌스럽다." "발음상 부정적인 이미지를 준다."는 등 이름 때문에 정신적 고통을 겪고 있다고 호소하는 사연들이 넘치고 있다.

26일 서울가정법원에 따르면 옥녀(玉女)라는 이름을 가진 중년 여성이 "변강쇠 이야기에 나오는 옹녀를 연상시킨다."며 개명 신청을 냈다. 항렬이 '창성할 창(昌)'인 30대 여성 0창녀씨와 0음순씨 등도 개명신청을 했다. 30대 초반의 남성은 "전직 대통령과 이름이 같아 주위에서 놀리는 바람에 정신적 피해가 크다"고 하소연했다. 또 다른 남성은 "김치국이란 이름을 갖고 있어 남들이 김칫국이라고 놀린다."며 개명을 신청했다.

개명신청이 증가하는 이유에 대해 정진열 변호사는 "사회생활에서 개인의 이미지를 중요시하는 세태가 반영된 것"이라고 분석했다. 이름이 상표처럼 자신을 알리는 유용한 수단이 되고 있다는 것이다.

대법원은 26일 "전국 법원에 접수된 개명신청이 지난해 12월 1만 1,536건으로 사상 최다를 기록한 이후 올해도 월평균 신청 건수가 1만여 건에 이른다."고 밝혔다. 지난해 초 월 5,000여 건 안팎이던 것에 비해 두 배가량 늘어난 수치다. 지난해 11월 대법원이 '개명허가신청사건 처리지침'을 발표한 이후 개명신청이 크게 증가한 것으로 나타났다. 비슷한 시기에 인기를 끌었던 드라마 '내 이름은 김삼순'에서 여주인공이 개명허가를 얻는 장면이 한몫을 했다고 한다.

대법원은 "개인의 의사를 존중해 개명을 원칙적으로 허가해야 한다"는 게 기본 입장이다. 개명 신청인이 범죄에 연루돼 이를 은폐하거나 각종 법규에 따른 의무 이행을 피하려는 의도가 없다면 원하는 대로 이름을 바꿔준다는 것이다. 현재 각급 법원의 개명 허가율은 90% 이상이다. 법원은 신원조회 등을 실시, 한 달여 내에 허가 여부를 신청인에게 통보한다.

<2006.6.27. 중앙일보 김종문 기자>

2) 중국판 삼순이들, 이름 바꿔야 성공

3년 새 100만명 개명

이름을 바꾸는 중국 사람이 부쩍 늘고 있다. 월스트리트 저널(WSJ) 1월 17일자 인터넷 판에 따르면 최근 2-3년간 개명한 중국인 수는 100만 명을 넘는다. 베이징(北京)의 라마교 사찰 융허궁 앞엔 수십 개의 작명소가 성업 중이다. '좋은 이름'으로 바꿔주겠다며 최고 2,400위안(약 31만원)을 요구하는 곳도 있다. 개명·작명 전문 인터넷 사이트도 수천 개나 된다. 개명 열풍은 특히 개인 사업을 하는 중산층 사이에서 불고 있다.

베이징에서 투자 컨설턴트 업체를 개업한 리쥔(李俊)은 지난해 3월 용하다는 '풍수(風水) 대가'를 찾았다. 대뜸 "이름부터 바꿔라"라는 말을 들었다. '잘 생겼다'는 뜻의 이름(俊)으로는 성공을 기대하기 어렵다는 설명을 붙였다. 그는 '밝은 미래를 건설한다,'는 '젠밍(健明)'으로 이름을 바꿨다.

최고 명문대인 칭화(淸華)대학을 졸업하고 투자회사를 경영하는 천밍젠(陳明建)도 비슷하다. 원래 이름은 '젠(健)'이었다.

작명가는 "그 이름으론 다른 사람만 돈을 벌게 해줄 것"이라며 개명을 권유했다. 이름을 바꾼 뒤 재물운이 따랐다고 천밍젠은 믿고 있다. 그는 "칭화대학 동창생 32명 중 8명이 대학 시절 썼던 이름을 버렸다"고 말했다.

전문가들은 "사업을 시작하는 사람들이 심기일전한다는 차원에서 개명하고 있다"고 분석한다. 공산정권 수립 뒤 중국인은 해마다 발생하는 정치적 사건을 이름에 끌어 쓰는 사례가 많았다.

예컨대 문화혁명이 발생한 1966년에는 '원거(文革)'라는 이름이 유행했다. 마우쩌둥(毛澤東)이 양쯔(揚子)강에서 수영했다는 소식이 전해지면서 '창장(長江)'이라는 이름이 많이 붙었다. 여자 아이에겐 공산당의 상징적 색깔인 '홍(紅)'을 넣은 이름이 많다. 그러다 보니 자기 이름에 불만을 느끼는 사람이 많아졌다.

한편 개명 신청을 받는 경찰 당국은 "부모가 이혼했거나 문제가 있는 글자를 쓴 아이에게만 개명을 허용 한다"고 말했다. 그러나 이를 염두에 두는 중국인은 별로 없는 듯하다. "담배 두 갑이면 OK"라는 얘기다.

<2006. 1. 19. 중앙일보 유상철 기자>

3)이름은 다섯 글자를 초과할 수 없다.

'김 수한무 거북이와 두루미….' 옛 코미디극에서 한 명문 집안이 '명 짧은' 사주를 타고난 장손을 위해 지었던 수십 글자짜리 이름이 실제로 가능할까? 정답은 '아니다'이다.

현행 대법원 규칙(호적사무처리 지침)상 다섯 글자를 초과하는 이름(姓 제외)은 출생신고 때 받아주지 않기 때문이다. 대법원은 사람의 이름으로 사용하는 글자에 일정한 규칙을 정해 놓고 있다. 이름은 다른 사람과의 이해관계를 발생시키는 공적인 것이어서 사회생활에서 불편을 초래하지 않아야 한다는 이유에서다. 또 컴퓨터를 통한 전산화가 가능해야 하고 다른 사람에게 혼동을 줘서도 안 된다. 그래서 가족 간에도 같은 이름을 허용하지 않는다.

<2007. 3. 5. 중앙일보 김승현 기자>

4) 삼라만상 품은 한글

한글 28자모에는 28별자리 원리가 고스란히 담겨 있어서 천문 · 우주변화 등의 자연섭리를 담아내었으므로 인류의 모든 발음을 표현할 수 있는 유일한 문자이다. "한글을 사용하는 민족이야말로 단연코 세계 최고의 문화민족이다(독일 언어학자 에칼트)." "한글은 한국민족뿐만 아니라 전체 인류의 업적으로 평가돼야 한다(영국 제프리 심슨 교수)." "한글은 가장 단순하면서도 세계에서 가장 우수한 문자이다(펄벅)."

9일로 창제 561돌을 맞는 한글에 대한 세계 석학들의 평가이다. 한글에 쏟아지는 이런 찬사의 원인은 그 동안 "발성기관의 모양을 본뜬 과학적인 글자이며, 배우기 쉬운 우수한 글자"라는 정도의 거론돼 왔다. 하지만 반재원 훈민정음연구소 소장이 8일 "한글이 우리의 천문이론 즉, 우주의 운행원리에 맞추어 자연에서 찾아낸 문자이기 때문"이라는 견해를 논리적으로 책으로 엮어내면서 학계의 주목을 끌고 있다.

재야학자로서 만 28년째 훈민정음 창제기원을 연구하고 있는 반소장은 부인 허정윤씨와 함께 펴낸 '한글 창제원리와 옛글자 살려 쓰기(도서출판 역락)'에서 "세종대왕이 왜 한글을 28자로 만들었을까?" 하는 의문을 집요하게 캐나간다.

결론적으로 말하면 세종대왕은 창조주의 섭리인 '28수 천문방각도'의 별자리 이론을 문자에 적용, 한글을 단순히 언어를 표현하는 문자로만 보지 않고 천문과 우주변화의 작용까지 읽을 수 있는 도구로 사용했다. 자연의 섭리를 반영한 한글은 따라서 인류가 내는 모든 발음을 표현할 수 있는 유일한 문자이기 때문에 석학들의 찬사가 이어진다는 것이다.

반씨의 주장은 재야학자의 외로운 외침에 그치지 않았다. 이상규 국립국어원장은 "신선한 충격"이라고까지 평가하면서 "반 소장의 견해를 학계에서 주요 주제로 논의해야 할 것"이라고 밝혔다. 반 소장은 28자 가운데 사라진 4글자의 음가를 복원해야 인류의 모든 소리를 제대로 표현할 수 있다고 주장, 지난 7월 중국 옌지에서 열린 '다국어 정보처리 국제학술대회'에서 이 4 글자를 컴퓨터 자판에 살려 넣는 성과를 이끌어 냈다.

<2007. 10. 9. focus 박영순 기자>

3. 이미지 나쁜 동네 이름 바꾸기로

여주군 하품리, 춘천시 통곡리, 포항시 두마리

서울 관악구와 신림동은 1980년대까지만 해도 달동네의 대명사였다. 하지만 지금은 재개발이 이뤄져 번듯한 아파트가 들어서 있다. 봉천동과 신림동은 내년부터 달동네 이미지가 강한 지금의 명칭 대신 새 이름을 쓰게 될 전망이다.

행정자치부가 3월부터 5개월간 전국적으로 읍·면·동·리 단위까지 행정구역 명칭에 대한 조사를 벌여 우선 연말까지 104곳의 이름을 고치기로 했다. 기지촌이 연상되는 경기도 동두천시와 도축장 이미지가 강한 서울 성동구 마장동 등도 이름을 바꾸기로 했다. 꼴찌가 연상되는 서울 강동구 하일동도 마찬가지다. 명칭의 어감이 좋지 않아 심적 고통을 받아온 곳도 많다. 경기도 여주군 하품리는 정품리로, 전남 장성군 북이면 사가리는 복암리로 이미 바꿀 명칭을 정했다. 아직 새 이름을 정하지는 못했지만 강원도 춘천시 통곡리와 양구군 죽1·2리, 경북 포항시 죽장면 두 마리 등도 내년부터는 새 이름을 쓸 예정이다. 땅끝 마을로 유명한 전남 해남군 해남읍 갈두리는 지역 명칭을 아예 땅끝리로 바꾸기로 했다. 지역 명칭을 관광 브랜드로 육성하려는 주민들의 의견이 반영된 것이다.

일제가 강점기에 의도적으로 지명을 왜곡한 곳도 대대적으로 정비된다. 특히 강원도 왕산면과 같이 임금 왕(王)자를 성할 왕(旺)으로 바꾼 곳이 많다. 강원도 정선군 동·남·북면처럼 단순히 방위를 나타내는 말을 지역명으로 쓰는 곳도 새 이름을 찾게 된다.

이들 지역은 연말까지 주민 과반수를 대상으로 명칭 변경 동의 여부를 물어야 한다. 주민 과반수를 대상자 중 3분의 2가 찬성하면 명칭 변경이 확정된다. 법정 지자체인 동두천시는 지방자치법을 개정하고, 나머지 일반 구와 읍·면·동·리는 조례를 바꾸게 된다.

<2006. 8.10. 중앙일보 최현철 기자>

4. 우리말 이름은 웬지(?)... 한자 개명 봇물

2009년 10월 8일 목(광주= 뉴시스) 송창헌 기자

"한글 이름이 예쁘긴 한데... 권위가 없어 보여서"

우리말 이름을 가진 초등학교 교사 김모씨(31)는 교직 생활 4년 만에 큰 결단을 내렸다. 30년 넘도록 간직해온 한글 이름을 한자 이름으로 바꾸기로 결심한 것.

예쁘고 아담한 이름을 버리고 비록 딱딱하지만 한자식 이름으로 바꿔달라며 법원에 낸 개명(改名) 신청이 최근 받아들여지자 김씨는 "섭섭하지만 앞으로 이름으로 인한 마음고생은 덜 수 있게 됐다" 고 말했다.

취업 준비생 이모씨(27)도 "이력서를 쓸 때나, 공공기관에 문서를 신청할 때면 어김없이 비워둬야만 했던 한자 이름란을 이젠 채울 수 있게 됐다"며 주변 친구들에게 새 이름을 알리는 게 즐겁기만 하다.

1980년대 후반과 2000년대 초반 사회적 붐을 일으킨 한글이름이 점차 인기를 잃어가고 있다. "가벼워 보인다"거나 "권위가 없어서", "놀림의 대상이 된다"는 것이 주된 이유들이다. 한자 이름과 달리 사주나 성명학적 의미를 담기 힘든 것도 단점으로 작용하고 있다

2005년 11월 대법원이 개명을 개인의 인격권과 행복추구권으로 인정하는 판결을 내린 뒤 법원에 '이름을 바꿔 달라'는 이들이 끊이질 않고 있다.

평생을 함께해온 한글 이름을 포기하고 한자식 이름을 택하는 이들은 광주, 전남에서만 한해 100명에 육박하고 있다. 광주지법 가정지원에 접수되는 개명 신청사례의 3~4%에 이르는 수치다.

새롬 ,아람, 우람, 초롱 등 깜찍하지만 어린아이 이름처럼 여겨지는 경우가 많다. 한 30대 여성 공무원은 "여고생 시절까지는 그럭저럭 예쁜 이름이라 여겼지만, 대학을 졸업하고 직장생

활을 하다 보니 가볍고 때론 유치하다는 생각까지 들어 개명하게 됐다"고 말했다.

반면, 한자 이름을 한글로 개명 신청한 경우는 1%에도 미치지 못해 대조를 보이고 있다. 작명소도 사정은 비슷해 한글이름을 한자로 바꾸기 위해 상담하는 경우는 100건 중 10 ~ 15건에 달하지만 그 반대는 1%미만이다.

광주이름나라 김제윤 대표(74)는 "어릴적 부모가 지어준 이름을 나이가 들면서 고치려는 이들이 많다"며 "중국과의 문화교류가 늘고, 사주를 믿는 이들이 여전히 많기 때문으로 풀이 된다"고 말했다. 그는 이어 "한글이든, 한자든 장. 단점이 있는 만큼 한자이름나이 딱히 좋다고 볼 수만도 없다"고 덧붙였다.

20년 경력의 한 작명가는 "이름과 사주는 큰 상관이 없음에도 '사주가 좋지 않다'는 말만 믿고 이름을 바꾸는 경우가 많은데 이럴 경우 우리말 이름을 한자로 바꾸는 경우가 90%이상"이라며 " 아름다운 우리말 이름을 포기하는 사례가 적잖아 안타깝다"고 말했다.

한편 광주지법에 접수된 개명 신청건수는 2005년 2909이던 것이 2006년 4354건으로 급증한 다음 2007년 4399건, 2008년 4695건, 올해 1~9월 4459건 등 해마다 증가하고 있다.

5. 경제난 "이름 바꾸면 좀 나아지려나"개명 신청 증가세

파이낸셜뉴스 | 조용철 | 2009.12.25 16:36 |

경제적 어려움, 성명학적 이유 등으로 자신의 이름을 바꾸려는 사람이 매년 크게 늘고 있다. 지난 2006년 개명(改名) 신청자가 처음으로 10만명을 넘어선 이후 계속 증가 추세를 보이고 있는 것. 25일 대법원에 따르면 올 1월부터 지난 10월까지 개명을 신청한 사람은 14만5804명으로 지난해 같은 기간 12만815명에 비해 2만5000여명 증가했다.

개명 신청건수는 △2005년 7만2833명 △2006년 10만9567명 △2007년 12만 여명 △2008년 14만6840명으로 매년 증가 추세를 보이고 있다.

과거에는 촌스럽거나 어감이 나쁘다는 이유로 이름을 바꾸는 경우가 많았지만 최근에는 성명학적 이유, 경제적 어려움 등을 극복하는 방안이라며 개명을 결심하는 사람이 많아진 것으로 분석된다. 앞서 대법원은 지난해 법원에서 개명을 허가받은 경우도 2007년 11만430명에서 12만9103명으로 증가했다고 밝힌 바 있다.

대법원은 2005년 11월 작명에 대한 자기결정권과 행복추구권 등을 강조하면서 범죄은폐 의도 등이 없을 경우 원칙적으로 개명을 허가한다는 결정을 내린 이후 개명 허가율이 90%를 웃돌고 있다. 아울러 협의이혼 시청자수는 올 1월부터 지난 10월까지 10만7969명으로 지난해 같은 기간 11만1255명에 비해 소폭 감소한 것으로 집계됐다. 또 가족관계등록부 정정신청도 1만4345명으로 지난해 같은 기간 1만9553명에 비해 줄었다.

반면 국적 취득자 창성(創姓)·창본(創本)은 같은 기간 4581명으로 전년 동기 2481명에 비해 2배가량 증가한 것으로 나타났다.

6. '호순' 이름 싫다…10년간 85만명 개명신청

국민 50명 중 1명꼴…작년 허가율 90% 웃돌아
한글이름 한자병기 가능토록 개명신청도 늘어
(서울=연합뉴스) 백나리 기자 = 지난 10년간 이름을 바꾸겠다고 법원에 신청한 사람이 85만 명에 달해 국민 50명 중 한명 꼴로 개명을 시도한 것으로 나타났다. 21일 대법원에 따르면 2000년부터 2009년까지 개명신청서를 낸 인원은 84만4천615명이었고 이 중 73만277명이 이름을 바꿔 허가율이 86.4%에 달했다. 2000년에 3만3천210건에 그쳤던 개명신청은 2005년을 기점으로 증가세가 뚜렷해졌고, 작년에는 무려 17만4천902건이 새 이름을 희망했다. 10년 전보다 다섯 배 넘게 늘어난 셈이다.
개명신청이 급증하게 된 계기는 2005년 11월 대법원의 `원칙적 허가' 결정이었다. 대법원은 당시 개명신청자에게 범죄를 숨기거나 법적 제재를 피하려는 의도가 없다면 개인 의사를 존중해 원칙적으로 허가해야 한다고 결론 냈다.

이에 따라 2006년 개명신청이 처음으로 10만 건을 돌파한 이후 매년 2만 여건씩 늘었으며 올해도 1~2월에만 3만2천800여명이 이름을 바꾸겠다고 신청서를 냈다. 이 추세라면 올해 개명신청자는 20만 명에 육박할 것으로 예상된다. 허가율 역시 2000년부터 2005년까지 80% 안팎이던 것이 2006년 90%를 넘어섰고 작년에는 93%를 기록했다. 놀림을 당하거나 이름으로 성별 분간이 어려운 경우, 성명학적으로 좋지 않다는 이유 등이 개명신청의 주된 사유다. 정확한 수치가 잡히지는 않지만 2006년 이후로는 한글 이름을 한자 병기(倂記)가 가능한 이름으로 바꾸겠다고 신청한 인원도 상당했다고 대법원은 설명했다.

최근에는 연쇄살인범 강호순과 같이 사회적 파장을 일으킨 흉악범과 이름이 같다는 이유로 개명신청을 하는 사례도 있었으며 대체로 허가가 났다. 개명은 주소지 관할 가정법원에 본인 및 부모 등의 가족관계증명서와 주민등록등본 등을 첨부해 신청하면 된다. 성인은 물론 의사능력이 있는 미성년자도 신청이 가능하다. 법원은 2~3개월 내에 신청자에게 범죄 및 신용불량 상태 등을 숨기려는 의도가 있는지 등을 따져 허가 여부를 결정한다. 김상규 대법원 가사심의관은 "2005년 11월 개명 허가 기준이 나오면서 허용 범위가 늘어났고 한글 이름을 다시 한자 이름으로 바꾸는 사례가 늘면서 신청 건수가 증가했다"고 말했다.

nari@yna.co.kr < 저작권자(c)연합뉴스 >

Ⅱ부 좋은 이름 지으려면

1. 좋은 이름이란

1. 좋은 이름이란 어떤 이름인가?

인사유명(人死遺名)이요, 호사유피(虎死留皮)란 말은, 사람은 죽어서 이름을 남기고 범은 죽어서 가죽을 남긴다는 뜻이다. 그만큼 인간사에서 사람의 이름은 중요하다. 사람은 나쁜 소리를 듣거나 글을 읽게 되면 화가 나고 우울해진다. 반면에 아름다운 음악이나 칭찬을 듣는다든지 좋은 글을 읽게 되면 기분이 상승하고 희망찬 삶을 살게 된다. 좋은 이름도 이와 만찬가지다. 따라서 좋은 이름은 타인에게 불러질수록 '이름효과'가 나타나서 자신의 기가 향상되고 활기찬 발전 운이 북돋아져 성공을 돕는다.

우주의 삼라만상은 모두 이름이 있으며, 형태를 가진 모든 사물은 물론 추상의 개념과 사상까지도 이름이 있다. 이 세계는 이름에 의하여 이루어지고 이름에 의해서 질서를 유지하며 발전시키고 있다. 사물을 구별하려는 필요성과 의사전달의 수단으로서 생성된 이름이 장구한 세월을 거치는 동안, 그것이 한 사회의 집단적 잠재의식 속에 하나의 독자적 성격과 생명력을 갖게 되었다.

인간에게 성(姓)이란 같은 혈족임을 나타내는 공통기호로 안으로는 혈족간의 우애와 단결을 도모하는 구심적 역할을 하며,

밖으로는 배타성과 방어적인 성격을 띤다. 성(姓)이 혈족의 일원임을 나타내는 데 반하여 이름은 개체성을 나타낸다. 성(姓)은 선택의 여지가 없지만 이름은 육친과 작명가 등에 의하여 임의로 지을 수 있는 가변적인 것이다. 그리하여 성과 이름을 가지고 하늘과 땅 사이에 오직 하나뿐인 나를 대표하는 기호로 삼는 것이 인간의 성명이다. 성명은 한 사람의 일생 동안은 물론이고 죽은 후에까지도 그 사람을 인식시키게 되는 것이다.

돌림자란 혈족방계의 대수(代數)관계를 나타내기 위한 것으로, 같은 대(代)나 형제간에는 같은 항렬자(돌림자)를 쓰는 것을 말한다. 어느 집안의 형제들 이름이 金日成, 金日萬, 金日煥으로 나가면 이 집안은 日字를 항렬자로 사용하고 있다는 것을 알 수 있다. 우리나라의 족보는 대부분이 오행(五行)의 상생관계를 돌림자를 사용하고 있으므로 부모의 항렬자가 오행 상 나무목변(木)이면, 자신의 항렬자는 목생화(木生火)가 되어 불화변(火)이나 오행 상 불화(火)를 상징하는 이름자를 사용한다. 자녀 代는 화생토(火生土)가 되어 흙토(土)변이 들어가거나 흙토를 상징하는 한자를 사용하는 것이다. 또한 부모의 돌림자가 이름의 첫 자(字)면 자신의 돌림자는 이름의 끝 字를 돌림자로 사용한다. 자신의 돌림자가 이름의 끝 字이면 자녀이름의 첫 자를 돌림자로 사용한다.

이름이란 어떤 글자를 선택해서 위 아래로 맞추어 그 글자의 음대로 부르는 것을 말하므로 글자가 선정되면 이름은 이미 지어진 것이다. 성명을 건물에 비유하면 성(姓)은 한옥, 양옥과 빌딩 등을 나타내는 건물의 형태이고, 이름에 쓰이는 글자는 건물에 필요한 재료에 비유될 수 있다. 건물에 따라 필요한 재료가 다르듯이 각 성씨에 따라 좋고 나쁜 글자가 있다. 불량한 재료는 어떤 건물에 사용해도 쓸모가 없는 것처럼, 글자 자체가 좋지 않은 의미를 지녔으면 어떤 성에 붙여도 좋은 이름이 되지 않는 경우가 많다. 이는 건물에 좋은 재료를 쓰는 이치와 같아서 바다 모래보다는 강모래가 더 좋은 것과 같다.

하나의 글자에는 음양, 오행, 획수와 자의가 있는데, 이들은 성(姓)을 포함해서 상하로 구성한 다음에야 음양의 배합, 오행의 생극과 수리의 길흉이 정해지는 것이다. 성명에는 형언하기 어려운 영력이 있어서 각자 특유의 자력을 발산한다. 흉한 이름에서는 파괴의 파장이 발생하고, 길한 이름에서는 조화와 생육의 파장이 발산되는 데 이를 성명의 영력이라 한다. 성명학은 우주의 생성과 변화의 원리를 설명한 주역에 이론의 뿌리를 두고 있으며, 그것은 통계학적 입장과 오랫동안의 경험에서 체계화한 것이다. 성명은 하나의 생명체이며 소우주이기 때문에 성명 속에는 우주의 구성 요소인 음양(陰陽), 오행(五行), 수리(數理), 음령(音靈)과 역상(易象)이 있다.

최면술사가 암시어로 피시술자를 최면에 유도하는 것처럼 성명은 유능한 최면술사의 목소리와 같은 유도력을 갖고 있어서 그의 독자적인 자력을 발산하여 주인공의 이름에 합당한 운명의 지역으로 끌고 가려고 한다. 이를 성명의 유도 암시력이라 한다. 또 이름이 인간생활에서 무형적인 암시를 주기 때문에 남자의 이름은 돈후장중(敦厚莊重)하여야 하며 여자의 이름은 명랑하고 경쾌하여 부드러운 느낌을 주어야 길하다.

좋은 이름을 짓는 것은 성명에 의한 호운과 악운을 미리 알고 그 때 그 사람의 몸가짐에 의해서 악운이 미치는 결과를 최소화하거나 악운을 피해 보자는 데 의도가 있는 것이다. 나쁜 이름을 가지면 액운의 길을 걸어가거나 좋은 기회를 접할 수 있는 기회가 줄어들고, 반대로 좋은 이름을 가지면 길운의 길을 걸어가거나 좋은 기회를 접할 수 있는 기회가 많아질 것이다. 名士와 같은 이름으로 작명을 한다고 해서 그 사람과 같은 지위에 오르게 되는 것이 아니며, 설령 명사와 같은 성격을 나타낸다 해도 개인의 조건과 시대적인 환경이 다르므로 같은 인생 코스를 가지는 않을 것이다.

다른 사람의 이름을 잘 보는 작명가라면 자신의 이름이나 가족과 친척의 이름을 잘 지어서 부귀 공명해야 해야 되지 않겠느냐 반문하는 사람도 많을 것이다. 그렇다면 병을 잘 고친다는 명의나 명의의 가족들은 질병으로 사망하지 않고 모두 장수만 하는가?

과학문명이 낙후되고 의료혜택을 받지 못하던 시절에는 천한 이름을 불러주면 잔병 없이 튼튼하게 오래 산다고 하여 개똥이, 갑돌이, 갑순이, 돌쇠 등의 이름을 지어주는 경우도 많았으나 이런 이름을 가진 사람이 장성해서 사회적으로 부귀와 출세한 예는 드물다. 남이 들어서 천박하거나 웃음을 자아내게 하는 이름은 길보다 흉을 많이 불러들인다.

사람의 이름에 희망, 포부와 미래지향적인 발전의 의지가 담겨져야 인생의 목표를 쉽게 달성하게 된다. 또한 이름은 나를 다른 사람에게 나의 존재를 알리기 위한 표시이므로 다른 사람이 알아보기 힘든 글자나 어려운 문자는 안 쓰는 것이 사회생활에 편리하다.

천지만물의 모든 조화가 음양(陰陽)의 법칙으로 이루어지듯 성명학에서도 음(陰)을 나타내는 글자와 양(陽)을 나타내는 글자가 있다. 한자의 획수로 계산하여 홀수가 되면 양이고 한자의 획수가 짝수이면 음이 된다. 성명이 모두 짝수면 성명이 음으로만 이루어지는 것이요 모두 홀수면 성명이 양으로만 이루어지는 것이다. 성명이 모두 양이면 질병, 실패와 좌절, 이별, 손재와 형벌로 고생하는 경우가 많고, 성명이 모두 음이면 재산이 흩어지고 인덕이 줄어들고, 가족과의 불화와 건강악화 등으로 고독한 생활을 한다는 암시가 있다.

후천 운인 성명은 선천 운인 사주와 조화를 이루도록 이름을 지어서 타고난 재능을 최대한 발휘하게 환경을 형성해 주는 것이 좋다. 그러기 위해서는 주인공의 사주를 풀이하여 사주상의 결함을 이름에서 보완하도록 한다.

예로 태어난 날이 木(木日主)인 경우, 사주전체에 水기운이 많은 사람이 이름자에 물수변(氵)이 들어가는 이름자를 또 사용한다면 원래 타고난 사주에 물이 너무 많아서 나무가 땅에 뿌리를 내리지 못하고 쓰러져 가는 형국이 된다. 물수변(氵)을 사용하여 물을 더 많게 하면 나무는 썩거나 물에 떠내려가는 나무의 형상이 되어, 이런 사람의 생활은 항시 주거가 불안하고 직업이 자주 변동되어서 불안정한 생활을 하게 된다. 사주의 용신과 부합되는 오행을 이름자에 넣는다는 것은 자신에게 어울리는 옷을 찾아주는 것과 같은 원리이다. 즉 작명은 몸과 옷의 관계와 같으므로 신체에 맞는 옷을 입어야 새로운 멋을 창조하는 패션이 되듯이 사주에 따른 작명이 중요하다.

개명의 경우는 주인공의 재능, 소질과 희망에 부합하도록 이름을 짓고, 신생아는 부모의 희망과 주인공의 사주에 과부족을 살펴서 분수에 맞는 이름을 선정하여 작명한다.

성명은 하나의 생명체로 그 사람의 고유명사이며 영과 육을 대표하는 글자이므로 글자가 지닌 획수나 의미는 상호조화에 따라 길과 흉을 유도하는 특징이 있다. 그러나 일단 한 번 지은 이름은 갈고 닦아서 의미를 부여하여 '이름에 긍정적인 사고를 갖게 하는 것'이 최고 최선의 방법이다. 사주나 성명학에 앞서서 심리적인 마음의 자세가 일차적인 자신의 운명의 근원지임을 명심하여야 한다.

2. 성명학에서 사용하는 3가지 이론

현재 주로 사용하는 성명학 분야의 이론은 크게 음양론(陰陽論), 오행론(五行論)과 수리론(數理論) 3가지로, 이 이론들을 성명풀이에 적용하여 한 사람의 운명을 예측하거나 성격적 특성을 파악하는데 사용하고 있다. 음양론은 음과 양의 길흉의 배합을 살펴보는 것이고, 오행론은 상생상극의 배합을 살펴보는 것이고, 수리론은 성명획수가 길한 수리로 구성되어 있는지 아니면 흉한 수리인지를 살펴보는 것이다.

1) 음양론(陰陽論)

성명학에서 음양론이란, 한글이든 한자든 글자의 획수에 의해서 음양(陰陽)을 구분하게 된다. 글자의 획수가 10을 넘을 경우에는 10 이하의 수만 취하여 1에서 10까지의 수(數) 가운데서 1, 3, 5, 7, 9는 홀수 즉, 기수(奇數)에 해당하면 양(陽)에 속하고, 숫자가 2, 4, 6, 8, 10으로 짝수이면 우수(偶數)에 해당하여 음

(陰)이 된다.

음양론에서는 무엇보다 음과 양의 조화를 이루는 것을 중요시한다. 성명이 모두 음으로 이루어지거나 양으로만 이루어지는 것보다는 음양이 조화를 이루는 것을 길한 배합으로 본다. 성명자가 모두 1, 3, 5, 7, 9획의 양수(陽數)로 된 획으로만 구성되었다면 고양(孤陽)이라 하여 모친, 아내, 딸 등의 여자 가족들과 인연이 좋지 않거나 문제가 생겨서 근심을 하게 된다. 사회적으로는 도와줄 사람이나 협력자가 없어서 고립감을 느끼게 되고 분주하더라도 제대로 이루어지는 일이 적어서 공허한 결과를 얻는 형상이 된다.

반면에 2, 4, 6, 8, 10획의 음수(陰數)의 획으로 만 구성되었다면 고음(孤陰)이라 하여 남자 쪽의 운세가 쇠하고 여운(女運)이 아주 왕성하여 져서 안팎이 뒤바뀜으로 상서롭지 못한 일이 일어나는 가운데 대외적으로도 여러 가지 진통을 겪는다.

예로 金先于(김선우)는 성명이 金(8획:陰) 先(6획:陰) 于(3획:陽)이라 성명이 陰·陰·陽(음음양)이 되어 陰陽(음양)이 조화된 길한 배합을 가진 이름이 된다.

2) 오행론(五行論)

오행론은 모든 만물은 5가지 기운으로 나눌 수 있다는 이론으로 木, 火, 土, 金, 水를 오행이라 한다. 오행을 숫자로 나타내면 木은 3과 8이며, 火는 2와 7이고, 土는 5와 10이고, 金은 4와 9이고, 水는 1과 6을 의미한다.

그러나 성명학에서 의미하는 오행은 오행조견표 <표1>과 같이 성명학의 수리오행과 같다. 즉 木은 1과 2이며, 火는 3과 4이다.

土는 5와 6이며, 金은 7과 8이고 水는 9와 10을 의미한다.

오행조견표<표1>

오행	성명학의 수리오행	수리오행	음령오행	천간오행	지지오행
木	1 ,2	3, 8	ㄱ, ㅋ	甲, 乙	寅, 卯
火	3, 4	2, 7	ㄴ, ㄷ ㄹ, ㅌ	丙, 丁	巳, 午
土	5, 6	5,10	ㅇ, ㅎ	戊, 己	辰, 未 戌, 丑
金	7, 8	4, 9	ㅅ, ㅈ, ㅊ	庚, 辛	申, 酉
水	9,10	1, 6	ㅁ, ㅂ, ㅍ	壬, 癸	亥, 子

3) 수리론(數理論)

인간에게 행복과 불행 중에서 어느 한쪽 길을 걷도록 하는 것은 개인의 노력과 운명의 영향이라 할 수 있다. 갖은 지혜를 짜내고 있는 힘을 다하였지만, 그 결과는 실패로 돌아가는 일이 주위에는 수 없이 많다. 사람의 지혜와 노력을 초월한 어떤 것이 당신을 조종한다면 그것은 운이라고 말할 수밖에 없을 것이다. 조상들은 이 운이라고 하는 괴물의 정체를 파헤쳐서 미래를 예지하려는 노력을 기울여 왔다. 이러한 방법 중에서 숫자를 가지고 성명의 운(運)을 예측하는 기법을 성명 81수리론 이라고 한다. 성명의 획수를 따져서 길흉을 판단하는 방법에 관한 대표적인 고전문헌은 송(宋)나라 때 채구봉(蔡九峰)이 지은 팔십일수원도(八十一數元圖)가 있는데 획수에 근거해서 길흉을 논하게 된 것이 수리론의 출발점으로 보고 있다.

일생 생활에서 숫자와 관계가 없는 것은 없다고 해도 과언이 아니다. 한 권의 책의 무게와 길이는 숫자에 의하여 표현되며, 책의 가치는 몇 천 원이라는 값의 숫자에 의하여 표현된다. 당신 자신에 대해서도 그렇다. 당신이 언제 태어났으며, 신장과 체중은 얼마이고, 갖고 있는 돈은 얼마이며, 몇 시에 어디로 갈 것인가 등을 모두 숫자로 나타내고 있다. 이런 의미에서 우리는 숫자 속에서 살고 있다.

숫자가 생활이나 생각과 떨어질 수 없는 긴 역사를 가지고 있으며, 민족이나 문화에 따라 숫자에 대한 사고방식도 제각기 다르다. 이러한 배경으로 미루어 보아 숫자는 단순히 수량을 나타내는 이외에도 여러 가지 뜻을 가지고 쓰이어져 왔다고 할 수 있다. 예로 1을 살펴보면, 1은 하나라고 하는 수량을 나타낼 뿐만 아니라 사물의 시작이라는 뜻을 가진 동시에 사물의 끝과 전체라는 의미도 가지고 있다. 또한 1은 많은 것 중에서 1등을 가리키기도 하고, 남보다 뛰어나다는 것을 의미하기도 한다.

숫자는 이와 같이 복잡하고도 오묘한 뜻을 가지고 있음과 동시에 영(靈)을 지니고 있다. 숫자가 지닌 수령(數靈)은 인간의 성격이나 감정에 어떤 식으로든 영향을 미치게 되어 운명을 지배한다고 볼 수 있다.

성명학에서도 이와 같이 성명의 숫자가 운명에 영향력을 미친다고 보고, 그 작용력을 파악하고 해석하려는 기법들이 발달하였는데 이를 성명학의 수리론이라 한다.

성명학의 수리는 81가지의 수리가 있는데, 이는 주역의 근본인 하도와 낙서에서 파생된 것으로 기본수인 9를 자승해서 9× 9 = 81까지의 수리가 있게 된 것이다.

3. 성명학에서 한자의 획수를 계산하는 방법

성명학에서는 한자의 획수를 계산하는 방법은 강희자전(康熙字典)의 원칙에 의해 획수를 산출하는 원획법(原劃法)과 실제로 글을 쓸 때 연필로 쓰는 서획으로 계산하는 필회법(筆劃法), 그리고 글자가 구부러지는 횟수에 따라 획수를 계산하는 곡획법(曲劃法) 등으로 3가지로 나누어진다. 이 책에서는 현재 성명학의 주류를 이루고 있는 부수 본래의 획수에 의한 원획법을 사용한다.

원획법은 한자 자체의 근본 획수에 충실하고, <강희자전>의 원칙을 준수하여 우리가 사용하는 옥편(玉篇)에 적힌 원래의 획수를 계산하는 방법이다. 근본 획수법, 바른 획수법, 역리자획법(易理字劃法) 등의 이름으로 불리기도 한다.

1) 원획법

예로 들면, 池(지)는 부수가 氵(삼수변)으로 3획이지만, 水(물수)이므로 4획인지라 원획법에 따라 4획으로 계산한다. 郡(군)은 부수가 阝(우부방)으로 3획이지만, 邑(고을읍)을 의미하므로 7획으로 계산한다. 또 附(부)는 부수가 阝(좌부방)으로 3획이지만, 阜(언덕부)이므로 8획으로 계산한다. 이 책에서는 현재 성명학의 주류를 이루고 있는 부수 본래의 획수에 의한 원획법을 사용하며, 인명용한자(人名用漢字) 5,367字 모두를 각 한자마다 원획법 원칙에 따라 획수를 산출하여 놓았다.

2) 필획법

옥편(玉篇)에 적힌 원래의 근본 부수와 우리가 일반적으로 쓰는 부수가 다른 한자의 경우에 서획(書劃)으로 그 획수를 산출하는 방법으로 서획법, 역상법이라고도 부른다. 池(지)는 원획법으로는 氵(삼수변)이 水를 의미하므로 4획이지만, 필획법으로는 氵(삼수변)이 3획이므로 3획으로 계산한다.

3) 곡획법

한자를 쓸 때 구부러지는 횟수에 따라 획수를 산출하는 방법이다. 乙(을)의 경우에 원획법이나 서획법에서는 1획으로 계산하지만 곡획법으로는 4획으로 계산한다. 口(구)는 원획이나 필획에서는 3획이지만 곡획법으로는 4획이다. 永(영)은 곡획법에서는 8획으로 본다.

1부터 10까지의 숫자는 한자의 획수에 관계없이 그 숫자 자체가 뜻하는 수를 획수로 본다. 따라서 一은 1획, 二는 2획, 三은 3획, 四는 4획, 五는 5획, 六은 6획, 七은 7획, 八은 8획, 九는 9획, 十은 10획으로 본다. 십이 넘는 百, 千, 萬 등의 숫자는 그 한자의 본래 획수에 따른다.

2. 이름과 음양오행

1. 음양오행

1) 음양(陰陽)

천지만물은 모두 음양의 조화로 인하여 이루어진다. 음양은 천지만물을 창조한 부모요 조물주이다. 사물이 양성(陽性) 하나만으로 존재할 수 없으며, 또 음성(陰性) 하나만으로도 존재할 수 없는 것이다. 음양은 우주가 존재하는 한 절대적인 요소로써 음양의 조화는 비단 만물의 생성에만 그 조화력이 미치는 것이 아니라 세상만사(世上萬事)에 있어서도 절대적인 영향력을 지닌 까닭에 음양은 어떤 물체나 형태를 막론하고 음양으로 구분되어 있지 않은 것이 없다.

음양이란 상대성원리와 부합되어 가벼운 것은 하늘로 치솟고 무거운 것은 땅에 가라앉게 되니 양(陽)은 기(氣)로서 火요, 음(陰)은 질(質)로 水를 말한다. 기를 대표하는 것은 火요, 질을 대표하는 것은 水이다. 火는 빛은 있어도 형체는 없고 水는 형체는 있어도 빛이 없으므로 불은 밝고 물은 어둡다. 즉, 불은 뜨겁고 위로 치솟으며 밝아서 양이며, 물은 차고 아래로 흐르며 어두워서 음이라 한다.

기(氣)는 상공에 차있고 질은 땅에 차있으므로 하늘(天)은 양이요 땅(地)은 음이다. 기는 질을 만남으로써 생명으로 변하고, 질은 기를 얻음으로써 호흡을 할 수 있으니 기와 질은 하나가 되는 것이다. 이것이 음양의 원리요 이치인 것이다. 즉, 천지(天地)는 기와 질이니 서로 떨어져 있는 두 개가 아니고 서로 떨어질 수 없는 하나의 결합체인 것이다. 천지 사이에 있는 만물 또한 음양으로 형성된 기와 질의 결합체일 뿐만 아니라 인간의 정신과 물질도 기와 질에 의해서 이루어진다.

인체는 혈이 음이요 기가 양이며, 오장이 음이요 육부가 양이다. 또 흰 것을 양, 검은 것을 음이라 하며 남자는 양이고 여자는 음이다. 더운 것을 양이라 하고 추운 것을 음이라 하니 여름을 양, 겨울을 음이라 한다. 긴 것을 양이라 하고 짧은 것을 음이라 하며, 심지어는 부귀빈천, 춘하추동과 길흉화복에 이르기까지 음양으로 구분하는 것이다.

그런데 주의할 것은 양(陽)의 속에도 음성(陰性)이 섞여 있고 음(陰)의 속에도 양성(陽性)이 섞여 있으며, 반음반양(半陰半陽)의 성질을 띠는 것도 있다는 것이다.

2) 오행(五行)

음(陰)과 양(陽)의 화합에 의해서 인간을 비롯한 우주만물과 만상이 발생하고 성장하며 성숙하고 거두며 갈무리하고 다시 발생하는 운동과 변천과정 그리고 형상을 이루는 5가지 요소, 즉 木 火 土 金 水를 오행이라 한다. 천지만물은 이 오행의 성분으로 이루어진 것이니 음양과 오행은 만물의 생성사멸(生成死滅)하는 근본인 것이다. 이는 음양오행의 작용과 운동과 변화에서 발생하는 우주일체를 분석하고 판단하는 기본이요 진리라고 말할 수 있다.

서양인들은 만물을 음(陰)과 양(陽), 그리고 중성(中性)의 3가지로 나누었다. 음은 전자(電子)라 하고 양은 양자(陽子)라 하며, 중성은 중성자(中性子)라고 하였다. 원자탄의 핵은 이 3가지로 구성된 결합체이다.

전기는 +와 -의 부딪침에서 발생하는 음양의 결합적 현상이다. 동양에서는 음양과 중성 외에 음을 나타내는 음모와 양을 발생시키는 양모를 발견하여 사상을 형설하고 오행을 갖추었다. 양의 대표인 火(木生火)를 발생하는 양의 모체는 木이며, 음을 대표하는 水(金生水)를 발생하는 음의 모체는 金이다. 양의 木

火와 음의 金水, 중성자인 土를 포함하여 이 다섯 가지 요소를 오행(五行)이라 한다.

따라서 만물이 왜 봄에 발생하고 여름에 성장하며 가을에 성숙하여 거두어 들이고 겨울에 갈무리하는지의 이치를 분명히 알 수 있다. 인간은 아동에서 청년으로 청년에서 장년으로 장년에서 노년으로 변하고 마침내 땅속으로 갈무리되는가의 이치도 깨달을 수 있다. 인간의 부귀빈천과 수요장단(壽夭長短)도 이 음양오행의 원리에서 기인하는 것이다.

3) 상생과 상극, 비화

(1) 상생(相生)

* 목생화(木生火): 나무는 자신을 태워 불을 낳는다.
  즉, 木은 火를 生한다.
* 화생토(火生土): 불은 타서 흙(재)을 낳는다.
  즉, 火는 土를 生한다.
* 토생금(土生金): 흙이 바위가 되어 쇠(광석)가 나온다.
  즉, 土는 金을 生한다.
* 금생수(金生水): 바위(광석) 틈에서 물이 흘러나온다.
  즉, 金이 水를 生한다.
* 수생목(水生木): 물은 나무를 성장케 하는 근본이 된다.
  즉, 水는 木을 生한다.

(2) 상극(相剋)

* 목극토(木剋土): 나무뿌리는 흙을 파헤치며 깊게 침입한다.
  즉, 木은 土를 극한다.

* 토극수(土剋水): 흙은 물의 흐름은 막고 가둔다.
  즉, 土는 水를 극한다.
* 수극화(水剋火): 물은 불을 끈다
  즉, 水는 火를 극한다.
* 화극금(火剋金): 불은 쇠를 녹인다.
  즉, 火는 金을 극한다.
* 금극목(金剋木): 쇠는 나무를 자른다.
  즉, 金은 木을 극한다.

(3) 비화(比和)

* 木木: 木과 木은 비화이면서 반합(反合)되어 흉하다.
* 火火: 火와 火는 비화이면서 반합(反合)되어 흉하다.
* 土土: 土와 土는 비화이면서 상합(相合)되어 길하다.
* 金金: 金과 金은 비화이면서 반합(反合)되어 흉하다.
* 水水: 水와 水는 비화이면서 상합(相合)되어 길하다.

2. 원형이정(元亨利貞)과 사격(四格)

1) 원형이정(元亨利貞)

세계적인 역사학자 토인비 교수가 원형이정(元亨利貞)을 문화의 발생과정에 비유하여 말한 바와 같이 元은 역사의 발생을 말하고, 亨은 문화의 성장을 의미하고, 利는 문화의 쇠퇴과정을 가리키며, 貞은 문화의 해체과정을 상징한다. 원형이정을 일년 사계절에 비유하면 元은 만물이 소생하는 봄이요, 亨은 초목이 무성하게 자라는 여름이요, 利는 만물이 성장을 멈추고 결실을 맞이하는 가을이요, 貞은 만물이 다음 세대를 잉태하기 위하여 휴식을 취하는 겨울에 해당한다. 또한 조석주야를 원형이정으로 바꿔 불러도 의미는 마찬가지이다.

원형이정(元亨利貞)을 인생에 비유하면, 元은 인생의 싹이 피어나는 소년기에 해당되며, 亨은 힘을 한창 쓸 수 있는 청년기를 상징한다. 利는 인생의 황금기인 중년을 의미하며, 貞은 인생의 말기에 해당하는 노년기를 나타낸다. 원형이정을 작명 상 성명과 관련지어 설명하면, 성명에는 다음과 같은 4가지의 격(格)이 있다. 이를 사격(四格)이라 한다.

2) 사격(四格)

(1) 원격(元格)

이름자 위아래 字의 획수를 합한 수로 인간의 기초 운에 영향력을 행사한다. 출생에서 20세 전후의 운을 강하게 지배하며, 초년기의 가정환경이나 신상, 운세에 영향을 미친다. 형격을 주운(主運)이라고 하는데 반해서, 이 원격은 주운보다는 다소 작용력이 미약하고 주운을 보조하는 역할을 한다고 하여 부운(副運)이라고도 한다.

(2) 형격(亨格)

성(姓)과 이름의 첫 字를 합한 수로 성명의 중심 운이 된다. 연령상 청장년기인 20에서 40세 이전의 황금기를 지배하며 원·형·이·정격 중에서 영향력이 가장 강하므로 주운(主運)이라고도 한다. 성명상의 형격은 일생의 중심 운으로 시기를 막론하고 개인의 지능이나 성격에 영향을 크게 미치고 재물운이나 관운, 성공운 등에 주도적 작용을 하므로 인생의 구심점으로써 중추적 기능을 한다고 본다.

(3) 이격(利格)

성(姓)과 이름 끝 字의 획수를 합한 수로 결혼과 환경 운을 강하게 지배한다. 연령상 40에서 55세 사이로 중년에서 말년의 초반까지에 해당한다. 이격은 중년과 말년운을 지배할 뿐만 아니라 대인관계나 사회적인 운, 부부관계의 운을 주관한다고 하여 외운(外運)이라고도 한다. 인덕의 유무라든가 사회활동에서의 득과 실은 이격의 영향력이라고 본다.

(4) 정격(貞格)

성(姓)과 이름 상하의 획수를 모두 합한 수로 일생을 종합한 총체적인 운을 지배한다. 연령상 55세 이후부터 말년 운을 지배한다. 정격은 일생동안의 운세와 성격, 재물운과 관직운 등 모든 길흉화복에 관여한다.

예) 원형이정격의 예문

이격(11획:新成格, 삼원오행:木)

金(8획) 先(6획) 于(3획) = 정격(17획:勇進格)

형격(14획:離散格, 삼원오행:火) 원격(9획:窮迫格, 삼원오행:水)

3. 음오행(音五行)과 자변오행(字邊五行)

1) 음오행(音五行)

한글이나 한자를 막론하고 발음되는 글자의 자음을 기준으로 하여 오행으로 나누고, 이를 음오행(音五行) 또는 音響五行(음령오행) 이라고도 하는데 글자의 發音源(발음원)에 의하여 정하는 오행법칙이다.

소리에는 宮商角徵羽(궁상각치우)의 오음이 있다. 宮音은 오행 상 土요, 商音은 오행 상 金이요, 角音은 오행 상 木이요, 徵音은 오행 상 火요, 羽音은 오행 상 水이다. 사람이 소리를 발하는 기관은 이(齒)와 혀(舌)와 입술(脣)과 어금니(牙)와 목구멍(喉)으로써, 이 다섯 군데 기관에서 각각 궁상각치우의 오음이 발하므로 이를 오행으로 분류한 것이 音五行이다.

즉, 다음과 같이

宮音(喉)은 오행상 土로, 자음의 글자가 ㅇ·ㅎ으로 발음되고,

商音(齒)은 오행상 金로, 자음의 글자가 ㅅ·ㅈ·ㅊ으로 발음되고,

角音(牙)은 오행상 木로, 자음의 글자가 ㄱ·ㅋ으로 발음되고,

徵音(舌)은 오행상 火로, 자음의 글자가 ㄴ·ㄷ·ㄹ·ㅌ으로 발음되고,

羽音(脣)은 오행상 水로, 자음의 글자가 ㅁ·ㅂ·ㅍ으로 발음한다.

2) 자변오행(字邊五行)

字邊五行이란 한자의 변으로 오행을 정하는 것을 말한다. 예를 들면 林·朴·東 등의 글자는 오행 상 木이고, 炯·炳·烈 등의 글자는 오행 상 火이고, 地·基·培 등의 글자는 오행 상

土이고, 錫·鎬·錢 등의 글자는 오행 상 金이고, 池·泳·江 등의 글자는 오행 상 水이다.

자변(字邊)에 따른 오행 소속 글자를 더 살펴보면,

木=> 木·艹·禾·矛·衣·竹·米·糸·角·豆·青·風·
香·麻·黍·龍·生·食

火=> 火·忄·心·灬·日·目·示·馬·鳥·見·赤·飛·高

土=> 土·己·田·石·羊·辰·里·阝(左)·黃·山·阝
(右)·牛·穴·艮·谷

金=> 金·刀·刂·戈·玉·白·貝·辛·酉

水=> 水·氵·冫·子·女·口·井·月·玄·血·魚·黑 등으로 나눌 수 있다.

4. 음령오행(音靈五行)과 삼원오행(三元五行)

1) 음령오행(音靈五行)

글자를 발음할 때 초성이나 종성의 소리가 ㄱ. ㅋ으로 발음되면 오행 상 木으로 보며, 발음이 ㄴ. ㄷ. ㄹ. ㅌ으로 발음되면 오행 상 火로 본다. 초성이나 종성의 발음이 ㅇ. ㅎ으로 발음되면 오행 상 土로 보며, 발음이 ㅅ. ㅈ. ㅊ으로 발음되면 오행으로는 金으로 보고, 초성이나 종성의 발음이 ㅁ. ㅂ. ㅍ으로 발음되면 음령오행 상 水로 본다.

성명에서 음령오행을 알아내는 방법은 간단하다. 예를 들어 '김선우' 하면 ㄱ, ㅅ, ㅇ이 각 이름자의 초성자음이 된다. 이를 <표2>를 기준으로 음령오행화(音靈五行化)하면 김의 ㄱ은 木이고, 선의 ㅅ은 金이 되고, 우의 ㅇ은 음령오행 상 土가 되므로 '김선우'의 음령오행은 <木金土>로 이루어진 음령오행의 성명구조가 된다. 그런 다음 '음령오행과 삼원오행의 길흉' 편에서 <木金土>를 찾아보면, <木金土>는 초실후득운(初失後得運)이 되어 중간 정도의 운세적 특징을 갖고 있다는 것을 알 수 있다.

참고로 음령오행과 천간지지 오행조견표를 살펴보면 <표2>와 같다.

오행조견표<표2>

오행	음령오행	천간오행	지지오행	오음	오음계
木	ㄱ, ㅋ	甲, 乙	寅, 卯	아음(牙音: 어금니소리)	각(角)
火	ㄴ, ㄷ ㄹ, ㅌ	丙, 丁	巳, 午	설음(舌音: 혓소리)	치(徵)
土	ㅇ, ㅎ	戊, 己	辰, 未 戌, 丑	후음(喉音: 목구멍소리)	궁(宮)
金	ㅅ, ㅈ, ㅊ	庚, 辛	申, 酉	치음(齒音: 잇소리)	상(商)
水	ㅁ, ㅂ, ㅍ	壬, 癸	亥, 子	순음(脣音: 입술소리)	우(羽)

2) 삼원오행(三元五行)

삼원오행(三元五行)이라 함은 천지인(天地人) 三才를 중심으로 天은 원·형·이·정 사격 중에서 이격(天)으로 하늘이 준 선천적 환경과 부귀빈천 할 기회를 살펴보는 곳이며, 地는 원·형·이·정 중에서 원격(地)으로 땅에 콩 심으면 콩 나고 팥 심으면 팥 나듯이 시간과 노력을 투자하여 얻게 되는 수확의 정도와 기회를 살펴보는 것이고, 人은 원·형·이·정 중에서 형격(人)을 중심으로 자신의 능력을 발휘하여 다가오는 부귀빈천의 기회를 어느 정도 차지할 것인가를 살피는 것이 삼원오행(三元五行)이다. 三才란 인생에 있어서 세 번 찾아오는 기회를 의미하기 때문에 천지인 중에서 어느 운을 가장 강하게 영향 받을지 살피는 곳이기도 하다. 인생에 딱 세 번 찾아온다는 기회는 각각 하늘이 주는 기회와 땅이 주는 기회와 자신이 만드는 기회를 의미하기도 한다.

삼원오행의 구성 원리는 예와 같이 원·형·이·정격을 뽑은 후에 이를 다시 이격, 형격, 원격 순으로 오행을 차례대로 나열하면 상생 상극의 관계가 성립된다. 이 상생상극의 원리로 운세를 판단하는 것이 바로 삼원오행이다.

예) 원형이정과 삼원오행

이격(11획:新成格, 삼원오행:木)

金(8획) 先(6획) 于(3획) = 정격(17획:勇進格)

형격(14획:離散格, 삼원오행:火) 원격(9획:窮迫格, 삼원오행:水)

삼원오행은 이격(木)+ 형격(火)+ 원격(水)이므로, 金先于의 삼원오행은 木火水로 질병재액운(病疾災厄運)에 해당된다. 삼원오행 운세는 木火水(질병재액운)가 되어 흉하다고 판단한다.

삼원오행과 음령오행의 길흉과 운세를 살펴보면 다음과 같다.

3) 삼원오행과 음령오행의 길흉

木木木 (吉): 입신출세운(立身出世運)

인격이 곧고 인내력이 강하여 의지력과 끈기로 성공을 쟁취하고 사업을 부흥시키는 입신출세 운이다. 가정 운과 자녀 복이 있어서 가정이 편안하다. 심신이 건강하고 장수한다.

木木火 (吉): 발전상승운(發展尙昇運)

하는 일마다 순조롭게 발전하여 목적을 달성하고 마침내는 부귀공명 하게 되는 발전상승운이다. 부부관계나 자녀교육에 적극적인 관심과 노력을 요한다. 총명하지만 지나치게 예민한 경향이 있다.

木木土 (中): 고난평길운(苦難平吉運)

일이 순조롭지 못하여 도모하는 일마다 힘겹게 이루어지는 고난평길 운이다. 친절하고 사교술이 뛰어나서 사람들의 호감을 받는다. 기초가 튼튼하여 아래 사람과 자녀에게 베푸는 것이 많은 편이다.

木木金 (凶): 성쇠부침운(成衰浮沈運)

성공이 있으나 장애와 모략으로 운세가 불안하며 성패의 굴곡이 많다는 성쇠부침 운이다. 의리가 있으나 완고하고 오만하여 남과 어울리지 못하는 경향이 있다. 교통사고와 호흡기질환에 주의해야 한다.

木木水 (吉): 타관열정운(他關熱情運)

기반이 충실하지만 타지로 떠났을 때에 비로소 열정적으로 노력한다는 타관열정 운이다. 재와 명예 운은 좋으나 외부내빈형이 많은 것이 특징이다. 병약하므로 건강증진에 노력을 기울여야 한다.

木火木 (大吉): 봉비만리운(鳳飛萬理運)

맨손으로 출발하여 큰 부를 이루거나 선망 받는 공명이 사해에까지 떨치게 된다는 봉비만리 운이다. 이배치와 같은 오행 조직은 쉽게 성내고 쉽게 풀어지기 때문에 여자에게는 매력적인 결합이다. 인덕으로 지위와 재산이 안정되며 부모와 자녀의 덕을 보지만 색을 조심해야 한다.

木火火 (中吉): 조급열정운(躁急熱情運)

용감하고 과단성은 있으나 성질이 매우 급하고 감정이 예민하여 희로애락을 쉽게 표현하는 조급열정 운이다. 허영과 사치를 즐기며 비현실적인 일을 벌이는 경우가 있다. 심장질환과 고혈압 등의 우려가 있으며 이성을 주의해야 한다.

木火土 (大吉): 점진공명운(漸進功名運)

중후한 인품을 지닌 당신은 부모나 위아래 사람들의 도움으로 순조롭게 발전하여 점차로 부귀를 얻는 점진공명 운이다. 기초가 튼튼하고 좋은 가정환경 덕택에 건강 장수를 누린다. 감수성이 강하고 친절한 편이다.

木火金 (凶): 풍파공허운(風波空虛運)

일시적인 성공은 있으나 풍파로 인하여 실속과 노력한 보람이 도로 귀공하는 풍파공허 운이다. 혈육의 덕이 적으며 우수한 지혜를 발휘할 기회가 주어지지 않는다. 불화로 심신이 피로해지며 장과 신경질환을 주의해야 한다.

木火水 (凶): 질병재액운(疾病災厄運)

처음에는 부모와 윗사람의 혜택으로 편안함을 누리지만 끝이 좋지 않아서 중년부터 쇠퇴운에 접어들어 재난이 따르고 질병으로 고생하게 된다는 질병재난 운이다. 성질이 강렬하여 남에게 지기 싫어하므로 잘 다투는 편이다.

木土木 (中): 무친자성운(無親自成運)

부모와 연이 박하고 자녀 덕도 적어서 고독한 상이지만 음양이 화합하여 가도창달(家道暢達)하고 필히 자수성가한다는 무친자성 운이다. 가정불화로 위장병과 신경쇠약의 우려가 있다. 마음이 유약한데 호기심이 많아 쓸데없는 짓을 가끔 한다.

木土火 (吉): 평길발전운(平吉發展運)

인내력이 있어 상하의 도움으로 어느 정도의 사회적 성공이 가능하다는 평길발전 운이다. 부모의 유산이 적더라도 자수성가하여 가정을 원만히 이끌어 간다. 불평이 많아서 재액을 스스로 불러들이는 경우가 종종 있다.

木土土 (中): 인내성공운(忍耐成功運)

성공 운이 억압되어 발전하지 못하기 때문에 칠전팔기하는 인내와 노력이 있어야만 소기의 목적을 달성하는 인내성공 운이다. 내향적이면서 신중하게 처신하므로 전문직을 갖는 것이 좋다. 가정불화가 따르며 눈과 호흡기계통을 주의해야 한다.

木土金(中): 희득비실운(喜得悲失運)

소극적이고 조심성이 많아서 활발하지 못하기 때문에 좋을 때는 득이 따르고 비관적일 때는 실이 따르는 희득비실 운이다. 환경이 나쁘더라도 적극적으로 방향전환을 꾀하면 발전하게 되는 길한 오행배치이다. 자손 운은 좋으나 속병알이를 조심해야 한다.

木土水(凶): 조업파란운(祖業破亂運)

성질이 꽁하고 융통성이 부족하여 부모가 물려 준 조업을 오래 지키기 힘들다는 조업판란 운이다. 파란과 가변성이 많아서 성공을 기대하기 어렵다. 운명이 기구하여 큰 화는 면해도 작은 화는 면하기 어렵다.

木金木(凶): 암야행인운(暗夜行人運)

여러 액난이 많고 가정 운도 불행하여 근심과 고통으로 어두운 밤길을 걷는 격인 암야행인 운이다. 고집이 세고 의심이 많아 사교 관계가 원만하지 못한 편이다. 뇌질환과 부상으로 인한 불구가 되는 수가 많으므로 특히 교통사고를 조심해야 한다.

木金火(大凶): 병액신고운(病厄辛苦運)

분수를 모르고 언행을 경솔히 하는 경향이 있으며 각종재난이 연속적으로 발생하여 고통의 병액이 따른다는 병액신고 운이다. 육친의 덕이 없을 뿐만 아니라 가정불화까지 겹쳐서 부상으로 인한 질병과 자해에 의한 신체손상으로 고생하는 경우가 많다. 신경질적이지만 두뇌는 우수하므로 좋은 여건을 만들어 주면 공명을 얻기도 한다.

木金土 (中): 초실후득운(初失後得運)

말이 많고 불평불만이 많아서 초기에는 어려움을 겪지만 극진한 노력 덕택으로 중반 이후에는 소기의 목적을 달성한다는 초실후득 운이다. 일상생활에서 심신이 과로하게 되어 불평과 병액을 초래할 수 있다. 점차로 가정이 화목해지고 자녀의 효성이 늘어난다.

木金金 (凶): 언행난쟁운(言行難爭運)

재주가 뛰어나지만 천성이 완강하고 시비를 잘하여 인화를 하지 못하므로 언행에 자주 트러블이 발생하는 언행 난쟁 운이다. 부모와 주위 사람들에게 거만하고 무례한 인상을 주지 않으려는 수신이 필요하며 가정적인 자세를 가져야 한다. 뇌와 골절상을 주의해야 한다.

木金水 (凶): 만사좌절운(萬事挫折運)

불안과 번민이 잦고 질투심과 반발심이 강하여 노력한 보람도 중도에 수포로 돌아간다는 만사좌절 운이다. 초년은 편안하게 지내나 중년 이후에 재난과 비운 때문에 발전하는가 싶으면 곧 몰락하는 경우가 많다.

木水木 (吉): 발전성공운(發展成功運)

온후한 성품으로 윗사람을 잘 공경하고 아랫사람을 사랑하기 때문에 뜻하는 일마다 순조롭게 발전하여 성공한다는 발전성공 운이다. 부모와 자녀 덕은 약하지만 비교적 순탄한 운이며 성명 수리마저 길한 격을 이루면 크게 성공한다.

木水火 (凶): 속성속패운(速成速敗運)

일시적 성공발전을 거두게 되면 기초가 불안정하여 급변이나 급화로 인하여 속패하게 되는 속성속패 운이다. 가정불화가 있는 배치이므로 처자를 극하는 비운이 있다. 감정이 예민하고 신경질적인 면이 있으므로 심장병과 변사를 조심해야 한다.

木水土 (凶): 외화내빈운(外華內貧運)

일시적인 성공으로 뽐내기를 좋아하지만 내면이 불안정하여 기반이 점점 허물어져간다는 외화내빈 운이다. 부모의 덕으로 안락함을 일시적으로 누리지만 중년 이후는 사업 실패와 질병으로 어려움을 겪게 된다.

木水金 (中): 재명성취운(財名成就運)

성공이 순조롭고 기초가 안정되어 재물과 명예를 함께 얻을 수 있는 재명성취 운이다. 그러나 수리가 길하면 성공하지만 수리가 나쁘면 분수에 넘치는 일을 하다가 실패한다. 육친의 덕과 상하의 조력은 좋은 편이다.

木水水 (中): 이기부침운(利己浮沈運)

일시적 성공은 순조로우나 이기적이고 인색하여 욕심이 많기 때문에 얻은 재물과 명예마저도 이기심에 좌우된다는 이기부침 운이다. 부호장수자(富豪長壽者)가 이 오행 배치에서 종종 나오기도 한다. 독신 생활을 주장하는 사람에게 좋은 편이다.

火木木 (吉): 순탄대로운(順坦大路運)

기초가 튼튼하고 귀인의 도움이 많아서 순조롭게 발전하며 쉽게 성공한다는 순탄대로 운이다. 재능이 탁월하여 순운을 타고 큰 발전을 한다. 외유내강의 노력가이지만 남과 다투기를 좋아하는 편이다. 가정이 화목하며 부귀장수를 누린다.

火木火 (吉): 부귀장수운(富貴長壽運)

끈임 없이 부지런히 노력하기 때문에 발전이 현저하고 목적을 쉽게 달성하여 부와 명예를 얻어서 장수하는 부귀장수 운이다. 근면 성실하여 별다른 재난 없이 화평하다. 이해력이 부족하여 다른 사람과 다투는 경우가 가끔 있다.

火木土 (中): 선길후흉운(先吉後凶運)

순조로운 발전을 하다가도 의외의 장애에 부딪쳐 급변하여 몰락하는 비운이 따른다는 선길후흉 운이다. 윗사람은 존경하고 아랫사람에게는 엄숙하게 대하는 편이다. 호색가로 색난을 당할 수 있으므로 이성에 주의해야 한다.

火木金 (凶): 시종병액운(始終病厄運)

신경과민하고 박력이 부족하여 끝까지 밀고 나가는 힘이 부족하며 질병과 액이 따른다는 시종병액 운이다. 기초 운의 동요가 심하여 유랑하거나 사람들의 배신을 조심해야 한다. 가정 운이 약하므로 가정화목에 힘을 기울이고 뇌와 흉부질환 등에 주의해야 한다.

火木水 (大吉): 천지인화운(天地人和運)

다소의 풍파는 있으나 젊어서는 부모의 덕을 입고, 결혼해서는 부부 화락하고 늙어서는 자손의 효성을 받는 천지인 삼재를 겸비한 천지인화 운이다. 빈손으로도 큰 뜻을 이루며 특히 학술이나 기능 방면은 매우 길하다. 자선사업을 하는 사람에게는 명예가 따른다.

火火木 (吉): 왕성융창운(旺盛隆昌運)

명석한 두뇌와 열화 같은 추진력으로 매사를 속결하여 큰 업적을 왕성하게 이룬다는 왕성융창 운이다. 대인관계가 성실하여 사람들에게 호감을 사며 여자는 명랑하고 애교가 만점이다. 상하관계가 원만하며 심신이 건전하여 장수한다. 매사에 운이 융창하여 순조롭게 발전한다.

火火火 (凶): 급진불안운(急進不安運)

급진적인 발전이 있으나 기초가 박약하고 내구력이 부족하므로 방심하여 실패할 우려가 있다는 급진불안 운이다. 성질이 불같이 급하여 참을성이 적으나 매사에 열정적이고 용감하다. 경솔하게 행동하다 각종 재난을 만나 실패하는 경우가 있다. 가정불화로 심장병과 혈압이 염려된다.

火火土 (吉): 수양화합운(修養和合運)

성격이 급하면 만사에 어려움이 많으므로 침착한 태도를 갖으려고 심신을 수신해야 대길해진다는 수양화합 운이다. 가정이 화목하고 사회적인 사업으로 후세에 이름을 남기는 사람이 많다.

단 색난과 단명을 주의해야 한다.

火火金（凶）: 유시무종운(有始無終運)

운세가 불안정하여 난관에 빠지기 쉽고 출발은 호랑이를 잡을 듯하나 끝에는 토끼도 잡지 못한다는 유시무종 운이다. 허영심이 많고 실속이 없어서 겉치레에 치중한다. 내면이 불안하고 심신이 과로하여 처자를 극하는 경향이 있다. 건강은 뇌와 호흡기를 특히 조심해야 한다.

火火水（大凶）: 재명풍파운(財命風波運)

대단히 불안정한 운명으로서 의외의 변란이 생겨서 재명(財命)을 상실하거나 인생살이에 풍파가 많다는 재명풍파 운이다. 일을 성급하고 소심하게 처리하여 좋은 기회를 자주 잃는다. 건강은 뇌출혈과 심장마비를 조심하고 가정적인 생활태도를 가져야 한다.

火土木（中）: 선길후쇠운(先吉後衰運)

부모와 주위의 덕으로 별탈 없이 지내다가 중년 이후부터 운기가 쇠퇴하여 곤고를 겪는다는 선길후쇠운이다. 가정운이 약하고 자녀가 귀한 편이다. 건강은 위장병과 속병을 조심해야 한다. 아량이 넓으며 대인관계가 원만하다.

火土火（吉）: 상하조력운(上下助力運)

이해심이 많고 기초가 튼튼하여 위아래로부터 도움을 받아 성공발전 한다는 상하조력 운이다. 특히 심덕이 후하여 선조와 윗사람의 후광효과가 크게 작용한다. 가정이 화목하고 심신이 건강하여 장수를 누린다.

火土土 (吉): 온후음덕운(溫厚陰德運)

인품이 후덕하고 심신이 건실하여 조상의 음덕과 항상 화기애한 기운이 감돈다는 온후음덕 운이다. 노력형에 속하므로 주위로부터 신망을 얻어 평탄하게 발전한다. 가정생활이 행복하며 건강한 생활을 영위한다.

火土金 (大吉): 부귀평범운(富貴平凡運)

부모형제와 양가의 도움으로 빠른 기간 내에 성공하여 순탄하면서도 평범한 길을 걸어간다는 부귀평범 운이다. 이배치는 최길운의 하나로 재관운과 가정 운이 양호하다. 신체가 허약하여 가끔 가정 운에 영향을 미치기도 한다.

火土水 (凶): 망망대해운(茫茫大海運)

윗사람의 지원으로 일시적으로 성공과 안정을 얻지만 불의의 재난으로 큰 바다에 떠 있는 배와 같다는 망망대해 운이다. 급변몰락 하는 바람에 흉운이 건강에 미쳐 위장병과 심장병으로 고생하는 경우가 많다.

火金木 (大凶): 개화풍란운(開花風亂運)

운명이 억압되어 꽃이 피자마자 뜻밖에 돌풍이 불어오는 격으로 일이 성사직전에 좌절하거나 실패를 맛보게 되는 개화풍란 운이다. 겉으로는 안정되어 보이더라도 실속이 없어서 노력에 대한 결실이 적다. 가정불화에 이별수가 있어서 처자를 극하는 경향이 있다. 건강은 머리와 장이 약하다.

火金火 (大凶): 만사좌절운(萬事挫折運)

언행이 경망스러워 구설수가 따르며 자포자기를 쉽게 하는 바람에 하는 일마다 좌절하게 되는 만사좌절 운이다. 육친과 인연이 적어서 고독한 인생을 보낸다. 흉한 배치이므로 건강은 자해, 부상, 발광, 신경성질환과 호흡기에 주의해야 한다.

火金土 (凶): 선곤후길운(先困後吉運)

초기의 가혹한 시련과 병액을 돌파하면 중년 이후에 발전과 부귀가 찾아온다는 선곤후길 운이다. 가정불화와 자녀의 불효로 고민하고 남의 멸시를 받게 된다. 자신의 총명함을 뽐내고 싶어서 다른 사람의 옳고 그른 것을 비평하기를 좋아한다.

火金金 (凶): 재난연속운(災難連續運)

포부는 크나 뜻대로 되지 않으니 불평불만이 생기게 되고 하는 일마다 재난과 실패가 따르는 재난연속 운이다. 재능은 출중하나 잘난 체하여 사람들의 비난을 받는다. 건강은 심장, 신경성질환과, 호흡기를 주의해야 한다.

火金水 (凶): 파란만장운(波瀾萬丈運)

두뇌 명석하고 부모의 덕도 있으나 성공 운이 억압되어서 불우불신 하고 변란이 많다는 파란만장 운이다. 건강은 뇌출혈과 심장마비로 급사하는 경우도 있으니 주의해야 한다. 감정이 예민하고 의심이 많은 편이다.

火水木 (凶): 재난곤고운(災難困苦運)

어려운 역경을 뚫고 일시적 성공은 거두지만 의외의 재난 때문에 일이 수포로 돌아가서 어려움이 연속된다는 재난곤고 운이다. 소심하고 버릇이 없어서 품행이 불량하다. 건강은 질병으로 고생하며 폐, 신장, 심장과 혈관계통을 주의해야 한다. 뛰어난 자녀를 두게 된다.

火水火 (凶): 재난이별운(災難離別運)

재난이 자주 닥쳐서 생활이 불안정할 뿐만 아니라 가정적으로도 불화가 연속되어 이별하게 되는 재난이별 운이다. 병액이 심하면 자살과 발광에 이르므로 뇌일혈과 심장마비를 조심해야 한다. 재난이 많으므로 가정과 사회에서 신용을 잃지 않으려는 노력이 필요하다.

火水土 (大凶): 풍파연속운(風波連續運)

풍파와 성패가 많아서 급변으로 몰락하기 쉬우며 병액이 자주 발생하여 곤고를 겪게 되는 풍파연속 운이다. 가정 운과 자손 운도 약하다. 질병은 위장병, 심장병과 신장병을 조심해야 하며 수리마저 나쁘면 변사와 단명 운이 있다. 자존심이 강하여 다른 사람을 잘 헐뜯는 편이다.

火水金 (凶): 외화내빈운(外華內貧運)

겉으로는 안정된 것 같으나 내면은 불안하고 인덕이 없어서 배신을 당하여 내실이 없는 외화내빈 운이다. 불평불만이 많고 고심번뇌로 뜻밖의 재난을 불러들인다. 육친 처자와의 인연이 적어서 가정적으로 불행하다.

火水水(凶): 무덕병액운(無德病厄運)

부모 처자와의 인연이 없어서 무덕하고 머리와 심장이 허약하여 병난을 가져오는 무덕병액 운이다. 일시적 성공을 하더라도 불의의 재난으로 몰락하게 된다. 자존심이 강하여 자기보다 잘난 사람이 없는 것처럼 생각하는 경향이 있다.

土木木(中): 외화내빈운(外華內貧運)

외견상으로 운기가 강하고 양호한 것 같으나 내심은 고심과 곤란이 많아서 목적달성이 대단히 늦어진다는 외화내빈 운이다. 외유내강하여 윗사람에게 복종하려는 마음이 적다. 노력가이지만 발전이 느려서 고민을 자주 한다.

가족과의 인연이 박한 편이며 건강은 위장병과 신경통을 조심해야 한다.

土木火(中): 역경발전운(逆境發展運)

성공 운이 비교적 느리고 역경이 많으므로 어려움을 물리치고 역경을 돌파해야 성공을 거두게 된다는 역경발전 운이다. 의지력만 견고하다면 노력 덕택에 점진적으로 발전하여 성공한다. 생활이 점차 안정되며 자녀 운이 좋다.

土木土 (凶): 노공무상운(努功無常運)

주관을 가지고 열정적으로 노력하지만 성공 운이 희박하여 노력한 공마저 없어진다는 노공무상 운이다. 결국은 자신이 노력한 만큼 성과를 얻지 못하는 불운한 오행 배치이다. 건강은 신경쇠약, 위장과 간장을 조심해야 한다.

土木金 (大凶): 수하배신운(手下背信運)

환경이 급변하여 이루어지는 일이 적은데다 아랫사람에게 배신을 당하기 쉽다는 수하배신 운이다. 안일과 오락을 추구하며 윗사람과의 트러블이 잦은 편이다. 가정사를 등한히 하여 배우자를 불안하게 한다. 일상생활에서 아랫사람을 항상 조심하여 다루고 호흡기와 소화기계통을 주의해야 한다.

土木水 (凶): 병액신고운(病厄辛苦運)

정직하게 노력하므로 겉보기에는 성공 운이 있어 보여도 변란이 생겨서 질병과 액으로 인하여 재물과 생명까지도 잃기 쉽다는 병액신고 운이다. 특히 건강은 신경성과 위장병을 조심해야 한다. 일을 추진하면 거의가 용두사미 꼴이 되며 가정 운도 약한 편이다.

土火木 (吉): 귀인공명운(貴人功名運)

기초가 튼튼하고 아랫사람과 처의 도움을 받아서 공명을 얻는다는 귀인공명 운이다. 여자는 활동적이고 적극적이면서도 온순한 성격이다. 순조롭게 발전하여 재물과 관직을 모두 얻는다. 심신이 편안하여 장수한다.

土火火 (吉): 호기성공운(好機成功運)

기초 운이 약하므로 호기에 맞추어 다른 사람의 도움이 있게 되면 크게 성공하여 이름을 떨친다는 호기성공 운이다. 기회를 잘 이용하려면 인내력과 침착성을 쌓아야 한다. 여자는 명량하고 애교가 넘치지만 남자는 괴벽이 있어서 심적인 고독을 느낀다.

土火土 (吉): 성실발전운(誠實發展運)

평범한 희망으로 분수를 지키며 허욕을 부리지 않기 때문에 순조롭게 발전하여 성공한다는 성실발전 운이다. 대인 관계가 원만하며 적극적인 노력형이다. 초반부터 기반이 튼튼하여 일취월장한다. 생활은 윤택하지만 신장과 혈압을 조심해야 한다.

土火金 (凶): 만난자성운(萬難自成運)

성공 운이 강하여 목표달성은 용이하지만 진정한 승자가 되기 위해서는 여러 어려움을 스스로 물리치고 성공해야 한다는 만난자성 운이다. 적극성과 노력은 갖추었으나 성급하여 생각 없이 밀어붙이는 형이다. 가정불화와 이별 등으로 마음의 안정을 잃는다. 병약하므로 과로와 기관지를 조심해야 한다.

土火水 (凶): 이산풍파운(離散風波運)

일시적 성공으로 모은 재물과 명예가 급변한 돌발사태로 인하여 흩어져 버린다는 이산풍파 운이다. 신경이 과민하고 의지가 약하여 변덕스러우며 여자는 이성의 유혹에 잘 넘어가는 편이다. 가정불화와 손재로 생활이 불안정해져서 병액이 우려된다.

土土木(凶): 외화내허운(外華內虛運)

기초 운이 불안정하여 변화와 이동이 생기기 쉬운데다가 능력마저 부족하므로 내적인 컴플렉스를 감추기 위하여 외양을 화려하게 하는 외화내허 운이다. 정직하나 뽐내기를 좋아하고 여자는 매력적이다. 중년 이후에 성공하는 경우도 있다. 가정불화에 신경쇠약과 복부질환으로 고생할 수 있다.

土土火(吉): 과욕지화운(過慾之禍運)

기초 운이 튼튼하여 성공발전을 얻지만 과욕을 부리는 바람에 화를 자초한다는 과욕지화 운이다. 성공이 다소 늦더라도 과욕을 부리지 않으면 상당한 명리와 발전이 있다. 가정 운이 좋은 편이며 건강하여 장수한다.

土土土(吉): 대기만성운(大器晩成運)

성공 운이 느리기는 해도 성실하고 착실하게 쌓아가므로 세월이 흐를수록 확실한 성공을 한다는 대기만성 운이다. 소년시절은 고생하나 중년 이후에 대기만성 한다. 이 배치에 수리가 길한 격이면 명예와 부를 떠나 완전한 사회적 재벌가로 발돋음 한다. 성격이 괴팍하고 정조관념이 부족한 것이 약점이다.

土土金(吉): 평길발전운(平吉發展運)

평탄한 길에서 순조롭게 발전하여 재액을 잘 모면하며 생활한다는 평길발전 운이다. 정직하지만 소극적이어서 비약적인 발전이 없다. 가정이 화목하고 심신이 건강하여 장수를 누리지만 색난의 우려가 있다.

土土水 (凶): 고집불통운(固執不通運)

의리를 중히 여기고 언변이 좋으나 복종심이 약한 완강한 성격이라 원만한 대인관계가 어렵다는 고집불통 운이다. 잘 되어가던 일이 기초가 불안정하기 때문에 급변이 발생하여 재물과 생명을 상실할 우려가 있다. 가정풍파로 인하여 뇌일혈, 심장마비와 위장병이 염려된다.

土金木 (中): 상신하배운(上信下背運)

윗사람의 신임과 도움으로 일시적인 성공을 거두더라도 기초운이 박약하고 아래 사람의 배신으로 일이 어렵게 된다는 상신하배 운이다. 감정이 예민하고 재치가 있으나 의심이 많고 소심하다. 부모 덕은 있어도 처자와의 인연은 좋지 않아서 이별수가 있다. 건강은 신경쇠약과 난치병에 주의해야 한다.

土金火 (凶): 재기무력운(再起無力運)

육친과 주위의 도움으로 일시적인 성공을 거두지만 감정을 억제하지 못하고 과도한 일을 벌리는 바람에 재기하기가 어려워진다는 재기무력 운이다. 자포자기와 환경의 불안으로 가정불화와 자녀의 말썽이 염려된다. 자중하면서 분수를 지키려는 노력이 필요하다.

土金土 (吉): 상하협조운(上下協助運)

기초 운이 튼튼하며 상하의 도움으로 순조롭게 발전한다는 상하협조 운이다. 인품이 중후하여 사람들의 존경을 받으며 부모와 형제 덕을 본다. 원만한 성품에 인덕이 많은 편이다. 가정적으로 화목하고 건강하여 장수한다.

土金金 (吉): 인화발전운(人和發展運)

운이 순조롭게 진행되는 편이지만 도량이 좁은데 자부심이 강하므로 인화에 힘써야 발전한다는 인화발전 운이다. 언행이 건방져 보여 다른 사람의 비난을 받는다. 성명수리가 길한 격이고 인간관계를 원만히 하면 크게 성공한다.

土金水 (吉): 인화부침운(人和浮沈運)

맨주먹의 신분으로 성공하는 운이지만 인화와 순리에 힘쓰면 대성공을 거두고 거만하게 굴면 급전직하로 변란에 빠진다는 인화부침 운이다. 강자에게는 약하고 약자에게는 군림하려는 기질이 있다. 남의 원한을 사지 않도록 노력하면 장수와 오복을 누리는 길한 배치이다.

土水木 (凶): 재다노소운(才多努小運)

운명이 억압되어 하나를 얻으면 다른 하나를 잃기 때문에 재능은 많아도 노력을 하지 않으려는 재다노소 운이다. 실력은 있으나 방심과 태만으로 보람 있는 일을 별로 못해보고 일생을 허비하는 사람이 많다. 심신이 과로하므로 건강은 기관지와 신장을 조심해야 한다.

土水火 (凶): 호기불우운(好機不遇運)

재략은 있으나 지나치게 예민하기 때문에 망설이다가 좋은 기회를 놓친다는 호기불우 운이다. 활동력이 부족하여 좋은 재주를 가지고도 제대로 써먹지 못하고 급변의 재난을 만나는 경우가 많다. 가정 운이 약하여 처자를 극하고 부모의 덕도 적다.

土水土 (大凶): 사면초가운(四面楚歌運)

환경이 불안정하여 사방을 둘러보아도 나를 도와 줄 사람이 보이지 않으니 심신이 불안감에 쌓여 있다는 사면초가 운이다. 생활이 안정되지 못하여 거주지의 이동이 많고 부모 형제의 덕이 약하다. 의외의 재난으로 뇌출혈과 심장마비가 염려된다.

土水金 (凶): 노대성소운(勞大成小運)

노력에 비하여 얻어지는 성과가 미미하므로 불평불만이 많아지는 노대성소 운이다. 포부는 크지만 겹치는 장애로 일이 중도에서 좌절되어 뜻을 이루지 못하는 경우가 많다. 가정 운이 약하며 건강문제로 자주 괴로움을 당한다.

土水水 (凶): 만사귀공운(萬事歸空運)

배짱이 있고 행동이 민첩하여 일시적으로 성공하지만 환경이 급변하여 만사를 어렵게 만들거나 포기하도록 하는 만사귀공 운이다. 이 배치는 자연에 순응하며 사람들과 협력하려는 자세가 필요하다. 종종 비상한 재능을 가진 사람을 배출하기도 한다.

金木木 (凶): 병액고난운(病厄苦難運)

심신이 허약하고 무력하여 각종 질병과 재액으로 인하여 허송세월 하게 된다는 병액고난 운이다. 가족과의 인연이 박하여 홀로 떨어져 외롭게 지낸다. 건강은 신경쇠약, 시력과, 간장이 염려되며 심하면 병액으로 반신불수의 위험이 있다. 부지런하지만 의심이 많아 다른 사람을 잘 믿지 않는다.

金木火 (凶): 다사다난운(多事多難運)

좋으면서도 어려운 일이 많이 발생하여 심신을 피로하게 만든다는 다사다난 운이다. 사업 발전이 느리고 부부간에도 뜻이 맞지 않아 트러블이 자주 발생한다. 감정이 예민하고 자존심이 강하여 다른 사람에게 지지 않으려고 한다. 건강은 두통과 신경쇠약을 조심해야 한다.

金木土 (凶): 심신과로운(心身過勞運)

연속하여 스트레스를 받는 일이 발생하므로 과로와 신경쇠약을 유발한다는 심신과로 운이다. 의심이 많고 남에게 까다롭게 구는 경향이 있다. 생활은 안정되지만 배다른 형제가 생기는 경우도 있다. 목표를 절반도 성취하지 못하므로 목표를 축소하는 경우가 대부분이다.

金木金 (凶): 중도좌절운(中途挫折運)

고향을 일찍 떠나 신고를 당하고 운명과 수족이 억압되어 중도에 좌절을 겪는다는 중도좌절 운이다. 사람들로부터 박해를 많이 받기 때문에 불평불만을 가지고 있다. 가끔 상하의 도움으로 공명을 크게 일으키는 경우도 있다. 건강은 뇌와 호흡기를 조심해야 하며 특히 부상을 예방하여야 한다.

金木水 (中): 선풍후승운(先風後昇運)

전반은 각종 재난과 변란으로 인하여 우여곡절이 많으나 중반 이후는 점진적으로 호전되어 간다는 선풍후승 운이다. 인내력이 강하고 남을 위하는 희생정신이 강하다. 처자와의 인연이 박하여 별거하는 경우가 많다.

金火木 (凶): 욕구불만운(慾求不滿運)

천부의 재능을 가지고도 적성에 맞는 일을 할 기회가 주어지지 않으니 세상에 대한 불평과 불만이 생긴다는 욕구불만 운이다. 여자는 낭만적이고 매력이 넘치는 매너를 가졌다. 한번 성공하면 한번 실패하니 제자리걸음을 벗어나기 힘들다. 정상에 올라서면 자신을 지키려는 노력이 필요하다.

金火火 (凶): 적응부실운(適應不實運)

두뇌가 영민 하지만 적응력이 약하여 스스로 풍파를 불러들이는 바람에 포부를 펴보지 못한다는 적응부실 운이다. 두뇌가 발달한 만큼 다른 신체 부위가 약하여지므로 천식, 호흡기질환과 신경쇠약을 주의해야 한다. 거만하면서도 사람을 꾀는 능력은 탁월하다. 가정적인 자세를 가져야 가족이 화합한다.

金火土 (中): 부덕이산운(父德離散運)

부모에게 물려받은 환경을 더 발전시키지 못하고 오히려 유산마저도 없앨 우려가 있다는 부덕이산 운이다. 잘난 체 수다를 잘 떨며 말재주가 교묘하다. 가정불화로 가정 운이 약한 편이다. 건강은 뇌와 기관지를 조심해야 하며 심하면 발광과 단명의 우려도 있다.

金火金 (凶): 내외상전운(內外相戰運)

내외로 화금(火金)이 상전하니 심신이 과로하여 재난과 병액이 계속된다는 내외상전 운이다. 허풍이 심하여 오만불손하고 독불장군 스타일이다. 건강은 기관지, 치질과 심장병이 염려된다. 색난을 피하려면 풍류와 이성을 조심해야 한다. 처자를 극하지 않도록 수신하는 것이 좋다.

金火水 (大凶): 재액질병운(災厄疾病運)

운세가 불안정하여 발전을 기대하기 어려우며 재난과 급변으로 육친, 처자, 성공과 건강 운이 불길하다는 재액질병 운이다. 고집스러워서 의외의 재난을 자주 당하는 편이다. 정신은 강인하고 행동은 얌전한 면도 있다.

金土木 (凶): 가정풍파운(家庭風波運)

환경의 불안정으로 이동성이 많아서 부모 형제와 불목하고 처자를 극하게 되는 가정풍파 운이다. 자존심이 강하여 남에게 굽히지 않으며 비판력이 뛰어나다. 가정불화가 많은 편이며 건강은 위장병과 간장을 조심해야 한다.

金土火 (吉): 일사천리운(一事千里運)

재관운과 가정환경의 기초 운이 튼튼하여 의외로 빨리 부와 명예를 얻는다는 일사천리 운이다. 수완이 좋아서 윗사람에게는 아부를 잘하고 아래 사람은 들볶는 편이다. 간혹 엉뚱한 재해로 좌절을 겪기도 하며 건강은 뇌출혈과 부상을 조심해야 한다.

金土土 (吉): 목적달성운(目的達成運)

노력형의 성격에 주위의 조력을 한 몸에 받아 순조롭게 발전하여 목적한 부와 명예를 함께 얻는다는 목적달성 운이다. 가정생활도 원만하게 진행되며 심신이 건강하여 장수한다. 매사에 침착하게 대응하여 재액을 피하고 소기의 목적을 달성하는 실속파다.

金土金 (吉): 재물횡재운(財物橫財運)

가정이 화목하고 부모 형제의 덕과 주위의 도움으로 뜻밖의 재물이 생긴다는 재물횡재 운이다. 소극적이기는 하나 인간관계가 원만하여 신용과 명예를 얻는다. 간혹 중년 이후 부부관계에 변화가 오는 경우도 있다. 재물운이 왕성한 것은 사실이지만 과욕을 삼가해야 한다.

金土水 (凶): 돌발재난운(突發災難運)

성공 운이 있어서 명리를 얻으나 성공의 마지막 단계에서 돌발적인 재난이 발생하여 공든 탑을 무너뜨린다는 돌발재난 운이다. 잔꾀를 부리려다 자기 꾀에 자신이 넘어가는 경우가 가끔 있다. 처자의 덕이 적고 돌발적 재난이 많으므로 부상, 조난과 급사를 조심해야 한다.

金金木 (凶): 강약불협운(强弱不協運)

감정이 지나치게 예민하여 괜히 의심하기 때문에 도량이 좁아 보이는 데다 성격까지 과강하여 강약조절이 어렵다는 강약불협

운이다. 상당한 위치에 군림하더라도 강한 성격 때문에 차츰 인기가 하락한다. 반면에 수양을 잘 하면 길운이 이어진다. 가정 불화가 잦아서 처자를 극하거나 부상으로 신체가 부자유스럽게 되는 수가 있다.

金金火 (凶): 언행편협운(言行偏狹運)

자기반성을 못하고 신분에 어긋나는 편협 된 언행으로 불화를 조장한다는 언행편협 운이다. 두뇌는 명석하나 지구력이 없어서 자포자기를 자주 하는 편이다. 건강은 기관지, 뇌와 간질환을 조심해야 한다.

金金土 (吉): 대지대업운(大志大業運)

외교적 수완이 뛰어나고 일이 순조롭게 풀려서 큰 뜻과 업적을 이룬다는 대지대업 운이다. 그러나 수리 구성이 불길하면 개화가 발생하여 어려움을 겪는다. 두령 운은 있으나 도량이 좁기 때문에 분수에 넘치는 일을 추진하다가 실패에 직면하는 경우가 많다.

金金金 (凶): 재승박덕운(才昇薄德運)

재주와 지략이 우수하나 재주만 믿고 잘난 체하므로 주위의 미움을 받게되어 인덕이 없다는 재승박덕 운이다. 성격적인 결함으로 시비와 투쟁이 많아서 돌발 사고를 내거나 형액을 당하는 경우도 있다. 육친과의 불화로 고독하며 재산보전이 어렵다.

金金水（吉）: 일취월장운(日就月將運)

천품이 강직하고 두뇌가 명석하여 하루가 다르게 매사에 성공 발전한다는 일취월장 운이다. 권위의식이 강하고 사람을 깔보는 경향이 있어서 갑자기 궁지에 빠져서 고생하므로 주의해야 한다. 가정불화와 조난의 우려가 있다.

金水木（吉）: 은덕성공운(恩德成功運)

큰 노력 없이도 기초가 튼튼하게 닦아져 부모와 윗사람의 은혜와 덕으로 성공한다는 은덕성공 운이다. 자력으로 입신출세하여 금의환향하는 사람도 종종 있다. 온후한 성품에 재략은 있으나 활동력이 부족한 것이 흠이다.

金水火（凶）: 유업산재운(遺業散財運)

부모와 윗사람의 도움으로 성공하나 과강하고 신경질적이어서 부모의 유업을 지키지 못하고 산재하게 된다는 유업산재 운이다. 가정불화로 처자를 극하며 자녀 운도 약하다. 건강은 심장병과 순환기계통을 조심해야 한다.

金水土（中）: 불의재난운(不意災難運)

자기 위에 사람이 없는 것 같아서 사람들에게 복종 안 하려고 버팅기다가 불의의 일격을 맞고 어려움에 직면한다는 불의재난 운이다. 어느 정도 성공하여 안정된 것 같으나 내면으로는 트러블과 부조화가 계속되어 불안감이 감돈다. 건강은 신장과 위장병을 조심해야 한다.

金水金 (大吉): 순풍발전운(順風發展運)

명랑한 사교와 재치 있는 임기웅변으로 자신의 운세를 높이는데다 육친의 은혜를 입어 순풍에 항해하는 배와 같이 발전한다는 순풍발전 운이다. 가정이 화평해지고 재물도 날이 갈수록 쌓여간다. 건강은 과로에 의한 질병을 주의해야 한다.

金水水 (吉): 태평성세운(太平盛世運)

사람들의 신망을 얻어서 순조롭게 발전하며 편안하고 태평한 세월을 유지한다는 태평성쇠 운이다. 사교성이 좋으나 점차 타산적으로 흘러가서 끝에는 운세가 기울어지므로 평소에 수신을 요한다. 이배치는 자기 실력을 과신하거나 태만에 빠지는 결점이 있다.

水木木 (吉): 선곤후길운(先困後吉運)

부지런하고 강인한 성격을 지니고 있으면서도 남에게 의지하려는 마음이 농후하여 먼저는 곤하고 후는 길하게 되는 선곤후길 운이다. 초기의 어려움을 주위 사람의 도움과 자신의 노력으로 순조롭게 성공시켜 부귀영화를 누린다. 가정은 화평하고 건강하여 장수하는 운이다.

水木火 (大吉): 점진공명운(漸進功名運)

두뇌가 우수하고 이해력이 많은데다 주위 사람들의 도움으로 점차 순조롭게 발전하여 공명을 얻는다는 점진공명 운이다. 심덕이 양호하여 상위의 원조로 가문을 일으키게 되는 길한 배치이다. 늙어서 고독하게 되지 않으려면 덕을 평소에 베푸는 것이 좋다.

水木土 (吉): 선길후평운(先吉後平運)

부모의 여덕과 주위의 도움으로 처음은 순조롭게 발전하고 후반에는 운세가 다소 기울어 평범해진다는 선길후평 운이다. 감수성이 풍부하고 재능이 뛰어난 재목이다. 가정환경이 윤택하며 재물이 점점 늘어나는 운이다.

水木金 (中): 성쇠부침운(盛衰浮沈運)

성공 운이 강하여 발전하나 기초 운이 불안하여 성공을 오래 지탱하지 못한다는 성쇠부침 운이다. 성공과 실패가 엇갈리기는 하지만 의지력만 견고하면 만난을 뚫고 성공하는 운이다. 신경질이 많지만 희생정신이 강하여 다른 사람의 귀감이 된다.

水木水 (吉): 춘풍개화운(春風開花運)

부단한 노력의 결과가 봄바람에 꽃이 피는 격으로 성공을 거둔다는 춘풍개화 운이다. 두뇌가 명석하지만 감수성이 많아서 초년은 어려움이 있으나 중년 이후는 목적을 성취한다. 일이 잘 풀리니 태만한 사고방식을 갖게 되어 사치와 방종에 빠지기도 한다.

水火木 (凶): 허무유랑운(虛無流浪運)

운명이 억압되어 성공이 곤란하고 돌발적 재액이 있어서 열심히 노력한 대가가 도루아미타불 되어 돌아다니는 허무유랑 운이다. 관직보다는 자영업을 영위하는 것이 좋다. 여자는 상냥하고 친절하여 매력적이다. 탐욕을 부리지 않는다면 비교적 안정된 생활을 누릴 수 있다.

水火火 (大凶): 재액급락운(災厄急落運)

성질이 급하고 민감하여 조금만 비위에 거슬리면 포악성을 나타내기 때문에 성공이 차츰 후퇴하여 파란으로 급락한다는 재액급락 운이다. 육친 무덕에 처자식을 잃을 우려가 있다. 왕성한 화기가 약한 물을 고갈시키니 눈, 뇌, 심장과 신장을 조심해야 한다.

水火土 (凶): 다재급변운(多災急變運)

성질이 조급하여 불평불만이 많기 때문에 재화가 많이 발생하여 상황을 급락시킨다는 다재급변 운이다. 성공 운이 약하므로 오직 끊임없는 노력을 해야 궁색을 면할 수 있다. 가정 운은 양호한 편이지만 건강은 심장과 순환기계통을 주의해야 한다.

水火金 (凶): 병액재난운(病厄災難運)

불같은 성격 때문에 영민한 두뇌가 제 기능을 발휘하지 못하고 오히려 심신이 과로하여 질병과 재난이 따른다는 병액재난 운이다. 주위 사람의 음해로 재난이 따르므로 사람들과 조화를 이루어야 한다. 육친의 덕이 없고 신세가 고독하니 처자를 극하기 쉽다. 간혹 이 배치에서 풍운아가 나온다.

水火水 (大凶): 병액단명운(病厄短命運)

생사의 기로를 몇 번이나 헤매다가 재난으로 단명하거나 급사하는 경우가 많은 병액단명 운이다. 운세가 불안하고 자기도취에 잘 빠진다. 가정불화로 이별하거나 처자를 극한다. 건강은 순환기와 심장을 주의하고 수액(水厄)을 멀리해야 한다. 재난으로 재산과 직장을 잃기 쉽다.

水土木(凶): 장해빈발운(障害頻發運)

액운이 중첩되어 직장에서는 트러블이 발생하고 가정에서는 불화가 빈발하게 일어난다는 장해빈발 운이다. 오만하고 편견적이므로 다른 사람의 간섭을 받으려고 하지 않는다. 환경이 불안하여 변동과 이동이 잦은 편이다.

水土火(吉): 기초안정운(基礎安定運)

기초 운이 안정되어 있고 심신이 건강하여 소기의 목적을 달성하기에 누구보다도 유리한 기초안정 운이다. 기초 운이 안정되어 있지만 쟁론과 불화가 자주 찾아오므로 의지력으로 역경을 극복해야 한다. 허영심이 많아서 멋대로 하고 싶어 한다.

水土土(中): 심신과로운(心身過勞運)

승부욕이 강하고 허영심이 많아서 재화와 역경을 스스로 자초하는 바람에 심신을 고달프고 과로케 하는 심신과로 운이다. 어려움을 극복하고 착실한 생활기반을 잡기도 한다. 신체상의 재앙으로 불행에 빠지거나 신장병과 신경통으로 고생하는 경우가 많다.

水土金(吉): 말년회복운(末年回復運)

약간의 실패가 따르기 때문에 운세가 불안하지만 중년과 말년운이 강하므로 모든 것이 말년에 회복되는 말년회복 운이다. 큰 목적을 세우는 것보다 평범하게 살려고 노력하는 것이 좋다. 건강은 신장과 간을 조심해야 한다.

水土水(凶): 과욕재난운(過慾災難運)

운세가 불안한데가 허영심이 많아서 과욕을 부리기 때문에 재난을 불러들인다는 과욕재난 운이다. 투기적인 한탕주의를 노리는 까닭에 몸만 고달프고 성과가 없는 편이다. 건강은 소화불량과 급병을 조심해야 한다.

水金木(中): 가정풍파운(家庭風波運)

기초 운이 불안하고 육친이 불화 하여 이별하는 풍파가 있으니 가정에 근심과 고독이 따르는 가정풍파 운이다. 신경이 예민하고 의심이 많아서 화를 잘 내므로 부상과 형액의 우려가 있다. 가정풍파로 처자를 극하지 않도록 수신하면 평범하게 살아간다.

水金火(凶): 병난신고운(病難辛苦運)

성공 운은 있으나 신체가 과로하여 따라 주지 못하니 심신으로 더욱 안달되어 질병과 급병이 발생한다는 병난신고 운이다. 부모의 덕이 적은 편이며 건강은 폐 계통과 질병을 조심해야 한다. 언행을 조심하고 분수를 지키려는 노력이 필요하다.

水金土(吉): 두령통솔운(頭領統率運)

배짱이 세고 주관이 강하여 제법 두령다운 통솔력을 가지고 있다는 두령통솔 운이다. 지혜가 총명하고 발전이 순조로워서 쉽게 목적을 달성하여 명성을 얻는다. 가정생활이 원만하며 건강하여 장수한다. 간혹 불의의 사고로 몸을 다치는 경우가 있다.

水金金 (吉): 재지우수운(才智優秀運)

거만함과 완강한 성격 때문에 손해를 자주 보지만 재능과 지혜가 뛰어나서 크게 성공한다는 재지우수 운이다. 독선적 인간성으로 인해서 사회나 가정적으로 부적응 행동을 일으키기도 한다. 그러나 부모나 상위자에게는 효성이 지극하고 소행이 단정한 편이다.

水金水 (吉): 사회봉사운(社會奉仕運)

온화하고 겸손한 성격이라 모든 일이 뜻과 같이 이루어지지만 주위에 도와줄 사람이 많이 생긴다는 사회봉사 운이다. 고기가 변하여 용이 되는 격으로 상당한 지위와 부를 얻는다. 투기사업을 피하면 반드시 수복이 굴러 들어오고 귀한 자손을 둔다.

水水木 (吉): 고목생화운(枯木生花運)

마른 나무에 꽃 피듯이 나날이 새롭게 발전하여 상당한 성공을 거둔다는 고목생화 운이다. 성격이 방탕하고 자기 과신을 하는 경향이 있으므로 실패하지 않도록 인격수양을 해야 한다. 가족과의 인연은 박한 편이며 건강은 심장병과 부상을 조심해야 한다.

水水火 (凶): 과신급변운(過信急變運)

민감할 정도로 자신을 과신하다가 갑작스러운 재화로 인하여 상황이 급변한다는 과신급변 운이다. 파란과 곤고로 가정이 불화하여 이별수가 생긴다. 일시적으로 성공하지만 건강 때문에 좌절되는 경우가 있으므로 뇌, 심장과 위장계통을 주의해야 한다.

水水土(凶): 매사장애운(每事障碍運)

직장 일이 풀릴듯하면 건강에 문제가 생기고, 건강이 좋아질 만하면 가정문제가 생겨서 매사가 장애로 인하여 지체된다는 매사장애 운이다. 총명하여 일시적 성공을 거둔다. 건강은 소화불량과 신장병을 조심해야 한다.

水水金(吉): 노력발전운(努力發展運)

노력 덕택에 기초 운이 튼튼하게 발전하므로 성공하여 명예와 재산을 얻게되는 노력발전 운이다. 수리가 길하면 성공 운이 빠르고 수리가 흉하면 병약하거나 단명 한다. 헤프고 방탕하여 가정불화가 발생하므로 고독해지기 쉽다.

水水水(中): 한수범람운(寒水汎濫運)

일시적으로 크게 성공하여 자신에 대한 과신이 대단하여 찬물이 둑을 넘쳐흐른다는 한수범람 운이다. 이 배치는 방심하면 자제와 절제력이 약해져서 길과 흉의 극단으로 달리기 쉬우므로 평소에 수신해야 한다. 간혹 크게 성공하여 부귀영화를 누리는 경우도 있다.

5. 성명 81수리론

1) 길한 성명수리(姓名數理)와 흉한 성명수리

성명의 각 획수를 합한 수로 부귀빈천과 길흉화복을 판단하고 예지하는 것이 성명의 수리론이다. 수리는 성명학에서 가장 큰 영향력을 가지고 있다.

길(吉)한 수리(數理)는 1, 3, 5, 8, 11, 13, 15, 16, 18, 21, 23, 24, 25, 31, 32, 33, 35, 37, 39, 41, 45, 47, 48, 52, 57, 58, 61, 63, 65, 67, 68, 71, 81획 등이 길수(吉數)로서 이 길한 수리가 성명의 원형이정(元亨利貞) 중에서 어느 격에 있더라도, 그 격에 해당하는 운에 좋은 운세를 유도케 하며, 흉을 길로 변하게 하는 작용도 한다.

중간 정도의 길한 수리(數理)로는 6, 7, 17, 29, 38, 51, 53, 70, 73, 75, 77, 78획 등이 중길수(中吉數)에 해당한다.

흉(凶)한 수리(數理)로는 2, 4, 9, 10, 12, 14, 19, 20, 22, 26, 27, 28, 30, 34, 36, 42, 43, 44, 46, 49, 50, 54, 55, 56, 59, 60, 62, 64, 66, 69,, 70, 72, 74, 79, 80획 등이 흉수(凶數)로서 이 수리가 성명의 원형이정(元亨利貞) 중에서 어느 격에 있더라도, 그 격에 해당하는 흉운(凶運)을 유도하고 길을 흉으로 작용하게 한다.

2) 성명 81수리

*1획수: 기본격(基本格) 두령운(頭領運) 남녀-吉

수리의 기본이 되는 으뜸 수로 만물 창시의 근원이며, 희망이 달성되고 성공 운을 유도하는 길한 수리이다. 최상의 권위와 길상을 암시하고 있으므로 자연히 명예, 부귀, 발전, 건강, 장수를 누리는 수리이다. 그러나 자기 과신이나 오만 등의 부덕(不

德)에 흐르면 그 반동으로 인하여 흉한 수로 변하게 되며, 덕을 쌓고 수양하면 좋은 일이 계속 있게 된다.

※2획수: 분리격(分離格) 재액운(災厄運) 남녀-凶

만물만상이 둘로 나누어지려는 징조가 있으며, 모태(母胎)의 암시가 있는 수리이다. 분리와 불안의 뜻을 지니고 있기 때문에 좋은 환경의 혜택이 적은 편이다. 주거와 직업이 안정되지 못하여 가족 간에 생기는 풍파로 인하여 이별 수가 있다. 이 수리가 있는 사람은 용기를 가지고 긍정적이고 진취적인 결단력을 기르려고 힘써야 한다.

※3획수: 형성격(形成格) 명예운(名譽運) 남녀-吉

흩어진 것이 모이고 넘어진 것이 일어나며, 만물이 시생(始生)하여 점점 번식하는 기상의 수리이다. 지혜와 판단력이 출중하므로 약관의 나이에 입신양명하는 좋은 암시가 있다. 이지가 발달하여 두뇌 회전이 비상한 대길수다. 인류 역사 발전에 기여하고 만인에게 이름이 알려지는 순조로움이 있다. 운기가 강하여 행운 수를 타고났지만 자기도취에 빠져 의외의 길로 몰입하는 경우도 있다.

※4획수: 사산격(四散格) 파괴운(破壞運) 남녀-凶

사방으로 흩어져서 파멸되려는 징조를 보이는 수리이다. 분주하지만 마음이 흩어지고 일이 흩어져서 매사가 머리만 있고 꼬리가 없는 격이니 이렇다 할 것을 이루기가 어렵다. 자기주장이 강하고 편벽된 성격을 소유한 사람이 많은 편이다. 가족 간의 이별로 고독 불행하고 심지어는 병난, 형액, 단명의 우려가 있다. 간혹 호걸, 효자와 효녀가 이 수리에서 나오는 경우가 있다. 색난을 조심하고 성격 개조에 노력하여 흉을 최소화하려고 노력해야 한다.

*5획수: 통어격(統御格) 공명운(功名運) 남녀-吉

복과 수를 겸비하고 중추적 위치에 군림하여 사방을 통솔하는 통치자의 수리이다. 큰 업적을 세워 이름을 떨치고 만인의 흠모를 받으며 사업의 기반을 닦아 가는 길한 수리이다. 사교술이 능하므로 신망이 두텁고 육체적으로도 강인하여 질병에 대해서 저항력이 강하다. 재운과 자손 운이 좋은 편이나 이성을 탐닉하다가 좋은 운을 놓쳐버리는 경우가 있다.

*6획수: 계승격(繼承格) 부귀운(富貴運) 남녀-中吉

적어도 우두머리 다음 가는 위치의 일을 맡아서 부귀를 누리는 수리이다. 자연의 은혜와 조상의 음덕을 입어 부귀영화를 누린다. 확고한 신념과 노력으로 조업이나 사회적 대업을 계승 성취하여 부귀영달 하는 수리이다. 책임성이 강하고 매사에 노력하는 타입으로 문학적 잠재능력과 임기응변적 센스가 빠르다. 재물이 늘어나고 명예와 인기가 사방으로 펴져 사회적 지위가 부상되고 가정 운이 길한 수리이다. 여성의 경우는 원만한 가정을 이루며 살림의 주도권을 쥐게 된다. 이 수는 투기로 큰 성공을 거둘 수 있지만, 주색 때문에 노력이 뒤따르지 못하면 호운이 허사가 되기 쉽다.

*7획수: 독립격(獨立格) 발전운(發展運) 남녀-中吉

독립심이 강한 불굴의 인내력과 독행의 노력을 지닌 자수성가형의 수리이다. 독립적인 정신으로 강인하게 노력해 나가면 상당한 지위와 재산을 얻게 된다. 동화력이 부족하고 고집이 세어서 남과 어울려서 하는 일에는 적당치 못하고 혼자 경영하는 독립적인 일에서 빨리 발전한다. 남녀 공히 억세고 자기주장이 강하므로 다른 사람들과 인화하며 가족과 화합하는 정신을 기르도록 수양하는 것이 좋다.

※8획수: 발달격(發達格) 개물운(開物運) 남녀-吉

사교성이 뛰어나고 다소 외고집이 있으나, 의지가 굳고 부지런하여 한번 세운 뜻은 어려움이 있어도 이를 극복하여 달성하려는 기상의 수리이다. 시작은 어렵게 시작하여도 강인한 정신력으로 노력하여 중반 이후에 성공하는 대기만성형 수리이다. 겉은 다정하고 온화하나 속은 강직한 외유내강형의 기풍이 부부해로 하게 만들며, 자손 역시 영특하게 한다. 특히 여자에게는 조금 강한 수리이므로 현실과 이상을 조화시키려는 노력이 필요하다.

※9획수: 궁박격(窮迫格) 불행운(不幸運) 남녀-凶

두뇌가 영민하고 다재다능한 성격이지만, 이상하게도 여러 가지 어려움이 자주 발생하여 중도에 좌절하게 되는 경우가 많다. 때로는 영웅호걸이 이 수리에서 배출되지만 시세가 불리할 때에 태어난 영웅처럼 성공이 중도에 좌절되어 마무리 성공을 보지 못하는 비운과 재난을 암시한다. 이 수리는 병약, 관재, 구설, 조난, 단명과 역경의 수리이며, 특히 여자는 극부하는 수리로 배우자와 자손으로 인하여 근심을 겪거나 화류계로 흐르기 쉽다.

※10획수: 공허격(空虛格) 단명운(短命運) 남녀-凶

포부와 이상은 원대하나 일관성이 없어서 좋은 계획을 세워 놓고도 흐지부지 용두사미가 되어 재산이 흩어지고 공허하게 되는 수리이다. 악의가 없고 세상의 흐름과 사물의 이치에 밝아서 남을 일깨우고 지도하는 데는 능하지만, 자신의 일에 있어서는 실효를 거두지 못하고 유시무종이 된다. 부부간에 이상의 차이로 이별수가 있으며 형액, 불구, 질병과 단명 등의 흉운을 겪는다. 사회적으로 큰 성공을 거두는 수가 있으나, 육친 운이 약하여 고독한 생활을 하는 경우가 많으므로 음덕을 많이 쌓아야 한다.

※11획수: 신성격(新成格) 부흥운(復興運) 남녀-吉

대통령이 되는 수리라고 할 만큼 우리나라 역대 대통령에게 가장 많이 들어있는 수리이다.

실패했던 사업을 일으키고 몰락된 가문을 세우며 잃어버린 명예와 지위를 회복하는 데에 좋은 부흥의 수리이다. 이지적인 사고와 치밀한 계획을 수행함으로써 사회적으로 상당한 명예와 부를 얻어서 차츰 부귀영달을 누릴 운수이다. 차남이라 하더라도 가장의 역할을 하는 수가 많으며, 양자나 양녀로 들어가는 사람에게는 더욱 길하다. 양자양녀와 관계가 깊은 수리다.

※12획수: 박약격(薄弱格) 공허운(空虛運) 남녀-凶

운세가 쇠약하고 자신의 의지도 유약하여 의존하려는 경향성이 농후한 수리이다. 사교와 처세에 있어서는 훌륭한 솜씨를 보이지만, 무리하게 발전하려고 하기 때문에 역량 부족과 조급한 나머지 실패를 거듭하게 된다. 사별, 병액, 역경과 고독이 따르며, 육친 운과 부부의 연이 약하여 고독과 좌절에 빠지기 쉬운 수리이다. 이 수리는 허영심이 강하고 성실성이 적어서 신용을 지키지 않는 경향이 있으므로 생활에 적극적으로 임하려는 자세가 필요하다.

*13획수: 총명격(聰明格) 양명운(揚名運) 남녀-吉

두뇌가 명석하고 지혜가 출중하니 어려운 경지에 처해도 수단과 지략으로 대업을 성취하는 수리이다. 슬기롭고 감정이 풍부하여 문학, 철학과 예능 방면에도 두각을 나타낸다. 기회를 잘 포착하고 사람을 요령 있게 다루니 큰 공적을 세워 명예와 이름을 입신양명하는 운이다. 부부가 해로 하니 가정에 행운과 화목한 분위기가 절로 익는다. 매사가 순조롭고 이지가 뛰어나서 자만심에 빠질 염려가 있으므로 폭 넓게 인격을 쌓으면 금상첨화일 것이다.

*14획수: 이산격(離散格) 파괴운(破壞運) 남녀-凶

포부가 원대하고 지혜로 와서 일을 쉽게 성취하여 상당한 지위와 재복을 누리더라도, 일시적인 성공에 지나지 않는 흉한 수리이다. 공교로운 일이 생겨 성공 문턱에서 좌절되기가 일쑤이므로 자포자기로 엉뚱한 생각을 하는 바람에 스스로 함정에 빠져 몸을 망치는 수가 종종 있다. 인덕과 가정 운이 약하여 타향에서 방랑하며 곤액을 겪는다. 꼼꼼하고 의리에 밝기는 하지만, 상식에서 벗어난 행동과 인색하고 지나치게 냉엄하기 때문에 사람들과 친하기가 어렵다. 본분을 지켜 내려다보고 산다는 생각으로 욕망을 줄이며 예술적인 수양을 쌓아야 한다.

*15획수: 통솔격(統率格) 복수운(福壽運) 남녀-吉

운세가 강하여 매사에 희망적이고 통솔력이 있어서 사람들로부터 존경과 신망을 받는 성공과 번영의 수리이다. 친화성이 있고 지식이 풍부하기 때문에 처세가 원만하고 사회적 지위도 높이 올라 최후의 행복을 얻는다. 초년이 곤궁하더라도 반드시 자립 대성하여 만인의 추앙을 받는다. 가정 운과 자녀 복이 있는 수로서 여성은 온후하여 가정의 평화를 지켜주는 현모양처형이다. 이 수리는 일찍 좋은 운이 오더라도 거기에 안주하지 말고 보다 큰 이상을 향하여 계속 나아가는 것이 바람직하다.

*16획수: 덕망격(德望格) 상서운(祥瑞運) 남녀-吉

남의 어려운 처지를 보살피고 친절을 베풀어서 덕망을 얻어 성공하는 수리이다. 흉운을 피하고 길운을 조장케 하는 수리로 주위로부터 인망과 발전을 불러들인다. 온화하고 겸양심이 있으나 여성적이고 강인한 의지가 결핍된 것이 흠으로 작용한다. 여자는 온후하고 수복이 있어서 안락한 생활을 한다는 암시가 있다. 여자는 직업에 관심이 많아서 결혼이 종종 늦는 편이다. 정치에 관심이 높은 수리임을 자각하고, 권세를 믿거나 무리하게 일을 추진하는 기질을 순화시키려는 노력이 필요하다.

*17획수: 용맹격(勇猛格) 진취운(進取運) 남녀-中吉

일에는 자신의 안위를 불구하고 뛰어드는 성격이므로, 어떠한 어려움을 만나도 두려움 없이 일을 과감하게 처리해 나가는 수리이다. 이 수리는 행운수이지만 수신과 노력에 의하여 자립 대성한다는 암시가 있다. 여자는 활동력이 활발하고 승부욕이 강하여 집 안 일보다 밖에서 활동하는 것이 자신과 가정에 효과적이다. 늦게 결혼하는 경우가 많으며, 이성을 탐닉하는 사람도 비교적 많다. 주의할 점은 타인과 인화에 힘쓰고 가정을 돌보려는 노력을 기울여야 한다는 점이다.

※18획수: 발전격(發展格) 영달운(榮達運) 남녀-吉

의지가 강하고 사물에 밝아 기회를 잘 포착해서 점차적으로 발전시켜 나간다는 아주 길한 수리이다. 천하를 흔들 만한 권세나 억만장자의 부는 얻지 못하더라도 평범한 입장에서 보면 사업은 융창하고 지위는 점차 오르는 이상적인 수리이다. 만난을 물리치고 명리를 얻을 수 있지만 자아심이 세어서 도량이 좁기 때문에 고립되기 쉬운 결점이 있다. 원형이정격의 배합이 좋으면 출중한 인물이 되지만, 배합이 좋지 못하면 신경쇠약이나 불의의 재난을 당하는 수가 있다. 사업가의 기질과 수완이 뛰어난 수리이지만 온유함과 인화의 덕을 쌓을 필요가 있다.

※19획수: 고난격(苦難格) 병액운(病厄運) 남녀-凶

사람은 뛰어나고 똑똑하여 천재적인 재능을 갖추고 있지만 때를 만나지 못한 영웅호걸처럼 하는 일이 중도에 실패와 좌절이 많아 일시적으로 성공을 거두더라도 유종의 미를 거두기 힘든 수리이다. 성패와 굴곡이 심하여 처음에는 비약적인 발전을 하다가도 난관에 봉착하게 된다. 육친과 가족이 무덕하여 이별하기 쉬우며, 질병, 형액, 조난과 단명의 암시가 있다. 이 수리는 덕을 쌓고 업을 닦는다는 마음으로 살아가는 것이 바람직하다.

※20획수: 허무격(虛無格) 단수운(短壽運) 남녀-凶

활동적이고 우수한 두뇌를 자랑하지만 도량이 좁고 의지는 있어도 역량이 부족하여 일이 허공으로 돌아가는 수리이다. 영웅호걸의 기상이 있더라도 공을 세우지 못하고 노력한 일이 수포로 돌아간다. 가족과의 이별, 고생과 낙담 속에서 번민하거나 불의의 재난으로 마음이 편안할 때가 적은 단명 운이다. 이 수는 흉을 불러들이는 수리로 불량배나 화류계로 흘러가기 쉽다는 암시도 있으므로 작명 시에 피하는 것이 좋다.

*21획수: 두령격(頭領格) 존영운(尊榮運) 남-吉, 여-中吉

가르치는 직업 교사에게 가장 많고 교직에 유리한 수리이다. 혁명을 암시하는 수리로 큰 인물이면 성공해서 천하를 장악하고, 중격의 인물이면 중인의 윗자리에 군림하지만 하격 인물이면 도리어 불길하게 작용하는 수리이다. 우두머리란 좋은 자리이지만 저절로 얻어지는 것이 아니고 모험을 건 투쟁 뒤에야 윗자리에 군림하는 만큼 길한 수리라고 단정할 수 없다. 이 수리는 어려운 난관이 닥치더라도 끝내는 대업을 완수하여 이름을 드날리며, 중인을 영도하는 지도적 지위에 올라 부귀 공명한다. 이성문제로 번민하는 수가 있으며, 여자는 너무 강한 수리이므로 이 수리를 되도록 피하거나 사회활동에 나서는 것이 유익하다.

*22획수: 중절격(中折格) 중쇠운(中衰運) 남녀-大凶

외모가 준수하고 지략도 있으나 타고난 재능과 노력에 비하여 일의 결과가 중도에 좌절되거나 실패하여 비운을 한탄하는 흉조의 수리이다. 두뇌가 우수하고 특히 미인이 많은 수리이다. 학업운이 중단되기 쉽고 마음의 방황을 많이 겪게 하여 전체운을 하락하게 한다. 이 수리는 차츰 쇠운에 빠져들게 되므로 소기의 목적을 달성하기 위해서는 남다른 인격수양에 노력을 기울여야 한다. 이 수리는 대흉하여 육친의 덕이 적고 가족과의 이별, 실직, 파면, 사업실패, 형액과 단명 등의 흉조가 가득하여 고독한 편이므로 작명 시에 특히 피해야할 수리이다.

*23획수: 공명격(功名格) 융창운(隆昌運) 남-吉, 여-中吉

어려운 환경에 처하더라도 수단과 노력을 아끼지 않고 활약함으로써 물고기가 용이 되어 올라가듯 현 위치에서 몇 단계 뛰어오르는 이상적인 수리이다. 주도면밀하고 적극적인 행동으로 대지대업을 이루어 공명 영달하는 자리에 오르는 대길수다. 대장부에겐 가장 이상적이고 유혹적인 수리이지만, 이 수가 중복되거나 21수와 겹치면 대강즉절(大剛則折)의 이치가 적용되어 도리어 불의의 좌절을 당할 수 있다. 이 수리는 남의 눈치를 보는데 기민하고 화려한 권위를 좋아하기 때문에 온유한 성품과 덕을 베풀려는 자세가 필요하다. 여자는 너무 강한 수리이므로 되도록 사용을 피하고 원만한 결혼생활을 위해서는 사회활동을 병행하는 것이 좋다.

*24획수: 입신격(立身格) 영달운(榮達運) 남녀-吉

재주가 뛰어나고 재운이 좋아서 맨주먹으로 재산을 모아서 크게 번영을 가져오는 무에서 유를 창조하는 수리이다. 이 수는 자수성가의 수리로 1에서부터 시작하여 사업가는 백배의 자산을 늘리고 공명을 구하려는 자는 재능을 인정받아 높은 지위와 권세를 얻는다. 다재다능하여 학문, 발명, 예술과 재물에 이르기까지 큰 업적을 남기는 경우가 많다. 특히 예술방면으로 진출하려는 여자에겐 자신의 재능을 배가시켜 주는 매우 양호한 수리이다. 단번에 대업을 성취하거나 꿈을 이루려는 욕심을 버리고 자수성가형의 목표를 지향하는 것이 좋다.

*25획수: 건창격(健暢格) 안강운(安康運) 남녀-吉

영민하고 의지가 강하여 많은 재물을 모으며 자손복도 많은 자수성가형 수리이다. 성격이 강하고 무뚝뚝하게 말을 함부로 해서 인심을 잃는 경우가 종종 있다. 끈질긴 노력과 강직함 때문에 주위 사람들에게 고집스러운 성격자로 보이기도 한다. 반면에 투기적 사업이나 모험적인 일보다는 안일무사를 추구하다가 의협심이 없는 사람으로 취급받아 사람들로부터 소외를 당할 우려가 있다. 이 수리에서 온유한 성품을 유지하는 사람은 크게 발전하지만, 그렇지 못한 사람은 잦은 의견충돌로 경원 시 당하고 좌절하게 되는 경우가 많다. 여자는 애교가 있어서 사교적이지만 다소 강한 인상을 주므로, 이 점에 유의하여 성격을 조절하도록 인격수양에 힘쓰는 것이 좋다.

*26획수: 영웅격(英雄格) 파란운(波瀾運) 남녀-凶

영웅호걸 기질이 있어서 앞장서기를 좋아하고 대사를 경륜하는 능력도 있어서 좋은 운을 만나면 파죽지세로 영웅적인 지위를 얻는 수리이다. 그러나 영웅적인 지위에 오른다 해도 한번 기울기 시작하면 역경과 재액이 한꺼번에 들이닥친다. 영웅 치고 파란만장한 역경을 격지 않는 인물이 없으므로 순탄할 수 없는 생애가 예상된다. 영웅호걸, 위인, 열사, 효자, 의협인과 풍운아 등이 이 수리에서 많이 배출된다. 여자는 풍상이 심한 편이며, 남녀 간의 애정에 조심을 해야 한다. 보편적으로 재능과 실력을 과신하여 인간관계에 장애를 초래하므로 현실과 타협하는 정신을 길러야 한다.

*27획수: 불운격(不運格) 중절운(中折運) 남녀-凶

지모와 노력으로 중반까지는 순조롭게 발전하지만 자아심이 강하기 때문에 비난과 불화를 조성하는 이기적인 경향성이 발전에 영향을 미치는 수리이다. 영웅과 재사가 때를 못 만난 상이라 큰 그릇이 될 자격을 갖추었어도 좋은 때를 얻지 못하여 불우한 생애를 보내는 경우가 많다. 재물이나 이성에 대한 욕망이 강하여 자기 꾀에 자기가 넘어가는 수도 있다. 자존심이 강하여 실패, 형액과 단명을 불러들이거나 극단적으로는 자살을 택하기도 한다. 대업을 달성하기 위해서는 자기중심성을 버리고 '일일삼성' 하는 자세가 필요하다.

*28획수: 파란격(波瀾格) 조난운(遭難運) 남녀-凶

평온한 바다를 항해하던 배가 망망한 바다 가운데서 거센 비바람을 만난 형상이라 파란이 겹쳐서 안정을 취하기가 어려운 수리이다. 영웅호걸도 이 수를 만나면 속수무책이다. 현실과 이상의 차이가 커서 뜻대로 되는 일이 적으며, 인생에 변동이 많아서 신용이 떨어지고 남의 오해를 받기 쉽다. 배우자와 인연이 박하기 때문에 마음고생과 곤액이 그치지 않는다. 사람 자체는 괜찮지만 지나치게 강건하여 화합을 못하므로 질병, 고독, 형액, 살상, 사기와 단명의 암시가 있으므로 작명 시에 주의해야 할 수리이다. 타인의 오해나 역경 등에서 벗어나기 위해서는 화평한 마음씨와 진지한 자세가 요구된다.

*29획수: 성공격(成功格) 재복운(才福運) 남-吉, 여-中吉

지모가 뛰어나고 재력도 충분하여 영화를 누릴 길조가 있으면서도 불만과 불평을 품고 있는 수리이다. 왕성한 활동력으로 대업을 성취하여 부귀공명은 물론 장수도 누린다. 이 수는 玉을 다듬어 보배를 만들고 쇠를 단련하여 정금(精金)을 만드는데 있으므로 숱한 역경과 수련을 겪고서야 성공한다는 암시가 강하다. 욕망이 크다보니 항상 부족한 것처럼 느끼고 불평불만을 갖게 된다. 자기 자신을 망각하는 행동을 할 경우 실패를 면하기 어려운 수리다. 여자에게 21획수, 23획수, 33획수, 39획수와 더불어 29획수는 다소 강한 수리여서 남성적인 기질이 농후하므로 능력에 맞는 사회생활이 필요하다.

*30획수: 부몽격(浮夢格) 부침운(浮沈運) 남녀-中吉

허영심이 많아서 내실보다는 겉치레에 치중하므로 남 보기는 호화스럽지만 신분에 넘치는 망상과 야망을 꿈꾸기 때문에 흥망의 극단을 걷는 수리이다. 흥망성쇠가 심하여 요행 운수가 들어맞아서 성공하기도 하고 크게 실패하여 파경에 이르는 부침 운에 속한다. 만약 성공했을 때에 손을 떼고 물러나 자기 위치를 지키지 않으면 자신도 모르는 사이에 성공을 잃는다. 이 수리는 주인공의 생활태도에 따라 성패가 좌우되므로 허영심을 버리고 분수에 맞도록 노력하면 도리어 짭짤한 재미를 보게 된다. 여자는 허영심 때문에 일생을 망치는 경우가 있으므로 조심해야 한다.

※31획수: 융창격(隆昌格) 흥가운(興家運) 남녀-吉

가뭄에 단비를 맞은 초목과 같이 비약적인 발전이 있으며, 조상의 몰락했던 가운을 부흥시키는 흥가운의 수리이다. 학문과 예술 분야에서 탁월한 소질과 운의 뒷받침으로 크게 성공하는 사람들이 많다. 사물에 밝고 활동성이 강하여 빈손으로도 큰 업적을 이룩해서 대중의 지지로 부귀를 동시에 얻는다. 그러나 부유한 환경에서 자란 사람 중에는 주색으로 어려움에 봉착하는 경우도 있다. 배우자 인연이 양호한 편이나, 여자는 수리가 강하여 극부수가 있으므로 부업이나 사회생활을 하는 것이 좋다.

※32획수: 요행격(僥倖格) 강령운(康寧運) 남-吉, 여-中吉

어려운 환경에 태어났다 하더라도 하고자 하는 일이 순풍에 돛달고 항해하는 상이니 모든 일이 순조롭게 진행되는 수리이다. 이 수는 우연한 요행과 뜻밖의 행운을 만나서 파죽지세로 대성공을 거두어 부귀번영 한다. 주위의 도움도 많고 운세도 좋아 상당한 발전을 기약하지만, 은혜를 베픈 사람에게 배은망덕하는 일이 없도록 해야 한다. 여자는 매력적이고 색정이 강한 편이므로 애정문제에 주의해야 한다. 자신의 힘만으로 성공한 것이 아니므로 되도록 겸양의 미덕을 많이 베풀어야 한다.

※33획수: 승천격(昇天格) 왕성운(旺盛運) 남-吉, 여-中吉

재능과 지모가 출중하므로 대망의 명성과 권위를 차지하게 되어 복운이 번창하고 용이 하늘을 오르는 형세의 수리이다. 용이 하늘에 오르면 풍운의 조화를 부리지만 물속에서는 그러한 힘이 없으므로 착실히 실력 배양에 힘쓰고 때를 기다리면 세상을 흔들만한 권세를 얻는다. 운수가 매우 왕성하기 때문에 범인에게는 벅찬 수이며, 이 수는 극왕운이므로 갑자기 급변 몰락하는 흉한 암시도 내포하고 있으므로 선천 운인 사주와 조화를 이루도록 해야 한다. 종교와 예술가에게는 길한 수리이지만, 여자에게는 이별수가 있으니 필히 사회활동을 해야 좋다.

*34획수: 파멸격(破滅格) 변란운(變亂運) 남녀-凶

요행으로 일시적 성공을 얻어 재물을 쌓고 안락하게 살기도 하지만, 예기치 않은 난관이 속출하여 불행해지기 쉬운 흉한 수리이다. 처음에는 타오르는 불꽃의 기세가 왕성하나 곧 큰 재화가 닥 쳐 모진 세파를 맛보게 되며, 마치 불이 꺼지고 재가 되는 운세와 비슷하다. 육친과의 이별, 살상, 질병, 단명과 형액 등으로 소생하기 힘든 수렁으로 빠지는 가장 흉한 수리 중의 하나이다. 여자는 히스테리성 질환으로 고생하게 되며, 또 대흉 수에 해당되므로 작명 시에는 주의할 수리이다. 인생을 돌다리도 두드려 본다는 심정으로 살아가는 것이 좋다.

*35획수: 평안격(平安格) 안강운(安康運) 남녀-吉

대업을 일으키는 데는 담력과 계략이 부족하지만 학문연구, 문학가, 교육과 예능 방면에는 길한 수리이다. 용맹 과감한 기상이 적어서 큰 성공은 어렵지만 자기 본분을 알아서 맡은 일에만 충실하면 안락한 삶을 누린다. 풍파 없이 안정된 생활을 하면서 오붓하게 살아갈 수 있어 여자에게는 가장 좋은 수리 중에 하나이다. 이상주의자가 많아서 결혼은 늦게 하는 경우가 종종 있으며, 여자는 내조를 잘하는 현모양처의 수리로 주위에 남자들이 많이 따른다.

*36획수: 괴걸격(怪傑格) 파란운(波瀾運) 남녀-凶

영웅적 포부와 의협적 기질 때문에 정의로운 일이라면 물불을 가리지 않고 뛰어 들어 해결하려는 점은 대중의 추앙을 받으나 자신은 항상 파란곡절이 많이 따르는 풍운아 수리이다. 일세의 풍운아로 군림하면서도 파란곡절의 부침이 심하여 질병, 재난, 조난, 단명과 형액의 운이 작용한다. 여자는 팔자가 세어 파란 많은 인생을 경험하기 쉬우며, 배우자 운이 약하여 고독하게 지내는 경우가 많다. 종종 기인과 풍운아가 이 수리에서 나온다. 세상사는 정의감만으로 모두 해결되는 것이 아니므로 생각과 행동을 바꾸어 작은 것에서부터 출발하려는 자세가 필요하다.

*37획수: 인덕격(仁德格) 공명운(功名運) 남녀-吉

천성이 온화하고 너그러워 군자의 풍모를 갖추었으므로 사람들의 존경과 신망을 얻어서 사표의 위치에 이르는 수리이다. 용기와 지략으로 어려움을 극복하고 유시유종하므로 명성과 권위가 명예롭다. 학자로서 명예를 얻을 수 있는 수리이니 문학과 예술방면에 힘쓰면 대길하다. 여자는 영리하고 마음이 풍요로워서 행복한 가정생활을 영위하는 내조 형 현모양처이다. 한 가지 일에만 열중할 뿐만 아니라 독단적으로 행동하기 쉬워서 고립되는 경향이 있으므로, 덕성을 함양하면서 다른 사람들과 화합을 이루도록 노력해야 한다.

*38획수: 문예격(文藝格) 창작운(創作運) 남-吉, 여-中吉

두뇌가 우수하고 자신과의 싸움에도 강하지만 대외적으로 권위가 없어 남을 통솔하거나 지도자적인 자질이 부족한 수리이다. 적극성이 적어서 정계와 재계에서는 남에게 뒤떨어지는 수가 많으나 인품이 고상하고 총명하여 문학, 종교, 예능, 발명과 기술 방면에는 뛰어나므로 전문적인 노력을 가하면 명성과 부귀를 얻을 수 있다. 여자는 매사에 성실하고 성의를 다하므로 현부인이 될 수리이다. 환상적이고 고귀한 이상주의자가 많은 관계로 결혼이 늦는 경향이 있다. 자신의 분수와 역량을 인식하고 정도를 지키려는 자세를 견지하면 부귀공명 할 운이다.

*39획수: 번영격(繁榮格) 안락운(安樂運) 남-吉, 여-中吉

변동을 겪은 다음에 운기가 평탄하여져 재력과 덕망을 얻어 뭇 사람을 거느리며 위세를 떨치는 수리이다. 적극적이고 박력있는 자세는 군인과 정치가로 크게 발전하는 경우가 많다. 이 수는 강해서 극성(極盛)한 이면에 극쇠(極衰)의 운을 내포하고 있으므로 조심할 필요가 있으며, 작명 시에도 선천 운과 조화를 이루게 하거나 여자 이름에는 쓰지 않는 것이 좋다. 여자에게는 너무 강해서 극부수에 해당하므로 사회생활을 하거나 부업을 하는 것이 좋다.

*40획수: 무상격(無常格) 공허운(空虛運) 남녀-凶

재주와 지혜가 많고 담력이 뛰어나서 일시적인 성공은 있으나, 운세가 미약하여 마침내는 공허한 상태로 돌아가는 수리이다. 임기응변에 능하고 이론적이지만, 운세가 변화무쌍하여 좌절과 실패를 겪게 된다. 성격이 좌충우돌하기 때문에 하락하는 운을 맞으면 가족과의 이별, 질병, 재액과 단명 운이 찾아든다. 성격이 거칠어서 자신이 득세할 때는 남이 따르지만 몰락하면 사람들이 상대하려고 하지 않는다. 허욕으로 망하는 운이니 분수를 지키면서 덕행을 베풀면 뒤에는 행운이 찾아온다.

※41획수: 고명격(高名格) 명예운(名藝運) 남녀-吉

사물의 처리가 우수하여 창조 발전의 운세가 작용하므로 창작과 발명에 힘쓰면 만인의 빛이 되어 명성을 날린다는 수리이다. 중년에는 다소의 파란을 겪지만 의지가 굳고 앞을 내다보는 안목이 있어서 결국은 명리를 얻게 된다. 용모가 준수하여 이성에게 흠모의 대상이 되니 이성문제를 주의해야 한다. 여자는 현모양처의 길수로서 너무 값을 올리려다 혼기가 늦어지기도 한다. 용의 꼬리보다 뱀의 머리가 되려는 성격이 독단으로 흐르면 반격을 당할 가능성이 높으므로 이 점을 유의해야 한다.

※42획수: 고행격(苦行格) 박약운(薄弱運) 남녀-凶

박학다예 하여 무엇에나 능하지만 모험심과 의지력이 약하여 깊이가 없는 팔방미인 수준에서 머무르는 수리이다. 사물을 사색적이고 객관적으로 관찰할 뿐 좀처럼 행동으로 옮기지 못하는 단점이 있다. 다방면에 걸쳐 많이 알고도 어느 하나 제대로 못 써먹는 것보다는 한 가지라도 정통하여 존경받는 전문인이 되도록 노력해야 한다. 성공을 했다 하더라도 기력이 약하여 오래가지 못하고 재액을 초래할 수 있으므로 적극적인 사고와 한 우물을 파는 노력이 필요하다. 이 수리는 가족과의 이별, 병액, 이성문제, 조난과 역경의 어려움이 겹쳐오기도 한다. 동료와의 암투와 사업부진 등으로 고뇌를 느끼는 수리이다.

*43획수: 산재격(散財格) 고뇌운(苦惱運) 남녀-凶

지혜와 재주는 있으나 의지가 박약하여 일이 뜻대로 되지 않고, 산재 운이 있어서 돈을 벌어도 모이지 않는다. 마음은 하늘에 있고 몸은 개천에 있으니 이루어지는 일이 적다. 겉으로는 행복해 보여도 내면적으로는 고민이 많고 이성문제로 방탕의 길로 흐르기 쉽다. 결혼은 늦게 하는 경우가 많으며, 여자는 허영심과 변덕이 심하여 배우자 운을 극하는 사례가 많다. 처지가 불우하면서도 이상이 높아 단숨에 큰 성과를 거두려 하지만 운이 허락하지 않아 정신과로에 의한 신경쇠약, 가족과의 불화, 사회로부터의 소외감 등으로 고독한 생활을 한다. 따라서 높은 이상과 허황된 유혹을 버리고 아래를 내려다보며 현실 감각적으로 살아야 무엇인가를 이룬다.

*44획수: 분산격(分散格) 파멸운(波滅運) 남녀-凶

다람쥐 쳇바퀴 돌듯 모이면 흩어지고 취하면 잃게 되기 때문에 노력해도 제자리걸음이 되는 수리이다. 지재가 우수하여 수재와 발명가가 나오는 수이지만 방향을 잘못 잡으면 사기나 횡령으로 신세를 망치는 경우도 있다. 이 수리는 가족과의 이별, 발광, 변사, 역경과 단명의 흉운을 암시하는 수이다. 가족이 흩어지고 재물이 흩어지는 것은 세상일을 쉽게 보고 과신하는 데에 실패의 원인이 있으므로 평범하게 살려는 자세가 필요하다.

*45획수: 지혜격(智慧格) 현달운(顯達運) 남녀-吉

타고난 지혜와 의지는 대업을 성취할 수 있으며, 지모는 천하를 경영할 수 있으므로 지도적인 높은 지위까지 오를 수 있는 수리이다. 애로를 겪으며 성장하기 때문에, 남 보기는 평범해 보여도 내적으로 총명하여 일단 착수한 일은 실패하지 않으려고 한다. 남녀를 불문하고 이성과 음주를 조심해야 하며, 여자는 슬기롭고 상냥하여 배우자를 내조하여 살림을 일으킨다. 성명수의 배합이 좋지 못하면 재난과 고독으로 생활하는 수도 있다. 성공의 단계에 이르기까지 한 두 차례 실패할 수 있으므로 승부근성을 길러야 한다.

※46획수: 불행격(不幸格) 비애운(悲哀運) 남녀-凶

큰 재난을 딛고 일어나 성공에 이르는 사람도 있으나 예기치 않은 재난이 속출하여 불행을 면키 어려운 수리이다. 영웅 재사가 재능은 있어도 때를 만나지 못하여 초야에 묻혀 지내는 형상이다. 때를 못 만난 것도 이유이지만 의욕이 부족하여 사회에 진출해도 부정적인 생각 때문에 실패와 좌절을 맛보게 된다. 여자는 특수한 예재와 기예로 크게 발전하는 경우도 있으며, 남녀 모두 배우자 운이 약하여 이별, 병액과 단명수가 있다. 운이 약한 편이므로 자신과 싸움을 해야 하는 발명, 연구, 정신수양과 창작 등의 일에 매진하는 것이 성공의 길이 될 수 있다.

※47획수: 출세격(出世格) 개화운(開花運) 남녀-吉

영웅호걸이 때를 만나고 초목이 봄을 만난 형상이라, 재능을 마음껏 발휘할 수 있는 직위와 환경이 조성되고 일이 순조롭게 발달하여 명예와 부를 축적하는 수리이다. 단독 사업보다는 동업으로 성공을 거두는 사람이 많으며, 타인의 사업체 후계자로 자리를 계승하여 부귀를 누리기도 한다. 이 수리는 일이 순조롭게 발달되어 자손에게 재물과 영화를 물려준다. 여자는 현모양처형이면서도 지성미가 뛰어나기 때문에 배우자 운을 좋게 만들고 자손이 번영하도록 한다. 특히 이 수리는 다른 사람들과 당신의 힘이 합하여질 때 당신의 출세 문이 열린다는 것을 기억해야 한다.

※48획수: 귀인격(貴人格) 영화운(榮華運) 남녀-吉

지모가 깊고 성실과 덕망이 넓어서 진취적인 기상으로 부귀영달을 누리는 수리이다. 하늘이 복을 내려주기 때문에 하는 일마다 성공을 거두어 재물이 흥하고 가정적으로는 화평 속에 자손이 번영한다. 당신 스스로 사업을 일으키기보다는 남을 선도하는 입장에서 고문역이나 상담역할을 하면 복덕이 더욱 높아진다. 덕망과 탁월한 지도력으로 먼 앞날을 내다보는 식견은 뭇 사람들의 사표가 된다. 부귀공명 하는 동안에 어려운 때를 대비하는 자세가 필요하다.

※49획수: 은퇴격(隱退格) 성쇠운(盛衰運) 남-中吉, 여-凶

공을 이루어 지위와 재산을 성취하였으면 때와 분수를 알아서 지위는 물려주고 재산은 의로운 일에 사용하여야 명예와 가족의 행복을 지킨다는 교훈적인 수리이다. 순풍에 성공하여 영달하지만 만년에 흐를수록 흉운으로 재해가 속출하므로, 성공했을 때는 신중을 기하여 은퇴하는 것이 좋다는 의미이다. 여자는 편안한 삶을 누리기가 쉽지 않은 수리이므로 산업전선으로 나서야 할 경우가 많다. 이 수리는 길흉성쇠의 변화가 심하여 예기치 않은 재난으로 고통을 당할 가능성이 높으므로 심신을 단련하여 매사에 공명정대하고 진실

된 마음으로 임해야 한다.

*50획수: 절망격(絶望格) 불행운(不幸運) 남녀-凶

처음은 길하여 되는듯하나 초목이 서리를 만나고, 물고기가 그물에 걸린 신세와 같으니 희망이 절망이라는 흉운을 의미하는 수리이다. 한때 발전하기도 하지만 예기치 않은 재난으로 고통을 당하는 경우가 많다. 성격이 묘한 데가 있어서 좌충우돌하므로 의견충돌이 많고 타인에게 경원시 당하기 쉽다. 재운과 가정운 모두 보통 이하여서 어려운 역경을 헤쳐 나가야 한다는 암시가 강한 수리이다. 말년이 어렵게 진행되는 수리이므로 노후를 미리 대비하는 것이 최선의 방법이다.

*51획수: 혁신격(革新格) 변동운(變動運) 남녀-中吉

사업과 직업의 변혁, 심지어는 같이 살던 부부관계도 청산하고 새 살림을 꾸며야 좋다는 혁신적인 변동운을 의미하는 수리이다. 옛것을 버리고 새것을 좇아야 좋다고 한다. 강건한 기상과 정직으로 어려움을 극복하고 대업을 성취하지만, 흥망성쇠의 파란변동이 심하여 좌절과 실패가 찾아오므로 꼭 혁신을 해야 살길이 생긴다는 수리이다. 이 수리는 변동운이 강하게 작용하기 때문에 운을 초월할 수 있는 고도의 심신수련이나 종교계통의 직업을 갖는 것이 좋다.

*52획수: 약진격(躍進格) 조화운(造化運) 남녀-吉

운세가 강력하기 때문에 어려운 일도 극복하여 성공시킨다는 약진의 수리이다. 계획력과 착상 아이디어가 뛰어나 투기사업도 비약적으로 성공시켜 부귀공명 한다. 용이 하늘에 올라가 풍운의 조화를 부리는 형상이니, 유능한 인물이 자신이 지닌 재능을 마음껏 발휘한다. 남녀 모두 이성에 주의하지 않으면 이성문제로 어려움에 봉착하게 된다. 이 수리에서 큰 학자나 위대한 정치가를 많이 배출한다. 대성하는 길이 열려 별 장애 없이 큰 뜻을 이루고 그 영예를 후손에까지 물려주는 대길수이다.

*53획수: 평범격(平凡格) 내허운(內虛運) 남녀-中吉

길흉화복이 평범하고 단조롭게 진행되어 노력한 만큼 얻어지는 수리이다. 외면적으로는 행복해 보이나 내면은 역경들이 도사리고 있어서 고난에 직면하는 경우가 많은 내허운이다. 이 수리는 인생의 전반기가 행복하면 인생의 후반기가 불편하고, 인생의 전반기가 어려우면 인생의 후반기가 편안해진다는 암시가 강하다. 여자는 길한 수리에 해당하지만 남자에게는 별로 탐탁하지 못한 수리이다. 가족의 연이 약하고, 재액과 질병 등으로 어려움을 겪는다. 외면보다는 자신의 허하고 공허한 상태를 심신의 안정을 통하여 내실을 기하려는 자세가 필요하다.

*54획수: 빈궁격(貧窮格) 무공운(無功運) 남녀-凶

고집불통에다 세상 물정에 어두워 생활자세가 남에게 뒤지는 편이며, 다른 사람의 충고도 듣지 않고 욕심내다가 실패하여 빈궁하게 산다는 흉수의 수리이다. 일시적인 행복은 누릴 수 있으나 인생항로가 불행하여 질병, 불화, 손실, 고독, 횡사, 패가망신과 단명 등의 흉운이 자주 찾아온다. 부유한 집안에 태어나더라도 이렇다 할 성공을 얻기 어렵고, 엉뚱한 욕심을 내다가 실패하여 부모 유산을 축내는 경우도 있다. 이 수리는 흉운을 가져오기 때문에 성명에는 마땅하지 않으므로 사용을 자제하는 것이 좋다. 가끔 충신이나 효자를 배출하여 가문을 빛내기도 한다. 개인 사업을 하기보다는 급여생활을 하거나 공무원 계통의 직업이 좋다.

※55획수: 불안격(不安格) 미달운(未達運) 남녀-凶

인내력이 부족하고 성격이 급하여 일을 계획하고 추진하는 과정에서 생기는 실패가 잦기 때문에 모래 위에 지은 집처럼 불안하다는 수리이다. 즉흥적으로 일을 처리하고 경거망동에 의한 실수가 많다 보니 자연히 위축되어서 용기마저 상실하는 경향이 있다. 극성극쇠 하는 운이므로 노력 끝에 성공하여 영달을 누리지만, 그 번영이 지나쳐 겉은 화려하고 융성하나 내적으로는 재해가 속출하여 마음이 편안하지 않은 수리이다. 이러한 실패를 반복하지 않기 위해서는, 외적으로만 성공할 것이 아니라 내외적으로 균형을 맞추어 성공하는 것이 성패의 관건이다.

※56획수: 불운격(不運格) 한탄운(恨歎運) 남녀-凶

덕망과 재질을 지녔으나 용기와 인내가 부족하여 귀인을 만나기 어려워서 실패와 좌절을 맛보게 된다는 불운의 수리이다. 옥이 진흙에 묻힌 형상으로 재능이 많더라도 나를 알아주는 사람을 만나지 못하여 인품보다 훨씬 못한 환경에서 불우한 삶을 보낸다. 일이 때를 만나지 못하고 출세하기 어려운 상이니 하늘과 땅을 보고 탄식한다는 수리이다. 용기와 실천력이 부족하여 재난, 병액, 손실과 불행 속에서 허덕이게 된다. 이 수리는 만사가 뜻대로 이루어지지 않으므로 노력 이하의 결과가 나오더라도 순응하면서 살겠다는 자세가 필요하다.

*57획수: 행운격(幸運格) 봉시운(逢時運) 남녀-吉

힘든 고난과 역경을 겪은 다음에 자연의 혜택을 입어 영달하는 행운이 찾아온다는 수리이다. 끈기와 노력으로 매사에 임하니 드디어 성공하는 기회를 얻게 되어 의외의 재물을 얻게 된다. 지혜와 슬기를 사물에 따라 적절히 응용함으로써 재능을 인정받아 천하의 권세를 얻는다. 학위를 받거나 고시공부를 하면 행운과 때를 만나기에 좋은 수리이다. 백절불굴의 투지와 노력으로 행운을 잡는 격이니 '객권유익'의 철학을 견지하는 것이 좋다.

*58획수: 만달격(晩達格) 후영운(後榮運) 남녀-吉

처음은 난관에 봉착하고 곤고하지만 맨주먹으로 대업을 일으키게 되거나, 큰 실패 뒤에 다시 번영을 누린다는 칠전팔기의 암시가 있는 대길한 수리이다. 겨울에 초목이 봄을 기다리는 형상이니 머지않아 영화로움이 찾아온다. 여자는 아름다운 미모를 가졌을 뿐만 아니라 마음씨도 유덕하여 배우자 운과 자녀 복이 좋다. 현재보다는 내일이 더 멋진 인생이 전개된다는 신념하에 노력을 기울이면 유종의 미를 거두고 행복한 삶을 누리게 된다.

*59획수: 재화격(災禍格) 비애운(悲哀運) 남녀-凶

의기소침하고 인내력이 결핍되어 지능도 변변치 못하니 큰 뜻을 이룰 가능성이 없다는 흉수의 수리이다. 역경 속에서 재난이 이어 닥치니 재산을 탕진하고, 파산, 병액, 조난과 비명 등으로 어려움을 겪는다. 이 수리는 매사에 발전성이 없을 뿐만 아니라 온갖 불운의 흉을 가져오므로 되도록 쓰지 않는 것이 좋다. 여자는 첫 결혼을 실패하기 쉬우며, 남녀 모두 배우자 운이 적은 편이다. 자신과의 싸움을 통하여 기상을 함양하고 인내력으로 목적을 향하여 꾸준히 노력한다면 흉이 많이 감소된다.

※60획수: 재액격(災厄格) 암흑운(暗黑運) 남녀-凶

계획하는 일이 실패로 돌아가고 재액이 속출하여 앞길이 까마득하다는 암흑운의 수리이다. 정신력이 약하고 판단력이 부족하여 자신의 나갈 길을 갈피잡지 못하는, 이러한 사람은 피지배자의 입장에서 행동하는 것이 좋은 수리이다. 이 수리는 극도의 곤궁에 빠져 이별, 살상, 병액, 형액, 재난과 단명에 이르는 경우도 있다. 총명하고 재능이 뛰어나다 할지라도 겹치는 불운으로 인하여 절망의 수렁으로 빠지는 경우가 많다. 바람 부는 대로 파도치는 대로 흘러가는 것보다는 작은 계획이라도 끈질기게 노력함으로써 자신의 인생을 살아 보겠다는 자세가 필요하다.

※61획수: 영화격(榮華格) 부귀운(富貴運) 남녀-吉

지혜가 뛰어나고 운세도 강하여 어떠한 경우라도 명예와 재물을 얻어서 부귀를 누린다는 길한 수리이다. 신념을 굽히지 않고 저력으로 매사에 임하니 자연적으로 직업에 발전이 오고 사회적으로도 인정을 받아 영화를 누린다. 이 수리의 가정 운은 부부가 화합하고 덕을 쌓으니 자녀가 효행으로 답한다. 영화를 누리게 되면 불손하여지는 것이 이격의 단점이다. 따라서 육친이나 형제간에 싸움을 일으키고 재난을 만나는 경우가 있으므로 평소에 화목한 덕을 쌓아야 한다.

*62획수: 쇠약격(衰弱格) 고독운(孤獨運) 남녀-凶

해가 서산으로 넘어가듯 일장춘몽의 영화와 운기가 쇠약하여 기울어져 간다는 수리이다. 이 수리는 재력과 신용이 떨어지고, 성격적으로도 결점이 드러나기 때문에 재난을 당하여 고독하게 된다. 가정불화로 이별수가 생기며 노년에는 병액으로 고생하는 경우가 많다. 어려움이 연속되므로 신세타령을 일삼다가 패가망신하게 된다. 분수 밖의 일을 자주 도모하는 바람에 실속 없는 일로 문제를 일으켜서 신용과 권위를 스스로 떨어뜨린다. 사람들과 불화를 일으키지 않기 위해서는 꾀와 기교를 부리지 않는 것이 좋다.

*63획수: 길상격(吉祥格) 순리운(順理運) 남녀-吉

두뇌회전이 빠르고 포용력 있는 처세술은 귀인의 협조를 얻게 되어 뜻밖에 부귀공명을 누린다는 길한 수리이다. 왕성한 운세의 도움으로 경영하는 일마다 순조로운 성과를 거두기 때문에 사회적인 명성을 얻게 된다. 이 수는 재액이 닥친다 해도 스스로 피해가므로 목적한 바를 능히 이룬다. 부부애가 각별하여 가정은 가도(家道)가 중흥되고 가족끼리는 다복하여지며, 자손은 여경 한다. 무궁한 발전을 얻기 위해서는 사회를 위하여 좋은 일을 많이 하여야 한다.

*64획수: 고행격(苦行格) 쇠멸운(衰滅運) 남녀-凶

두뇌는 명석하나 그 재능을 써먹지 못하고 불황과 침체에 빠져 고행을 겪는다는 흉한 수리이다. 파란곡절이 중첩하여 재산과 명예가 수포로 돌아가는 쇠멸운의 암시가 있다. 쇠멸운이 닥쳐오면 사업실패, 이별, 병액, 단명과 재난으로 고생한다. 이 수리는 가정에 나쁜 영향을 미쳐서 배우자 운을 약화시키며, 자녀를 극하여 이별 수를 만든다. 여자는 육친과 반목하며, 독신생활 하는 사람이 많다. 무모한 계획을 추진하면 결국은 실패하게 되는 수리이므로 자신의 능력에 맞는 목표를 세워야 한다.

※65획수: 중천격(中天格) 휘양운(輝陽運) 남녀-吉

태양이 중천에 떠서 온 천지를 골고루 비추듯이, 모든 일이 형통하여 금은보화가 집안에 가득하고 사회적으로는 중심적인 위치에서 번영을 누린다는 길한 수리이다. 사회적으로 상당한 지위에 올라 모든 일이 순풍에 항해하듯이 전도양양한 미래가 펼쳐진다. 공사가 분명하고 목적한 바는 반드시 성취하려는 노력형으로 부귀와 명예가 따른다. 가정적으로는 부부애가 다정하고 자손이 번창하는 대길수이다. 따라서 스스로 개화(開花)하여야 행복이 찾아오는 호운이므로 가운(家運)을 일으키려고 노력해야 길하다.

※66획수: 우매격(愚昧格) 우환운(憂患運) 남녀-凶

사고력이 부족하여 사물의 판단에 어두워서 좋은 뜻을 성취하기 어렵다는 수리이다. 산 너머 산이니 내우외환(內憂外患)이 교대로 닥쳐와서 진퇴의 재능을 제대로 펴보지도 못하고 비운에 빠진다. 이 수리는 불평불만이 많이 쌓이고, 믿을 수 있는 사람에게조차 배신을 당하는 경우가 있다. 이 수는 이성문제로 인한 색난, 패가망신, 병액, 수난(水難)과 도난을 종종 만나게 된다. 배우자 운이 별로 좋지 않아서 심신이 불안하고 부부간에 성격과 이상의 차이로 갈등을 일으킨다. 흉운을 완화시키기 위해서는 부부간에 화합하는 정신을 먼저 길러야 한다.

*67획수: 재복격(財福格) 성장운(成長運) 남녀-吉

고난과 실패의 수렁은 지나가고 닥쳐올 모든 일이 재물과 복록으로 가득 차게 된다는 길한 수리이다. 총명하고 수단이 좋아서 실패의 역경을 딛고 일어나 전보다 더 큰 업적을 성취하여 고속으로 성장한다. 기업을 경영하는 사람은 대업을 이루고, 많은 돈을 축재하는 운이다. 세상을 보는 안목이 넓을 뿐만 아니라 하늘과 주위에서 주는 복이 강하여 경영하는 일이 순조롭게 발전한다. 가운이 번창하고 행운이 따라 부귀영달 하는 대길수이다. 모든 일을 혼자 경영하려고 욕심부리면 실패할 가능성이 많으므로 누이 좋고 매부 좋도록 경영하는 것이 좋다.

*68획수: 부흥격(復興格) 발명운(發明運) 남녀-吉

조상 때에 몰락한 가문의 명예와 재산을 되찾으며, 잃어버린 자신의 권위와 지위를 회복한다는 부흥 운의 수리이다. 지혜가 총명하여 창의력과 발명의 재능이 우수한 편이다. 생각이 깊고 계획이 주도면밀하여 목표를 세운 일은 어떻게든 성취하는 성격이다. 탁월한 창의력이 있으므로 아이디어를 활용하는 분야로 진출하면 빠르게 출세하여 명예와 재물을 얻는다. 사람들의 신망을 얻어 목적을 달성하고 부귀영화의 혜택을 말년까지 누린다. 가정은 화평해지고 자손은 귀하게 되는 수리이다.

*69획수: 궁박격(窮迫格) 고통운(苦痛運) 남녀-凶

꺼져 가는 등불에 바람이 부는 것처럼, 점차 운이 쇠퇴하여 모든 일이 불안전하고 파란이 돌출하여 궁박해진다는 흉한 수리이다. 사업의 실패와 배우자와의 이별 등으로 마음이 불안하고 고통스러움을 경험하게 된다. 배우자 운과 자녀 운이 나쁘기 때문에 가정이 불화 하여 이별, 고독, 병액, 불구와 재난 등의 악운으로 고생하게 된다. 이 수리는 뛰어난 재능이 있더라도 불가항력으로 어찌해 볼 도리가 없는 경우가 많다. 행운이나 횡재를 바라지말고 현실에 만족하며 내일을 기약하는 것이 좋다.

※70획수: 고난격(苦難格) 적막운(寂寞運) 남녀-凶

고기가 물을 떠나서 괴로워하는 것처럼 아무리 몸부림을 쳐봐도 어찌할 수 없는 운수로서 직업이나 환경을 바꾸어도 조건이 계속 나빠진다는 고난운의 수리이다. 멸망의 징조가 있기 때문에 일에서 손을 뗄 수밖에 없다는 흉을 암시하는 운이다. 실패로 인하여 실직, 파산, 우환, 사기, 병액과 단명의 운을 초래하기도 한다. 근심과 고통이 이어지기 때문에 고난 속에서 생활하게 된다. 상황을 극복하는 최선의 방법은, 다른 사람의 의견을 존중하려는 자세를 갖으면서 급여생활을 하면 재와 부가 따른다.

※71획수: 흥왕격(興旺格) 만달운(晩達運) 남녀-吉

용모가 준수하고 언행이 일치하여 하는 일마다 신의가 있으므로 대업을 성취하여 영달한다는 길운의 수리이다. 보이지 않게 음양으로 열심히 노력하고 힘을 길러서 뒤늦게 위력을 떨친다는 만달운 형상이다. 이 수리는 진취적인 기상으로 매진할 때 비로소 잠재된 재능이 발현하여 공명이 널이 알려지게 된다. 사회적으로 명성을 떨치거나 가운을 번창하게 하여 자손이 여경 하도록 한다. 우유부단한 처세는 많은 어려움을 따르게 하는 수리이므로 항상 최선을 다하여 노력하려는 자세가 필요하다.

*72획수: 부침격(浮浸格) 성패운(成敗運) 남녀-凶

유약한 성격에 결단성이 없으므로 한 번 성공하면 얼마 후에 실패하고, 실패한 뒤에 다시 성공하는 식으로 성패가 반복되어 나타나는 부침운의 수리이다. 전반은 행복하지만 후반이 불행해지는 선부후곤(先富後困) 형태가 되거나, 전반은 불행하지만 후반이 행복해지는 선곤후부(先困後富) 현상이 나타나는 경우도 있다. 이 수리는 대체로 희노애락을 모두 겪는 운이다. 이익과 손해가 상반(相半)이라 투기적인 사업에 흥미를 갖으면 재액을 만나기 쉬우므로 정직하고 건실하게 살아야 한다.

*73획수: 순천격(順天格) 평난운(平難運) 남녀-中吉

아무리 급해도 일에는 순서가 있으므로 부질없이 허둥거리는 것보다는 차라리 형세의 흐름을 잘 살펴서 자연의 섭리에 순응하라는 수리이다. 뜻은 원대하지만 지략과 실천력이 부족하여 대성은 어려워도 작은 성공은 가능하다. 유종의 미를 거두는 수리이기 때문에 큰 성공은 어렵더라도 비교적 안정된 삶 속에서 발전이 순조롭게 진행되는 운이다. 여자는 절개가 있고 지혜로운 내조형이라 살림을 잘 하면서도 행복한 가정을 만들어 간다.

*74획수: 무능격(無能格) 비애운(悲哀運) 남녀-凶

지혜가 우둔하고 무능한 인간형으로 사고력이 결핍되어 창의

적 발전을 기하기 어려울 뿐만 아니라 험난한 길을 헤어나기 힘들다는 수리이다. 인생살이에 신고가 많아서 평생 큰일을 이루지 못하고 뜻밖의 재액으로 어려움을 겪느라고 무용지물처럼 사는 경우가 많다. 이 수리를 가진 사람은 종교에 귀의하거나 출가하는 것이 좋다. 어려움을 가중시키는 변고, 불구, 조난과 변란 등을 불러오는 수리이다. 이 수는 역경을 헤쳐 나가면서 세속 사회에 살기란 힘들기 때문에 수도하는 자세로 인생을 살아야 한다.

*75획수: 안길격(安吉格) 분수운(分數運) 남녀-中吉

분수를 알아 적절히 처신해야만 자신의 명예와 지위를 안전하게 지킬 수 있다는 수리이다. 영달의 운기를 지니고 있으나 넘어야 할 벽이 많아서 우여곡절을 겪는다. 행복과 번영을 얻을 길상이지만 급진적으로 방향 전환을 하거나 자신의 분수를 망각하면 실패가 따른다. 이 수리는 가업을 잇지 못하고 지략으로써 새로운 사업 분야를 개척하여 부귀를 얻는다는 암시가 강하다. 욕심이 앞서 충분한 사전 계획 없이 급하게 일을 시작하면 좌절을 겪는 운이기 때문에 심사숙고한 후에 행동으로 옮겨야 한다.

*76획수: 후길격(後吉格) 곤액운(困厄運) 남녀-中吉

맨손으로 출발하여 노력과 성실성으로 금전 운이 상승하도록 만들기 때문에 후반기가 길하다는 선흉후길(先凶後吉)의 수리이다. 처음에는 다소 풍파가 있지만 인내심과 노력으로 자중하면 평화로움을 찾는다. 이 수리는 후반기에 가정이 부흥하고 부부운도 상승하여 자녀가 귀하게 된다. 중년까지는 이별, 형액, 사기, 질병, 좌절과 실패 등이 찾아오므로 주의해야 한다. 한 번 어려움이 닥치면 불운이 연속되는 경향이 있으므로 좌절하지 않도록 강인한 정신력을 키워야 한다.

*77획수: 상반격(相反格) 기대운(期待運) 남녀-中吉

이 수리의 특징은 길한 기운 중에서도 흉한 기운이 나타나고, 흉한 기운 중에서도 길한 기운이 발현되기 때문에 어려운 역경 속에서도 항상 자신에게 영광의 시대가 온다는 꿈을 갖고 있어야 성공한다는 길흉상반격 수리이다. 선배와 윗사람의 도움으로 성공 발달했다가도 차츰 쇠운으로 접어드는 경향이 많으며, 전반이 흉한 운이면 후반은 길운이 작용하는 경우가 많다. 이격은 항상 어려울 때는 좋아지는 시기를 꿈꾸어야 하고, 좋은 시절에는 어려워지는 시기를 대비해야 굴곡 없는 삶을 산다.

*78획수: 평복격(平福格) 선길운(先吉運) 남녀-中吉

전반기는 삶을 성공적으로 이끌어 영화를 누리지만 중년 후반부터는 운이 쇠퇴하기 시작한다는 선길후흉(先吉後凶)의 수리이다. 그러나 쇠퇴하는 기운이 약하기 때문에 큰 재앙이나 파란 없이 비교적 안일한 삶을 누린다. 재치와 수완에는 능하지만 실천력이 부족하여 점차로 운세를 쇠퇴하게 하여 경제적으로 고충을 겪는다. 이별 수는 별로 없지만 부부간에 의견 충돌이 잦아서 갈등을 일으키는 편이며, 자녀 운도 약하다. 욕심을 내어 사업을 확장하거나 사업에 미련을 버리지 못 하면 그 동안 쌓아 올린 부귀가 사라진다. 선길후흉운(先吉後凶運) 임으로 적당한 때에 물러날 줄 알아야 한다.

*79획수: 종말격(終末格) 종극운(終極運) 남녀-凶

인간이 흙에서 나서 흙으로 돌아가는 것처럼, 할 일을 다 했으면 자기 자리로 돌아가야 한다는 종말의 수리이다. 이 수는 종극을 의미하기 때문에 성장 발전의 기상은 없고, 교통사고, 조난, 횡액, 재난, 단명과 적막만이 기다리고 있다. 신체는 건강하나 정신력이 박약하고 용감하지만 꾀가 없는 형상이므로 노력을 해도 성공을 기대하기 어렵다. 고난이 연속되어 심신이 온전치 못하니 신세타령이나 하면서 종말을 맞이해야 할 처지이다. 지성(至誠)을 다한다는 마음을 가지고 행하면 나름대로의 행복을 누리게 된다.

*80획수: 종멸격(終滅格) 귀공운(歸空運) 남녀-凶

만물이 귀공(歸空)할 뿐만 아니라 흉과 악의 극단을 가리키므로 생명의 종멸을 의미하는 흉한 수리이다. 고난이 연속되어 사회 생활을 영위하기가 고통스러우니 세상사에 대해 불평불만이 많다. 애써도 보람을 얻지 못하니 곤궁, 병액, 형액과 재난이 따른다. 생각이 졸렬하고 고집이 강하여 사람들과 융화하기 어려우니 일이 유시무종으로 끝난다. 이 수리는 음의 극단이기 때문에 최악의 흉을 암시하는 운이다. 지구의 종말이 내일 오더라도 오늘 한 그루의 사과나무를 심겠다는 생각이 필요하다.

*81획수: 환원격(還元格) 왕성운(旺盛運) 남녀-吉

최극수(最極數) 81에서 다시 1로 환원하는 일도광명(一道光明)의 수이니 운기력이 왕성하여 매사에 길한 경사가 발생되는 수리이다. 무(無)에서 1이 다시 생기는 형상이라 시생(始生)한다는 암시가 있으므로 운명적 유도력은 1획수리와 비슷하다. 새로운 일을 시작하고 잃었던 지위와 권세를 다시 찾으려고 하는데는 더 없이 길하다. 이 수리는 부귀, 공명, 건강, 장수, 번영과 다복을 가져오는 행운이 있다.

82획수 이상의 수는 그 수에 80을 뺀 수를 적용한다. 예로 83획수가 있다면, 83-80=3이 되어 3획 수리를 찾아서 '형성격, 명예운'을 보면 된다.

3. 이름의 수리구성

이름의 수리구성에는 여러 가지 설이 있으나, 여기서는 2가지 방식만을 설명하기로 한다. 필자는 작명에서 현재 우리 사회에서 가장 많이 사용하고 있는 예1)의 방식을 따르기로 한다. 金先于(김선우)를 예로 들어 설명하면 다음과 같다.

1. 성자 한자에 이름이 두 자인 경우

예1)

이격(利格) 11획:新成格

金(8획) 先(6획) 于(3획) =정격(貞格) 17획:勇進格

형격(亨格) 14획:離散格 원격(元格) 9획:窮迫格

예2)

천격(天格) 9획 인격(人格) 14획 지격(地格) 9획

가성(假成)(1획) 金(8획) 先(6획) 于(3획)=총격(總格) 17획

외격(外格) 4획

2. 성자 한자에 이름이 한 자인 경우

예1)

이격(利格) 11획:新成格

許(11획) 完(7획) =정격(貞格) 18획:發展格

형격(亨格) 18획:發展格 원격(元格) 7획:獨立格

예2)

천격(天格) 12획 인격(人格) 18획 지격(地格) 8획

가성(假成)(1획)

가성(假成) (1획) 許(11획) 完(7획)=총격(總格) 18획

외격(外格) 2획

3. 성자 두 자에 이름이 두 자인 경우

예1)

이격(利格) 15획:統率格

東方(12획) 先(6획) 于(3획) =정격(貞格) 21획:頭領格

형격(亨格) 18획:發展格 원격(元格) 9획:窮迫格

예2)

천격(天格)12획 인격(人格)10획 지격(地格)9획

東(8획) 方(4획) 先(6획) 于(3획) =총격(總格) 21획

외격(外格) 11획

4. 성자 두 자에 이름이 한 자인 경우

예1)

이격(利格) 12획:薄弱格

東(8획) 方(4획) 于(3획) =정격(貞格) 15획:統率格

형격(亨格) 15획:統率格 원격(元格) 3획:形成格

예2)

천격(天格) 12획 인격(人格) 7획 지격(地格) 4획

가성(假成) (1획)

東(8획) 方(4획) 于(3획) =총격(總格) 21획

가성(假成) (1획)

외격(外格) 9획

4. 이름에 쓰는 한자

1. 대법원지정 인명용 한자의 변천과정

1990년까지는 인명에 사용하는 한자를 마음대로 쓸 수 있었으나, 사회생활의 기초인 이름을 쉽게 알 수 있도록 1990년 12월 31일 호적법 제49조 제3항을 신설하여 이름에는 한글 또는 대법원규칙으로 정하는 통상 사용되는 한자를 사용하도록 했다.

또한 1990년 12월 31일 호적법시행규칙을 개정하여, 호적법 제49조 3항에 의거 제37조에 그 범위를 정하였다.

1) 1991년 4월 1일부터 시행하기 위해 교육부지정 한문교육용 기초한자 1,800자, 대법원지정 931자, 총 2,731자로 정하였다.

2) 1991년 3월 29일 교육부지정 한문교육용 기초한자 1,800자와 개인과 단체 등 각 계에서 보내온 의견을 수렴하여 대법원지정자 931자 중 24자를 삭제하고 149자를 추가하여 1056자로 조정하였다. 동자, 속자, 약자 등을 61자로 정리하여 1991년 4월 1일부터 총 2,917자를 인명용 한자로 시행하였다.

3) 1994년 7월 11일 호적법시행규칙을 개정하여, 교육부지정 한문교육용 기초한자 1,800자, 대법원지정 인명용 한자 1,056자에 108자를 추가하여 1,164자로 조정하여 총 3,025를 1994년 9월 1일부터 인명용 한자로 지정하여 시행하였다.

4) 1997년 12월 2일 호적법시행규칙을 개정하여 교육부지정 한문교육용 기초한자 1,800자, 대법원지정자 1,164자에 75자를 추

가하여 1,239자로 조정하였다. 동자, 속자, 약자를 61자에 24자를 추가하여 85자로 조정하여 총 3,063자를 지정하여 1998년 1월 1일부터 시행하였다.

5) 2001년 1월 4일 호적법시행규칙을 개정하여 교육부지정 한문교육용 기초한자 1,800자, 대법원지정자 1,239자에 1,755자를 추가하여 총 4,794자를 인명용 한자로 지정하였다.

6) 2005년 1월 1일 호적법시행규칙을 개정하여 교육부지정 한문교육용 기초한자 1,800자, 대법원지정자 2,994자에 159자를 추가하여 총 4,953자를 대법원지정 인명용 한자로 지정하였다.

7) 2007년 3월 4일 호적법시행규칙을 개정하여 교육부지정 한문교육용 기초한자 1,800자, 대법원지정자 3,153자에 113자를 추가하여 5,066자에 동자·속자·약자 85자를 합하여, 총 5,151자를 대법원지정 인명용 한자로 지정하였다.

8) 2010년 3월 1일 호적법시행규칙을 개정하여 교육부지정 한문교육용 기초한자 1,800자, 대법원지정자 3,266자에 221자를 추가하여, 총 5,376자를 대법원지정 인명용 한자로 지정하여 시행하고 있다.

2. 대법원지정 인명용 한자 5,376字

음	한자	훈과 음	획 수 (수리오행)	부 수 (부수명칭)	측자·파자
가	可	옳을 가 허락할 가	5 (土)	口(입구)	남자 직원이나 식구가 늘어나는 경사가 있다
	加	더할 가 베풀 가	5 (土)	力(힘력변)	노력하면 공명성취하여 기쁨과 축하를 받는다
	伽	절 가 가지 가	7 (金)	人(사람인변)	
	佳	아름다울 가 좋을 가	8 (金)	人(사람인변)	노심초사하지마라 가문 번성하고 발복한다
	呵	웃을 가 꾸짖을 가	8 (金)	口(입구)	
	架	시렁 가 건너지를 가	9 (水)	木(나무목변)	
	柯	줄기 가 바리 가 자루 가	9 (水)	木(나무목변)	
	枷	칼 가 도리깨 가	9 (水)	木(나무목변)	
	家	집 가 집안 가	10 (水)	宀(갓머리)	엉뚱한 놈이 내 집을 차지하려고 하니 일이 어렵다
	哥	노래 가 소리 가	10 (水)	口(입구)	둘 다 옳은 것 같아 혼란하니 선택이 중요함
	痂	헌데딱지 가 팔다리병 가	10 (水)	疒(병질안)	
	珂	옥이름 가 구슬이름 가	10 (水)	玉(구슬옥변)	
	哿	좋을 가	10 (水)	口(입구)	
	假	거짓 가 바꿀 가	11 (木)	人(사람인변)	진실을 파악치 못하니 소망이 아직 멀도다
	苛	잔풀 가 매울 가	11 (木)	艸(초두밑)	
	茄	연 가 연줄기 가	11 (木)	艸(초두밑)	
	袈	가사 가 승려옷 가	11 (木)	衣(옷의)	

음	한자	훈과 음	획 수 (수리오행)	부 수 (부수명칭)	측자·파자
가	街	거리 가 한길 가	12 (木)	行(다닐행)	출행하면 아름다운 일이 생기고 성과도 좋다
	迦	부처이름 가	12 (木)	辵(책받침)	
	訶	꾸짖을 가 책망할 가	12 (木)	言(말씀언변)	
	跏	난쟁이 가 책상다리할가	12 (木)	足(발족변)	
	軻	굴래 가 차축 가	12 (木)	車(수레거변)	
	暇	겨를 가 한가할 가	13 (火)	日(날일변)	
	嫁	시집갈 가 일할 가	13 (火)	女(계집녀변)	
	賈	값 가 가격 가	13 (火)	貝(조개패)	서쪽에서 재물이 발하니 서방과관련을 맺자
	歌	노래 가 새지저귈 가	14 (火)	欠(하품흠몸)	
	嘉	아름다울 가 착할 가	14 (火)	口(입구)	
	價	값 가 가치 가	15 (土)	人(사람인변)	
	稼	심을 가 농사 가	15 (土)	禾(벼화변)	
	駕	탈것 가 부릴 가 수레 가	15 (土)	馬(말마변)	
각	各	각각 각 서로 각	6 (土)	口(입구)	藝名, 雅號에 좋은 글자
	角	뿔 각 견줄 각	7 (金)	角(뿔각)	
	却	물리칠 각 그칠 각	7 (金)	卩(병부절)	
	刻	새길 각 모질 각	8 (金)	刀(칼도변)	

음	한자	훈과 음	획 수 (수리오행)	부 수 (부수명칭)	측자·파자
각	珏	쌍옥 각	10 (水)	玉(구슬옥변)	珏:玨(玉部 4획)과 仝字
	恪	삼갈 각 조심할 각	10 (水)	心(심방변)	
	殼	껍질 각 칠 각	12 (木)	殳(갖은등글월문)	
	脚	다리 각 발 각	13 (火)	肉(고기육변)	출행하면 좋으나 재물과 사업, 환자 나쁘다
	閣	누각 각 선반 각	14 (火)	門(문문)	
	愨	성실할 각 착할 각	15 (土)	心(마음심)	
	覺	깨달을각 드러날 각	20 (水)	見(볼견)	
간	干	방패 간 천간 간	3 (火)	干(방패간)	구하려해도 구하지못하며 38와 관련있다
	刊	책펴낼 간 새길 간	5 (土)	刀(칼도변)	
	艮	머무를 간 간괘 간	6 (土)	艮(머무를간)	사람의도움 받으면 밥식이 되니 풍족해진다
	奸	범할 간 간통할 간	6 (土)	女(계집녀변)	
	杆	몽둥이 간 난간 간 방패 간	7 (金)	木(나무목변)	
	侃	강직할 간 굳셀 간	8 (金)	人(사람인변)	
	玕	옥돌 간 아름다운돌 간	8 (金)	玉(구슬옥변)	
	看	볼 간 지켜볼 간	9 (水)	目(눈목변)	양미간을 찡그릴일이 있으니 결과가나쁘다
	柬	가릴 간 분별할 간	9 (水)	木(나무목변)	
	肝	간 간 마음 간	9 (水)	肉(고기육변)	

음	한자	훈과 음	획 수 (수리오행)	부 수 (부수명칭)	측자·파자
간	姦	간사할 간 간음할 간	9 (水)	女(계집녀변)	소인 무리가 어울려 나쁜 짓을 하는 형상이다
	竿	장대 간 횃대 간	9 (水)	竹(대죽변)	
	栞	표할 간 표지 간	10 (水)	木(나무목변)	
	桿	나무이름 간 방패 간	11 (木)	木(나무목변)	
	間	사이 간 이간할 간	12 (木)	門(문문)	문으로 백가지 복을 맞으니 재물, 벼슬이 오름
	稈	짚 간 벼줄기 간	12 (木)	禾(벼화변)	
	幹	줄기 간 맡을 간	13 (火)	干(방패간)	
	揀	가릴 간 분별할 간	13 (火)	手(재방변)	
	諫	간할 간 충고할 간	16 (土)	言(말씀언변)	
	墾	개간할 간 힘쓸 간	16 (土)	土(흙토변)	
	澗	산골물 간 시내 간	16 (土)	水(삼수변)	한달 사이에 세번 물으라 했으니꼭 협의할 것
	懇	간절할 간 정성 간	17 (金)	心(마음심)	
	癎	간질 간	17 (金)	疒(병질안)	
	磵	산골물 간 시내 간	17 (金)	石(돌석변)	澗과 同字
	艱	어려울 간 괴로울 간	17 (金)	艮(머무를간)	
	簡	편지 간 대쪽 간	18 (金)	竹(대죽변)	

음	한자	훈과 음	획 수 (수리오행)	부 수 (부수명칭)	측자·파자
갈	乫	땅이름 갈	6 (土)	乙(새을변)	
	曷	어찌 갈 언제 갈	9 (水)	曰(가로왈)	
	喝	꾸짖을 갈 더위먹을 갈	12 (木)	口(입구)	
	渴	목마를 갈 서두를 갈	13 (火)	水(삼수변)	
	碣	비석 갈 돌세울 갈	14 (火)	石(돌석변)	
	竭	다할 갈 마를 갈	14 (火)	立(설립)	
	葛	칡 갈 덩굴 갈	15 (土)	艸(초두밑)	
	褐	털옷 갈 베옷 갈	15 (土)	衣(옷의변)	
	蝎	나무좀 갈 전갈 갈	15 (土)	虫(벌레충변)	광풍이잠시쉬고있으니 유미무환의 자세필요
	鞨	말갈족 갈 가죽신 갈	18 (金)	革(가죽혁)	
감	甘	달 감 느슨할 감	5 (土)	甘(달감)	취사선택을 잘못하여 어려움이 많아진다
	坎	구덩이 감 험할 감	7 (金)	土(흙토변)	성과와 바라는 일이 기대에 미치지 못한다
	柑	감귤 감 감자나무 감	9 (水)	木(나무목변)	
	疳	감적 감 감병 감	10 (水)	疒(병질안)	
	紺	감색 감 야청빛 감	11 (木)	糸(실사변)	
	勘	헤아릴 감 정할 감	11 (木)	力(힘력변)	
	敢	굳셀 감 감히할 감	12 (木)	攴(등글월문)	

음	한자	훈과 음	획 수 (수리오행)	부 수 (부수명칭)	측자·파자
감	堪	견딜 감 하늘 감	12 (木)	土(흙토변)	
	嵌	산깊을 감 골짜기 감	12 (木)	山(메산변)	
	邯	땅이름 감 강이름 감	12 (木)	邑(우부방)	
	減	덜 감 감할 감	13 (火)	水(삼수변)	
	感	느낄 감 감동할 감	13 (火)	心(마음심)	
	戡	이길 감 평정할 감	13 (火)	戈(창과)	
	監	볼 감 거울삼을 감	14 (火)	皿(그릇명밑)	
	橄	감람나무 감	16 (土)	木(나무목변)	
	瞰	볼 감 내려다볼 감	17 (金)	目(눈목변)	
	憾	서운할 감 근심할 감	17 (金)	心(심방변)	
	鑑	거울 감 비칠 감	22 (木)	金(쇠금변)	
	龕	감실 감 이길 감	22 (木)	龍(용룡)	
갑	甲	갑옷 갑 첫째천간 갑	5 (土)	田(밭전)	중요한 조건이 파기되어 처음계획을 이룰수 없다
	匣	갑 갑 작은상자 갑	7 (金)	匚(터진입구)	
	岬	산허리 갑 산기슭 갑	8 (金)	山(메산변)	
	胛	어깨 갑 어깨뼈 갑	11 (木)	肉(고기육변)	
	閘	수문 갑 물문 갑	13 (火)	門(문문)	
	鉀	갑옷 갑	13 (火)	金(쇠금변)	甲(田部1획)과 仝字

음	한자	훈과 음	획 수 (수리오행)	부 수 (부수명칭)	측자·파자
강	江	강 강 물이름 강	7 (金)	水(삼수변)	사람이 가장 바라는 재물과 직장운이 물건너 갔다
	杠	다리 강 깃대 강	7 (金)	木(나무목변)	
	岡	산등성이 강 언덕 강	8 (金)	山(메산변)	
	羌	종족이름 강 오랑캐 강	8 (金)	羊(양양)	
	姜	강할 강 신농씨후손강	9 (水)	女(계집녀변)	
	舡	오나라배 강	9 (水)	舟(배주변)	
	剛	굳셀 강 억셀 강	10 (水)	刀(칼도변)	
	堈	언덕 강 항아리 강	11 (木)	土(흙토변)	
	康	편안할 강 튼튼할 강	11 (木)	广(엄호밑)	힘이 미약하니 관직 재물 구하기 힘들다
	崗	산등성이 강 언덕 강	11 (木)	山(메산변)	岡(山部5획)의 俗字
	强	강할 강 힘쓸 강	12 (木)	弓(활궁)	強(11획)으로도 신고됨
	絳	진홍색 강 땅이름 강	12 (木)	糸(실사변)	
	畺	지경 강 밭두둑 강	13 (火)	田(밭전)	
	跭	세울 강 머뭇거릴 강	13 (火)	足(발족변)	
	降	내릴 강 내려올 강	14 (火)	阜(좌부방)	운이 흥하고 융성할 때를 기다려 움직여라
	綱	벼리 강 대강 강	14 (火)	糸(실사변)	
	腔	빈속 강 가락 강	14 (火)	肉(고기육변)	공중에 뜬 달을 잡으려고 하니 어리석도다
	嫝	여자이름자 강	14 (火)	女(계집녀변)	
	慷	강개할 강 개탄할 강	15 (土)	心(심방변)	

음	한자	훈과 음	획 수 (수리오행)	부 수 (부수명칭)	측자·파자
강	彊	강할 강 힘쓸 강	16 (土)	弓(활궁)	强(弓部 8획)과 仝字
	鋼	강철 강 강쇠 강	16 (土)	金(쇠금변)	
	講	강론할 강 익힐 강	17 (金)	言(말씀언변)	
	橿	굳셀 강 감 탕 나 무 강	17 (金)	木(나무목변)	
	糠	겨 강 쌀겨 강	17 (金)	米(쌀미변)	건강하고 값진 재물과 화목하며 연인 생긴다
	薑	생강 강 새앙 강	18 (金)	艸(초두밑)	
	疆	지경 강 한계 강	19 (水)	田(밭전)	
	襁	포대기 강 업을 강	19 (水)	衣(옷의)	
	鱇	아귀 강 껵저기 강	22 (木)	魚(고기어변)	
개	介	끼일 개 도울 개	4 (火)	人(사람인변)	결정한 대로 밀고나가야 성공한다
	价	착할 개 클 개	6 (土)	人(사람인변)	
	改	고칠 개 고쳐질 개	7 (金)	攴(등글월문)	나의 결점과 단점을 들추며 공격하니 어렵다
	皆	다 개 두루미칠 개	9 (水)	白(흰백)	人자를 붙이면 함께 해가 되니 화합하면 성공한다
	疥	옴 개 학질 개	9 (水)	疒(병질안)	
	玠	홀 개 큰홀 개	9 (水)	玉(구슬옥변)	
	芥	겨자 개 먼지 개	10 (水)	艸(초두밑)	
	豈	어찌 개 개가 개	10 (水)	豆(콩두)	
	個	낱 개 치우칠 개	10 (水)	人(사람인변)	仝字인 箇(14획)도 신고됨

음	한자	훈과 음	획 수 (수리오행)	부 수 (부수명칭)	측자·파자
개	凱	이길 개 착할 개	12 (木)	几(안석궤)	
	開	열 개 깨우칠 개	12 (木)	門(문문)	법을 어겨 처벌받을 수 있고 경영은 진퇴양난
	塏	밝을 개 높고건조할개	13 (火)	土(흙토변)	
	愷	즐거울 개 편안할 개	14 (火)	心(심방변)	
	愾	성낼 개 가득할 개	14 (火)	心(심방변)	
	慨	분개할 개 슬퍼할 개	15 (土)	心(심방변)	
	槪	절개 개 풍채 개	15 (土)	木(나무목변)	
	漑	물댈 개 닦을 개	15 (土)	水(삼수변)	
	蓋	덮을 개 숭상할 개	16 (土)	艸(초두밑)	俗字인 盖(11획)도 신고됨
	鎧	갑옷 개 무장 개	18 (金)	金(쇠금변)	
객	客	손 객 나그네 객	9 (水)	宀(갓머리)	
	喀	토할 객 기침할 객	12 (木)	口(입구)	
갱	更	다시 갱	7 (金)	曰(가로왈)	하늘에서 낸 귀한 사람이니 변혁을 시도해라
	坑	구덩이 갱 묻을 갱	7 (金)	土(흙토변)	
	粳	메벼 갱	13 (火)	米(쌀미변)	秔(9획)으로 신고 가능함
	羹	국 갱 땅이름 갱	19 (水)	羊(양양)	
갹	醵	술잔치 갹 추렴할 갹	20 (水)	酉(닭유변)	
거	去	갈 거 버릴 거	5 (土)	厶(마늘모)	
	巨	클 거 많을 거	5 (土)	工(장인공)	

음	한자	훈과 음	획 수 (수리오행)	부 수 (부수명칭)	측자·파자
거	車	수레 거 그물 거 거,차 신고됨	7 (金)	車(수레거변)	바퀴 없는 수레이니 관직, 사업, 연애 성공이 어렵다
	居	살 거 앉을 거	8 (金)	尸(주검시)	놀라운 일이 생기고 남녀가 입을 맞추게 된다
	炬	횃불 거 사를 거	9 (水)	火(불화변)	
	拒	막을 거 겨룰 거	9 (水)	手(재방변)	
	倨	거만할 거 책상다리할거	10 (水)	人(사람인변)	
	祛	보낼 거 실마리 거	10 (水)	示(보일시변)	
	距	떨어질 거 막을 거	12 (木)	足(발족변)	
	据	일할 거 교만할 거	12 (木)	手(재방변)	
	鉅	클 거 강할 거	13 (火)	金(쇠금변)	
	渠	우두머리 거 도랑 거	13 (火)	水(삼수변)	
	踞	웅크릴 거 걸터앉을 거	15 (土)	足(발족변)	
	鋸	톱 거 톱질할 거	16 (土)	金(쇠금변)	
	據	의거할 거 웅거할 거	17 (金)	手(재방변)	
	擧	들 거 행동 거 거사 거	18 (金)	臼(절구구)	
	遽	역말 거 급할 거	20 (水)	辵(책받침)	
건	巾	수건 건 덮을 건	3 (火)	巾(수건건)	자리를 지키기가 쉽지 않아서 좌불안석이다
	件	사건 건 구분할 건	6 (土)	人(사람인변)	

음	한자	훈과 음	획수 (수리오행)	부수 (부수명칭)	측자·파자
건	建	세울 건 열쇠 건	9 (水)	廴(민책받침)	
	虔	베풀 건 삼갈 건	10 (水)	虍(범호밑)	가까운 일도 염려되고 미래 일도 걱정이 된다
	乾	하늘 건 건괘 건 임금 건	11 (木)	乙(새을변)	
	健	굳셀 건 튼튼할 건	11 (木)	人(사람인변)	
	楗	문빗장 건 방죽 건	13 (火)	木(나무목변)	
	愆	허물 건 과실 건	13 (火)	心(마음심)	
	腱	힘줄 건 힘줄밑둥 건	15 (土)	肉(고기육변)	
	漧	하늘 건 乾의 古字	15 (土)	水(삼수변)	
	鍵	열쇠 건 자물쇠 건	17 (金)	金(쇠금변)	
	蹇	다리절 건 멈출 건	17 (金)	足(발족변)	
	騫	그르칠 건 이지러질 건	20 (水)	馬(말마변)	
걸	乞	빌 걸 구할 걸	3 (火)	乙(새을변)	
	杰	준걸 걸 뛰어날 걸	8 (金)	木(나무목변)	杰:傑(人部10획)의 俗字
	桀	홰 걸 사나울 걸	10 (水)	木(나무목변)	
	傑	준걸 걸 뛰어날 걸	12 (木)	人(사람인변)	
검	鈐	비녀장 검 자물쇠 검	12 (木)	金(쇠금변)	
	儉	검소할 검 흉년들 검	15 (土)	人(사람인변)	험한 곳에 있는 형상이니 빨리 벗어나야 한다
	劍	칼 검 죽일 검	15 (土)	刀(칼도변)	劒(16획)으로도 신고됨

음	한자	훈과 음	획 수 (수리오행)	부 수 (부수명칭)	측자·파자
검	黔	검을 검 그을 검	16 (土)	黑(검을흑)	
	檢	봉할 검 조사할 검	17 (金)	木(나무목변)	칼을 빼서 도와줄 정도로 서로 협력해야 한다
	瞼	눈꺼풀 검 눈시울 검	18 (金)	目(눈목변)	
겁	劫	위협할 겁 갑박할 겁	7 (金)	力(힘력변)	
	怯	겁낼 겁 무서워할 겁	9 (水)	心(심방변)	섣불리 손대면 일을 저지르기 쉬우니 내버려두라
	迲	갈 겁 자내 겁	12 (木)	辵(책받침)	
게	偈	쉴 게 휴식할 게	11 (木)	人(사람인변)	
	揭	높이들 게 걸 게	13 (火)	手(재방변)	
	憩	쉴 게 휴식할 게	16 (土)	心(마음심)	
격	格	자리 격 인품 격	10 (水)	木(나무목변)	허공에 세워진 누각이라 허무한 꿈이다
	覡	박수 격 사내무당 격	14 (火)	見(볼견)	
	膈	흉격 격 명치 격	16 (土)	肉(고기육변)	
	擊	칠 격 죽일 격	17 (金)	手(재방변)	
	激	부딪칠 격 과격할 격	17 (金)	水(삼수변)	
	檄	격서 격 편지 격	17 (金)	木(나무목변)	
	隔	막을 격 뜰 격	18 (金)	阜(좌부방)	
견	犬	개 견 겸칭 견	4 (火)	犬(개견)	주인공에게 먼저는 울고 뒤에는 웃는 일이 생긴다
	見	볼 견 견해 견	7 (金)	見(볼견)	배움이 적고 지혜도 모자라면 빈천하게 산다

음	한자	훈과 음	획 수 (수리오행)	부 수 (부수명칭)	측자·파자
견	肩	어깨 견 이길 견	10 (水)	肉(고기육변)	
	堅	굳을 견 굳셀 견	11 (木)	土(흙토변)	
	牽	끌 견 이끌 견	11 (木)	牛(소우변)	
	絹	명주 견 비단 견	13 (火)	糸(실사변)	
	甄	가마 견 질그릇 견	14 (火)	瓦(기와와)	
	遣	보낼 견 버릴 견	17 (金)	辵(책받침)	
	鵑	두견새 견 소쩍새 견	18 (金)	鳥(새조변)	
	繭	누에고치 견 이어질 견	19 (金)	糸(실사변)	
	譴	꾸짖을 견 허물 견	21 (木)	言(말씀언변)	
결	決	결정할 결 끊을 결	8 (金)	水(삼수변)	
	抉	도려낼 결 들추어낼 결	8 (金)	手(재방변)	
	缺	이지러질결 모자랄 결	10 (水)	缶(장군부)	
	訣	비결 결 이별 결 헤어질 결	11 (木)	言(말씀언변)	일을 추진함에 송사와 재앙을 먼저 조심하라
	結	맺을 결 마칠 결	12 (木)	糸(실사변)	하늘의 길신이 경사와 기쁜 일을 만들어준다
	潔	깨끗할 결 깨끗이할 결	16 (土)	水(삼수변)	
겸	兼	겸할 겸 쌓을 겸	10 (水)	八(여덟팔)	
	鉗	칼 겸 낫 겸	13 (火)	金(쇠금변)	

음	한자	훈과 음	획 수 (수리오행)	부 수 (부수명칭)	측자·파자
겸	慊	한탄할 겸	14 (火)	心(심방변)	
	箝	재갈먹일 겸 끼울 겸	14 (火)	竹(대죽변)	
	謙	겸손할 겸 사양할 겸	17 (金)	言(말씀언변)	염치가 없어 미움을 받거나 말썽을 일으킨다
	鎌	낫 겸	18 (金)	金(쇠금변)	
경	冂	멀 경	2 (木)	冂(먼데경)	
	更	바꿀 경 고칠 경	7 (金)	曰(가로왈)	하늘의 틀까지도 바꿀 수 있는 귀한 사람이다
	冏	빛날 경 밝을 경	7 (金)	冂(먼데경)	
	囧	밝을 경 새가나는모양경	7 (金)	囗(큰입구)	囧: 冏과 仝字
	京	서울 경 클 경	8 (金)	亠(돼지해밑)	
	庚	일곱째천간경 나이 경	8 (金)	广(엄호밑)	좋은 기회를 만나고도 아깝게 놓치게 된다
	坰	들 경 교외 경	8 (金)	土(흙토변)	
	炅	빛날 경 밝을 경	8 (金)	火(불화변)	
	俓	곧을 경 지름길 경	9 (水)	人(사람인변)	俓: 徑(彳部 7획)과 仝字
	勁	셀 경 굳셀 경	9 (水)	力(힘력변)	
	涇	찰 경	9 (水)	冫(이수변)	
	耕	갈 경 농사 경	10 (水)	耒(쟁기뢰변)	
	徑	지름길 경 빠를 경	10 (水)	彳(두인변)	
	倞	굳셀 경	10 (水)	人(사람인변)	
	耿	빛 경 밝을 경	10 (水)	耳(귀이변)	가진것이가장좋으니 직업,사업,계획바꾸지마라
	勍	셀 경	10 (水)	力(힘력변)	

음	한자	훈과 음	획 수 (수리오행)	부 수 (부수명칭)	측자·파자
경	竟	마칠 경 지경 경	11 (木)	立(설립)	상대는 도와줄 뜻이 없고 구년면벽도 허사다
	頃	잠깐 경 기울 경	11 (木)	頁(머리혈)	
	梗	막힐 경 굳셀 경	11 (木)	木(나무목변)	
	涇	통할 경 물이름 경	11 (木)	水(삼수변)	
	烱	빛날 경	11 (木)	火(불화변)	烱: 炯과 同字
	絅	끌어쵤 경 급히당길 경	11 (木)	糸(실사변)	
	景	밝을 경 경치 경	12 (木)	日(날일변)	서울 가서 직장, 사업, 공부해야 뜻을 이룬다
	硬	강할 경 단단할 경	12 (木)	石(돌석변)	
	卿	벼슬 경 선생 경	12 (木)	卩(병부절)	
	痙	경련할 경 심줄당길 경	12 (木)	疒(병질안)	
	經	책 경 다스릴 경	13 (火)	糸(실사변)	
	敬	공경 경 삼갈 경	13 (火)	攴(둥글월문)	하는일이 남의 눈이 들지 않으니 되는일 없다
	傾	기울일 경 다툴 경	13 (火)	人(사람인변)	
	莖	줄기 경 칼자루 경	13 (火)	艸(초두밑)	
	脛	정강이 경 종아리 경	13 (火)	肉(고기육변)	
	逕	좁은길 경 지날 경	14 (火)	辵(책받침)	
	輕	가벼울 경 경솔할 경	14 (火)	車(수레거변)	
	境	지경 경 경계 경	14 (火)	土(흙토변)	

음	한자	훈과 음	획 수 (수리오행)	부 수 (부수명칭)	측자·파자
경	熲	빛 경 불빛 경	15 (土)	火(불화변)	
	儆	경계할 경	15 (土)	人(사람인변)	儆: 警(言部13획)과 仝字
	慶	경사 경 착할 경	15 (土)	心(마음심)	
	罄	경쇠 경 다할 경	16 (土)	石(돌석변)	
	頸	목 경 목줄기 경	16 (土)	頁(머리혈)	
	憬	깨달을 경 동경할 경	16 (土)	心(심방변)	
	暻	밝을 경	16 (土)	日(날일변)	
	璟	옥빛 경	17 (金)	玉(구슬옥변)	
	擎	들 경 받들 경	17 (金)	手(재방변)	
	檠	도지개 경 등경걸이 경	17 (金)	木(나무목변)	檠과 仝字
	檠	도지개 경 등경걸이 경	17 (金)	木(나무목변)	檠과 仝字
	璥	경옥 경 옥이름 경	18 (金)	玉(구슬옥변)	
	鏡	거울 경 안경 경	19 (水)	金(쇠금변)	서서 금은을 보니 장사하면 많은 재물 얻는다
	鯨	고래 경	19 (水)	魚(고기어변)	
	鶊	꾀꼬리 경	19 (水)	鳥(새조변)	
	競	다툴 경 쫓을 경	20 (水)	立(설립)	
	警	경계할 경 경보 경	20 (水)	言(말씀언변)	
	瓊	옥 경 구슬 경	20 (水)	玉(구슬옥변)	
	驚	놀랄 경 두려울 경	23 (火)	馬(말마변)	

음	한자	훈과 음	획수 (수리오행)	부수 (부수명칭)	측자·파자
계	系	실 계 핏줄 계 실마리 계	7 (金)	糸(실사변)	
	戒	경계할 계 고할 계	7 (金)	戈(창과)	
	季	철 계 끝 계	8 (金)	子(아들자)	모든 일이 처음부터 끝까지 화목하고 좋다
	届	이를 계 지극할 계	8 (金)	尸(주검시)	기회가 올 때까지 굽신거려야 살아남는다
	癸	열째천간계 경도 계	9 (水)	癶(필발밑)	發자 머리모양이라 취직, 명예, 사업이 발전
	界	지경 계 한계 계	9 (水)	田(밭전)	
	計	셀 계 꾀할 계	9 (水)	言(말씀언변)	
	係	이을 계 계 계 끌 계	9 (水)	人(사람인변)	
	契	계약 계 맺을 계	9 (水)	大(큰대)	
	桂	계수나무계	10 (水)	木(나무목변)	
	烓	화덕 계 밝을 계	10 (水)	火(불화변)	
	械	기구 계 형틀 계	11 (木)	木(나무목변)	
	啓	열 계 인도할 계	11 (木)	口(입구)	
	堺	지경 계	12 (木)	土(흙토변)	堺:界와 同字
	悸	두근거릴 계 두려워할 계	12 (木)	心(심방변)	
	棨	창 계 기날린창 계	12 (木)	木(나무목변)	
	溪	시내 계	14 (火)	水(삼수변)	

음	한자	훈과 음	획 수 (수리오행)	부 수 (부수명칭)	측자·파자
계	誡	경계할 계 경계 계	14 (火)	言(말씀언변)	
	磎	시내 계	15 (土)	石(돌석변)	谿와 同字
	稽	머무를 계 상고할 계	15 (土)	禾(벼화변)	무엇을 하든 날마다 발전하고 이익도 생긴다
	階	섬돌 계 층계 계	17 (金)	阜(좌부방)	
	谿	시내 계 계곡 계	17 (金)	谷(골곡)	磎와 同字
	繫	맬 계 죄수 계	19 (水)	糸(실사변)	
	繼	이을 계 맬 계	20 (水)	糸(실사변)	일이엉키거나 일을 마음내키는대로처리해도무방
	鷄	닭 계	21 (木)	鳥(새조변)	雞(隹部 10획)과 仝字
고	古	옛 고 묵을 고	5 (土)	口(입구)	입이 있으나 말못할 사정이 있으며 길한 경사도 있다
	叩	두드릴 고 조아릴 고	5 (土)	口(입구)	한 부서의 장으로 승진하며 꼭 지조를 지켜라
	尻	꽁무니 고 자리잡을고	5 (土)	尸(주검시)	
	告	고할 고 물을 고	7 (金)	口(입구)	행동보다 말이 앞서니 자주 말로 다툰다
	固	굳을 고 진실로 고	8 (金)	囗(큰입구)	
	考	상고할 고 아버지 고	8 (金)	老(늙을로)	古字인 攷(6획)도 신고됨
	姑	시어미 고 고모 고	8 (金)	女(계집녀변)	
	孤	외로울 고 홀로 고	8 (金)	子(아들자)	
	呱	울 고 울음소리고	8 (金)	口(입구)	
	杲	밝을 고 높을 고	8 (金)	木(나무목변)	

음	한자	훈과 음	한자 (수리오행)	부 수 (부수명칭)	측자·파자
고	故	일 고 옛 고	9 (水)	攴(등글월문)	
	枯	마를 고 말릴 고	9 (水)	木(나무목변)	
	沽	팔 고 매매할 고	9 (水)	水(삼수변)	목말라 애태우던 물고기가 물을 얻는 상황
	高	높을 고 높일 고	10 (水)	高(높을고)	입구가 위아래있으니 구설 많고 뜻 이루기어렵다
	庫	곳집 고 창고 고	10 (水)	广(엄호밑)	
	拷	칠 고 두드릴 고	10 (水)	手(재방변)	
	羔	새끼양 고 흑양 고	10 (水)	羊(양양)	작은 생선을 삶아 먹으니 무언가 흡족하지 못하다
	股	넓적다리 고 정강이 고	10 (水)	肉(고기육변)	
	苦	쓸 고 괴로움 고	11 (木)	艸(초두밑)	
	皐	고할 고 높을 고	11 (木)	白(흰백)	
	菰	줄 고 교미 고	11 (木)	艸(초두밑)	
	袴	바지 고 사타고니 고	12 (木)	衣(옷의)	
	辜	허물 고	12 (木)	辛(매울신)	
	雇	품살 고 품팔이 고	12 (木)	隹(새추)	
	鼓	북 고 칠 고	13 (火)	鼓(북고)	
	痼	고질 고	13 (火)	疒(병질안)	
	賈	장사 고 상인 고	13 (火)	貝(조개패)	서쪽에서 재물이 발하니 서양과 관련을 맺어보자

음	한자	훈과 음	한자 (수리오행)	부 수 (부수명칭)	측자·파자
고	敲	두드릴 고 회초리 고	14 (火)	攴(등글월문)	
	暠	흴 고 밝을 고	14 (火)	日(날일변)	皓(白部 7획)과 仝字
	槁	마를 고	14 (火)	木(나무목변)	槁:槀와 同字
	菰	향초 고 옥이름 고	14 (火)	艸(초두밑)	
	睪	늪 고 불알 고	14 (火)	目(눈목변)	
	誥	고할 고 가르칠 고	14 (火)	言(말씀언변)	
	稿	초 고 볏짚 고	15 (土)	禾(벼화변)	
	膏	살찔 고 기름질 고	16 (土)	肉(고기육변)	
	錮	땜질할 고 가둘 고	16 (土)	金(쇠금변)	
	藁	볏짚 고	20 (水)	艸(초두밑)	稾와 同字
	顧	돌아볼 고 당길 고	21 (木)	頁(머리혈)	
	蠱	독 고 뱃속벌레 고	23 (火)	虫(벌레충변)	세 마리가 피를 빨아 먹고 있으니 재앙이다
곡	曲	굽을 곡 가락 곡	6 (土)	曰(가로왈)	藝名, 雅號에 좋은 글자
	谷	골 곡 막힐 곡	7 (金)	谷(골곡)	
	哭	울 곡 곡할 곡	10 (水)	口(입구)	훌륭한 인물이라 대기 만성으로 성공한다.
	斛	헤아릴 곡 열말들이휘곡	11 (木)	斗(말두)	
	梏	쇠고랑 곡 수갑 곡	11 (木)	木(나무목변)	

음	한자	훈과 음	획수 (수리오행)	부수 (부수명칭)	측자·파자
곡	穀	곡식 곡 기를 곡	15 (土)	禾(벼화변)	
	鵠	고니 곡 흰빛 곡	18 (金)	鳥(새조변)	
곤	困	곤할 곤 괴로울 곤	7 (金)	囗(큰입구)	밝은 장래에 작은 흠집이 생길 수 있다
	坤	땅 곤 곤괘 곤	8 (金)	土(흙토변)	
	昆	형 곤 자손 곤	8 (金)	日(날일변)	
	崑	곤륜산 곤 산이름 곤	11 (木)	山(메산변)	藝名, 雅號에 좋은 글자
	梱	문지방 곤 두드릴 곤	11 (木)	木(나무목변)	
	袞	곤룡포 곤	11 (木)	衣(옷의)	
	琨	옥돌 곤 패옥 곤	13 (火)	玉(구슬옥변)	
	滾	흐를 곤 샘솟을 곤	15 (土)	水(삼수변)	
	錕	곤오산 곤 산이름 곤	16 (土)	金(쇠금변)	
	鯤	물고기알 곤 곤이 곤	19 (水)	魚(고기어변)	
골	汨	빠질 골 다스릴 골	8 (金)	水(삼수변)	
	骨	뼈 골 뼈대 골	10 (水)	骨(뼈골변)	
	滑	어지러울 골 미끄러울 골	14 (火)	水(삼수변)	
공	工	장인 공 교묘할 공	3 (火)	工(장인공)	배가 강 한폭판에 있는 형상이라 중요한때
	公	공변될 공 공작 공	4 (火)	八(여덟팔)	말을 조심하지 않으면 송사와 손재수가 있다

음	한자	훈과 음	획 수 (수리오행)	부 수 (부수명칭)	측자·파자
공	孔	구멍 공 姓 공	4 (火)	子(아들자)	
	功	공 공 보람 공	5 (土)	力(힘력변)	
	共	함께 공 공경할 공	6 (土)	八(여덟팔)	
	攻	칠 공 다스릴 공	7 (土)	攴(둥글월문)	
	空	하늘 공 공간 공	8 (金)	穴(구멍혈밑)	새로운 일을 계획해서 서서히 움직일 준비를 갖추어라
	供	베풀 공 받들 공	8 (金)	人(사람인변)	
	恭	공손할 공 받들 공	10 (水)	心(심방변)	
	恐	두려워할공 으를 공	10 (水)	心(마음심)	
	貢	바칠 공 천거할 공	10 (水)	貝(조개패)	반은공허하고 반은실속이 있으니 절반의 성공
	蚣	지네 공 여치 공	10 (水)	虫(벌레충)	
	拱	껴안을 공 두손맞잡을공	10 (水)	手(재방변)	
	珙	옥 공 구슬 공	11 (木)	玉(구슬옥변)	
	控	당길 공 고할 공	12 (木)	手(재방변)	손안에 쥔 재물이 없으며 사업, 환자는 나쁨
	鞏	묶을 공 가죽테 공	15 (土)	革(가죽혁)	
곶	串	곶 곶 익힐 곶	7 (土)	丨(뚫을곤)	
과	戈	창 과	4 (火)	戈(창과)	가족이나 타인의 재물에 손해를 줄 수 있다
	瓜	오이 과 참외 과	5 (土)	瓜(오이과)	병자는 악화되고 사업가는 재기하기 어렵다
	果	과실 과 해낼 과	8 (金)	木(나무목변)	어려움에 봉착하며 가정도 어려움을 겪는다

음	한자	훈과 음	획 수 (수리오행)	부 수 (부수명칭)	측자·파자
과	科	과거 과 조목 과	9 (水)	禾(벼화변)	한 계절이 지나야 결과를 얻으니 더 기다려라
	誇	자랑할 과 거칠 과	13 (火)	言(말씀언변)	
	跨	넘을 과 건너갈 과	13 (火)	足(발족변)	
	寡	적을 과 작을 과 홀어미 과	14 (火)	宀(갓머리)	
	菓	실과 과 과자 과	14 (火)	艸(초두밑)	만리거리에서 가져오니 얻기 힘든 것을 얻는다
	課	부서 과 몫 과	15 (土)	言(말씀언변)	
	過	지날칠 과 예전 과	16 (土)	辵(책받침)	재앙이 지나 갔으니 반드시 좋은 일이 있다
	鍋	냄비 과 노구솥 과	17 (金)	金(쇠금변)	
	顆	낟알 과 흙덩이 과	17 (金)	頁(머리혈)	
곽	廓	넓을 곽 외성 곽	14 (火)	广(엄호밑)	
	郭	성곽 곽 둘레 곽	15 (土)	邑(우부방)	
	槨	덧널 곽 관을담는궤곽	15 (土)	木(나무목변)	
	藿	콩잎 곽 향초 곽	22 (木)	艸(초두밑)	
관	串	익힐 관 습관 관	7 (金)	丨(뚫을곤)	무욕이면 화평이요 욕심부리면 환난이요
	官	벼슬 관 관청 관	8 (金)	宀(갓머리)	
	冠	갓 관 어른 관	9 (水)	冖(민갓머리)	있는 것을 지키기 어려우니 주변에 도움을 청하라
	貫	꿸 관 익숙할 관	11 (木)	貝(조개패)	
	梡	도마 관 네발도마관	11 (木)	木(나무목변)	

음	한자	훈과 음	획수 (수리오행)	부수 (부수명칭)	측자·파자
관	款	정성 관 사랑할 관	12 (木)	欠(하품흠몸)	
	棺	널 관 입관 관	12 (木)	木(나무목변)	
	琯	피리 관 옥저 관	13 (火)	玉(구슬옥변)	
	管	관 관 맡을 관	14 (火)	竹(대죽변)	
	菅	골풀 관 난초 관	14 (火)	艸(초두밑)	
	慣	익숙할 관 버릇 관	15 (土)	心(심방변)	
	寬	너그러울 관 넓을 관	15 (土)	宀(갓머리)	
	錧	휘갑쇠 관 바퀴철 관	16 (土)	金(쇠금변)	
	館	객사 관 별관 관	17 (金)	食(밥식변)	俗字 舘(16획)도 신고됨
	關	기관 관 관계할 관	19 (水)	門(문문)	정문보다 쪽문으로 빨리 들어가니 특채 된다
	灌	물댈 관 씻을 관	22 (木)	水(삼수변)	귀인이나 절친한 자에게 술대접을 하게 된다
	瓘	옥 관 옥이름 관	23 (火)	玉(구슬옥 변)	
	罐	두레박 관 항아리 관	24(火)	缶(장군부)	
	觀	볼 관 생각 관	25 (土)	見(볼견)	재물과 사람이 기쁘게 하니 인연이 소중하다
괄	刮	깎을 괄 긁을 괄	8 (金)	刀(칼도변)	
	括	묶을 괄 담을 괄	10 (水)	手(재방변)	가르치는 방향과 말이 다르니 언행이 불일치
	恝	걱정없을 괄 괄시할 괄	10 (水)	心(마음심)	
	适	빠를 괄 신속할 괄	13 (火)	辵(책받침)	

음	한자	훈과 음	획수 (수리오행)	부수 (부수명칭)	측자·파자
광	光	빛 광 클 광	6 (土)	儿(어진사람인)	
	匡	바를 광 구원할 광	6 (土)	匚(터진입구)	
	侊	성찬 광 진수성찬광 클 광	8 (金)	人(사람인변)	
	炚	비칠광 밝을 광	8 (金)	火(불화)	
	狂	미칠 광 사나울 광	8 (金)	犬(개사슴록변)	
	洸	굳셀 광 성낼 광	10 (水)	水(삼수변)	
	桄	베틀 광 나무 광	10 (水)	木(나무목변)	
	珖	옥피리 광 옥이름 광	11 (木)	玉(구슬옥변)	
	筐	침상 광 광주리 광	12 (木)	竹(대죽변)	
	胱	방광 광 오줌통 광	12 (木)	肉(고기육변)	
	廣	넓을 광 널리 광	15 (土)	广(엄호밑)	재운이 장차 창고에 황금덩어리를 넣게 된다
	壙	광 광 공허할 광	18 (金)	土(흙토변)	
	曠	밝을 광 빌 광	19 (水)	日(날일변)	
	鑛	쇳돌 광 광물 광	23 (火)	金(쇠금변)	
괘	卦	걸 괘 점칠 괘	8 (金)	卜(점복)	
	掛	걸 괘 걸쳐놓을괘	12 (木)	手(재방변)	
	罫	줄 괘 거리낄 괘	14 (火)	罒(그물망)	

음	한자	훈과 음	획 수 (수리오행)	부 수 (부수명칭)	측자·파자
괴	乖	어그러질 괴 떨어질 괴	8 (金)	ノ(삐침)	고진감래라 희망을 갖고 노력하면 좋은 기회 생긴다
	怪	괴이할 괴 도깨비 괴	9 (水)	心(심방변)	
	拐	속일 괴 유인할 괴	9 (水)	手(재방변)	
	傀	클 괴 성할 괴	12 (木)	人(사람인변)	
	塊	덩어리 괴 흙덩이 괴	13 (火)	土(흙토변)	다툴 일이 있어도 참아야 하고 교통사고 조심
	愧	부끄러워할 괴 탓할 괴	14 (火)	心(심방변)	의심에 의심 낳으니 괴이함을 모른 체 덮어라
	槐	홰나무 괴 느티나무 괴	14 (火)	木(나무목변)	
	魁	으뜸 괴 우두머리 괴	14 (火)	鬼(귀신귀)	열되되는 귀신이암암리에 장애물로 작용한다
	壞	무너질 괴 파괴될 괴	19 (水)	土(흙토변)	
굉	宏	클 굉 넓을 굉	7 (金)	宀(갓머리)	
	紘	갓끈 굉 넓을 굉	10 (水)	糸(실사변)	
	肱	팔 굉 팔뚝 굉	10 (水)	肉(고기육변)	
	轟	울림 굉 우레소리 굉	21 (木)	車(수레거)	비슷한 처지 사람끼리 도우면 완전무결해진다
교	巧	공교로울교 꾸밀 교	5 (土)	工(장인공)	
	交	사귈 교 섞일 교	6 (土)	亠(돼지해밑)	노력한 보람이 나타나며 혼인의 경우는 성사된다
	佼	예쁠 교 사귈 교	8 (金)	人(사람인변)	
	咬	음란할 교 새소리 교	9 (水)	口(입구)	교언이설을 늘어놓는 자와 사귀는 형상이다
	姣	예쁠 교 부드러울 교	9 (水)	女(계집녀변)	

음	한자	훈과 음	획 수 (수리오행)	부 수 (부수명칭)	측자·파자
교	狡	간교할 교 교활할 교	10 (水)	犬(개사슴록변)	상대가 시비를 걸더라도 상대하지 말아라
	校	학교 교 교정볼 교	10 (水)	木(나무목변)	
	敎	가르칠 교 종교 교	11 (木)	攴(등글월문)	藝名, 雅號에 좋은 글자
	皎	달빛 교 흴 교	11 (木)	白(흰백)	
	喬	높을 교 교만할 교	12 (木)	口(입구)	
	絞	목맬 교 급할 교	12 (木)	糸(실사변)	
	蛟	교룡 교 상어 교	12 (木)	虫(벌레충변)	
	郊	들 교 교외 교	13 (火)	邑(우부방)	
	較	비교할 교 대략 교	13 (火)	車(수레거변)	
	僑	객지에살 교 높을 교	14 (火)	人(사람인변)	
	嬌	아리따울 교 맵시 교	15 (土)	女(계집녀변)	
	嶠	산길 교 뾰족하게높을 교	15 (土)	山(메산변)	
	餃	경단 교	15 (土)	食(밥식변)	
	橋	다리 교 강할 교	16 (土)	木(나무목변)	藝名, 雅號에 좋은 글자
	矯	바로잡을 교 거짓 교	17 (金)	矢(살시변)	
	膠	아교 교 굳을 교	17 (金)	肉(고기육변)	
	鮫	상어 교 교령 교	17 (金)	魚(고기어변)	
	翹	꼬리 교 날개 교	18 (金)	羽(깃우)	

음	한자	훈과 음	획 수 (수리오행)	부 수 (부수명칭)	측자·파자
교	蕎	메밀 교	18 (金)	艸(초두밑)	
	轎	가마 교 수레 교	19 (水)	車(수레거변)	
	驕	교만할 교 무례할 교	22 (木)	馬(말마변)	
	攪	손놀릴 교 어지러울 교	24 (火)	手(재방변)	
구	口	입 구 인구 구	3 (火)	口(입구)	상도 받고 중심이 되지만 시기와 구설을 주의하라
	久	오랠 구 기다릴 구	3 (火)	丿(삐침)	군자는 지위를 잃고 소인은 득세하게 된다
	仇	원수 구 원망할 구	4 (火)	人(사람인변)	
	勾	굽을 구 글귀절 구	4 (火)	勹(쌀포)	
	句	글귀 구 굽을 구	5 (土)	口(입구)	
	丘	언덕 구 무덤 구	5 (土)	一(한일)	
	臼	절구 구	6 (土)	臼(절구구)	
	求	구할 구 탐낼 구	7 (金)	水(물수)	氺부 2획이나 총획은 7획
	究	궁구할 구 헤아릴 구	7 (金)	穴(구멍혈밑)	
	灸	뜸 구 구을 구	7 (金)	火(불화변)	
	具	갖출 구 차림 구	8 (金)	八(여덟팔)	다른 사람도 개입하니 삼각관계로 발전한다
	坵	언덕 구 무덤 구	8 (金)	土(흙토변)	坵:언덕구(丘)의 속자
	玖	옥돌 구 검은옥돌 구	8 (金)	玉(구슬옥변)	

음	한자	훈과 음	획 수 (수리오행)	부 수 (부수명칭)	측자·파자
구	咎	허물 구 재앙 구	8 (金)	口(입구)	구설수에 오르므로 사업, 승진, 취업이 불리하다
	九	아홉 구 아홉번 구	9 (水)	乙(새을변)	궁하면 통하나니 미래를 대비하라
	拘	거리낄 구 잡을 구	9 (水)	手(재방변)	
	狗	개 구 강아지 구	9 (水)	犭(개사슴록변)	
	枸	구기자나무구 탱자나무구	9 (水)	木(나무목변)	
	垢	때 구 티끌 구	9 (水)	土(흙토변)	
	柩	널 구 관 구	9 (水)	木(나무목변)	
	俱	함께 구 갖출 구	10 (水)	人(사람인변)	藝名, 雅號에 좋은 글자
	矩	곱자 구 네모 구 법 구	10 (水)	矢(살시변)	
	玽	옥돌 구	10 (水)	玉(구슬옥변)	
	救	구원할 구 도울 구	11 (木)	攴(등글월문)	
	區	구역 구 나눌 구	11 (木)	匚(터진입구)	
	苟	진실로 구 구차할 구	11 (木)	艸(초두밑)	
	耈	명길 구 오래살 구	11 (木)	老(늙을노)	
	寇	도둑 구 해칠 구	11 (木)	宀(갓머리)	
	毬	공 구 제기 구	11 (木)	毛(털모)	
	球	구슬 구 공 구	12 (木)	玉(구슬옥변)	
	邱	언덕 구 땅이름 구	12 (木)	邑(우부방)	

음	한자	훈과 음	획 수 (수리오행)	부 수 (부수명칭)	측자·파자
구	鳩	비둘기 구 모을 구 편안할 구	13 (火)	鳥(새조변)	평소의 뜻이 방송, 매스컴을 통하여 알려진다
	絿	구할 구 급박할 구	13 (火)	糸(실사변)	
	舅	장인 구 시아비 구	13 (火)	臼(절구구)	
	鉤	낫 구 갈고랑이 구	13 (火)	金(쇠금변)	
	構	얽을 구 맺을 구	14 (火)	木(나무목변)	
	溝	도랑 구 어리석을 구	14 (火)	水(삼수변)	
	嘔	토할 구 노래할 구	14 (火)	口(입구)	
	嶇	험할 구 깍지 구	14 (火)	山(메산변)	
	廐	마구간 구	14 (火)	广(엄호밑)	
	逑	짝 구 모을 구	14 (火)	辵(책받침)	
	銶	끌 구	15 (土)	金(쇠금변)	
	歐	토할 구 때릴 구	15 (土)	欠(하품흠몸)	
	毆	칠 구 때릴 구	15 (土)	殳(갖은둥글월문)	
	駒	망아지 구 젊은이 구	15 (土)	馬(말마변)	
	龜	거북 구 땅이름 구	16 (土)	龜(거북귀)	龜:구 · 귀로 신고가능
	購	살 구 구해드릴 구	17 (金)	貝(조개패)	
	舊	옛 구 오랠 구	18 (金)	臼(절구구)	쥐 어금니요 참새 뿔이니 하찮은 것을 얻는다

음	한자	훈과 음	획 수 (수리오행)	부 수 (부수명칭)	측자·파자
구	軀	몸 구 신체 구	18 (金)	身(몸신)	
	謳	노래할 구 흥얼거릴 구	18 (金)	言(말씀언변)	
	瞿	살필 구 노려볼 구	18 (金)	目(눈목변)	다니는 길이 트이니 운이 좋아져서 장애가 없구나
	驅	몰 구 대열 구	21 (木)	馬(말마변)	
	鷗	갈매기 구 백구 구	22 (木)	鳥(새조변)	
	懼	두려워할 구 으를 구	22 (木)	心(심방변)	참된 마음을 땅에 떨어뜨리고 있으니 본심 살펴라
	衢	네거리 구 갈림길 구	24 (火)	行(다닐행)	
국	局	판 국 사태 국	7 (金)	尸(주검시)	
	國	나라 국 고향 국	11 (木)	囗(큰입구)	보이지 않는 의혹이 있으니 주의해서 살펴라
	菊	국화 국 대 국	14 (火)	艸(초두밑)	
	鞠	기를 국 굽힐 국	17 (金)	革(가죽혁)	菊(艸部 8획)과 仝字
	鞫	국문할 국 문초할 국	18 (金)	革(가죽혁)	
	麴	술 국 누룩 국	19 (水)	麥(보리맥)	
군	君	임금 군 남편 군	7 (金)	口(입구)	무리를 갈등하여 주군을 모시지 못하니 궁색하다
	軍	군사 군 진칠 군	9 (水)	車(수레거변)	
	窘	막힐 군 궁색할 군	12 (木)	穴(구멍혈)	
	群	무리 군 많을 군	13 (火)	羊(양양)	

음	한자	훈과 음	획수(수리오행)	부수(부수명칭)	측자·파자
군	裙	속옷 군 치마 군	13 (火)	衣(옷의)	임금을 보좌하는 형상이니 복록을 누리고 출세를 한다
	郡	고을 군 쌓을 군	14 (火)	邑(우부방)	
굴	屈	굽을 굴 다할 굴	8 (金)	尸(주검시)	
	堀	굴 굴 땅팔 굴	11 (木)	土(흙토변)	
	掘	팔 굴 파낼 굴	12 (木)	手(재방변)	
	窟	굴 굴 움 굴	13 (火)	穴(구멍혈밑)	
궁	弓	활 궁 궁형 궁	3 (火)	弓(활궁)	활에 활살과 줄이 없으니 일을 이루기가 어렵구나
	穹	높을 궁 하늘 궁	8 (金)	穴(구멍혈)	6개활이 무력하니이루어지는 일이적고 궁색하다
	芎	궁궁이 궁 천궁 궁	9 (水)	艸(초두밑)	
	宮	집 궁 대궐 궁	10 (水)	宀(갓머리)	아직 불완전하니 관재와 구설을 조심해야 한다
	躬	몸 궁 몸소 궁	10 (水)	身(몸신)	활은 있으나 화살이 없으니 곤궁하고 어렵다
	窮	궁할 궁 궁리할 궁	15 (土)	穴(구멍혈밑)	
권	卷	책 권 두루마리권	8 (金)	㔾(병부절)	같은 일이 두 사람에게 벌어지니 우울해진다
	券	문서 권 계약 권	8 (金)	刀(칼도변)	힘도 없고 용맹도 없지만 더 노력하면 이긴다
	拳	주먹 권 지닐 권	10 (水)	手(재방변)	
	倦	게으를 권 피로할 권	10 (水)	人(사람인변)	
	圈	둘레 권 동그라미권	11 (木)	囗(큰입구)	

음	한자	훈과 음	획수 (수리오행)	부수 (부수명칭)	측자·파자
권	眷	돌볼 권 친척 권	11 (木)	目(눈목변)	
	淃	물돌아흐를권	12 (木)	水(삼수변)	
	捲	거둘 권 힘쓸 권	12 (木)	手(재방변)	
	勸	권할 권 도울 권	20 (水)	力(힘력변)	대권은 어렵고 작은 사업은 성취하며 질병은 고질
	權	권세 권 저울추 권 꾀할 권	22 (木)	木(나무목변)	
궐	厥	숙일 궐 짧을 궐	12 (木)	厂(민엄호밑)	
	獗	날뛸 궐	16 (土)	犬(개사슴록변)	
	闕	대궐문 궐 뚫을 궐	18 (金)	門(문문)	
	蕨	고사리 궐 고비 궐	18 (金)	艸(초두밑)	
	蹶	넘어질 궐 미끄러질 궐	19 (水)	足(발족)	
궤	机	책상 궤 느티나무 궤	9 (水)	木(나무목변)	
	軌	바퀴굴대궤 법 궤	9 (水)	車(수레거변)	
	詭	속일 궤 꾸짖을 궤	13 (火)	言(말씀언변)	
	潰	무너질 궤 흩어질 궤	16 (土)	水(삼수변)	
	櫃	함 궤 궤 궤	18 (金)	木(나무목변)	
	饋	먹일 궤 대접할 궤	21 (木)	食(밥식변)	

음	한자	훈과 음	획수 (수리오행)	부수 (부수명칭)	측자·파자
귀	句	구절 귀 굽을 귀	5 (土)	口(입구)	중급의 재물, 직업운이라 욕심부리면 낭패다
	鬼	귀신 귀 도깨비 귀	10 (水)	鬼(귀신귀)	혼과 백이 놀랄 일이 있으니 한발 물러서자
	貴	귀할 귀 값비쌀 귀	12 (木)	貝(조개패)	
	晷	햇빛 귀 해그림자 귀	12 (木)	日(날일변)	
	鮠	쟁기날 귀 줄 귀	14 (火)	金(쇠금변)	
	龜	거북 귀 등골뼈 귀	16 (土)	龜(거북귀)	龜:구 · 귀로 신고가능
	歸	돌아올 귀 시집갈 귀	18 (金)	止(그칠지)	
규	叫	부르짖을 규 울 규	5 (土)	口(입구)	
	圭	홀 규 양토 규	6 (土)	土(흙토변)	
	糺	얽힐 규 군대이름규	7 (金)	糸(실사변)	일사불란하게 일이 술술 잘 풀려나간다
	糾	끌어모을 규 꼴 규	8 (金)	糸(실사변)	
	奎	별 규 별이름 규	9 (水)	大(큰대)	
	赳	재능 규 용맹할 규	9 (水)	走(달아날주)	
	規	법 규 바로잡을규	11 (木)	見(볼견)	
	珪	서옥 규 홀 규	11 (木)	玉(구슬옥변)	
	硅	규소 규 깨뜨릴 규	11 (木)	石(돌석변)	
	揆	헤아릴 규 법도 규	13 (火)	手(재방변)	
	邽	마을이름 규 보옥 규	13 (火)	邑(우부방)	
	閨	협문 규 침실 규 규수 규	14 (火)	門(문문)	

음	한자	훈과 음	획수 (수리오행)	부수 (부수명칭)	측자·파자
규	嫢	가는허리 규 그림쇠 규	14 (火)	女(계집녀변)	
	葵	해바라기 규 아욱 규	15 (土)	艸(초두밑)	봄에 초목이 성장하듯 학자,예술가,재산가된다
	槻	느티나무 규 물푸레나무규	15 (土)	木(나무목변)	
	逵	큰길 규 길 규	15 (土)	辵(책받침)	
	窺	엿볼 규 반걸음 규	16 (土)	穴(구명혈밑)	
	竅	구멍 규 통할 규	18 (金)	穴(구명혈밑)	
균	匀	적을 균 두루 균	4 (火)	勹(쌀포)	
	均	고를 균 평평할 균	7 (金)	土(흙토변)	
	畇	밭개간할 균 따비 균	9 (水)	田(밭전)	
	鈞	고르게할 균 서른근 균	12 (木)	金(쇠금변)	藝名, 雅號에 좋은 글자
	筠	대나무 균 대껍질 균	13 (火)	竹(대죽변)	
	菌	버섯 균 곰팡이 균	14 (火)	艸(초두밑)	
	龜	거북 균 터질 균	16 (土)	龜(거북귀)	
귤	橘	귤 귤 귤나무 귤	16 (土)	木(나무목변)	
극	克	이길 극 능할 극	7 (金)	儿(어진사람인)	
	剋	이길 극 정할 극	9 (水)	刀(칼도변)	
	戟	창 극 갈라진창 극	12 (木)	戈(창과)	
	棘	가시성 극 가시나무 극	12 (木)	木(나무목변)	
	極	지극할 극 다할 극	13 (火)	木(나무목변)	

음	한자	훈과 음	획 수 (수리오행)	부수 (부수명칭)	측자·파자
극	劇	연극 극 심할 극	15 (土)	刀(칼도변)	
	隙	틈 극 겨를 극	18 (金)	阜(좌부방)	
근	斤	도끼 근	4 (火)	斤(날근)	
	劤	힘셀 근 강할 근	6 (土)	力(힘력변)	
	根	뿌리 근 근본 근	10 (水)	木(나무목변)	藝名, 雅號에 좋은 글자
	芹	미나리 근	10 (水)	艸(초두밑)	
	近	가까울 근 사랑할 근	11 (木)	辵(책받침)	
	筋	힘줄 근 힘 근	12 (木)	刀(칼도변)	
	勤	부지런할 근 근무할 근	13 (火)	力(힘력변)	
	僅	겨우 근 적을 근	13 (火)	人(사람인변)	
	墐	매흙질할근 묻을 근	14 (火)	土(흙토변)	
	嫤	아름다울 근 고울 근	14 (火)	女(계집녀변)	
	菫	제비꽃 근 오랑캐꽃 근	14 (火)	艸(초두밑)	
	瑾	맑을 근 물맑을 근	15 (土)	水(삼수변)	藝名, 雅號에 좋은 글자
	槿	무궁화나무 근 무궁화 근	15 (土)	木(나무목변)	
	瑾	옥 근 아름다운옥 근	16 (土)	玉(구슬옥변)	
	懃	은근할 근 부지런할 근	17 (金)	心(마음심)	

음	한자	훈과 음	획 수 (수리오행)	부수 (부수명칭)	측자·파자
근	謹	삼갈 근 공경할 근	18 (金)	言(말씀언변)	
	覲	뵐 근 만나볼 근	18 (金)	見(볼견)	
	饉	주릴 근 흉년들 근	20 (水)	食(밥식변)	
글	契	맺을 글 언약할 글	9 (水)	大(큰대)	
금	今	이제 금 바로 금	4 (火)	人(사람인변)	근심스런 일이 곧 바로 풀리지 않으니 기다려라
	妗	외숙모 금 방정맞을 금	7 (金)	女(계집녀변)	
	金	쇠 금 금빛 금	8 (金)	金(쇠금변)	姓은 김, 금으로 발음 인정되나 이름은 금만 인정
	昑	밝을 금	8 (金)	日(날일변)	
	衾	이불 금 침구 금	10 (水)	衣(옷의)	
	衿	옷깃 금 옷고름 금	10 (水)	衣(옷의)	
	芩	풀이름 금 수초이름 금	10 (水)	艸(초두밑)	
	禁	금지할 금 대궐 금	13 (火)	示(보일시변)	
	禽	새 금 사로잡을 금	13 (火)	禸(자귀유)	수입보다지출이많고 아내에게 나쁜 일이 있다
	琴	거문고 금	13 (火)	玉(구슬옥변)	
	錦	비단 금 비단옷 금	16 (土)	金(쇠금변)	왼쪽은 금, 오른쪽은 비단이라 귀인. 환자는 나쁘다
	擒	생포할 금 사로잡을 금	17 (金)	手(재방변)	
	檎	능금나무금	17 (金)	木(나무목변)	
	襟	옷깃 금 마음 금	19 (水)	衣(옷의)	

음	한자	훈과 음	획수 (수리오행)	부수 (부수명칭)	측자·파자
급	及	미칠 급 이를 급	4 (火)	又(또우)	
	伋	속일 급 생각할 급	6 (土)	人(사람인변)	
	汲	물길을 급 당길 급	8 (金)	水(삼수변)	
	扱	미칠 급 처리할 급	8 (金)	手(재방변)	
	急	급할 급 서두를 급	9 (水)	心(마음심)	
	級	등급 급 층계 급	10 (水)	糸(실사변)	
	給	줄 급 넉넉할 급	12 (木)	糸(실사변)	자금 부족하면 동업하고 소송은시일이걸린다
긍	亘	건널 긍 뻗칠 긍	6 (土)	二(두이변)	亘·恆 중에서 신고됨
	矜	숭상할 긍 창자루 긍	9 (水)	矛(창모변)	
	肯	긍정할 긍 감히 긍	10 (水)	肉(고기육변)	무인과 문인을 구분하듯이능력에 맞는자를 기용
	兢	조심할 긍 떨릴 긍	14 (火)	儿(어진사람인)	
기	己	몸 기 자기 기	3 (火)	己(몸기)	입 벌리고 뱀이 달려드는 형상이라 조심할 것
	企	도모할 기 발돋음할기	6 (土)	人(사람인변)	
	伎	재주기 기생 기	6 (土)	人(사람인변)	남다른 재능이 당신을 앞서게 한다
	忌	미워할 기 기일 기	7 (金)	心(마음심)	
	杞	소태나무기 나무이름기	7 (金)	木(나무목변)	상자 속에 황금이 있으니 주변을 잘 살펴라
	岐	산이름 기 갈림길 기 높을 기	7 (金)	山(메산변)	

음	한자	훈과 음	획수 (수리오행)	부수 (부수명칭)	측자·파자
기	圻	서울지경기 언덕 기	7 (金)	土(흙토변)	
	妓	기생 기 창녀 기	7 (金)	女(계집녀변)	
	其	그 기 어조사 기	8 (金)	八(여덟팔)	대기만성형이라 기다리는 미덕이 최고
	技	재주 기 재능 기	8 (金)	手(재방변)	
	奇	기이할 기 속임수 기	8 (金)	大(큰대)	적극적 행동이 소원성취하고 좋은 연인 만남
	玘	패옥 기 노리개 기	8 (金)	玉(구슬옥변)	
	汽	김 기 증기 기	8 (金)	水(삼수변)	
	沂	물이름 기	8 (金)	水(삼수변)	
	祁	성할 기 많을 기	8 (金)	示(보일시변)	나라와 가정에 상서로운 좋은 일이 생긴다
	肌	살 기 근육 기	8 (金)	肉(고기육변)	
	紀	해 기 적을 기	9 (水)	糸(실사변)	
	祈	빌 기 고할 기	9 (水)	示(보일시변)	주인공은 새로운 복이 연속하여 찾아온다
	祇	빌 기 고할 기	9 (水)	示(보일시변)	
	記	기록할 기 기억할 기	10 (水)	言(말씀언변)	
	起	일어날 기 시작할 기	10 (水)	走(달아날주변)	
	氣	기운 기 기후 기	10 (水)	气(기운기밑)	
	豈	어찌 기 그 기	10 (水)	豆(콩두)	

음	한자	훈과 음	획수 (수리오행)	부수 (부수명칭)	측자·파자
기	耆	늙을 기 힘셀 기	10 (水)	老(늙을로)	
	基	터 기 근본 기	11 (木)	土(흙토변)	
	旣	이미 기 다할 기	11 (木)	无(이미기몸)	
	寄	부칠 기 의뢰할 기	11 (木)	宀(갓머리)	
	飢	주릴 기 흉년들 기	11 (木)	食(밥식변)	
	埼	갑 기 언덕머리기	11 (木)	土(흙토변)	埼: 崎(山部8획)와 仝字
	崎	험할 기 갑 기	11 (木)	山(메산변)	
	期	때 기 기약할 기	12 (木)	月(달월변)	
	幾	빌미 기 바랄 기 얼마 기	12 (木)	幺(작을요)	
	欺	속일 기 거짓 기	12 (木)	欠(하픔흠몸)	
	棄	버릴 기 그만둘 기	12 (木)	木(나무목변)	
	淇	물이름 기 강이름 기	12 (木)	水(삼수변)	
	棋	바둑 기 말 기	12 (木)	木(나무목변)	棋: 碁(木部8획)와 仝字
	朞	돌 기 아기돌 기	12 (木)	月(달월변)	
	琪	옥이름 기 아름다울 기	13 (火)	玉(구슬옥변)	
	祺	복 기 편안할 기	13 (火)	示(보일시변)	
	琦	옥 기 옥이름 기	13 (火)	玉(구슬옥변)	

음	한자	훈과 음	획수(수리오행)	부수(부수명칭)	측자·파자
기	畸	곶 기 험할 기	13 (火)	田(밭전)	碁: 棋와 同字
	碁	바둑 기	13 (火)	石(돌석변)	
	嗜	즐길 기 좋아할 기	13 (火)	口(입구)	
	稘	돌 기 한주기 기	13 (火)	禾(벼화변)	
	旗	기 기 표지 기	14 (火)	方(모방)	
	綺	비단 기 아름다울기	14 (火)	糸(실사변)	
	箕	삼태기 기 별이름 기 바람귀신 기	14 (火)	竹(대죽변)	
	暣	별기운 기	14 (火)	日(날일변)	藝名, 雅號에 좋은 글자
	畿	경기 기 지경 기	15 (土)	田(밭전)	
	器	그릇 기 재능 기	16 (土)	口(입구)	
	機	기계 기 베틀 기	16 (土)	木(나무목변)	
	璂	피변옥 기 꾸미개옥 기	16 (土)	玉(구슬옥변)	
	錤	호미 기	16 (土)	金(쇠금변)	
	錡	세발솥 기 가마솥 기	16 (土)	金(쇠금변)	
	冀	바랄 기 바라건대기	16 (土)	八(여덟팔)	
	璣	구슬 기 별이름 기	17 (金)	玉(구슬옥변)	
	磯	물가 기 물부딪칠기	17 (金)	石(돌석변)	
	騎	말탈 기 기병 기	18 (金)	馬(말마변)	

음	한자	훈과 음	획수 (수리오행)	부수 (부수명칭)	측자·파자
기	騏	준마 기 검푸른말기	18 (金)	馬(말마변)	
	穖	밭갈 기	18 (金)	耒(쟁기뢰변)	
	麒	기린 기	19 (水)	鹿(사슴록)	
	譏	나무랄 기 원망할 기	19 (水)	言(말씀언변)	
	夔	조심할 기 외발짐승기	21 (木)	夊(천천히걸을쇠)	
	饑	주릴 기 흉년들기	21 (木)	食(밥식변)	
	羈	재갈 기 말굴레 기	25 (土)	罒(그물망)	
	驥	천리마 기 준마 기	27 (金)	馬(말마변)	
긴	緊	굳을 긴 급할 긴 팽팽할 긴	14 (火)	糸(실사변)	
길	吉	姓 길 길할 길	6 (土)	口(입구)	좋다는 의미로 上의 卜과 吉의 口가 합성어
	佶	바를 길 강건할 길	8 (金)	人(사람인변)	
	姞	계집 길 姓 길	9 (水)	女(계집녀변)	姓씨 하나로 후에 吉로 바꿈
	桔	도라지 길 두레박틀길	10 (水)	木(나무목변)	
	拮	일할 길 깍지낄 길	10 (水)	手(재방변)	
김	金	성(姓) 김	8 (金)	金(쇠금변)	
끽	喫	마실 끽 먹을 끽	12 (木)	口(입구)	

음	한자	훈과 음	획 수 (수리오행)	부 수 (부수명칭)	측자·파자
나	奈	나락 나 어찌 나	8 (金)	大(큰대)	奈: 나· 내 音 중에서 선택됨
	柰	능금나무나 어찌 나	9 (水)	木(나무목변)	
	拏	잡을 나 맞당길 나	9 (水)	手(재방변)	
	娜	아리따울 나 휘청휘청할나	10 (水)	女(계집녀변)	
	拿	붙잡을 나 사로잡을 나	10 (水)	手(재방변)	拿: 挐와 통용
	挐	잡을 나 붙잡을 나	10 (水)	手(재방변)	挐: 拿와 통용
	那	어찌 나 편안할 나	11 (木)	邑(고을읍)	
	喇	나팔 나 승려 나	12 (木)	口(입구)	
	旎	깃발펄럭일나	12 (木)	方(모방)	
	胗	성질 나 쌀찔 나	12 (木)	肉(고기육변)	
	懦	나약할 나 부드러울나	18 (金)	心(마음심)	
	儺	역귀쫓을나	21 (木)	人(사람인변)	
낙	諾	대답할 낙 허락할 낙	16 (土)	言(말씀언변)	
난	暖	따뜻할 난 따뜻이할난	13 (火)	日(날일변)	煖(火部 9획)과 仝字
	煖	따뜻할 난 따뜻이할난	13 (火)	火(불화변)	暖(日部 9획)과 仝字
	難	어려울 난 재앙 난	19 (水)	隹(새추)	상대의강한주장에 일이 제대로 진행되지않는다
날	捏	이길 날 주워모을날	11 (木)	手(재방변)	
	捺	누를 날 도장찍을날 삐침 날	12 (木)	手(재방변)	

음	한자	훈과 음	획수 (수리오행)	부수 (부수명칭)	측자·파자
남	男	사내 남 아들 남	7 (金)	田(밭전)	전답에 힘까지 있어서 수확을 거두니 크게 성공한다
	枏	녹나무 남	8 (金)	木(나무목변)	
	南	남녘 남 임금 남 풍류이름남	9 (水)	十(열십)	불행 중 다행이며 건강에 주의해야 한다
	楠	녹나무 남 매화나무남	13 (火)	木(나무목변)	楠: 枏(木部 4획)의 俗字
	湳	물이름 남 추장 남	13 (火)	水(삼수변)	
납	納	들일 납 바칠 납	10 (水)	糸(실사변)	
	衲	옷수선할납 중의옷 납	10 (水)	衣(옷의)	
낭	娘	소녀 낭 어머니 낭	10 (水)	女(계집녀변)	
	囊	주머니 낭	22 (木)	口(입구)	
내	乃	이에 내 아무 내 접때 내	2 (木)	丿(삐침)	시작한 자는 결실을 거두지만 공론하는 자는 허무만
	內	안 내 들일 내	4 (火)	入(들입)	귀인의 도움으로 재앙을 피하고 발복한다
	奈	나락 내 어찌 내	8 (金)	示(보일시변)	나·내 音 중에서 선택됨
	耐	견딜 내 참을 내	9 (水)	而(말이을이)	
	柰	능금나무내 어찌 내	9 (水)	木(나무목변)	柰 나·내 音 중에서 선택됨
녀	女	계집 녀 딸 녀	3 (火)	女(계집녀변)	녀· 여로 발음이 인정됨 계획한 일은 발설하지 말라
년	年	해 년 나이 년	6 (土)	干(방패간)	本字 秊도 신고됨
	撚	비틀 년 잡을 년	16 (土)	手(재방변)	

음	한자	훈과 음	획 수 (수리오행)	부 수 (부수명칭)	측자·파자
념	念	생각 념 욀 념	8 (金)	心(마음심)	사람이 두 마음을 먹거나 양다리를 걸치고 있다
	拈	집을 념 손으로집을념	9 (水)	手(재방변)	
	恬	편안할 념	10 (水)	心(심방변)	
	捻	비틀 념	12 (木)	手(재방변)	
녕	寗	차라리 녕 甯의 俗字	13 (火)	宀(갓머리)	寗: 甯의 俗字
	寧	편안할 녕 차라리 녕	14 (火)	宀(갓머리)	
	獰	모질 녕 흉악할 녕	18 (金)	犬(개사슴록변)	
노	奴	종 노 놈 노	5 (土)	女(계집녀변)	지금 노력할 뿐 불만이나 성질내서는 안된다
	努	힘쓸 노 힘들일 노	7 (金)	力(힘력변)	
	弩	쇠뇌 노	8 (金)	弓(활궁)	
	怒	성낼 노 기세 노	9 (水)	心(마음심)	마음이 여인에게 있으니 연인이 생기게 된다
	瑙	옥돌 노 마노 노	14 (火)	玉(구슬옥변)	
	駑	둔할 노 둔할말 노	15 (土)	馬(말마변)	
농	農	농사 농 힘쓸 농	13 (火)	辰(별진)	용이 여의주를 얻으니 능력발휘하여 만사성취
	濃	짙을 농 두터울 농	17 (金)	水(삼수변)	
	膿	고름 농 진한국물 농	19 (水)	肉(고기육변)	
뇌	惱	괴로워할 뇌 괴롭힐 뇌	13 (火)	心(심방변)	
	腦	뇌 뇌 머리 뇌	15 (土)	肉(고기육변)	한달내 이루어지든 골육상쟁 싸움 벌어진다

음	한자	훈과 음	획수 (수리오행)	부수 (부수명칭)	측자·파자
뇨	尿	오줌 뇨 소변 뇨	7 (金)	尸(주검시)	
	鬧	시끄러울뇨 들렐 뇨	15 (土)	鬥(싸움투)	문앞뜰이시장같으니 많은이가 모여축하해준다
	撓	흔들릴 뇨 어지러울뇨	16 (土)	手(재방변)	
눈	嫩	어릴 눈 예쁠 눈	14 (火)	女(계집녀변)	게으름 피지 말고 빨리 진척시켜야 성공한다
눌	訥	과묵할 눌 말더듬을눌	11 (木)	言(말씀언변)	
뉴	杻	박달나무뉴 감탕나무뉴	8 (金)	木(나무목변)	
	紐	끈 뉴 묶을 뉴	10 (水)	糸(실사변)	
	鈕	손잡이 뉴 꼭지 뉴	12 (木)	金(쇠금변)	
능	能	능할 능 재능 능	12 (木)	肉(고기육변)	마음에도 없는 제스처로 혼란스럽게 한다
니	尼	여승 니 비구니 니	5 (土)	尸(주검시)	
	泥	진흙 니 진창 니	9 (水)	水(삼수변)	물길을 흙으로 막는 형상이라 장애물이 문제
	柅	굄목 니 무성한모양니	9 (水)	木(나무목변)	
	瀰	많을 니 치렁치렁할 니	18 (金)	水(삼수변)	
	膩	미끄러울 기름질	18 (金)	肉(고기육변)	
닉	匿	숨을 닉 숨길 닉	11 (木)	匸(터진에운담)	
	溺	빠질 닉 잠길 닉	14 (火)	水(삼수변)	
다	多	많을 다 많게할 다	6 (土)	夕(저녁석)	밤에 하는 일은 사치, 오락, 음란에 빠진다
	爹	아비 다 어른 다	10 (水)	父(아비부)	
	茶	차 다 차나무 다	12 (木)	艸(초두밑)	사람이 초목속에 있으니 직장,사업,건강 나쁨
	窼	깊을 다	12 (木)	穴(구멍혈밑)	

음	한자	훈과 음	획 수 (수리오행)	부 수 (부수명칭)	파자·측자
단	丹	붉을 단 주사 단	4 (火)	丶(점)	상대의 허물을 덮고 장점을 바라보아라.
	旦	아침 단 밝을 단	5 (土)	日(날일변)	잠시 조각구름에 가려 있으나곧 광명은 온다
	但	다만 단 단지 단	7 (金)	人(사람인변)	떠오르는 태양이니 조금 더 기다려야 한다
	段	조각 단 고를 단	9 (水)	殳(갖은둥글월문)	
	彖	판단할 단 결단할 단	9 (水)	彐(터진가로왈)	
	蛋	새알 단 해녀 단	11 (木)	虫(벌레충변)	
	袒	옷벗어멜단 웃통벗을단	11 (木)	衣(옷의)	
	單	홀로 단 클 단	12 (木)	口(입구)	
	短	짧을 단 허물 단	12 (木)	矢(살시변)	분수 지키고 안전지책해야 출정할 때가온다
	亶	믿을 단 진실 단	13 (火)	亠(돼지해밑)	
	湍	여울 단 빠를 단	13 (火)	水(삼수변)	
	煓	빛날 단 성할 단	13 (火)	火(불화변)	
	端	바를 단 실마리 단	14 (火)	立(설립)	
	團	둥글 단 모을 단	14 (火)	囗(큰입구)	
	緞	비단 단	15 (土)	糸(실사변)	
	壇	단 단 제단 단	16 (土)	土(흙토변)	
	檀	박달나무 단 단향목 단	17 (金)	木(나무목변)	
	鍛	쇠칠 단 익힐 단	17 (金)	金(쇠금변)	
	斷	끊을 단 결단할 단	18 (金)	斤(날근)	

음	한자	훈과 음	획수 (수리오행)	부수 (부수명칭)	측자·파자
단	簞	대광주리단 상자 단	18 (金)	竹(대죽변)	
	鄲	현이름 단 나라이름단	19 (水)	邑(우부방)	
달	疸	황달 달 쥐부럼 달	10 (水)	疒(병질안)	
	達	통달할 달 이를 달	16 (土)	辵(책받침)	고향,조국을 떠나 재능을 발휘하여 성공한다
	撻	매질할 달 종아리칠달	17 (金)	手(재방변)	만사가 형통하여 모든 일이 잘 이루어진다
	澾	미끄러울달	17 (金)	水(삼수변)	
	獺	수달 달 물개 달	20 (水)	犬(개사슴록변)	
담	坍	무너질 담 물이언덕칠담	7 (金)	土(흙토변)	
	倓	고요할 담	10 (水)	人(사람인변)	
	啖	먹을 담 탐할 담	11 (木)	口(입구)	
	聃	귓바퀴없을담 담의 속자	11 (木)	耳(귀이변)	聃: 耼의 俗字
	淡	엷을 담 싱거울 담	12 (木)	水(삼수변)	
	覃	퍼질 담 넓을 담	12 (木)	襾(덮을아)	
	湛	즐길 담 빠질 담	13 (火)	水(삼수변)	
	痰	천식 담 담 담	13 (火)	疒(병질안)	
	談	말씀 담 이야기할 담	15 (土)	言(말씀언변)	
	潭	못 담 깊을 담	16 (土)	水(삼수변)	
	曇	흐릴 담 구름낄 담	16 (土)	日(날일변)	뜬구름이 해를 가렸으니 제대로 판단을 못함
	錟	창 담 날카로울담	16 (土)	金(쇠금변)	

음	한자	훈과 음	획수 (수리오행)	부수 (부수명칭)	측자·파자
담	憺	편안할 담 고요할 담	17 (金)	心(심방변)	
	擔	멜 담 맡을 담	17 (金)	手(재방변)	
	澹	싱거울 담 담박할 담	17 (金)	水(삼수변)	작은소득, 작은 일이라도 기다리면 큰소득이 된다
	蕁	마를 담 지모 담	18 (金)	艸(초두밑)	
	譚	클 담 이야기할담	19 (水)	言(말씀언변)	
	膽	쓸개 담 씻을 담	19 (水)	肉(고기육변)	
답	沓	합할 답 거듭 답	8 (金)	日(날일변)	
	畓	논 답	9 (水)	田(밭전)	
	答	대답할 답 갚을 답	12 (木)	竹(대죽변)	쪼갠 부절을 합하니 맞듯 예측한 대로 맞는다
	踏	밟을 답 발판 답	15 (土)	足(발족변)	
	遝	뒤섞일 답 미칠 답	17 (金)	辵(책받침)	
당	唐	황당할 당 클 당 당나라 당	10 (水)	口(입구)	
	堂	집 당 당당할 당	11 (木)	土(흙토변)	땅값이 오르거나 토지로 인하여 떵떵거리며 산다
	棠	해당화 당 팥배나무당	12 (木)	木(나무목변)	
	當	마땅할 당 맡을 당	13 (火)	田(밭전)	작은 것에서 큰 것을 이룬다. 환자는 나쁘다
	塘	못 당 방죽 당	13 (火)	土(흙토변)	
	幢	휘장 당 기 당	15 (土)	巾(수건건)	머리에 건을 쓰거나 괴이한 일을 당할수 있다
	糖	사탕 당 엿 당	16 (土)	米(쌀미변)	서로 좋은 짝을 이루어 유종의 미를 거둔다

음	한자	훈과 음	획 수 (수리오행)	부 수 (부수명칭)	측자·파자
당	撞	부딪칠 당 칠 당	16 (土)	手(재방변)	
	螳	매미 당 사마귀 당	17 (金)	虫(벌레충변)	
	黨	무리 당 마을 당	20 (水)	黑(검을흑)	
	鏜	쇠사슬 당 종고소리 당	21 (木)	金(쇠금변)	
	戇	어리석을당 고지식할당	28 (金)	心(마음심)	
대	大	큰 대 나을 대	3 (火)	大(큰대)	방해자와 근본이 약하여 흔들리니 주변에 도움을 요청
	代	대신할 대 시대 대	5 (土)	人(사람인변)	
	旲	햇빛 대 날빛 대	7 (金)	日(날일변)	
	垈	터 대 집터 대	8 (金)	土(흙토변)	
	坮	대 대	8 (金)	土(흙토변)	
	岱	클 대 태산 대	8 (金)	山(메산변)	
	待	기다릴 대 대할 대	9 (水)	彳(두인변)	불만스러워도 (10일)기다리면 좋은 기회 온다
	玳	대모 대 바다거북대	10 (水)	玉(구슬옥변)	瑇(玉部 8획)의 俗字
	帶	띠 대 찰 대	11 (木)	巾(수건건)	
	袋	자루 대 주머니 대	11 (木)	衣(옷의)	
	貸	빌릴 대 줄 대	12 (木)	貝(조개패)	
	對	대답할 대 대할 대	14 (火)	寸(마디촌)	

음	한자	훈과 음	획수 (수리오행)	부수 (부수명칭)	측자·파자
대	臺	토대 대 누각 대	14 (火)	至(이를지)	집에 길함이 있으니 경사요 즐거움이 넘친다
	隊	떼 대 군대 대	17 (金)	阜(좌부방)	
	黛	눈썹먹 대 눈썹그릴대	17 (金)	黑(검을흑)	
	戴	일 대 받들 대	18 (金)	戈(창과)	
	擡	들 대 들어올릴 대	18 (金)	手(재방변)	
댁	宅	댁 댁 집 댁	6 (土)	宀(갓머리)	댁, 택 音으로 신고됨
덕	德	큰 덕 덕베풀 덕	15 (土)	彳(두인변)	古字인 悳(12획)도 신고됨 일이 뜻대로 잘되어 간다
도	刀	칼 도 돈이름 도	2 (木)	刀(칼도)	농업종사자는 유익하고 재물은 줄어든다
	到	이를 도 주밀할 도	8 (金)	刀(칼도)	출행자는 부상수가 있으나 돈과 토지는 늘어난다
	度	법도 도 잴 도	9 (水)	广(엄호밑)	도· 탁 音 중에서 선택됨
	島	섬 도 도서 도	10 (水)	山(메산변)	
	徒	무리 도 걸어다닐도	10 (水)	彳(두인변)	사업은 때가아니고 여행자는 타향에 머물며 병자는 악화
	倒	넘어질 도 거꾸로 도	10 (水)	人(사람인변)	
	挑	뛸 도 돋울 도	10 (水)	手(재방변)	
	桃	복숭아 도 복숭아나무도	10 (水)	木(나무목변)	
	盜	도둑 도 훔칠 도	12 (木)	皿(그릇명밑)	
	堵	담 도 담장 도	12 (木)	土(흙토변)	

음	한자	훈과 음	획수 (수리오행)	부수 (부수명칭)	측자·파자
도	棹	노 도 노저을 도	12 (木)	木(나무목변)	
	屠	잡을 도 무찌를 도	12 (木)	尸(주검시)	사면초가 형상이며 환자는 증세가 악화 된다
	悼	슬퍼할 도 두려워할도	12 (木)	心(심방변)	
	掉	흔들 도 움질일 도	12 (木)	手(재방변)	
	淘	일 도 씻을 도	12 (木)	水(삼수변)	
	跳	뛸 도 달아날 도	13 (火)	足(발족변)	달아날도 의미면 逃와 수字
	逃	달아날 도 떠날 도	13 (火)	辵(책받침)	
	渡	건널 도 나루 도	13 (火)	水(삼수변)	
	塗	진흙 도 매흙질할도	13 (火)	土(흙토변)	
	圖	그림 도 꾀할 도	14 (火)	口(큰입구)	한 사람이 여러가지 말을 하니 돈 관리에 주의하라
	途	길 도 도로 도	14 (火)	辵(책받침)	
	嶋	섬 도 島와 동자	14 (火)	山(메산변)	嶋: 島와 同字
	睹	볼 도 분별할 도	14 (火)	目(눈목변)	
	搗	찧을 도 두드릴 도	14 (火)	手(재방변)	
	滔	물넘칠 도 그득할 도	14 (火)	水(삼수변)	
	萄	포도 도 풀이름 도	14 (火)	艸(초두밑)	
	稻	벼 도	15 (土)	禾(벼화변)	
	道	길 도 다스릴 도 인도할 도	16 (土)	辵(책받침)	마음은 가족 곁에 있어도 몸은 거꾸로 멀리 있다

음	한자	훈과 음	획 수 (수리오행)	부 수 (부수명칭)	측자·파자
도	都	도읍도 우아할 도 거느릴 도	16 (土)	邑(우부방)	
	覩	볼 도 알 도	16 (土)	見(볼견)	
	陶	질그릇 도 만들 도 기뻐할 도	16 (土)	阜(좌부방)	
	導	인도할 도 이끌 도	16 (土)	寸(마디촌)	
	賭	도박 도 내기 도	16 (土)	貝(조개패)	
	馞	향기날 도 향내날 도	16 (土)	香(향기향)	
	鍍	올릴 도 도금할 도	17 (金)	金(쇠금변)	
	蹈	밟을 도 슬퍼할 도	17 (金)	足(발족변)	
	燾	비칠 도 덮을 도	18 (金)	火(불화변)	
	濤	큰물결 도 물결 도	18 (金)	水(삼수변)	
	櫂	노 도 배 도	18 (金)	木(나무목변)	
	禱	빌 도 기원할 도	19 (水)	示(보일시변)	주인공은 여러 가지 복중에서 장수할 수 있다
	韜	활집 도 감출 도	19 (水)	韋(가죽위)	
독	禿	대머리 독 민둥산 독	7 (金)	禾(벼화변)	사관학교나 무술스포츠계통의수장이 될수있다
	毒	해칠 독 독 독	8 (金)	毋(말무)	
	督	감독할 독 재촉할 독	13 (火)	目(눈목변)	
	篤	도타울 독 병이위중할 독	16 (土)	竹(대죽변)	
	獨	홀로 독 외로울 독	17 (金)	犬(개사슴록변)	

음	한자	훈과 음	획 수 (수리오행)	부 수 (부수명칭)	측자·파자
독	瀆	도랑 독 하수도 독	19 (水)	水(삼수변)	
	牘	편지 독 나무조각독	19 (水)	片(조각편)	
	犢	송아지 독	19 (水)	牛(소우변)	
	讀	읽을 독 셀 독	22 (木)	言(말씀언변)	물건을 사고팔자는것은 장삿속으로 하는말이다
	纛	둑 독 소고리 독	25 (土)	糸(실사변)	
돈	旽	밝을 돈 날돋을 돈	8 (金)	日(날일변)	
	沌	흐릴 돈 어두울 돈	8 (金)	水(삼수변)	
	豚	돼지 돈 지척거릴돈	11 (木)	豕(돼지시)	하나는 달아나고 하나는 쫓으니 일이 꼬인다
	敦	도타울 돈 힘쓸 돈	12 (木)	攴(등글월문)	
	惇	인정두터울돈 도타울 돈	12 (木)	心(심방변)	
	焞	성할 돈 귀갑지지는불돈	12 (木)	火(불화변)	
	頓	조아릴 돈 머무를 돈	13 (火)	頁(머리혈)	
	墩	돈대 돈 걸상 돈	15 (土)	土(흙토변)	
	暾	아침해 돈 해돋을 돈	16 (土)	日(날일변)	
	燉	불빛 돈 불이글거릴돈	16 (土)	火(불화변)	
돌	乭	돌 돌 이름 돌	6 (土)	石(돌석변)	
	突	부딪칠 돌 내밀 돌	9 (水)	穴(구멍혈밑)	

음	한자	훈과 음	획수 (수리오행)	부수 (부수명칭)	측자·파자
동	冬	겨울 동 겨울지낼동	5 (土)	冫(이수변)	병은 속히 낫기 어렵고 기다리면 희망이 보인다
	仝	한가지 동 同과 동자	5 (土)	人(사람인변)	仝: 同과 同字
	同	한가지 동 무리 동	6 (土)	口(입구)	미완성된 점이 있으니 용의주도하게 행동
	彤	붉을 동 붉게칠할동	7 (金)	彡(터럭삼)	
	東	동녘 동 봄 동	8 (金)	木(나무목변)	밭이 망가져 기반이 무너졌으니 사업 직장, 학업 나쁨
	垌	동막이 동 항아리 동	9 (水)	土(흙토변)	
	洞	동네 동 깊을 동 진실할 동	10 (水)	水(삼수변)	
	桐	오동나무동 거문고 동	10 (水)	木(나무목변)	
	凍	얼 동 얼음 동	10 (水)	冫(이수변)	
	疼	아플 동 욱신거릴동	10 (水)	疒(병질안)	
	烔	태울 동 뜨거운모양동	10 (水)	火(불화변)	
	動	움직일 동 동물 동	11 (木)	力(힘력변)	
	童	아이 동 뿔없는소동 민둥민둥할동	12 (木)	立(설립)	
	棟	마룻대 동 들보 동	12 (木)	木(나무목변)	
	胴	큰창자 동 형상 동	12 (木)	肉(고기육변)	
	蝀	무지개 동	14 (火)	虫(벌레충변)	
	銅	구리 동 동기 동 동화 동	14 (火)	金(쇠금변)	낚시 바늘이 물렁하니 일에 핵심적인 조건에 결함이 있다

음	한자	훈과 음	획수 (수리오행)	부수 (부수명칭)	측자·파자
동	董	바로잡을동 물을 동	15 (土)	艸(초두밑)	
	憧	그리워할동	16 (土)	心(심방변)	
	潼	물이름 동 높을 동	16 (土)	水(삼수변)	잉어가 용이 되어 하늘을오르니 목표달성한다
	朣	달떠오를동 흐릿할 동	16 (土)	月(달월변)	
	曈	동틀 동 밝은모양동	16 (土)	日(날일변)	
	瞳	눈동자 동 볼 동	17 (金)	目(눈목변)	
두	斗	말 두 구기 두	4 (火)	斗(말두)	재물 운은 중류이나 집을 나서면 모두 나를 돕는다
	豆	콩 두 제기이름두	7 (金)	豆(콩두)	
	杜	막을 두 팥배나무두	7 (金)	木(나무목변)	서두르지 말고 기초부터 다져가야 성공한다
	枓	구기 두 두공 두	8 (金)	木(나무목변)	
	兜	투구 두 쓰게 두	11 (木)	儿(어진사람인)	
	痘	천연두 두 역질 두	12 (木)	疒(병질안)	
	阧	물문 두 수문 두	12 (木)	阜(좌부방)	
	荳	콩 두	13 (火)	艸(초두밑)	
	逗	머무를 두 무덤 두	14 (火)	辵(책받침)	
	頭	머리 두 첫머리 두	16 (土)	頁(머리혈)	
	竇	구멍 두 물길 두	20 (水)	穴(구멍혈)	
	讀	구절 두 읽을 두	22 (木)	言(말씀언변)	

음	한자	훈과 음	획수 (수리오행)	부수 (부수명칭)	측자·파자
둔	屯	진칠 둔 언덕 둔	4 (火)	屮(풀철)	
	芚	둔나물 둔 콩나물 둔	10 (水)	艸(초두밑)	
	鈍	무딜 둔 굼뜰 둔	12 (木)	金(쇠금변)	
	遁	달아날 둔 숨을 둔	16 (土)	辵(책받침)	올바르지 않은 좌도를 피해가야 크게성공한다
	遯	달아날 둔 피할 둔	18 (金)	辵(책받침)	한달 안으로 추격을 당하거나 나를 앞서간다
	臀	볼기 둔 바닥 둔	19 (水)	肉(고기육변)	
득	得	얻을 득 만족할 득	11 (木)	彳(두인변)	취업, 사업 재물을 구하되 작은 것을 성취함
등	等	무리 등 등급 등	12 (木)	竹(대죽변)	때가되었으니 계책을올려 출세 기회를 잡아라
	登	오를 등 나아갈 등	12 (木)	癶(필발밑)	때를 잘 맞추기만 하면 취업, 사업, 선거에서 승리
	嶝	고개 등 언덕 등	15 (土)	山(메산변)	
	燈	등잔 등 촛불 등	16 (土)	火(불화변)	
	橙	등자나무등	16 (土)	木(나무목변)	우수한 성적으로 합격하여 선두를 차지한다
	謄	베낄 등 등서할 등	17 (金)	言(말씀언변)	
	鄧	나라이름 등 등나라 등	19 (水)	邑(우부방)	
	騰	오를 등 탈 등	20 (水)	馬(말마변)	등넝쿨을 자르듯이 장애가 되는 것을 잘라라
	藤	등나무 등	21 (木)	艸(초두밑)	
라	剆	칠 라	9 (水)	刀(칼도변)	
	喇	나팔 라 승려 라	12 (木)	口(입구)	

음	한자	훈과 음	획수 (수리오행)	부수 (부수명칭)	측자·파자
라	裸	벌거벗을라 털없는벌레라	14 (火)	衣(옷의)	
	摞	정돈할 라 다스릴 라	14 (火)	手(재방변)	
	螺	소라 라 고둥 라	17 (金)	虫(벌레충변)	
	覶	자세할 라 좋게볼 라	19 (水)	見(볼견)	
	羅	벌일 라 새그물 라	20 (水)	网(넉사밑)	거느리는조직의 기강과 질서를 바로잡아야한다
	懶	게으를 라 미워할 라	20 (水)	心(심방변)	
	癩	문둥병 라 약물중독라	21 (木)	疒(병질안)	
	蘿	무 라 미나리 라	24 (火)	艸(초두밑)	'
	邏	순행할 라 둘러막을라	26 (土)	辵(책받침)	
락	洛	물이름 락 서울이름락	10 (水)	水(삼수변)	
	烙	지질 락	10 (水)	火(불화변)	
	珞	구슬목걸이락 옥돌 락	11 (木)	玉(구슬옥변)	
	絡	두를 락 묶을 락	12 (木)	糸(실사변)	
	酪	과즙 락 죽 락	13 (火)	酉(닭유변)	
	落	떨어질 락 마을 락	15 (土)	艸(초두밑)	인덕이 적어 세사람이 가다 각각 제 살길을 찾는격이다
	樂	즐길 락 즐거울 락 락·악·요音	15 (土)	木(나무목변)	주인공이 어려울 때 도울 자가 좌우에 있으니 행복하다
	駱	낙타 락 종족이름 락	16 (土)	馬(말마변)	
란	丹	붉을 란 정성 란	4 (火)	丶(점주)	
	卵	알 란 기를 란	7 (金)	卩(병부절)	

음	한자	훈과 음	획수 (수리오행)	부수 (부수명칭)	측자·파자
란	亂	어지러울 란 난리 란	13 (火)	乙(새을변)	
	欄	난간 란 울간 란	21 (木)	木(나무목변)	
	爛	빛날 란 문드러질란	21 (木)	火(불화변)	
	瀾	큰물결 란 뜨물 란	21 (木)	水(삼수변)	
	瓓	옥무늬 란 옥광채 란	22 (木)	玉(구슬옥변)	
	蘭	난초 란 목련 란	23 (火)	艸(초두밑)	
	欒	나무이름란 가름대 란	23 (火)	木(나무목변)	
	鸞	방울 란 난새 란	30 (水)	鳥(새조)	
랄	剌	어그러질랄 어지러울랄	9 (水)	刀(칼도변)	
	辣	매울 랄 몹시매울랄	14 (火)	辛(매울신)	
람	婪	예쁠 람	11 (木)	女(계집녀변)	
	嵐	남기 람 산기운 람	12 (木)	山(메산변)	
	濫	퍼질 람 물넘칠 람	18 (金)	水(삼수변)	
	擥	잡을 람 攬과 동자	18 (金)	手(재방변)	擥: 攬과 同字
	藍	쪽 람 남빛 람	20 (水)	艸(초두밑)	
	籃	바구니 람 광주리 람	20 (水)	竹(대죽변)	
	襤	누더기 람 해진옷 람	20 (水)	衣(옷의)	
	覽	볼 람 두루볼 람	21 (木)	見(볼견)	

음	한자	훈과 음	획수 (수리오행)	부수 (부수명칭)	측자·파자
람	欖	감람나무 람	25 (土)	木(나무목변)	
	攬	잡을 람 손에쥘 람	25 (土)	手(재방변)	
	纜	닻줄 람	27 (金)	糸(실사변)	
랍	拉	꺾을 랍 부러뜨릴랍	9 (水)	手(재방변)	
	臘	납향 랍 섣달 랍	21 (木)	肉(고기육변)	
	蠟	밀랍 랍 밀초 랍	21 (木)	虫(벌레충변)	
랑	浪	물결 랑 방자할 랑	11 (木)	水(삼수변)	
	朗	밝을 랑 맑을 랑	11 (木)	月(달월변)	
	狼	이리 랑 짐승이름랑	11 (木)	犬(개사슴록변)	
	烺	빛밝을 랑	11 (木)	火(불화변)	
	琅	옥돌 랑 금옥소리랑	12 (木)	玉(구슬옥변)	
	廊	행랑 랑 결채 랑	13 (火)	广(엄호밑)	환자는 쾌차하고 영재를 득남하고 멋진 사위 얻음
	郞	사내 랑 낭군 랑	14 (火)	邑(우부방)	
	瑯	옥돌 랑 금옥소리랑	15 (土)	玉(구슬옥변)	瑯: 琅(玉部 7획)의 俗字
	螂	사마귀 랑 蜋과 동자	16 (土)	虫(벌레충)	螂: 蜋과 同字
래	來	올 래 미래 래	8 (金)	人(사람인변)	
	崍	산이름 래	11 (木)	山(메산변)	
	徠	올 래 위로할 래	11 (木)	彳(두인변)	장차 작은 노력으로도 큰 것을 얻게 된다
	萊	명아주 래 잡초 래	14 (火)	艸(초두밑)	

음	한자	훈과 음	획수 (수리오행)	부수 (부수명칭)	측자·파자
랭	冷	찰 랭 맑을 랭	7 (金)	冫(이수변)	한정된 재물을 필요한 곳에 사용해야 성공
략	略	간략할 략 대강 략	11 (木)	田(밭전)	
	掠	노략질할 략 매질할 략	12 (木)	手(재방변)	어떤 일을 반은 자력으로 반은 타인의 도움이다
량	良	어질 량 곧을 량	7 (金)	艮(머무를간)	사람만나면 재물얻지만 물을 만나면 풍랑 있다
	兩	두 량 양 량	8 (金)	入(들입)	서로 마음이 맞지 않으니 동업하면 상처를 입는다
	亮	밝을 량 도울 량	9 (水)	亠(돼지해밑)	
	倆	재주 량 솜씨 량	10 (水)	人(사람인변)	
	凉	서늘할 량 맑을 량	10 (水)	冫(이수변)	涼(木部 8획)의 俗字
	梁	들보 량 나무다리량 징검돌 량	11 (木)	木(나무목변)	
	量	양 량 기량 량 헤아릴 량	12 (木)	里(마을리변)	일일일리(一日一里)라 하루 일리밖에 가지 못하지만 티끌모아 태산이니라
	涼	서늘할 량 맑을 량 슬퍼할 량	12 (木)	水(삼수변)	
	粮	양식 량 급여 량	13 (火)	米(쌀미변)	粮: 糧과 仝字
	粱	기장 량 기장밥 량	13 (火)	米(쌀미변)	
	諒	진실 량 믿을 량	15 (土)	言(말씀언변)	
	樑	들보 량 나무다리량	15 (土)	木(나무목변)	梁(木部 7획)의 俗字
	輛	수레 량 비슷할 량	15 (土)	車(수레거변)	
	糧	양식 량 급여 량	18 (金)	米(쌀미변)	糧 : 粮과 仝字'

음	한자	훈과 음	획 수 (수리오행)	부 수 (부수명칭)	측자·파자
려	呂	풍류 려 등뼈 려	7 (金)	口(입구)	
	戾	돌아올 려 어그러질려	8 (金)	戶(지게호)	
	侶	짝 려 벗할 려	9 (水)	人(사람인변)	
	旅	나그네 려 무리 려	10 (水)	方(모방)	藝名, 雅號에 좋은 글자
	慮	생각할 려 걱정할 려	15 (土)	心(마음심)	
	閭	마을 려 이문 려	15 (土)	門(문문)	
	黎	검을 려 많을 려	15 (土)	黍(기장서)	
	勵	힘쓸 려 권장할 려	17 (金)	力(힘력변)	
	麗	고울 려 빛날 려	19 (水)	鹿(사슴록)	
	廬	주막 려 오두막집려	19 (水)	广(엄호밑)	
	濾	거를 려 씻을 려	19 (水)	水(삼수변)	
	櫚	종려나무려 모과나무려	19 (水)	木(나무목변)	
	礪	거친숫돌려 굴 려	20 (水)	石(돌석변)	
	儷	짝 려 부부 려	21 (木)	人(사람인변)	
	蠣	굴 려 굴조개 려	21 (木)	虫(벌레충변)	
	藜	명아주 려 나라이름려	21 (木)	艸(초두밑)	
	驢	나귀 려 당나귀 려	26 (土)	馬(말마변)	藝名, 雅號에 좋은 글자
	驪	검은말 려 가라말 려	29 (水)	馬(말마변)	

음	한자	훈과 음	획수 (수리오행)	부수 (부수명칭)	측자·파자
력	力	힘 력 힘쓸 력	2 (木)	力(힘력변)	비방하고 방해하는 자가 많으니 인내하며 때를기다려라
	歷	지낼 력 다닐 력	16 (土)	止(그칠지)	
	曆	책력 력 일기 력	16 (土)	日(날일변)	
	瀝	거를 력 스밀 력	20 (水)	水(삼수변)	
	礫	조약돌 력 자갈 력	20 (水)	石(돌석변)	
	轢	삐걱거릴 력 업신여길력	22 (木)	車(수레거변)	
	靂	벼락 력 천둥 력	24 (火)	雨(비우)	
련	煉	이길 련 달굴 련	13 (火)	火(불화변)	煉: 鍊(金部 9획)과 仝字
	連	이을 련 이어질 련	14 (火)	辵(책받침)	시대적 배경과 행운이 일치하지 않으니 멀리보라
	練	익힐 련 겪을 련	15 (土)	糸(실사변)	
	漣	물놀이 련 물문채 련	15 (土)	水(삼수변)	
	輦	손수레 련 연 련	15 (土)	車(수레거변)	
	憐	어여삐여길 련 불쌍히여길 련	16 (土)	心(심방변)	마음이 갈피를 못 잡고 갈팡질팡 하니 심란해진다
	璉	호련 련 종묘제기 련	16 (土)	玉(구슬옥변)	
	鍊	익힐 련 불린쇠 련	17 (金)	金(쇠금변)	
	聯	연이을 련 나란히할련	17 (金)	耳(귀이변)	
	蓮	연 련 연밥 련	17 (金)	艸(초두밑)	운이 쑥처럼 엉켜서 성공하기가 쉽지 않다는 것이다
	孌	아름다울련 예쁜모양련	22 (木)	女(계집녀변)	

음	한자	훈과 음	획수 (수리오행)	부수 (부수명칭)	측자·파자
련	戀	그리워할련 사모할 련	23 (火)	心(마음심)	
	攣	걸릴 련 얽매일 련	23 (火)	手(재방변)	
렬	列	줄지울 렬 벌릴 렬	6 (土)	刀(칼도변)	
	劣	용렬할 렬 못할 렬	6 (土)	力(힘력변)	힘이 모자라 원하는 사업과 계획을 이루기 어렵다
	冽	찰 렬 맵게추울렬	8 (金)	冫(이수변)	
	烈	세찰 렬 굳셀 렬	10 (水)	火(불화변)	
	洌	맑을 렬 찰 렬	10 (水)	水(삼수변)	
	裂	찢을 렬 자투리 렬	12 (木)	衣(옷의)	
렴	廉	청렴할 렴 살필 렴	13 (火)	广(엄호밑)	
	濂	엷을 렴 시내이름렴	17 (金)	水(삼수변)	
	斂	거둘 렴 감출 렴	17 (金)	攴(둥글월문)	
	殮	빈소 렴 염할 렴	17 (金)	歹(죽을사)	
	簾	발 렴 가리게발렴	19 (水)	竹(대죽변)	
렵	獵	사냥 렵 찾을 렵 불 렵	19 (水)	犬(개사슴록변)	고양이와 쥐가 함께 자는 형상이니 속임수에 경각심
령	令	법 령 하여금 령	5 (土)	人(사람인변)	감금당할 수 있으며 당한 자는 해방 된다
	伶	영리할 령 악공 령	7 (金)	人(사람인변)	
	姈	계집영리할 령 영리할 령 여자이름 령	8 (金)	女(계집녀변)	

음	한자	훈과 음	획수 (수리오행)	부 수 (부수명칭)	측자·파자
령	囹	옥 령 감옥 령	8 (金)	口(큰입구)	
	岺	재 령 산이름 령	8 (金)	山(메산변)	
	怜	영리할 령 불쌍히여길 령	9 (水)	心(심방변)	
	昤	날빛 령 빛날 령	9 (水)	日(날일변)	藝名, 雅號에 좋은 글자
	泠	깨우칠 령 떨어질 령	9 (水)	氵(삼수변)	
	玲	금옥소리령 고울 령	10 (水)	玉(구슬옥변)	
	笭	작은농 령 종다리끼령	11 (木)	竹(대죽변)	
	羚	큰양 령 영양 령	11 (木)	羊(양양)	
	翎	새깃 령 화살깃 령	11 (木)	羽(깃우)	
	聆	좇을 령 깨달을 령	11 (木)	耳(귀이변)	
	零	떨어질 령 영(제로) 령	13 (火)	雨(비우)	
	鈴	방울 령 방울소리령	13 (火)	金(쇠금변)	
	領	다스릴 령 받을 령	14 (火)	頁(머리혈)	
	逞	굳셀 령 통할 령	14 (火)	辵(책받침)	
	嶺	재 령 산봉우리령	17 (金)	山(메산변)	
	澪	맑을 령 물이름 령	17 (金)	水(삼수변)	
	齡	나이 령 연령 령	20 (水)	齒(이치)	
	靈	신령 령 영혼 령	24 (火)	雨(비우)	藝名, 雅號에 좋은 글자

음	한자	훈과 음	획수 (수리오행)	부수 (부수명칭)	측자·파자
례	例	법식 례 본보기 례	8 (金)	人(사람인변)	
	隷	붙을 례 隸와 동자	16 (土)	隶(미칠이)	隷: 隸와 同字
	澧	강이름 례 물이름 례	17 (金)	水(삼수변)	
	禮	예절 례 예우할 례	18 (金)	示(보일시변)	
	醴	단술 례 좋은맛 례	20 (水)	酉(닭유변)	
로	老	늙을 로 어른 로	6 (土)	老(늙을로)	뱀이 해치려고 노리고 있으니 나설때가아니다
	鹵	소금 로 염밭 로	11 (木)	鹵(염밭로)	
	勞	수고할 로 노곤할 로	12 (木)	力(힘력변)	
	虜	하인 로 포로 로	12 (木)	虍(범호)	
	路	길 로 클 로	13 (火)	足(발족변)	각각 가는 길이 다르니 이별이나 계약을 파기 한다
	輅	수레 로 임금의수레로	13 (火)	車(수레거변)	
	魯	미련할 로 노나라 로	15 (土)	魚(고기어변)	
	盧	밥그릇 로 검을 로	16 (土)	皿(그릇명밑)	
	撈	잡을 로 건져낼 로	16 (土)	手(재방변)	
	潞	강이름 로 물이름 로	16 (土)	水(삼수변)	
	擄	사로잡을로 노략질할로	17 (金)	手(재방변)	
	櫓	방패 로 배젓는노로	19 (水)	木(나무목변)	
	嚧	웃을 로 산돼지부르는소리로	19 (水)	口(입구)	

음	한자	훈과 음	획수 (수리오행)	부수 (부수명칭)	측자·파자
로	瀘	강이름 로	20 (水)	水(삼수변)	
	露	이슬 로 드러날 로	20 (水)	雨(비우)	청운에 길에 오르니 시험 합격하고 출세한다
	爐	화로 로 향로 로	20 (水)	火(불화변)	백가지 병이라 건강조심하고, 일에 어려움을 겪는다
	蘆	갈대 로 무우 로	22 (木)	艸(초두밑)	
	鷺	백로 로 해오라기 로	23 (火)	鳥(새조변)	
록	彔	나무깍을 록 근본 록	8 (金)	彑(터진가로왈)	
	鹿	사슴 록 산기슭 록	11 (木)	鹿(사슴록)	
	祿	복 록 녹줄 록	13 (火)	示(보일시변)	자수성가해야 하며 어린자녀에게 관심을 기울이자
	碌	돌모양 록 자갈땅 록	13 (火)	石(돌석변)	
	綠	초록빛 록 조개풀 록	14 (火)	糸(실사변)	
	菉	조개풀 록 녹두 록	14 (火)	艸(초두밑)	
	錄	기록할 록 나타낼 록	16 (土)	金(쇠금변)	왼손은 돈이요 오른손에는 벼슬이라 재록을 겸비한다
	麓	산림 록 산기슭 록	19 (水)	鹿(사슴록)	
론	論	논할 론 견해 론	15 (土)	言(말씀언변)	
롱	弄	희롱할 롱 업신여길롱	7 (金)	廾(밑스물입)	
	壟	언덕 롱 밭이랑 롱	19 (水)	土(흙토변)	
	瀧	적실 롱 비올 롱	20 (水)	水(삼수변)	
	朧	흐릿할 롱 달처럼밝을롱	20 (水)	月(달월변)	

음	한자	훈과 음	획 수 (수리오행)	부 수 (부수명칭)	측자·파자
롱	瓏	옥소리 롱 환할 롱	21 (木)	玉(구슬옥변)	
	籠	대그릇 롱 새장 롱	22 (木)	竹(대죽변)	
	聾	귀머거리롱 어리석을롱	22 (木)	耳(귀이변)	
뢰	牢	견고할 뢰 우리 뢰	7 (金)	牛(소우변)	
	雷	천둥 뢰 천둥 뢰	13 (火)	雨(비우)	밭에 비가 내리니 직장, 시험, 사업 모두 좋구나
	賂	재화 뢰 뇌물줄 뇌	13 (火)	貝(조개패)	
	賚	뇌물줄 뢰 하사할 뢰	15 (土)	貝(조개패)	오는 자가 재물을 가져와 부귀하게 하며 병자는 나쁘다
	磊	돌무덤 뢰 돌첩첩할뢰	15 (土)	石(돌석변)	
	賴	의뢰할 뢰 얻을 뢰	16 (土)	貝(조개패)	
	儡	꼭두각시뢰 영락할 뢰	17 (金)	人(사람인변)	
	瀨	여울 뢰	20 (水)	水(삼수변)	
료	了	마칠 료 똑똑할 료	2 (木)	亅(갈고리궐)	만사가 형통하지만 자녀에게 변고가 있을 수 있다
	料	헤아릴 료 거리 료	10 (水)	斗(말두)	쌀이 한말이라 재산이 넉넉지 않으니 만사 여의치 않다
	聊	의지할 료 귀울 료	11 (木)	耳(귀이변)	
	僚	동료 료 벼슬아치료	14 (火)	人(사람인변)	
	廖	공허할 료 나라이름료	14 (火)	广(엄호밑)	
	寮	동료 료 벼슬아치료	15 (土)	宀(갓머리)	

음	한자	훈과 음	획수 (수리오행)	부수 (부수명칭)	측자·파자
료	燎	밝을 료 화톳불 료	16 (土)	火(불화변)	'요'로도 신고 가능
	瞭	눈밝을 료 아득할 료	17 (金)	目(눈목변)	
	療	병고칠 료 여뀌 료	17 (金)	疒(병질안)	
	蓼	여뀌 료	17 (金)	艸(초두밑)	
	遼	멀 료 강이름 료 땅이름 료	19 (水)	辵(책받침)	
룡	龍	용 룡 말 룡 별이름 룡	16 (土)	龍(용룡)	竜(10획)도 신고 가능
루	累	포갤 루 누끼칠 루	11 (木)	糸(실사변)	
	婁	별이름 루 빌 루	11 (木)	女(계집녀변)	
	淚	눈물 루 울 루	12 (木)	水(삼수변)	
	屢	여러 루 번거로울루	14 (火)	尸(주검시)	
	陋	좁을 루 더러울 루	14 (火)	阜(좌부방)	
	樓	다락 루 망루 루	15 (土)	木(나무목변)	
	漏	샐 루 빠뜨릴 루	15 (土)	水(삼수변)	
	瘻	부스럼 루 연주창 루	16 (土)	疒(병질안)	
	縷	실 루 명주 루	17 (金)	糸(실사변)	인격과 지식이 높은데다가 탁월한 공까지 세운다
	褸	남루할 루 옷해질 루	17 (金)	衣(옷의)	

음	한자	훈과 음	획 수 (수리오행)	부 수 (부수명칭)	측자·파자
루	蔞	쑥 루 물쑥 루	17 (金)	艸(초두밑)	
	壘	성채 루 진 루	18 (金)	土(흙토변)	일이 얽혀 있어서 실마리가 안 풀리니 침착하게 처리
	鏤	강철 루 새길 루	19 (水)	金(쇠금변)	
류	柳	버드나무류 별이름 류	9 (水)	木(나무목변)	
	留	머무를 류 오랠 류	10 (水)	田(밭전)	
	流	흐를 류 귀양보낼 류	11 (木)	水(삼수변)	사업이나 계획한 일이 허황하니 규모와 범위를 좁혀라
	琉	유리 류 유리석 류	12 (木)	玉(구슬옥변)	瑠(玉部10획)과 仝字
	硫	유황 류	12 (木)	石(돌석변)	돌로양치질하고 흐르는물로 베게한다는 허황된 꿈
	旒	깃발 류	13 (火)	方(모방방)	
	榴	석류나무류	14 (火)	木(나무목변)	
	溜	여울 류 방울져떨어질류	14 (火)	水(삼수변)	
	劉	죽일 류 도끼 류	15 (土)	刀(칼도변)	
	瑠	유리 류 유리석 류	15 (土)	玉(구슬옥변)	琉(玉部 7획)과 仝字
	瘤	혹 류	15 (土)	疒(병질안)	
	謬	속일 류 그릇될 류	18 (金)	言(말씀언변)	
	類	무리 류 비슷할 류	19 (水)	頁(머리혈)	
	瀏	물맑을 류	19 (水)	水(삼수변)	

음	한자	훈과 음	획수 (수리오행)	부수 (부수명칭)	측자·파자
륙	六	여섯 륙 여섯번 륙	6 (土)	八(여덟팔)	6획이며 륙·육으로 신고
	戮	형벌 륙 죽일 륙	15 (土)	戈(창과)	
	陸	뭍 륙 언덕 륙 여섯 륙	16 (土)	阜(좌부방)	
륜	侖	생각할 륜 덩어리 륜	8 (金)	人(사람인변)	
	倫	인륜 륜 무리 륜 차례 륜	10 (水)	人(사람인변)	藝名, 雅號에 좋은 글자
	崙	산이름 륜 곤륜산 륜	11 (木)	山(메산변)	
	淪	물놀이 륜 잔물결 륜	12 (木)	水(삼수변)	
	綸	낚싯줄 륜 다스릴 륜	14 (火)	糸(실사변)	
	輪	바퀴 륜 둘레 륜	15 (土)	車(수레거변)	
	錀	금 륜 금색 륜	16 (土)	金(쇠금변)	
률	律	법 률 가락 률	9 (水)	彳(두인변)	藝名, 雅號에 좋은 글자
	栗	밤 률 공손할 률	10 (水)	木(나무목변)	주인공은 서방에 극락이라 지극히 좋은 대우를 받는다
	率	비율 률 제한 률	11 (木)	玄(검을현)	
	嵂	가파를 률	11 (木)	山(메산변)	
	慄	떨 률 두려워할률	13 (火)	心(심방변)	
륭	隆	높을 륭 성할 륭	17 (金)	阜(좌부방)	
륵	肋	갈비 륵 힘줄 륵	8 (金)	肉(고기육변)	
	勒	굴레 륵 재갈 륵	11 (木)	力(힘력변)	

음	한자	훈과 음	획수 (수리오행)	부수 (부수명칭)	측자·파자
름	凜	찰 름 늠름할 름	15 (土)	冫(이수변)	
	凛	늠름할 름 의젓할 름	15 (土)	冫(이수변)	
	廩	곳집 름 양식 름	16 (土)	广(엄호밑)	
릉	凌	깔볼 릉 능가할 릉	10 (水)	冫(이수변)	
	稜	논두렁 릉 모서리 릉	13 (火)	禾(벼화변)	과거시험에 합격하여 청운의 꿈을 이루게 된다
	楞	모 릉 서슬 릉	14 (火)	木(나무목변)	
	綾	비단 릉 무늬비단릉	14 (火)	糸(실사변)	
	菱	마름 릉 마름열매릉	14 (火)	艸(초두밑)	
	陵	언덕 릉 넘을 릉	16 (土)	阜(좌부방)	
리	吏	아전 리 벼슬아치리	6 (土)	口(입구)	‘
	里	마을 리 헤아릴 리	7 (金)	里(마을리변)	더 채울수 있으니 재물이나 지위가 더 올라갈 수 있다
	利	이로울 리 날카로울리	7 (金)	刀(칼도변)	작은 부주의가 화를 키우며 재물은 늘어난다
	李	오얏 리 다스릴 리	7 (金)	木(나무목변)	**전주이씨만 이, 리 모두 신고됨** 모든 일이 하루가 다르게 발전
	俚	속될 리 힘입을 리	9 (水)	人(사람인변)	
	俐	똑똑할 리 영리할 리	9 (水)	人(사람인변)	
	厘	털끝 리	9 (水)	厂(민엄호밑)	
	唎	가는소리리	10 (水)	口(입구)	
	浬	해리 리 물이수 리	11 (木)	水(삼수변)	
	犁	얼룩소 리 쟁기 리	11 (木)	牛(소우변)	

음	한자	훈과 음	획수 (수리오행)	부수 (부수명칭)	측자·파자
리	狸	너구리 리 貍와 동자	11 (木)	犬(개사슴록변)	狸: 貍와 同字
	离	도깨비 리 떠날 리	11 (木)	禸(자귀유)	
	梨	배나무 리 배 리	11 (木)	木(나무목변)	
	悧	영리할 리 약을 리	11 (木)	心(심방변)	
	涖	임할 리 다스릴 리	11 (木)	水(삼수변)	
	痢	설사 리 이질 리	12 (木)	疒(병질안)	
	理	다스릴 리 이치 리 도리 리	12 (木)	玉(구슬옥변)	주인공은 많은 땅과 재물을 가진 사람이다
	裏	안 리 속 리	13 (火)	衣(옷의)	
	莉	말리 리 말리꽃 리	13 (火)	艸(초두밑)	
	履	신(발) 리 밟을 리	15 (土)	尸(주검시)	
	璃	유리 리 구슬이름 리	16 (土)	玉(구슬옥변)	
	戯	바를 리 반듯할 리	16 (土)	支(지탱할지)	
	罹	근심 리 어려울 리	17 (金)	网(그물망)	
	釐	고칠 리 다스릴 리	18 (金)	理(마을리변)	
	鯉	잉어 리 편지 리	18 (金)	魚(고기어변)	물고기가 천리 갔으니 무모한 계획은 안된다
	離	떠날 리 흩어질 리	19 (水)	隹(새추)	직장, 사업이 좋은 환경을 유지하기가 쉽지 않다
	羸	여윌 리 파리할 리	19 (水)	羊(양양)	
	籬	울타리 리	25 (土)	竹(대죽변)	

음	한자	훈과 음	획수 (수리오행)	부수 (부수명칭)	측자·파자
린	吝	탐할 린 아낄 린	7 (金)	口(입구)	학식 출중하여 존경받으며 유종의 미를 거둔다
	潾	돌샘 린 석간수 린	16 (土)	水(삼수변)	
	燐	반딧불 린 도깨비불린	16 (土)	火(불화변)	
	撛	뺄 린 뽑을 린	16 (土)	扌(재방변)	
	璘	옥빛 린 옥광채 린	17 (金)	玉(구슬옥변)	
	麐	기린 린 암기린 린	17 (金)	鹿(사슴록)	
	鄰	이웃 린 이웃나라린	19 (水)	邑(우부방)	俗字는 隣
	隣	이웃 린 이웃할 린	20 (水)	阜(좌부방)	隣 : 鄰의 俗字
	鏻	굳셀 린	20 (水)	金(쇠금변)	
	藺	골풀 린 꽃창포 린	22 (木)	艸(초두밑)	
	麟	기린 린 비늘 린	23 (火)	鹿(사슴록)	
	鱗	비늘 린 물고기 린	23 (火)	魚(고기어변)	
	躪	짓밟을 린 유린할 린	27 (金)	足(발족변)	
림	林	수풀 림 많을 림	8 (金)	木(나무목변)	어떤 일을 한번 시도로 예상 밖의 큰 성과를 거둔다
	淋	물뿌릴 림 장마 림	12 (木)	水(삼수변)	개인적 대립이나 사업적 경쟁으로 싸워야 할 입장이다
	棽	무성할 림	12 (木)	木(나무목변)	
	琳	옥 림 옥이름 림	13 (火)	玉(구슬옥변)	옥나무 숲이니 총명하고 수려한 자손을 둔 사람이다
	霖	장마 림 장마비올림	16 (土)	雨(비우)	비가 수풀에 내리니 길과 흉이 교차하여 나타난다
	臨	임할 림 쓸 림울 림	17 (金)	臣(신하신)	

음	한자	훈과 음	획수 (수리오행)	부수 (부수명칭)	측자·파자
립	立	설 립 세울 립	5 (土)	立(설립)	
	砬	약돌 립	10 (水)	石(돌석변)	
	笠	삿갓 립 우산 립	11 (木)	竹(대죽변)	
	粒	낟알 립 쌀밥먹을립	11 (木)	米(쌀미변)	
마	馬	말 마 산가지 마	10 (水)	馬(말마변)	바른 길을 걸으면 뜻을 이루며 병자에게는 나쁘다
	麻	삼 마 참깨 마	11 (木)	麻(삼마)	부부사이가 좋아지고 친고나 동료와도 화해한다
	痲	저릴 마 홍역 마	13 (火)	疒(병질안)	
	摩	연마할 마 갈 마	15 (土)	手(재방변)	
	瑪	마노 마 석영이름마	15 (土)	玉(구슬옥변)	천리마의 옥구슬을 취하듯이 지용이 뛰어나다
	碼	저울추 마 야아드 마	15 (土)	石(돌석변)	
	磨	갈 마 맷돌 마	16 (土)	石(돌석변)	
	魔	마귀 마 악귀 마	21 (木)	鬼(귀신귀)	
막	莫	없을 막 장막 막 어두울 막	13 (火)	艸(초두밑)	
	幕	장막 막 막부 막	14 (火)	巾(수건건)	
	寞	쓸쓸할 막	14 (火)	宀(갓머리)	
	漠	사막 막 넓을 막	15 (土)	水(삼수변)	
	膜	막 막 어루만질막	17 (金)	肉(고기육변)	
	邈	멀 막 업신여길막	21 (木)	辵(책받침)	

음	한자	훈과음	획 수 (수리오행)	부 수 (부수명칭)	측자·파자
만	万	일만 만 많을 만	3 (火)	一(한일)	万: 萬(艸部 9획)의 俗字
	卍	만자 만	6 (土)	十(열십)	
	娩	해산할 만 순박할 만	10 (水)	女(계집녀변)	
	晩	저물 만 늦을 만	11 (木)	日(날일변)	계약은 파기되고 어려움에 있는 사람은 그를 면하리라
	曼	길 만 아름다울 만	11 (木)	日(날일변)	
	挽	당길 만 말릴 만	11 (木)	手(재방변)	피해를 면하려면 돈 쓰기를 망설이지 말아라
	輓	수레끌 만 만사 만	14 (火)	車(수레거변)	
	萬	일만 만 춤이름 만	15 (土)	艸(초두밑)	무엇이든 가득하니 최고의 연봉을 받을 위치에 오른다
	滿	찰 만 채울 만	15 (土)	水(삼수변)	
	慢	게으를 만 거만할 만	15 (土)	心(심방변)	
	漫	질펀할 만 넓을 만	15 (土)	水(삼수변)	
	瞞	속일 만 평평한눈만	16 (土)	目(눈목변)	
	蔓	덩굴 만 퍼질 만	17 (金)	艸(초두밑)	
	鏋	금 만 흙손 만	19 (水)	金(쇠금변)	
	饅	만두 만	20 (水)	食(밥식변)	
	巒	뫼 만 산봉우리만	22 (木)	山(뫼산변)	
	鰻	뱀장어 만	22 (木)	魚(고기어변)	
	彎	굽을 만 당길 만	22 (木)	弓(활궁)	

음	한자	훈과 음	획 수 (수리오행)	부 수 (부수명칭)	측자·파자
만	蠻	오랑캐 만 야만족 만	25 (土)	虫(벌레충변)	
	灣	물굽이 만	26 (土)	水(삼수변)	
말	末	끝 말 말세 말	5 (土)	木(나무목변)	
	抹	바를 말 칠할 말	9 (水)	手(재방변)	
	沫	침 말 물방울 말	9 (水)	水(삼수변)	
	䒿	끝 말	10 (水)	口(입구)	
	茉	말리 말 말리꽃 말	11 (木)	艸(초두밑)	
	靺	말갈 말 버선 말	14 (火)	革(가죽혁)	
	襪	버선 말	21 (木)	衣(옷의)	
망	亡	잃을 망 죽을 망	3 (火)	亠(돼지해밑)	노력 하면 생각지 않은 보물과 재물이 들어온다
	妄	허망할 망 거짓 망	6 (土)	女(계집녀변)	
	忙	바쁠 망 빠를 망	7 (金)	心(심방변)	
	忘	잊을 망 건망증 망	7 (金)	心(마음심)	헛된 망상을 꿈꾸지 말라 환자는 생명이 위험
	罔	그물 망 없을 망	9 (水)	网(넉사밑)	網(糸部 8획)과 仝字
	芒	가시 망 까끄라기망	9 (水)	艸(초두밑)	
	邙	산이름 망 고을이름망	10 (水)	邑(우부방)	
	望	바랄 망 원망할 망	11 (木)	月(달월변)	
	茫	망망할 망 멍할 망	12 (木)	艸(초두밑)	

음	한자	훈과 음	획수 (수리오행)	부수 (부수명칭)	측자·파자
망	網	그물 망 법 망	14 (火)	糸(실사변)	
	莽	풀 망 우거질 망	14 (火)	艸(초두밑)	
	輞	바퀴테 망	15 (土)	車(수레거변)	
매	每	매양 매 마다 매	7 (金)	毋(말무)	
	妹	누이 매 손아래누이매	8 (金)	女(계집녀변)	
	枚	줄기 매 석가래 매	8 (金)	木(나무목변)	
	昧	새벽 매 어두울 매	9 (水)	日(날일변)	
	埋	묻을 매 묻힐 매	10 (水)	土(흙토변)	일을 진행함에 도리에 어긋나는 점이 있구나
	梅	매화나무매 매우 매	11 (木)	木(나무목변)	시련과 고난 속에서도 굽히지 않고 목적을 성취함
	苺	딸기 매	11 (木)	艸(초두밑)	
	買	살 매 구매할 매	12 (木)	貝(조개패)	
	媒	중매 매 중개자 매	12 (木)	女(계집녀변)	
	寐	잠잘 매 죽을 매	12 (木)	宀(갓머리)	
	煤	그을름 매 검은먹 매	13 (火)	火(불화변)	타인 불꺼주려다 자신의 눈썹만 태우는 꼴
	賣	팔 매 퍼트릴 매	15 (土)	貝(조개패)	
	魅	도깨비 매 미혹할 매	15 (土)	鬼(귀신귀)	
	罵	욕할 매 꾸짖을 매	16 (土)	网(그물망)	
	邁	갈 매 떠날 매	20 (水)	辵(책받침)	꽃밭에서 연인을 만나며 사업은 해외로 진출

음	한자	훈과 음	획 수 (수리오행)	부 수 (부수명칭)	측자·파자
맥	麥	보리 맥 귀리 맥	11 (木)	麥(보리맥)	오는 사람이 나쁜 짓을 하려고 하니 방지해야 한다
	脈	맥 맥 연달을 맥	12 (木)	肉(고기육변)	
	貊	오랑케 맥 고용할 맥	13 (火)	豸(갖은돼지시)	
	陌	밭두렁 맥 길 맥	14 (火)	阜(좌부방)	
	驀	말탈 맥 갑자기 맥	21 (木)	艸(초두밑)	
맹	孟	맏 맹 맹랑할 맹	8 (金)	子(아들자)	가문이 일어나고 자손이 창성하고 잘 된다
	盲	장님 맹 어두울 맹	8 (金)	目(눈목변)	작은 일이 상황을 어렵게하니 눈썰미를 활용
	氓	백성 맹 서민 맹	8 (金)	氏(각씨씨)	
	猛	사나울 맹 엄할 맹	12 (木)	犬(개견)	
	盟	맹세 맹 맹세할 맹	13 (火)	皿(그릇명밑)	
	萌	싹 맹 싹틀 맹	14 (火)	艸(초두밑)	
멱	覓	찾을 멱 곁눈질 멱	11 (木)	見(볼견)	
	冪	덮을 멱 막 멱	16 (土)	冖(민갓머리)	
면	免	벗어날 면 면할 면	7 (金)	儿(어진사람인)	눈치 것 피해야 다음에 큰 거사를 논 한다
	沔	물흐를 면 씻을 면	8 (金)	水(삼수변)	
	勉	힘쓸 면 권면할 면	9 (水)	力(힘력변)	
	面	낮 면 만날 면	9 (水)	面(낯면변)	
	眄	애꾸눈 면 곁눈질 면	9 (水)	目(눈목변)	

음	한자	훈과 음	획수 (수리오행)	부수 (부수명칭)	측자·파자
면	眠	잠잘 면 시들 면	10 (水)	目(눈목변)	
	冕	면류관 면	11 (木)	冂(먼데경)	
	棉	목화 면 목화솜 면	12 (木)	木(나무목변)	
	綿	솜 면 솜옷 면	14 (火)	糸(실사변)	백사백건이라 소복을 입을수 있으며 누명 벗는다
	緬	멀 면 가는실 면	15 (土)	糸(실사변)	
	麵	국수 면 밀가루 면	20 (水)	麥(보리맥)	
멸	滅	멸망할 멸 죽을 멸	14 (火)	水(삼수변)	
	蔑	없을 멸 업신여길멸	17 (金)	艸(초두밑)	
명	皿	그릇 명	5 (土)	皿(그릇명)	
	名	이름 명 이름날 명	6 (土)	口(입구)	실속 없고 도리어 구설수에 오르며 투기, 모험에 주의
	命	목숨 명 명할 명	8 (金)	口(입구)	주군의 명을 받아 도장을 찍으니 관직과 권세가 있다
	明	밝을 명 나타날 명	8 (金)	日(날일변)	해와 달이 밝으니 무엇을 하든 이롭다. 시기하는자 주의
	眀	밝게볼 명 밝을 명	9 (水)	目(눈목변)	
	冥	어두울 명 저승 명	10 (水)	冖(민갓머리)	
	洺	명수 명 명주 명	10 (水)	水(삼수변)	
	榠	홈통 명	12 (木)	木(나무목변)	
	茗	차싹 명	12 (木)	艸(초두밑)	
	酩	술취할 명 비틀거릴명	13 (火)	酉(닭유변)	
	鳴	울 명 울릴 명	14 (火)	鳥(새조변)	까치가어미를먹여살리니 베픈 은혜에 보답받는다

음	한자	훈과 음	획 수 (수리오행)	부 수 (부수명칭)	측자·파자
명	銘	새길 명 명 명	14 (火)	金(쇠금변)	
	溟	바다 명 어두울 명	14 (火)	水(삼수변)	
	暝	저녁 명 어두울 명	14 (火)	日(날일변)	
	慏	생각깊을명 마음심원할명	14 (火)	心(심방변)	
	瞑	눈감을 명 눈어두울명	15 (土)	目(눈목변)	
	蓂	명협풀 명 책력풀 명	16 (土)	艸(초두밑)	
	螟	해충 명 마디충 명	16 (土)	虫(벌레충변)	
	鳴	초명 새 명 새이름 명	19 (水)	鳥(새조변)	
몌	袂	소매 몌	10 (水)	衣(옷의)	
모	毛	털 모 모피 모	4 (火)	毛(터럭모)	
	母	어미 모 암컷 모	5 (土)	毋(말무)	
	矛	창 모 세모진창모	5 (土)	矛(창모변)	
	牟	클 모 소우는소리모	6 (土)	牛(소우변)	주인공이 유복자이거나 타인의 뒷박을 조심할것
	牡	수컷 모 왼쪽 모	7 (金)	牛(소우변)	
	姆	여스승 모 맏동서 모	8 (金)	女(계집녀변)	
	某	아무 모 익명 모	9 (水)	木(나무목변)	
	冒	무릅쓸 모 가릴 모	9 (水)	冂(먼데경)	건강은 위장과 눈을 조심하고 재물이 들어온다
	侮	깔볼 모 업신여길모	9 (水)	人(사람인변)	탄식하지 말라 모친 덕에 벼슬과 사업성공한다
	芼	나물 모 풀우거질모	10 (水)	艸(초두밑)	

음	한자	훈과 음	획수 (수리오행)	부수 (부수명칭)	측자·파자
모	耗	줄일 모 소비할 모	10 (水)	耒(쟁기뢰)	
	眸	눈 모 눈동자 모	11 (木)	目(눈목변)	
	茅	띠 모	11 (木)	艸(초두밑)	
	帽	모자 모	12 (木)	巾(수건건)	
	募	뽑을 모 부를 모	13 (火)	力(힘력변)	
	貌	모양 모 얼굴 모	14 (火)	豸(갖은돼지시)	
	瑁	서옥 모 바다거북모	14 (火)	玉(구술옥변)	
	暮	저물 모 늦을 모	15 (土)	日(날일변)	좋은 때 맞이해도 능력이 미치지 못하는구나
	模	법 모 본뜰 모	15 (土)	木(나무목변)	
	慕	사모할 모 본받을 모	15 (土)	心(심방변)	
	摸	본뜰 모 더듬을 모	15 (土)	手(재방변)	
	摹	베낄 모 본뜰 모	15 (土)	艸(초두밑)	
	謀	꾀할 모 상의할 모	16 (土)	言(말씀언변)	관계를 맺어주기 위한 중매를 위한 자리이다
	橅	법 모 摸와 同字	16 (土)	木(나무목변)	
	謨	꾀 모 꾀할 모	18 (金)	言(말씀언변)	
목	木	나무 목 목제악기목	4 (火)	木(나무목변)	어려움을 겪고 나면 사업, 직업, 재물 희망적
	目	눈 목 조목 목	5 (土)	目(눈목변)	금전 흑자를 볼 것인데 물을 가까이 하지마라
	牧	목장 목 기를 목 다스릴 목	8 (金)	牛(소우변)	
	沐	머리감을 목 목욕할 목	8 (金)	水(삼수변)	정착하지 못하고 물에 뜬 부초처럼 방황한다

음	한자	훈과 음	획 수 (수리오행)	부 수 (부수명칭)	측자·파자
목	睦	화목 목 화목할 목	13 (火)	目(눈목변)	
	穆	온화할 목 공경할 목	16 (土)	禾(벼화변)	
	鶩	집오리 목 순일할 목	20 (水)	鳥(새조변)	
몰	沒	빠질 몰 죽을 몰	8 (金)	水(삼수변)	
	歿	죽을 몰 끝날 몰	8 (金)	歹(죽을사)	
몽	夢	꿈 몽 꿈꿀 몽	14 (火)	夕(저녁석)	
	蒙	어릴 몽 우매할 몽	16 (土)	艸(초두밑)	꿈속에서나꿈을 꾸고 있지만언젠가꿈이이루어짐
	朦	풍부할 몽 큰모양 몽	18 (金)	月(달월변)	
묘	卯	토끼 묘 넷째지지묘	5 (土)	卩(병부절)	명성과 재물이 왕성해지고 주변에 생기가 돈다
	妙	묘할 묘 예쁠 묘	7 (金)	女(계집녀변)	지목할 상대가 여자이며 부상에 주의해야 한다
	杳	어두울 묘 아득할 묘	8 (金)	木(나무목변)	
	昴	묘낼 묘 별자리이름묘	9 (水)	日(날일변)	
	竗	땅이름 묘	9 (水)	立(설립)	
	畝	이랑 묘 두둑 묘	10 (水)	田(밭전)	묘·무 音 중에서 선택됨
	苗	모 묘 핏줄 묘	11 (木)	艸(초두밑)	
	渺	아득할 묘 작을 묘	13 (火)	水(삼수변)	
	猫	고양이 묘	13 (火)	犬(개사슴록변)	
	描	그릴 묘 묘사할 묘	13 (火)	手(재방변)	일, 사업 경영에는 농부처럼 정성과 노력 필요

음	한자	훈과 음	획수 (수리오행)	부수 (부수명칭)	측자·파자
묘	墓	무덤 묘 뫼 묘	14 (火)	土(흙토변)	
	廟	사당 묘 묘당 묘	15 (土)	广(엄호밑)	
	錨	닻 묘 닻줄 묘	17 (金)	金(쇠금변)	
무	毋	아닐 무 없을 무	4 (火)	毋(말무)	
	戊	천간 무 다섯째천간 무	5 (土)	戈(창과)	노력하여 큰성공을 하거나 이루지 못할 싸움만 한다
	巫	무당 무 산이름 무	7 (金)	工(장인공)	귀한몸 오른팔 노릇하거나 말못할 고민 있다
	武	굳셀 무 병법 무	8 (金)	止(그칠지)	창칼을 사용하지 않고 이겨야 진정한 승자다
	拇	엄지손가락 무 대지(大指) 무	9 (水)	手(재방변)	
	畝	이랑 무 두둑 무	10 (水)	田(밭전)	묘·무 音 중에서 선택됨
	茂	무성할 무 빼어날 무 힘쓸 무	11 (木)	艸(초두밑)	
	務	일 무 힘쓸 무	11 (木)	力(힘력변)	
	無	없을 무 아닐 무	12 (木)	火(불화변)	소字인 无(4획)도 신고됨 무에서 유를 창조하니 인내
	貿	바꿀 무 장사할 무	12 (木)	貝(조개패)	
	珷	옥돌이름 무	12 (木)	玉(구슬옥변)	
	楙	무성할 무 모과나무무	13 (火)	木(나무목변)	
	舞	춤출 무 환롱할 무	14 (火)	舛(어길천밑)	
	誣	무고할 무 속일 무	14 (火)	言(말씀언변)	
	憮	애무할 무 어루만질무	16 (土)	心(심방변)	

음	한자	훈과 음	획수 (수리오행)	부수 (부수명칭)	측자·파자
무	撫	어루만질 무 좇을 무	16 (土)	手(재방변)	
	橅	어루만질 무 撫와 同字	16 (土)	手(재방변)	
	懋	힘쓸 무 성대히할무	17 (金)	心(마음심)	
	繆	묶을 무 마열단 무	17 (金)	糸(실사변)	
	蕪	거친풀 무 거칠어질무	18 (金)	艸(초두밑)	
	鵡	앵무새 무	18 (金)	鳥(새조변)	
	霧	안개 무 안개낄 무	19 (水)	雨(비우)	
묵	墨	먹 묵 검을 묵	15 (土)	土(흙토변)	
	默	잠잠할 묵 입다물 묵	16 (土)	黑(검을흑)	
문	文	글월 문 법 문	4 (火)	文(글월문)	문서 출현하여 좋은 소식오나 시험운, 관직운은 약함
	刎	목벨 문 끊을 문	6 (土)	刀(칼도변)	
	吻	입술 문 말투 문	7 (金)	口(입구)	
	門	문 문 집 문	8 (金)	門(문문)	문안에는아무도 없고밖에만 행인들이 있으니 고독하다
	汶	물이름 문 수치 문	8 (金)	水(삼수변)	재능을 발휘하여 세상에 이름을 날릴 때가 왔다
	炆	연기날 문	8 (金)	火(불화변)	
	紋	무늬 문 문채 문	10 (水)	糸(실사변)	
	們	들 문 무리 문	10 (水)	人(사람인변)	
	蚊	모기 문	10 (水)	虫(벌레충변)	
	紊	어지러울문	10 (水)	糸(실사변)	

음	한자	훈과 음	획수 (수리오행)	부수 (부수명칭)	측자·파자
문	問	물을 문 찾을 문	11 (木)	口(입구)	구설이 당도하니 입조심해야 사면초가 모면
	雯	구름무늬문	12 (木)	雨(비우)	
	聞	들을 문 소문 문	14 (火)	耳(귀이변)	
물	勿	없을 물 말 물 바쁠 물	4 (火)	勹(쌀포)	서두르면 일을 망치고 바쁘지만 성과 없다
	物	만물 물 재물 물	8 (金)	牛(소우변)	
	沕	숨을 물 아득할 물	8 (金)	水(삼수변)	
미	未	아닐 미 미래 미	5 (土)	木(나무목변)	구하고자 하나 아직 때가 아니므로 기다려라
	米	쌀 미 미터 미	6 (土)	米(쌀미변)	일이 마음대로 안될 뿐 아니라 어려운 일 겹침
	尾	꼬리 미 끝 미	7 (金)	尸(주검시)	
	味	맛 미 맛볼 미	8 (金)	口(입구)	불가능을 가능케 하는 재주 있으나 말이 앞섬
	美	아름다울 미 미국 미	9 (水)	羊(양양)	아름다움이 안에 있으니 쓸만한 인물을 내부에서 찾자
	眉	눈썹 미 가장자리미	9 (水)	目(눈목변)	
	梶	나무끝 미 우듬지 미	11 (木)	木(나무목변)	
	媚	아첨할 미 사랑할 미 아름다울미	12 (木)	女(계집녀변)	
	媄	빛고울 미	12 (木)	女(계집녀변)	
	嵋	산이름 미	12 (木)	山(메산변)	
	嵄	산 미 깊은산 미	12 (木)	山(메산변)	
	楣	처마 미 인중방 미	13 (火)	木(나무목변)	

음	한자	훈과 음	획수 (수리오행)	부수 (부수명칭)	측자·파자
미	迷	헤맬 미 미혹할 미	13 (火)	辶(책받침)	
	微	작을 미 희미할 미	13 (火)	彳(두인변)	
	渼	잔물결 미 물이름 미	13 (火)	水(삼수변)	
	湄	물가 미 더운물 미	13 (火)	水(삼수변)	
	媺	아름다울미 착할 미	13 (火)	女(계집녀변)	媺:美와 仝字
	躾	예절가르칠미 모양낼 미	16 (土)	身(몸신)	
	彌	퍼질 미 그칠 미	17 (金)	弓(활궁)	
	謎	수수께끼미 헛갈리게할미	17 (金)	言(말씀언변)	
	瀰	넘칠 미 치렁치렁할미	18 (金)	水(삼수변)	
	薇	고비 미 백일홍 미 장미 미	19 (水)	艸(초두밑)	
	靡	쓰러질 미 흩어질 미	19 (水)	非(아닐비)	
	黴	썩을 미 곰팡이 미	23 (火)	黑(검을흑)	
민	民	백성 민 뭇사람 민	5 (土)	氏(각씨씨)	藝名, 雅號에 좋은 글자
	旻	하늘 민 가을하늘민	8 (金)	日(날일변)	
	旼	온화할 민 화할 민	8 (金)	日(날일변)	
	岷	산이름 민 산봉우리민	8 (金)	山(메산변)	
	忞	힘쓸 민 마음잡을민	8 (金)	心(마음심)	
	玟	옥돌 민 아름다운돌민	9 (水)	玉(구슬옥변)	玟 : 珉(玉部 5획)과 仝字
	敃	강할 민 힘쓸 민	9 (水)	攴(등글월문)	

음	한자	훈과 음	획수 (수리오행)	부수 (부수명칭)	측자·파자
민	砇	옥돌 민	9 (水)	石(돌석변)	玟과 同字
	泯	멸할 민 물맑을 민	9 (水)	水(삼수변)	
	珉	옥돌 민 아름다운돌민	10 (水)	玉(구슬옥변)	玟(玉部 4획)과 仝字
	敏	민첩할 민 공손할 민	11 (木)	攴(등글월문)	주인공의 직업은 가르치는 교육자가 최고다
	閔	힘쓸 민 근심할 민	12 (木)	門(문문)	공부하는 것으로 하늘의 문을 열어 주었다
	悶	민망할 민 빈번할 민	12 (木)	心(마음심)	안에있지말고 외부나와야 일과 마음이 풀린다
	愍	근심할 민 가엾어할민	13 (火)	心(마음심)	
	暋	강할 민 번민할 민	13 (火)	日(날일변)	
	鈱	철판 민	13 (火)	金(쇠금변)	
	[illegible]	강할 민	14 (火)	頁(머리혈)	
	碈	옥돌 민 아름다운옥민	14 (火)	石(돌석변)	
	慜	총명할 민 민첩할 민	14 (火)	心(마음심)	
	慜	총명할 민 근심할 민	15 (土)	心(마음심)	
	緍	낚싯줄 민 실끝 민	15 (土)	糸(실사변)	
	憫	불쌍히여길민 근심할 민	16 (土)	心(심방변)	
	潣	물흘러내릴민	16 (土)	水(삼수변)	
	[illegible]	강할 민	18 (金)	頁(머리혈)	
밀	密	빽빽할 밀 은밀할 밀	11 (木)	宀(갓머리)	
	蜜	꿀 밀 꿀벌 밀	14 (火)	虫(벌레충변)	
	謐	고요할 밀 상세할 밀	17 (金)	言(말씀언변)	

음	한자	훈과 음	획수 (수리오행)	부수 (부수명칭)	측자·파자
박	朴	순박할 박 나무껍질박	6 (土)	木(나무목변)	
	泊	배댈 박 머무를 박	9 (水)	水(삼수변)	
	拍	칠 박 박자 박	9 (水)	手(재방변)	
	珀	호박 박 호박그릇박	10 (水)	玉(구슬옥변)	주인공은 뛰어난 재주를 지닌 팔방미인이다
	剝	벗길 박 괘이름 박	10 (水)	刀(칼도변)	좋은 일거리와 승진, 재물, 직장 등이 잘 풀린다
	舶	배 박 큰배 박	11 (木)	舟(배주변)	
	粕	지게미 박 재강 박	11 (木)	米(쌀미변)	
	迫	핍박할 박 닥칠 박	12 (木)	辵(책받침)	
	博	넓을 박 많을 박 노름 박	12 (木)	十(열십)	
	鉑	금박 박 금종이 박	13 (火)	金(쇠금변)	
	雹	우박 박 누리 박	13 (火)	雨(비우)	
	箔	발 박 금속조각박	14 (火)	竹(대죽변)	
	駁	얼룩말 박 어긋날 박	14 (火)	馬(말마변)	
	撲	칠 박 엎드러질박	16 (土)	手(재방변)	
	樸	통나무 박 질박할 박	16 (土)	木(나무목변)	
	縛	묶을 박 얽을 박	16 (土)	糸(실사변)	
	膊	포 박 어깨 박	16 (土)	肉(고기육변)	

음	한자	훈과 음	획수 (수리오행)	부수 (부수명칭)	측자·파자
박	璞	옥덩이 박 소박할 박	17 (金)	玉(구슬옥변)	
	薄	얇을 박 박할 박	19 (水)	艸(초두밑)	
반	反	돌이킬 반 거스를 반	4 (火)	又(또우)	
	半	반 반 가운데 반	5 (土)	十(열십)	
	伴	짝 반 모실 반	7 (金)	人(사람인변)	
	叛	배반할 반 배반 반	9 (水)	又(또우)	
	拌	버릴 반 쪼갤 반	9 (水)	手(재방변)	
	泮	학교 반 반궁 반	9 (水)	水(삼수변)	
	盼	눈예쁠 반 돌아볼 반	9 (水)	目(눈목변)	
	般	돌 반 옮길 반 즐길 반	10 (水)	舟(배주변)	배가 반쯤 가라앉았으니 사업,직업,환자 절망
	畔	두둑 반 물가 반 배반할 반	10 (水)	田(밭전)	
	絆	줄 반 말옭아맬반	11 (木)	糸(실사변)	
	班	나눌 반 돌아갈 반	11 (木)	玉(구슬옥변)	
	返	돌아올 반 갚을 반	11 (木)	辵(책받침)	
	斑	얼룩 반 아롱질 반	12 (木)	文(글월문)	
	飯	밥 반 먹을 반	13 (火)	食(밥식변)	
	頒	나눌 반 반쯤셀 반	13 (火)	頁(머리혈)	
	搬	옮길 반 운반할 반	14 (火)	手(재방변)	

음	한자	훈과 음	획수 (수리오행)	부수 (부수명칭)	측자·파자
반	槃	쟁반 반 소반 반	14 (火)	木(나무목변)	
	瘢	흉터 반 자국 반	15 (土)	疒(병질안)	
	盤	쟁반 반 돌 반	15 (土)	皿(그릇명밑)	藝名, 雅號에 좋은 글자
	磐	너럭바위 반 넓을 반	15 (土)	石(돌석변)	
	潘	쌀뜨물 반 소용돌이반	16 (土)	水(삼수변)	
	磻	강이름 반 주살독추반	17 (金)	石(돌석변)	
	豳	나라이름반 얼룩무늬반	17 (金)	豸(갖은돼지시)	
	蟠	서릴 반 두를 반	18 (金)	虫(벌레충변)	
	攀	당길 반 더위잡을반	19 (水)	手(재방변)	
	礬	명반 반	20 (水)	石(돌석변)	
발	拔	뺄 발 가릴 발	9 (水)	手(재방변)	
	勃	변색할 발 갑자기 발	9 (水)	力(힘력변)	
	發	쏠 발 떠날 발 드러날 발	12 (木)	癶(필발밑)	
	跋	밟을 발 갈 발	12 (木)	足(발족변)	
	鉢	바리때 발 중밥그릇발	13 (火)	金(쇠금변)	
	渤	바다이름 발 안개낄 발	13 (火)	水(삼수변)	
	髮	머리털 발 초목 발	15 (土)	髟(터럭발밑)	
	魃	가물귀신발 한발의신발	15 (土)	鬼(귀신귀)	
	潑	물뿌릴 발 솟아날 발	16 (土)	水(삼수변)	

음	한자	훈과 음	획수 (수리오행)	부수 (부수명칭)	측자·파자
발	撥	없앨 발 다스릴 발	16 (土)	手(재방변)	
	醱	술괴일 발	19 (水)	酉(닭유변)	
방	方	모 방 방향 방	4 (金)	方(모방)	여자가 끼면 일에 실패, 손해가 발생하여 어렵다
	尨	클 방 삽살개 방	7 (金)	尢(절름발이왕)	
	妨	방해할 방 거리낄 방	7 (金)	女(계집녀변)	
	坊	동네 방 막을 방	7 (金)	土(흙토변)	만족하진 못해도 조건이 갖추어져 가고 있다
	彷	거닐 방 비슷할 방	7 (金)	彳(두인변)	
	枋	나무이름방 다목 방	8 (金)	木(나무목변)	
	房	집 방 곁방 방	8 (金)	戶(지게호)	가정, 직장에서 발생할 우환, 도난에 주의하라
	放	내놓을 방 방자할 방	8 (金)	攴(둥글월문)	
	昉	밝을 방 비로소 방	8 (金)	日(날일변)	
	芳	꽃다울 방 향내날 방	10 (水)	艸(초두밑)	
	倣	본뜰 방 모방할 방	10 (水)	人(사람인변)	
	旁	두루 방 사귈 방	10 (水)	方(모방)	
	舫	쌍배 방 떼목 방	10 (水)	舟(배주변)	
	肪	기름 방 배 방	10 (水)	肉(고기육변)	
	紡	실 방 길쌈 방	10 (水)	糸(실사변)	

음	한자	훈과 음	획수 (수리오행)	부수 (부수명칭)	측자·파자
방	蚌	방합 방 조개 방	10 (水)	虫(벌레충)	
	訪	찾을 방 물을 방	11 (木)	言(말씀언변)	중요한 일을 하려는데 비방하는 자가 있다
	邦	나라 방 봉할 방	11 (木)	邑(우부방)	
	防	막을 방 둑 방	12 (木)	阜(좌부방)	
	傍	곁할 방 모실 방	12 (木)	人(사람인변)	
	幇	도울 방	12 (木)	巾(수건건)	幇: 帮과 同字
	榜	방목 방 매질할 방	14 (火)	木(나무목변)	
	滂	큰비 방 비퍼불 방	14 (火)	水(삼수변)	
	磅	돌소리 방	15 (土)	石(돌석변)	
	膀	오줌통 방 배 방	16 (土)	肉(고기육변)	
	蒡	우엉 방 인동덩굴방	16 (土)	艸(초두밑)	
	謗	헐뜯을 방 비방할 방	17 (金)	言(말씀언변)	
	龐	클 방 높을 방 어지러울방	19 (水)	龍(용룡)	
배	北	달아날 배 북녘 배	5 (土)	匕(비수비)	
	杯	잔 배 대접 배	8 (金)	木(나무목변)	杯 : 俗字인 盃(9획)도 신고됨
	拜	절 배 벼슬줄 배	9 (水)	手(재방변)	
	倍	곱 배 더욱 배 배반할 배	10 (水)	人(사람인변)	몹시 괴롭고 어려운 상황이 당분간 지속된다
	配	짝지을 배 나눌 배	10 (水)	酉(닭유변)	

음	한자	훈과 음	획 수 (수리오행)	부 수 (부수명칭)	측자·파자
배	俳	장난 배 광대 배	10 (水)	人(사람인변)	
	培	북돋울 배 가꿀 배	11 (木)	土(흙토변)	
	背	등 배 등질 배	11 (木)	肉(고기육변)	
	徘	노닐 배 어슷거릴배	11 (木)	彳(두인변)	하는 일마다 어려움이 있으니 주변사람 주의
	胚	아이밸 배 주걱턱 배	11 (木)	肉(고기육변)	
	排	물리칠 배 늘어설 배	12 (木)	手(재방변)	잘못을 교묘히 가려서 장점처럼 보이려 한다
	焙	불에쬘 배 불에말릴배	12 (木)	火(불화변)	
	湃	물결소리배 물결셀 배	13 (火)	水(삼수변)	
	裵	옷치렁거릴배 서성거릴배	14 (火)	衣(옷의)	仝字인 裴(14획)도 신고됨
	輩	무리 배 견줄 배	15 (土)	車(수레거변)	
	賠	배상할 배 물어줄 배	15 (土)	貝(조개패)	
	褙	속적삼 배 배접 배	15 (土)	衣(옷의)	
	陪	모실 배 도울 배	16 (土)	阜(좌부방)	명성과 재물이 중간에 이를 만큼 얻는다
백	白	흰 백 깨끗할 백	5 (土)	白(흰백)	
	百	일백 백 백번 백	6 (土)	白(흰백)	큰것이룰 징조라 여러 사람의 협력을 구하라
	伯	맏 백 큰아버지백	7 (金)	人(사람인변)	보통 사람보다 뛰어난 인물을 만나 성공한다
	佰	백사람어른백 일백 백	8 (金)	人(사람인변)	

음	한자	훈과 음	획수 (수리오행)	부수 (부수명칭)	측자·파자
백	帛	비단 백 명주 백	8 (金)	巾(수건건)	황제의 복을 누리는 자와 황천길을 가는 자가 있다
	柏	잣나무 백 측백나무 백	9 (水)	木(나무목변)	俗字인 栢(10획)도 신고됨
	魄	혼 백 넋 백	15 (土)	鬼(귀신귀)	
번	番	차례 번 짝 번	12 (木)	田(밭전)	나물이 밭에 뿌리박듯이 성공여건이 마련됨
	煩	번민할 번 번거로울번	13 (火)	火(불화변)	불에 머리를덴 형상이라 낭패를 당할수있다
	幡	기 번 먹수건 번	15 (土)	巾(수건건)	
	樊	새장 번 울타리 번	15 (土)	木(나무목변)	누구를 도울 때는 손쉬운 것부터 도와줘라
	燔	구울 번 말릴 번	16 (土)	火(불화변)	
	繁	많을 번 무성할 번	17 (金)	糸(실사변)	
	磻	강이름 번 추살돌추번	17 (金)	石(돌석변)	
	蕃	불을 번 우거질 번 오랑케 번	18 (金)	艸(초두밑)	나물이 밭에있으니 이미 모든조건이 구비됨
	飜	날 번 뒤집을 번	21 (木)	飛(날비)	仝字인 翻(18획)도 신고됨
	藩	덮을 번 지킬 번	21 (木)	艸(초두밑)	
벌	伐	칠 벌 자랑할 벌 벨 벌	6 (土)	人(사람인변)	해하려는 사람이 주변에 있으니 조심하라
	筏	떼목 벌 떼 벌	12 (木)	竹(대죽변)	
	閥	가문 벌 기둥 벌	14 (火)	門(문문)	
	罰	벌줄 벌 벌 벌	15 (土)	网(넉사밑)	눈썹깎이는 일이니 형제, 동료가 제구실을 못한다

음	한자	훈과 음	획수 (수리오행)	부수 (부수명칭)	측자·파자
범	凡	무릇 범 범상할 범	3 (火)	几(안석궤)	잘되던 일이 흔들릴 수 있으며 질병 주의하라
	犯	범할 범 범죄 범	6 (土)	犬(개견)	
	帆	돛 범 돛달 범	6 (土)	巾(수건건)	
	氾	넘칠 범 넓을 범	6 (土)	水(삼수변)	
	汎	뜰 범 넓을 범	7 (金)	水(삼수변)	해외로 떠난 사람이 배, 비행기 타고 돌아온다
	机	나무 범 수부나무범	7 (金)	木(나무목변)	
	泛	뜰 범 띄울 범	9 (水)	水(삼수변)	
	范	벌 범 날벌레 범	11 (木)	艸(초두밑)	반은 살고 반은 죽었으니 노력여하에 달려있다
	梵	범어 범 불경 범	11 (木)	木(나무목변)	
	釩	바나듐 범 화학원소이름	11 (木)	金(쇠금변)	
	範	법 범 한계 범	15 (金)	竹(대죽변)	
법	法	법 법 본받을 법	9 (水)	水(삼수변)	
	琺	법랑 법	13 (火)	玉(구슬옥변)	
벽	碧	옥돌 벽 푸른옥돌벽	14 (火)	石(돌석변)	돌을 옥이라 하는 사람에게 당할 수 있다
	僻	피할 벽 후미질 벽	15 (土)	人(사람인변)	
	劈	쪼갤 벽 깨뜨릴 벽	15 (土)	刀(칼도변)	
	壁	벽 벽 울타리 벽	16 (土)	土(흙토변)	
	擘	나눌 벽 엄지손가락벽	17 (金)	手(재방변)	
	檗	회양목 벽 황벽나무벽	17 (金)	木(나무목변)	

음	한자	훈과 음	획 수 (수리오행)	부 수 (부수명칭)	측자·파자
벽	癖	버릇 벽 적취 벽	18 (金)	疒(병질안)	
	璧	둥글옥 벽 구슬 벽	18 (金)	玉(구슬옥변)	
	闢	문열 벽 열릴 벽	21 (木)	門(문문)	
	霹	벼락 벽 천둥 벽	21 (木)	雨(비우)	
	蘗	회양목 벽 승검초 벽	23 (火)	艸(초두밑)	
변	卞	조급할 변 법 변	4 (火)	卜(점복)	
	弁	고깔 변 빠를 변	5 (土)	廾(밑스물입)	
	釆	나눌 변 분별할 변	7 (金)	釆(나눌변)	辨의 本字
	便	문득 변 편할 변	10 (水)	人(사람인변)	
	辨	분별할 변 나눌 변	16 (土)	辛(매울신)	
	辯	말잘할 변 바로잡을변	21 (木)	辛(매울신)	
	邊	변방 변 가장자리변	22 (木)	辵(책받침)	벼슬이건 사업이건 오를만큼 오르면물러서라
	變	변할 변 고칠 변	23 (火)	言(말씀언변)	
별	別	다를 별 헤어질 별	7 (金)	刀(칼도변)	
	馚	향기 별 향기날 별	13 (火)	香(향기향)	
	莂	모종낼 별 씨뿌릴 별	13 (火)	艸(초두밑)	
	瞥	잠깐볼 별 언뜻볼 별	17 (金)	目(눈목변)	
	襒	털어낼 별 벼락 별	17 (金)	衣(옷의)	
	鱉	금계 별 자라 별	23 (火)	魚(고기어변)	
	鼈	자라 별 고사리 별	25 (土)	黽(맹꽁이맹)	

음	한자	훈과 음	획 수 (수리오행)	부 수 (부수명칭)	측자·파자
병	丙	남녘 병 셋째천간 병	5 (土)	一(한일)	지금은 화냄보다 수신을 잘해야 일이 잘 풀린다
	兵	군사 병 무기 병	7 (金)	八(여덟팔)	
	幷	어우를 병 어울릴 병	8 (金)	干(방패간)	俗子인 병(6획)도 신고
	秉	잡을 병 벼묶음 병 자루 병	8 (金)	禾(벼화변)	
	炳	빛날 병 밝을 병	9 (水)	火(불화변)	
	柄	자루 병 권세 병	9 (水)	木(나무목변)	직장에서 권병을 잡고 휘두르고 병자는 완쾌
	昺	밝을 병 빛날 병	9 (水)	日(날일변)	仝字인 昞(9획)도 신고
	病	병 병 근심 병	10 (水)	疒(병질안)	고비 넘겨야 발전하며 병자도 위험고비 온다
	竝	아우를 병 나란할 병	10 (水)	立(설립)	俗字인 並(8획)도 신고
	併	나란히할병 다툴 병 물리칠 병	10 (水)	人(사람인변)	俗字인 8획도 신고됨
	屛	병풍 병 가릴 병 물리칠 병	11 (木)	尸(주검시)	俗字인 9획도 신고됨
	甁	병 병 단지 병 두레박 병	11 (木)	瓦(기와와)	
	棅	자루 병 권세 병	12 (木)	車(수레거변)	柄(木部 5획)과 仝字
	鉼	금화 병 은화 병	14 (火)	木(나무목변)	鉼(14), 鉼(16획)도 신고
	軿	수레 병 거마소리병	15 (土)	金(쇠금변)	13획 또는 15획도 신고
	餠	떡 병 먹을 병	17 (金)	食(밥식변)	
	騈	나란히할병	18 (金)	馬(말마변)	

음	한자	훈과 음	획 수 (수리오행)	부 수 (부수명칭)	측자·파자
보	步	걸음 보 보병 보	7 (金)	止(그칠지)	진행하던 일을 멈추거나 규모를 줄여라
	甫	클 보 겨우 보	7 (金)	用(쓸용)	
	保	보전할 보 보증 보 기를 보	9 (水)	人(사람인변)	잘못하더라도 격려받으며 구설도 피해간다
	俌	도울 보	9 (水)	人(사람인변)	
	洑	나루 보 보 보	10 (水)	水(삼수변)	
	珤	보배 보	11 (木)	玉(구슬옥변)	
	報	갚을 보 알릴 보	12 (木)	土(흙토변)	
	普	넓을 보 나라이름보	12 (木)	日(날일변)	
	堡	작은성 보 보루 보	12 (木)	土(흙토변)	
	補	도울 보 맡길 보 (옷)기울 보	13 (火)	衣(옷의)	
	湺	보 보	13 (火)	水(삼수변)	
	輔	광대뼈 보 도울 보 재상 보	14 (火)	車(수레거변)	
	菩	보살 보 보리 보	14 (火)	艸(초두밑)	보 音으로만 신고됨
	褓	포대기 보	15 (土)	衣(옷의)	
	潽	끓을 보 물넓을 보	16 (土)	水(삼수변)	
	譜	적을 보 계보 보 악보 보	19 (水)	言(말씀언변)	19획, 또는 20획 사용가능
	寶	보배 보 옥새 보	20 (水)	宀(갓머리)	세상에 흔치 않은 재능이 있으며 재물 또한 많다

음	한자	훈과 음	획 수 (수리오행)	부 수 (부수명칭)	측자·파자
복	卜	점칠 복 점 복	2 (木)	卜(점칠복)	거지이거나 암행어사로 천지를 방랑한다
	伏	엎드릴 복 숨을 복	6 (土)	人(사람인변)	주인 허락없이 하지 말고 청탁 만사형통 성사
	服	옷 복 복종할 복	8 (金)	月(달월변)	
	宓	편안할 복 몰래 복	8 (金)	宀(갓머리)	
	匐	길 복 엎드려길복	11 (木)	勹(쌀포)	
	復	회복할 복 돌아올 복	12 (木)	彳(두인변)	
	茯	복령 복 수레의장식복	12 (木)	艸(초두밑)	
	福	복 복 복내릴 복	14 (火)	示(보일시변)	혼자 재산을 늘려 부유하면서도 예의가 바르다
	僕	종 복 마부 복	14 (火)	人(사람인변)	
	腹	배 복 마음 복 두터울 복	15 (土)	肉(고기육변)	골육간에 다툼과 사업이 노력하면 회복된다
	複	거듭 복 겹옷 복	15 (土)	衣(옷의)	
	輹	복토 복 바퀴통 복	16 (土)	車(수레거변)	
	輻	모여들 복 바퀴살 복	16 (土)	車(수레거변)	
	鍑	솥 복 아가리큰솥 복	17 (金)	金(쇠금변)	
	葍	무우 복 치자꽃 복	17 (金)	艸(초두밑)	
	馥	향기 복 향기로울복	18 (金)	香(향기향)	
	覆	뒤집힐 복 도리킬 복	18 (金)	襾(덮을아)	
	鰒	전복 복 오분가기복	20 (水)	魚(고기어변)	

음	한자	훈과 음	획 수 (수리오행)	부 수 (부수명칭)	측자·파자
본	本	근본 본 책 본	5 (土)	木(나무목변)	혼자 힘으로는 어려우니 타인의 도움이 필요
볼	乶	음역자 볼 땅이름 볼	8 (金)	乙(새을변)	
봉	奉	받들 봉 녹봉 봉	8 (金)	大(큰대)	
	封	봉할 봉 편지 봉 무덤 봉	9 (水)	寸(마을촌)	
	峯	산봉우리봉 뫼 봉	10 (水)	山(메산변)	
	俸	녹 봉 봉급 봉	10 (水)	人(사람인변)	
	烽	봉화 봉 봉화불 봉	11 (木)	火(불화변)	
	捧	받들 봉 공경할 봉	12 (木)	手(재방변)	
	棒	몽둥이 봉 칠 봉	12 (木)	木(나무목변)	
	蜂	벌 봉 칼끝 봉	13 (火)	虫(벌레충변)	
	琫	칼집장식 봉 칼장식옥 봉	13 (火)	玉(구슬옥변)	
	逢	만날 봉 맞을 봉	14 (火)	辵(책받침)	
	鳳	새 봉 봉황 봉	14 (火)	鳥(새조변)	철새 기러기가 돌아가듯 곁에 있던 사람이 떠나간다
	鋒	칼날 봉 병기 봉 선봉 봉	15 (土)	金(쇠금변)	
	熢	불기운 봉 연기자욱할봉	15 (土)	火(불화변)	
	漨	내이름 봉 물이름 봉	15 (土)	水(삼수변)	
	蓬	쑥 봉 흐트러질봉	17 (金)	艸(초두밑)	반가운 사람을 만나 한바탕 웃는 일이 있다
	縫	붙일 봉 꿰맬 봉	17 (金)	糸(실사변)	

음	한자	훈과 음	획 수 (수리오행)	부 수 (부수명칭)	측자·파자
부	夫	지아비 부 사내 부	4 (火)	大(큰대)	위아래에서 압박받거나 합작사업 일사천리진행
	父	아비 부 아버지 부	4 (火)	父(아비부)	절교지상이라 연인이별, 직업, 사업, 승진 어렵다
	不	아닐 부 아니 부	4 (火)	一(한일)	
	付	줄 부 부탁할 부	5 (土)	人(사람인변)	끼어들어 어려우니 문서라도 확실히 챙겨라
	缶	장군 부	6 (土)	缶(장군부)	
	否	아닐 부 막힐 부	7 (金)	口(입구)	입을 다물어라. 비밀을 누설하면 허사가 된다
	孚	성실할 부 알깔 부 기를 부	7 (金)	子(아들자)	
	扶	도울 부 부축할 부	8 (金)	手(재방변)	
	府	마을 부 관청 부	8 (金)	广(엄호밑)	매사 적절히 대응하니 권력과 재물 모두 얻음
	咐	분부할 부 불 부	8 (金)	口(입구)	
	斧	도끼 부 베일 부	8 (金)	斤(날근)	
	阜	언덕 부 대륙 부	8 (金)	阜(언덕부)	
	負	입을 부 빚질 부	9 (水)	貝(조개패)	
	赴	다다를 부 알릴 부	9 (水)	走(달아날주변)	
	訃	부고 부 알릴 부	9 (水)	言(말씀언변)	
	芙	부용 부 연꽃 부	10 (水)	艸(초두밑)	
	俯	숨을 부 굽을 부	10 (水)	人(사람인변)	

음	한자	훈과 음	획 수 (수리오행)	부 수 (부수명칭)	측자·파자
부	剖	쪼갤 부 가를 부	10 (水)	刀(칼도변)	
	釜	가마 부 휘 부	10 (水)	金(쇠금변)	
	婦	지어미 부 아내 부 며느리 부	11 (木)	女(계집녀변)	
	浮	뜰 부 가벼울 부 덧없을 부	11 (木)	水(삼수변)	
	符	도장 부 부적 부	11 (木)	竹(대죽변)	
	副	버금 부 도울 부	11 (木)	刀(칼도변)	행운아라 복록과 재물을 모두 얻는다
	埠	선창 부	11 (木)	土(흙토변)	
	趺	발등 부 책상다리할부	11 (木)	足(발족)	
	富	넉넉할 부 부자 부	12 (木)	宀(갓머리)	재물과 식구가 늘어나지만 청탁은 핍박 받는다
	傅	스승 부 도울 부 수표 부	12 (木)	人(사람인변)	
	復	다시 부 덮을 부	12 (木)	彳(두인변)	
	附	붙을 부 붙일 부 창자 부	13 (火)	阜(좌부방)	
	艀	거루배 부 작은배 부	13 (火)	舟(배주변)	
	莩	풀이름 부 갈대청 부	13 (火)	艸(초두밑)	
	鳧	오리 부 산이름 부	13 (火)	鳥(새조)	난새와 봉황이 둥우리를 바꾸니 이사, 전직, 이혼
	腐	썩을 부 썩힐 부 불알바를부	14 (火)	肉(고기육변)	
	溥	넓을 부 두루미칠부	14 (火)	水(삼수변)	

음	한자	훈과 음	획수 (수리오행)	부수 (부수명칭)	측자·파자
부	孵	알깔 부 기를 부	14 (火)	子(아들자)	
	腑	장부 부 마음 부	14 (火)	肉(고기육변)	
	部	거느릴 부 마을 부 분류 부	15 (土)	邑(우부방)	
	賦	구실 부 군사 부 매길 부	15 (土)	貝(조개패)	
	敷	펼 부 나눌 부 널리 부	15 (土)	攴(등글월문)	머지않아 계약, 약속이 파괴되어 도로아미타불
	駙	곁마 부 가까울 부	15 (土)	馬(말마변)	
	膚	살갗 부 아름다울 부	17 (金)	肉(고기육변)	
	賻	부의 부	17 (金)	貝(조개패)	
	簿	장부 부 다스릴 부	19 (水)	竹(대죽변)	
북	北	북녘 북 북쪽으로갈북	5 (土)	匕(비수비)	생산직,농축산업 종사자 약하며 액운이 있으니 피하자
분	分	나눌 분 분명할 분	4 (火)	刀(칼도변)	
	吩	뿜을 분 명령할 분	7 (金)	口(입구)	
	奔	달릴 분 달아날 분	8 (金)	大(큰대)	
	汾	물이름 분 많을 분	8 (金)	水(삼수변)	셋으로 나누어 그 중 하나의 장이 되는도다
	忿	분할 분 성낼 분	8 (金)	心(마음심)	은혜와 원망을 분간하여 처신과 행동을 하라
	扮	꾸밀 분 쥘 분	8 (金)	手(재방변)	
	昐	햇빛 분	8 (金)	日(날일변)	

음	한자	훈과 음	획 수 (수리오행)	부 수 (부수명칭)	측자·파자
분	盆	동이 분 질그릇 분	9 (水)	皿(그릇명밑)	
	紛	어지러울 분 번잡할 분	10 (水)	糸(실사변)	
	粉	가루 분 색칠 분	10 (水)	米(쌀미변)	
	芬	향내날 분 향내 분	10 (水)	艸(초두밑)	
	焚	탈 분 불사를 분	12 (木)	火(불화변)	
	雰	안개 분 어지러울분	12 (木)	雨(비우)	
	賁	클 분 날랠 분	12 (木)	貝(조개패)	
	墳	무덤 분 책 분 클 분	15 (土)	土(흙토변)	
	噴	노할 분 꾸짖을 분	15 (土)	口(입구)	같은 마음으로 분통을 터트리는 일이 있도다
	憤	성낼 분 분노할 분	16 (土)	心(심방변)	
	奮	떨칠 분 휘두를 분	16 (土)	大(큰대)	
	糞	똥 분 제거할 분	17 (金)	米(쌀미변)	
불	不	아니 불 아니할 불	4 (火)	一(한일)	노력에 비해 성과가 적으니 답답한 마음이로다.
	弗	아닐 불 달러 불	5 (土)	弓(활궁)	
	佛	부처 불 불교 불	7 (金)	人(사람인변)	조금 기다려서 움직여야 이익이 많아진다.
	彿	비슷할 불 서로같을불	8 (金)	彳(두인변)	
	拂	떨칠 불 닦을 불 거스를 불	9 (水)	手(재방변)	

음	한자	훈과 음	획수(수리오행)	부수(부수명칭)	측자·파자
붕	朋	벗 붕 무리 붕	8 (金)	月(달월변)	팔다리가 되어 줄 사람이 떠나고 인기도 막차
	崩	무너질 붕 죽을 붕	11 (木)	山(메산변)	
	棚	시렁 붕 선반 붕	12 (木)	木(나무목변)	
	硼	붕산 붕 돌이름 붕	13 (火)	石(돌석변)	
	繃	감을 붕 묶을 붕	17 (金)	糸(실사변)	
	鵬	붕새 붕 큰새 붕	19 (水)	鳥(새조변)	
비	匕	비수 비 수저 비	2 (木)	匕(비수비)	
	比	견줄 비 도울 비 친할 비	4 (火)	比(견줄비)	상황이 어려워도 바른 마음을 먹어야 한다
	丕	클 비 으뜸 비	5 (土)	一(한일)	큰 것을 얻으려다 작은 것까지도 잃게 된다
	妃	왕비 비 배필 비	6 (土)	女(계집녀변)	편안할 때 어려운 경우를 대비하여 준비하라
	庇	덮을 비 감쌀 비	7 (金)	广(엄호밑)	
	非	아닐 비 헐뜯을 비	8 (金)	非(아닐비)	나쁜무리와 어울리지않아야 구설수 면하고 끝마무리를 잘해야 성공
	批	비평할 비 칠 비 깍을 비	8 (金)	手(재방변)	
	卑	낮을 비 낮출 비	8 (金)	十(열십)	
	枇	비파나무 비 참빗 비	8 (金)	木(나무목변)	동방의 빛이 주인공에게 영광을 가져온다
	飛	날 비 높을 비	9 (水)	飛(날비)	
	毖	삼갈 비 근신할 비	9 (水)	比(견줄비)	

음	한자	훈과 음	획수 (수리오행)	부수 (부수명칭)	측자·파자
비	毗	도울 비 쇠퇴할 비	9 (水)	比(견줄비)	
	毘	도울 비 毗와 동자	9 (水)	比(견줄비)	毘: 毗와 同字
	沸	물끓을 비	9 (水)	水(삼수변)	
	泌	샘물흐를비	9 (水)	水(삼수변)	
	秕	쭉정이 비 더럽힐 비	9 (水)	禾(벼화변)	
	砒	비상 비 비소 비	9 (水)	石(돌석변)	
	肥	살찔 비 거름질 비	10 (水)	肉(고기육변)	
	祕	숨길 비 신비할 비	10 (水)	示(보일시변)	俗字인 秘(10획)도 신고됨
	粃	아닐 비 쭉정이 비	10 (水)	米(쌀미변)	
	匪	아닐 비 대상자 비	10 (水)	匚(터진입구)	
	婢	계집종 비 소첩 비	11 (木)	女(계집녀변)	
	悲	슬플 비 슬퍼할 비	12 (木)	心(마음심)	마음속으로 이미 결정하고 만나는 형상이다
	備	갖출 비 예방할 비	12 (木)	人(사람인변)	
	費	소모할 비 쓸 비	12 (木)	貝(조개패)	
	扉	문짝 비 사립문 비	12 (木)	戶(지게호)	가정, 직장, 사업상 해를 끼치려는 사람이 있다
	斐	문채날 비 오락가락할비	12 (木)	文(글월문)	
	棐	도울 비 얇을 비 광주리 비	12 (木)	木(나무목변)	즐거움이 지나쳐 슬픔이 생기나니 이를 조심
	痺	각기 비 암메추라기비	13 (火)	疒(병질안)	

음	한자	훈과 음	획수 (수리오행)	부수 (부수명칭)	측자·파자
비	碑	비문 비 비 비	13 (火)	石(돌석변)	아이가 던진돌에 맞으 니 억울한들 어떻하랴
	琵	비파 비 탈 비	13 (火)	玉(구슬옥변)	
	鼻	코 비 손잡이 비	14 (火)	鼻(코비)	
	榧	비자나무비	14 (火)	木(나무목변)	
	菲	엷을 비 순무 비	14 (火)	艸(초두밑)	
	脾	지라 비 소의밥통비	14 (火)	肉(고기육변)	
	緋	붉은빛 비 꾸밀 비	14 (火)	糸(실사변)	
	翡	물총새 비 비치 비	14 (火)	羽(깃우)	
	蜚	바퀴 비 곤충이름비	14 (火)	虫(벌레충변)	
	裨	도울 비 보탤 비	14 (火)	衣(옷의)	
	誹	헐뜯을 비 비방할 비	15 (土)	言(말씀언변)	합당치 못한 말로 시 비가 일어날 수 있다
	憊	고달플 비 피곤할 비	16 (土)	心(마음심)	
	臂	팔 비 쇠뇌자루비	18 (金)	肉(고기육변)	
	鄙	더러울 비 어리석을비	18 (金)	邑(우부방)	
	譬	비유할 비 깨달을 비	20 (水)	言(말씀언변)	
빈	牝	암컷 빈 골짜기 빈	6 (土)	牛(소우변)	물건이나 계획이 변하여 원형을 찾을 수가 없다
	份	빛날 빈	6 (土)	人(사람인변)	彬의 古字
	玭	구슬이름빈	9 (水)	玉(구슬옥변)	
	彬	빛날 빈 밝을 빈	11 (木)	彡(터럭삼)	
	邠	나라이름빈 문채성할빈	11 (木)	邑(우부방)	
	浜	물가 빈 선거 빈	11 (木)	水(삼수변)	

음	한자	훈과 음	획수 (수리오행)	부수 (부수명칭)	측자·파자
빈	貧	가난할 빈 모자랄 빈	11 (木)	貝(조개패)	재물을나누면 없어지고 귀해지면 건강이나쁘다
	斌	빛날 빈 아롱질 빈	12 (木)	文(글월문)	무예나 주먹다짐보다 법과 학문을 더 중히 여겨라
	賓	손 빈 인도할 빈	14 (火)	貝(조개패)	처음에 부귀하다가 뒤에 빈천한 경우가 있다
	頻	급할 빈 자주 빈	16 (土)	頁(머리혈)	
	儐	인도할 빈 대접할 빈	16 (土)	人(사람인변)	
	嬪	아내 빈 궁녀 빈	17 (金)	女(계집녀변)	
	豳	나라이름 빈 얼룩무늬 빈	17 (金)	豸(갖은돼지시)	
	濱	물가 빈 가까울 빈	18 (金)	水(삼수변)	
	檳	빈랑나무빈	18 (金)	木(나무목변)	
	殯	염할 빈 대렴할 빈	18 (金)	歹(죽을사)	
	贇	사람이름 빈 예쁠 빈	18 (金)	貝(조개패)	贇(윤)과 同字
	璸	옥무늬 빈 구슬이름빈	19 (水)	玉(구슬옥변)	
	穦	향기 빈	19 (水)	禾(벼화변)	
	嚬	찡그릴 빈 웃는모양빈	19 (水)	口(입구)	
	霦	옥광채 빈	19 (水)	雨(비우)	
	瀕	물가 빈 따를 빈	20 (水)	水(삼수변)	
	繽	성할 빈 어지러울빈	20 (水)	糸(실사변)	
	鑌	벼린쇠 빈 많을 빈	22 (木)	金(쇠금변)	
빙	氷	얼음 빙 얼 빙	5 (土)	水(물수)	
	聘	찾을 빙 빙 장가들 빙	13 (火)	耳(귀이변)	

음	한자	훈과 음	획수 (수리오행)	부수 (부수명칭)	측자·파자
빙	憑	의지할 빙 건널 빙	16 (土)	心(마음심)	
	騁	달릴 빙 회포풀 빙	17 (金)	馬(말마변)	
사	巳	뱀 사 여섯째지지사	3 (火)	己(몸기)	일이 아직 마무리되지 않았으니 방심은 금물
	士	선비 사 벼슬 사	3 (火)	口(입구)	복을 모두 갖추었으니 관록을 얻는다
	四	넉 사 사방 사	4 (火)	口(입구)	5획이나 4획으로 사용 매매는 성사되지만 한 입으로 두 말 한다
	仕	벼슬 사 섬길 사	5 (土)	人(사람인변)	
	史	사기 사 사관 사	5 (土)	口(입구)	
	司	맡을 사 벼슬 사 관아 사	5 (土)	口(입구)	옳은 것 같아도 옳지 않은 사람을 만난다
	乍	잠깐 사 갑자기 사	5 (土)	ノ(삐침)	
	寺	절 사 관아 사	6 (土)	寸(마을촌)	한치 땅뿐이라 재물이 부족하니 때를기다려라
	死	죽을 사 말라죽을사	6 (土)	歹(죽을사)	날이 저물어 모두 끝난 상황이라 희망이 없다
	糸	실 사 가는실 사	6 (土)	糸(실사변)	絲(糸部 6획)의 俗字
	私	사사 사 사사로이사	7 (金)	禾(벼화변)	어떤 일에 손해는 없으나 별 이득이 없다
	似	같을 사 흉내낼 사	7 (金)	人(사람인변)	힘과 지혜가 부족하니 윗사람의 뜻에 따르라
	些	적을 사 조금 사	7 (金)	二(두이변)	경쟁자가 많은 형상이라 라이벌을 주의하라
	伺	살필 사 엿볼 사	7 (金)	人(사람인변)	상황이 적당히 타협해야 이익이 늘어난다
	使	부릴 사 사신 사	8 (金)	人(사람인변)	

음	한자	훈과 음	획수 (수리오행)	부수 (부수명칭)	측자·파자
사	舍	집 사 머무를 사 여관 사	8 (金)	舌(혀설)	
	事	일 사 섬길 사	8 (金)	亅(갈고리궐)	일은 벅차고 피곤해지며 음해성 루머를 조심하라
	社	단체 사 땅귀신 사	8 (金)	示(보일시변)	
	沙	모래 사 사막 사	8 (金)	水(삼수변)	
	祀	제사 사 제사지낼 사	8 (金)	示(보일시변)	화와 복이 어떤일을 함에 교차하여 나타난다
	思	생각 사 어조사 사	9 (水)	心(마음심)	마음이 밭에 있으니 공연한 의심을 받게 된다
	査	사실할 사 조사할 사	9 (水)	木(나무목변)	
	泗	물이름 사 콧물 사	9 (水)	水(삼수변)	
	砂	모래 사 물가 사 사막 사	9 (水)	石(돌석변)	沙(水部 4획)과 仝字
	俟	클 사 기다릴 사	9 (水)	人(사람인변)	
	柶	수저 사 숟가락 사	9 (水)	木(나무목변)	
	射	쏠 사 빠를 사	10 (水)	寸(마을촌)	몸뒤 재물이라 쓸수 없어 불구가 아닌가 한다
	唆	대답할 사 부추길 사	10 (水)	口(입구)	
	祠	사당 사 제사 사	10 (水)	示(보일시변)	
	師	스승 사 군사 사	10 (水)	巾(수건건)	무리해서 진행하면 후회하며 여행은 삼가자
	紗	깁 사 견직물 사 나사 사	10 (水)	糸(실사변)	주인공은 재주와 용모가 뛰어난 사람이다
	娑	춤출 사 앉을 사	10 (水)	女(계집녀변)	

음	한자	훈과 음	획 수 (수리오행)	부 수 (부수명칭)	측자·파자
사	蛇	뱀 사 별이름 사	11 (木)	虫(벌레충변)	어려운일이 앞을막아도 융통성 부리면순행한다
	邪	간사할 사 사기 사 열병 사	11 (木)	邑(우부방)	
	斜	비스듬할사 기울 사	11 (木)	斗(말두)	
	徙	옮길 사 넘길 사	11 (木)	彳(두인변)	
	赦	용서할 사 사면할 사	11 (木)	赤(붉을적)	학문을 하면 글 잘하는 것으로 이름을 빛낸다
	梭	베짜는북사	11 (木)	木(나무목변)	
	絲	실 사 명주이름사 악기이름사	12 (木)	糸(실사변)	죄를 짓거나 함정에 빠 지지 않도록 조심할것
	詞	고할 사 말씀 사 글 사	12 (木)	言(말씀언변)	타협을 보려는데 말로 해결되지 않으니 소송
	捨	버릴 사 베풀 사	12 (木)	手(재방변)	
	詐	속일 사 거짓 사	12 (木)	言(말씀언변)	
	斯	쪼갤 사 떠날 사	12 (木)	斤(날근)	
	奢	사치할 사 넉넉할 사	12 (木)	大(큰대)	
	嗣	이을 사 후사 사 익힐 사	13 (火)	口(입구)	
	莎	향부자 사 베짱이 사	13 (火)	艸(초두밑)	
	渣	찌끼 사 강이름 사	13 (火)	水(삼수변)	
	肆	방사할 사 극에달할사	13 (火)	聿(붓율)	
	裟	가사 사 승려옷 사	13 (火)	衣(옷의)	

음	한자	훈과 음	획수 (수리오행)	부수 (부수명칭)	측자·파자
사	獅	사자 사	14 (火)	犬(개사슴록변)	
	飼	먹일 사 사료 사	14 (火)	食(밥식변)	
	賜	줄 사 하사할 사	15 (土)	貝(조개패)	
	寫	베낄 사 그릴 사	15 (土)	宀(갓머리)	
	傞	잘게부술사 성의없을사	15 (土)	人(사람인변)	
	駟	말 사 사마 사	15 (土)	馬(말마변)	
	蓑	도롱이 사 덮을 사	16 (土)	艸(초두밑)	
	篩	체 사 왕대 사	16 (土)	竹(대죽변)	
	謝	사례할 사 사양할 사 끊을 사	17 (金)	言(말씀언변)	비난 조심해야하며 색을탐하면 재산탕진한다
	辭	말씀 사 사양할 사 사퇴할 사	19 (水)	辛(매울신)	행복을 사양했으니 다시 오는 복을 기다려라
	瀉	물쏟을 사 물흐를 사	19 (水)	水(삼수변)	
	麝	사향사 사향노루사	21 (木)	鹿(사슴록)	
삭	削	깎을 삭 빼앗을 삭	9 (水)	刀(칼도)	상황이 불리하니 주의하며 잠시 쉬어가라
	朔	초하루 삭 처음 삭 북쪽 삭	10 (水)	月(달월변)	
	索	동아줄 삭 노 삭	10 (水)	糸(실사변)	
	數	셀 삭 자수 삭	15 (土)	攴(등글월문)	

음	한자	훈과 음	획수 (수리오행)	부수 (부수명칭)	측자·파자
산	山	뫼 산 능 산	3 (火)	山(뫼산)	분수를 지키며 옛것을 본받는 것이 좋다
	删	깎을 산	7 (金)	刀(칼도변)	
	汕	통발 산 오구 산	7 (金)	水(삼수변)	
	疝	산증 산	8 (金)	疒(병질안)	
	珊	산호 산 패옥소리 산	10 (水)	玉(구슬옥변)	
	産	낳을 산 출생 산	11 (木)	生(날생)	
	散	헤어질 산 한가할 산	12 (木)	攴(둥글월문)	
	傘	우산 산 일산 산	12 (木)	人(사람인변)	繖(糸部12획)과 仝字
	算	수 산 셈 산 셀 산	14 (火)	竹(대죽변)	라이벌이 호시탐탐 기회를 노리고 있다
	酸	초 산 신맛 산 괴로울 산	14 (火)	酉(닭유변)	
	蒜	마늘 산 달래 산	16 (土)	艸(초두밑)	
	霰	싸락눈 산 이슬비 산	20 (水)	雨(비우)	
살	乷	음역자 살	8 (金)	乙(새을변)	
	殺	죽일 살 지울 살	11 (木)	殳(갖은둥글월문)	
	煞	죽일 살 결속할 살	13 (火)	火(불화변)	
	撒	뿌릴 살 헤쳐버릴살	16 (土)	手(재방변)	
	薩	보살 살 보리 살	20 (水)	艸(초두밑)	

음	한자	훈과 음	획수 (수리오행)	부수 (부수명칭)	측자·파자
삼	三	석 삼 자주 삼	3 (火)	一(한일)	
	杉	삼나무 삼 적삼 삼	7 (金)	木(나무목변)	
	衫	적삼 삼 웃도리 삼	9 (水)	衣(옷의)	의지할사람이자신과자신을 따르는 그림자뿐이라
	芟	풀벨 삼 풀꽃 삼	10 (水)	艸(초두밑)	
	參	석 삼 인삼 삼	11 (木)	厶(마늘모)	삼·참 音 중에서 선택됨
	森	빽빽할삼 심을 삼 성할 삼	12 (木)	木(나무목변)	나무가 무럭무럭 자라듯이 비약적인 발전을 한다
	滲	스밀 삼 흘러나올삼	15 (土)	水(삼수변)	
	蔘	인삼 삼 늘어질 삼	17 (金)	艸(초두밑)	
삽	鈒	창삽 삽 새길 삽	12 (木)	金(쇠금변)	
	插	꽂을 삽 가래 삽	13 (火)	手(재방변)	俗字인 揷(11획)도 신고됨
	颯	꺾을 삽 바람소리삽	14 (火)	風(바람풍)	
	澁	떫을 삽 澀과 동자	16 (土)	水(삼수변)	澁: 澀과 同字
상	上	위 상 오를 상	3 (火)	一(한일)	
	床	밥상 상 평상 상	7 (金)	广(엄호밑)	床: 牀의 俗字 가벼운 복을 입을 수 있다
	尙	오히려 상 숭상할 상 자랑할 상	8 (金)	小(작을소)	소인이 윗자리에 있는 형상이라 오래 존속하기 어렵다
	牀	평상 상 마루 상	8 (金)	爿(조각편)	俗字인 床(7획)도 신고됨
	狀	모양 상 형상 상	8 (金)	犬(개견)	

음	한자	훈과 음	획수 (수리오행)	부수 (부수명칭)	측자·파자
상	峠	고개 상	9 (水)	山(뫼산변)	
	相	서로 상 정승 상 용모 상	9 (水)	目(눈목변)	목字라도 다른 글자이니 두마음을 가진 자 조심
	庠	학교 상 초등학교상	9 (水)	广(엄호밑)	
	桑	뽕나무 상 뽕잎딸 상	10 (水)	木(나무목변)	
	常	항상 상 범상 상	11 (木)	巾(수건건)	친척이나 가족에게 조상할 일이 생긴다
	商	장사 상 헤아릴 상	11 (木)	口(입구)	바르게 서려 해도 설 수 없으니 소인배를 조심
	祥	상서로울 상 재앙 상 제사 상	11 (木)	示(보일시변)	
	爽	시원할 상 밝을 상 굳셀 상	11 (木)	爻(점괘효)	나쁜 일은 많고 좋은 일이 적으니 조심해야지요
	喪	복입을 상 잃을 상	12 (木)	口(입구)	
	象	코끼리 상 모양 상 본받을 상	12 (木)	豕(돼지시)	
	翔	날 상 돌 상 자세할 상	12 (木)	羽(깃우)	
	廂	행랑 상 곁채 상	12 (木)	广(엄호밑)	
	想	생각할 상 생각 상	13 (火)	心(마음심)	
	傷	상할 상 근심할 상	13 (火)	人(사람인변)	
	詳	자세할 상 상세히알상	13 (火)	言(말씀언변)	좋으니 허락하고 양 잃고 외양간 고치려 마라
	湘	물이름 상 삶을 상	13 (火)	水(삼수변)	

음	한자	훈과 음	획 수 (수리오행)	부 수 (부수명칭)	측자·파자
상	嘗	맛볼 상 일찍 상 시험할 상	14 (火)	口(입구)	
	裳	치마 상 아랫도리옷상	14 (火)	衣(옷의)	
	像	형상 상 본뜰 상 닮을 상	14 (火)	人(사람인변)	
	塽	땅높고밝은곳상	14 (火)	土(흙토변)	
	賞	상줄 상 칭찬할 상	15 (土)	貝(조개패)	
	箱	상자 상 곳집 상	15 (土)	竹(대죽)	
	樣	상수리나무상	15 (土)	木(나무목변)	상, 양 모두 신고 가능
	橡	상수리 상 상수리나무상	16 (土)	木(나무목변)	
	霜	서리 상 백발 상	17 (金)	雨(비우)	초목이 서리만났으니 한걸음 물러서는 자세가 좋다
	償	갚을 상 배상 상	17 (金)	人(사람인변)	
	觴	잔 상 술잔 상	18 (金)	角(뿔각)	
새	塞	변방 새 요새 새	13 (火)	土(흙토변)	요새가 적에게 발각되어 효과 없는 형상이다
	賽	굿할 새 제사 새	17 (金)	貝(조개패)	빈천한가문에서 귀한신분이니 개천에서용난다
	璽	도장 새 옥새 새	19 (水)	玉(구슬옥변)	
색	色	빛 색 낯(용모)색 (여)색 색	6 (土)	色(빛색)	내용을 파악하고 있더라도 아예 단념하는것이 더낫다
	索	찾을 색 더듬을 색	10 (水)	糸(실사변)	
	嗇	탐낼 색 인색할 색	13 (火)	口(입구)	

음	한자	훈과 음	획 수 (수리오행)	부 수 (부수명칭)	측자·파자
색	塞	요새 색 막힐 색	13 (火)	土(흙토변)	불모지를 개척하여 옥토 만드는 재능을 발휘한다
	穡	거둘 색 농사 색 검소할 색	18 (金)	禾(벼화변)	벼를 수확할수 있는데도 기회를버리는격이다
생	生	날 생 목숨 생	5 (土)	生(날생)	소처럼 노력하면 재물이 생기고 두령이된다
	牲	희생 생	9 (水)	牛(소우변)	
	省	덜 생 재앙 생	9 (水)	目(눈목변)	
	笙	생황 생 꽃술 생	11 (木)	竹(대죽변)	
	甥	생질 생 외손자 생	12 (木)	生(날생)	
서	西	서녘 서 서양 서	6 (土)	襾(덮을아)	악할 악자 머리가되니 나쁜 상대를 만나 손해본다
	序	차례 서 서문 서	7 (金)	广(엄호밑)	
	抒	떠낼 서 쏟을 서	8 (金)	手(재방변)	
	書	글 서 장부 서 편지 서	10 (水)	曰(가로왈)	어두운 그림자에 가려 답답하니 글을 읽어라
	徐	천천히 서 찬찬할 서	10 (水)	彳(두인변)	여유를 가지고 행하여야 더 큰 것을 얻는다
	恕	어질 서 용서할 서	10 (水)	心(마음심)	관직, 사업, 승진 순조롭고 마음먹은 대로됨
	敍	차례 서 서문 서	11 (木)	攴(둥글월문)	俗字인 叙(9획)도 신고됨 중도에 이익을 취해도 만족
	庶	무리 서 서민 서	11 (木)	广(엄호밑)	
	胥	서로 서 함께 서	11 (木)	肉(고기육변)	
	悆	기뻐할 서 느슨해질 서	11 (木)	心(마음심)	
	壻	사위 서 남편 서	12 (木)	士(선비사)	俗字인 婿(12획)도 신고

음	한자	훈과 음	획 수 (수리오행)	부 수 (부수명칭)	측자·파자
서	黍	기장 서	12 (木)	黍(기장서)	
	絮	솜 서 버들개지서	12 (木)	糸(실사변)	
	犀	물소 서 무소뿔 서	12 (木)	牛(소우변)	마음 급하지만 취업, 재물, 사업, 일이지연된다
	舒	펼 서 조용할 서 실마리 서	12 (木)	舌(혀설)	
	棲	깃들일 서 살 서	12 (木)	木(나무목변)	仝字인 栖(10획)도 신고
	捿	새깃들일서 栖·棲와 동자	12 (木)	手(재방변)	捿 栖·棲와 同字
	暑	더울 서 여름 서	13 (火)	日(날일변)	
	㥠	지혜 서	13 (火)	心(심방변)	
	筮	점칠 서 시초점 서	13 (火)	竹(대죽변)	
	鼠	쥐 서	13 (火)	鼠(쥐서변)	
	揟	고기잡을 서 잡을 서	13 (火)	手(재방변)	
	瑞	상서 서 경사스러울서	14 (火)	玉(구슬옥변)	옥가락지처럼 사랑, 사업번창 등이 영속된다
	誓	맹세할 서 경계할 서	14 (火)	言(말씀언변)	
	墅	농막 서 교외 서	14 (火)	土(흙토변)	
	逝	떠날 서 갈 서	14 (火)	辵(책받침)	
	署	임명할 서 마을 서 부서 서	15 (土)	网(그물망)	
	緖	실마리 서 나머지 서	15 (土)	糸(실사변)	
	鋤	호미 서 김맬 서	15 (土)	金(쇠금변)	

음	한자	훈과 음	획 수 (수리오행)	부 수 (부수명칭)	측자·파자
서	諝	슬기 서 헤아릴 서	16 (土)	言(말씀언변)	
	嶼	섬 서 작은섬 서	17 (金)	山(뫼산변)	
	嶼	섬 서 작은섬 서	17 (金)	山(뫼산변)	嶼와 仝字
	曙	새벽 서 밝을 서	18 (金)	日(날일변)	
	薯	참마 서 마령 서	20 (水)	艸(초두밑)	
	藇	술맛좋을서	20 (水)	艸(초두밑)	
석	夕	저녁 석 밤 석	3 (火)	夕(저녁석)	
	石	돌 석 섬 석	5 (土)	石(돌석변)	
	汐	저녁조수 석 석수 석	7 (金)	水(삼수변)	
	昔	옛 석 접때 석 저녁 석	8 (金)	日(날일변)	
	析	쪼갤 석 가를 석	8 (金)	木(나무목변)	
	席	자리 석 베풀 석	10 (水)	巾(수건건)	
	祏	섬 석	10 (水)	禾(벼화변)	
	惜	아낄 석 아까와할석	12 (木)	心(심방변)	
	淅	일 석 쌀일 석	12 (木)	水(삼수변)	
	晳	밝을 석 분석할 석	12 (木)	日(날일변)	
	舃	신 석 클 석	12 (木)	臼(절구구)	舃(작)과 同字
	鉐	놋 석 놋쇠 석	13 (火)	金(쇠금변)	
	碩	클 석 충실할 석	14 (火)	石(돌석변)	

음	한자	훈과 음	획 수 (수리오행)	부 수 (부수명칭)	측자·파자
석	奭	클 석 성낼 석	15 (土)	大(큰대)	
	蓆	자리 석 클 석	16 (土)	艸(초두밑)	
	潟	개펄 석 염밭 석	16 (土)	水(삼수변)	
	錫	주석 석 지팡이 석	16 (土)	金(쇠금변)	
	釋	해석할 석 용서할 석	20 (水)	釆(분별할채)	
선	仙	신선 선 신선될 선	5 (土)	人(사람인변)	너무 청백하면 아무 소득이 없다
	先	먼저 선 앞설 선	6 (土)	儿(어진사람인)	
	宣	베풀 선 밝힐 선	9 (水)	宀(갓머리)	
	扇	부채질할선 문짝 선	10 (水)	戶(지게호)	
	洒	물뿌릴 선 공손할 선	10 (水)	水(삼수변)	
	船	배 선 선박 선	11 (木)	舟(배주변)	
	旋	돌릴 선 돌아올 선	11 (木)	方(모방)	
	珗	옥돌 선	11 (木)	玉(구슬옥변)	
	善	착할 선 친할 선	12 (木)	口(입구)	의견이 다르지만 아름답게 시작하여 기쁘게 끝난다
	琁	옥 선 아름다운옥선	12 (木)	玉(구슬옥변)	
	渲	바림 선 물적실 선	13 (火)	水(삼수변)	
	愃	쾌할 선	13 (火)	心(심방변)	
	羨	부러워할선 나머지 선 지날 선	13 (火)	羊(양양)	
	僊	춤출 선 선인 선	13 (火)	人(사람인변)	

음	한자	훈과 음	획 수 (수리오행)	부 수 (부수명칭)	측자·파자
선	跣	맨발 선 돌아다닐선	13 (火)	足(발족변)	
	詵	많을 선 모일 선	13 (火)	言(말씀언변)	
	瑄	도리옥 선 여섯치옥선	14 (火)	玉(구슬옥변)	
	銑	무쇠 선 꾸밀 선 뿌릴 선	14 (火)	金(쇠금변)	
	嫙	예쁠 선	14 (火)	女(계집녀변)	
	煽	부칠 선 부추길 선	14 (火)	火(불화변)	
	線	줄 선 실 선	15 (土)	糸(실사변)	흰말에흰수례는 병자는 나쁘고 관직은 유리하다
	墡	백토 선 하얀흙 선	15 (土)	土(흙토변)	
	嬋	아름다울선 끌 선	15 (土)	女(계집녀변)	종의 신세를 벗어나지 못해 고독하고 고단하다
	腺	샘 선 살구멍 선	15 (土)	肉(고기육변)	
	璇	옥 선 별이름 선	16 (土)	玉(구슬옥변)	
	敾	흩을 선 글잘쓸 선	16 (土)	攴(등글월문)	
	鮮	고울 선 생선 선	17 (金)	魚(고기어변)	
	禪	선 선 봉선 선 선위할 선	17 (金)	示(보일시변)	나뿐 일이 거듭해서 발생할 수 있으니 주의
	膳	반찬 선 먹을 선	18 (金)	肉(고기육변)	
	繕	기울 선 갖출 선 다스릴 선	18 (金)	糸(실사변)	
	蟬	매미 선	18 (金)	虫(벌레충변)	

음	한자	훈과 음	획 수 (수리오행)	부 수 (부수명칭)	측자·파자
선	選	가릴 선 뽑을 선	19 (水)	辶(책받침)	
	璿	옥 선 선기 선	19 (水)	玉(구슬옥변)	
	鐥	복자 선 좋은쇠 선	20 (水)	金(쇠금변)	
	饍	반찬 선 膳과 동자	21 (木)	食(밥식변)	饍: 膳과 同字
	癬	종기 선 마른옴 선	22 (木)	疒(병질안)	
	蘚	이끼 선	23 (火)	艸(초두밑)	
설	舌	혀 설 말 설	6 (土)	舌(혀설)	
	泄	물샐 설 일어날 설	9 (水)	水(삼수변)	
	契	사람이름설 쐐기 설	9 (水)	大(큰대)	상(商)의 시조
	屑	가루 설 부수러기설	10 (水)	尸(죽검시)	
	洩	샐 설 폭포 설	10 (水)	水(삼수변)	
	雪	눈(올) 설 씻을 설	11 (木)	雨(비우)	사나운 사람이니 피해야 하며 일의 결과는 약하다
	設	베풀 설 설령 설	11 (木)	言(말씀언변)	
	卨	높을 설 이름 설	11 (木)	卜(점복)	
	禼	사람이름설 은(殷)의시조	12 (木)	禸(자귀유)	
	楔	문설주 설 쐐기 설	13 (火)	木(나무목변)	
	渫	칠 설 흩어질 설	13 (火)	水(삼수변)	

음	한자	훈과 음	획 수 (수리오행)	부 수 (부수명칭)	측자·파자
설	說	말씀 설 말할 설 문체이름설	14 (火)	言(말씀언변)	설·열 音 중에서 선택됨
	褻	더러울 설 속옷 설	17 (金)	衣(옷의)	
	蔎	향기로울 설 차의딴이름설	17 (金)	艸(초두밑)	
	薛	쑥 설 나라이름설	19 (水)	艸(초두밑)	
	齧	깨물 설 침식할 설	21 (木)	齒(이치)	
섬	剡	땅이름 섬 날카로울섬	10 (水)	刀(칼도변)	
	閃	번쩍할 섬 움직이는모양섬	10 (水)	門(문문)	명예, 지위, 재물욕심을 버리고 종교를 생각한다
	陝	고을이름섬 땅이름 섬	15 (土)	阜(좌부방)	
	暹	해떠오를 섬 나라이름 섬	16 (土)	日(날일변)	
	蟾	두꺼비 섬 연적 섬	19 (水)	虫(벌레충)	
	贍	도울 섬 넉넉할 섬	20 (水)	貝(조개패)	
	殲	멸할 섬 다죽일 섬	21 (木)	歹(죽일사)	
	纖	가늘 섬 고운비단섬	23 (火)	糸(실사변)	
섭	涉	건널 섭 겪을 섭	11 (木)	水(삼수변)	
	葉	고을이름섭 땅이름 섭	15 (土)	艸(초두밑)	섭·엽 音 중에서 선택됨
	燮	화할 섭 불꽃 섭	17 (金)	火(불화변)	
	攝	당길 섭 겸할 섭 대신할 섭	22 (木)	手(재방변)	

음	한자	훈과 음	획 수 (수리오행)	부 수 (부수명칭)	측자·파자
성	成	이룰 성 고르게할성	7 (金)	戈(창과)	신용, 성실로 끝내성공을 이루거나 무기로 싸운다
	姓	성 성 성씨 성 겨레 성	8 (金)	女(계집녀변)	
	性	성품 성 마음 성 목숨 성	9 (水)	心(심방변)	재물운과 애정운은 좋으며 의심은 딱 금물
	星	별 성 별이름 성	9 (水)	日(날일변)	날이 다르게 실력증진, 승진, 건강이 회복된다
	省	살필 성 관청 성	9 (水)	目(눈목변)	
	城	재 성 성쌓을 성	10 (水)	土(흙토변)	일이 잘 진행되고 있으나 자본이 모자란다
	娍	아름다울 성	10 (水)	女(계집녀변)	
	宬	서고 성 기록보관소성	10 (水)	宀(갓머리)	
	晟	밝을 성 환할 성	11 (木)	日(날일변)	당일에 이루어질 수 있는 일이니 내일로 미루지마라
	胜	비릴 성 여윌 성	11 (木)	肉(고기육변)	胜(정)과 同字
	盛	성할 성 그릇 성 담을 성	12 (木)	皿(그릇명밑)	
	珹	옥 성 옥이름 성	12 (木)	玉(구슬옥변)	
	貹	재물 성 재물관리인성	12 (木)	貝(조개패)	
	聖	성인 성 천자 성	13 (火)	耳(귀이변)	
	惺	깨달을 성 조용할 성	13 (火)	心(심방변)	
	猩	성성이 성 붉은빛 성	13 (火)	犬(개사슴록변)	
	筬	베틀 성 바디 성	13 (火)	竹(대죽변)	
	聖	성스러울성 슬기로울성	14 (火)	耳(귀이변)	聖과 仝字

음	한자	훈과 음	획 수 (수리오행)	부 수 (부수명칭)	측자·파자
성	誠	정성 성 참되게할성	14 (火)	言(말씀언변)	
성	珵	옥 성 옥빛 성 빛날 성	14 (火)	玉(구슬옥변)	
성	腥	비릴 성 날고기 성	15 (土)	肉(고기육변)	
성	醒	깰 성 깨달을 성	16 (土)	酉(닭유변)	
성	聲	소리 성 소리낼 성	17 (金)	耳(귀이변)	
세	世	인간 세 평생 세 해 세	5 (土)	一(한일)	
세	忕	익숙할 세	7 (金)	心(심방변)	
세	洗	씻을 세 그릇 세	10 (水)	水(삼수변)	
세	洒	물뿌릴 세 깊을 세	10 (水)	水(삼수변)	
세	細	가늘 세 자세할 세	11 (木)	糸(실사변)	
세	笹	조릿대 세 가는대 세	11 (木)	竹(대죽변)	
세	稅	거둘 세 보낼 세	12 (木)	禾(벼화변)	기쁨도없고 편하지도 않고 이익도 그저 그렇다
세	貰	세낼 세 용서할 세	12 (木)	貝(조개패)	
세	勢	세력 세 형세 세	13 (火)	力(힘력변)	
세	歲	해 세 나이 세	13 (火)	止(그칠지)	
세	說	말씀 세 달랠 세	14 (火)	言(말씀언변)	說 : 설, 세, 열 音 중에서 선택
소	小	작을 소 소인 소	3 (火)	小(작을소)	노력이 크면 재물 늘고 그렇찮으면 큰불화로 발전함
소	少	젊을 소 적을 소	4 (火)	小(작을소)	힘, 지혜가 모자르니 여자의 도움 받으면 성사

음	한자	훈과 음	획 수 (수리오행)	부 수 (부수명칭)	측자·파자
소	召	부를 소 땅이름 소	5 (土)	口(입구)	
	邵	읍이름 소 아름다울소	7 (金)	卩(병부절)	
	所	곳 소 방법 소 얼마 소	8 (金)	戶(지게호)	
	昭	밝을 소 밝힐 소	9 (水)	日(날일변)	昭(조)와 同字
	沼	늪 소 못 소	9 (水)	水(삼수변)	
	炤	밝을 소 비출 소	9 (水)	火(불화변)	
	柖	나무흔들릴 소 과녁 소	9 (水)	木(나무목변)	
	宵	밤 소 야간 소	10 (水)	宀(갓머리)	집안의 재물이 줄어들고 지위가 낮아진다.
	素	흰빛 소 바탕 소 채식 소	10 (水)	糸(실사변)	책임을 회피할 수 없는 일에 연루될 수 있다
	笑	웃을 소 웃음 소	10 (水)	竹(대죽변)	
	玿	아름다운옥 소	10 (水)	玉(구슬옥변)	
	消	사라질 소 꺼질 소	11 (木)	水(삼수변)	
	紹	이을 소 소개할 소	11 (木)	糸(실사변)	
	巢	새집 소 집지을 소 망루 소	11 (木)	巛(개미허리)	
	疏	멀리할 소 뚫을 소 드물 소	11 (木)	疋(필필)	
	梳	빗 소 얼레빗 소	11 (木)	木(나무목변)	거친 세파에도 흔들리지 않는 멋진 사람임
	訴	하소연할 소 송사할 소	12 (木)	言(말씀언변)	

음	한자	훈과 음	획 수 (수리오행)	부 수 (부수명칭)	측자·파자
소	疎	멀리할 소 뚫을 소 드물 소	12 (木)	疋(필필)	疎 : 疏(疋部 6획)과 仝字
	卲	姓 소 고을이름소	12 (木)	邑(우부방)	藝名, 雅號에 좋은 글자
	掃	쓸 소 소제 소 칠할 소	12 (木)	手(재방변)	
	甦	소생할 소 穌의 속자	12 (木)	生(날생)	甦: 穌의 俗字
	塑	토우 소	13 (火)	土(흙토변)	
	搔	긁을 소	14 (火)	手(재방변)	
	溯	거슬러올라갈소 遡와 동자	14 (火)	水(삼수변)	溯:遡와 仝字
	逍	거닐 소 노닐 소	14 (火)	辵(책받침)	
	韶	아름다울 소 풍류이름 소	14 (火)	音(소리음)	
	愫	정성 소 성심 소	14 (火)	心(심방변)	
	嘯	휘파람 소 울부짖을소	15 (土)	口(입구)	
	瘙	종기 소 부스럼 소	15 (土)	疒(병질안)	
	銷	녹일 소 흩어질 소	15 (土)	金(쇠금변)	
	燒	불사를 소 익힐 소	16 (土)	火(불화변)	
	篠	조릿대 소 가는대 소	16 (土)	竹(대죽변)	
	穌	되살아날소 소생할 소	16 (土)	禾(벼화변)	穌:蘇와 통용
	蔬	푸성귀 소 날 소 성길 소	17 (金)	艸(초두밑)	

음	한자	훈과 음	획 수 (수리오행)	부 수 (부수명칭)	측자·파자
소	遡	거스를 소 향할 소	17 (金)	辵(책받침)	
	簫	퉁소 소	18 (金)	竹(대죽변)	
	蕭	비뚤어질소 맑은대쑥소	18 (金)	艸(초두밑)	
	霄	하늘 소 주름 소	19 (水)	雨(비우)	霄와 仝字
	騷	떠들 소 근심할 소	20 (水)	馬(말마변)	
	瀟	강이름 소	20 (水)	水(삼수변)	
	蘇	깨날 소 깎을 소	22 (木)	艸(초두밑)	
속	束	묶을 속 단속할 속 약속할 속	7 (金)	木(나무목변)	
	俗	풍습 속 속될 속	9 (水)	人(사람인변)	
	涑	빨 속 헹굴 속	11 (木)	水(삼수변)	
	粟	조 속 벼 속 곡식 속	12 (木)	米(쌀미변)	아침저녁 먹을쌀이 있으니 필요한 재물생김
	速	빠를 속 부를 속	14 (火)	辵(책받침)	
	謖	일어날 속	17 (金)	言(말씀언변)	
	續	이을 속 계속 속	21 (木)	糸(실사변)	
	屬	살붙이 속 엮을 속 아래벼슬속	21 (木)	尸(주검시)	
	贖	바꿀 속 속바칠 속	22 (木)	貝(조개패)	

음	한자	훈과 음	획수 (수리오행)	부수 (부수명칭)	측자·파자
손	孫	손자 손 자손 손 겸손할 손	10 (水)	子(아들자)	어떤 일이 자손에게 까지 연루될 수도 있다는 뜻
	飧	먹을 손 저녁밥 손	11 (木)	食(밥식변)	
	巽	부드러울 손 사양할 손 손괘 손	12 (木)	己(몸기)	
	損	덜 손 잃을 손 상할 손	14 (火)	手(재방변)	무엇이든 원하는 것을 손에 넣어 즐거워하라
	蓀	난초 손 향풀이름손	16 (土)	艸(초두밑)	
	遜	달아날 손 겸손할 손	17 (金)	辵(책받침)	
솔	帥	거느릴 솔 본보기 솔	9 (水)	巾(수건건)	솔·수 音중에서 선택 長에게 冠帶를 받는다
	率	거느릴 솔 좇을 솔 소탈할 솔	11 (木)	玄(검을현)	률·솔 音 중에서 신고됨
송	宋	姓 송 송나라 송	7 (金)	宀(갓머리)	한없이 즐겁고 편안한 세월을 보내리라
	松	姓 송 소나무 송	8 (金)	木(나무목변)	공사다망하여 좋은 성과 있으나 병자는 위험하다
	悚	두려울 송 당황할 송	11 (木)	心(심방변)	
	訟	송사할 송 다툴 송	11 (木)	言(말씀언변)	
	淞	물이름 송 물 송	12 (木)	水(삼수변)	
	送	보낼 송 전송 송	13 (火)	辵(책받침)	
	頌	칭송할 송 점사 송	13 (火)	頁(머리혈)	
	誦	읽을 송 욀 송 말할 송	14 (火)	言(말씀언변)	주인공은 말로 의사소통을 잘하는 사람이다

음	한자	훈과 음	획 수 (수리오행)	부 수 (부수명칭)	측자·파자
쇄	刷	인쇄할 쇄 닦을 쇄 씻을 쇄	8 (金)	刀(칼도변)	
	殺	빠를 쇄 죽일 쇄	11 (木)	殳(갖은둥글월문)	
	碎	깨뜨릴 쇄 잘게부술쇄	13 (火)	石(돌석변)	
	鎖	자물쇠 쇄 쇠사슬 쇄 봉할 쇄	18 (金)	金(쇠금변)	
	鏁	쇠사슬 쇄	19 (水)	金(쇠금변)	
	灑	물뿌릴 쇄 청소할 쇄	23 (火)	水(삼수변)	
쇠	衰	쇠할 쇠 약할 쇠	10 (水)	衣(옷의)	
	釗	쇠 쇠 철 쇠	10 (水)	金(쇠금변)	
수	水	물 수 수성 수	4 (火)	水(물수)	환경에 슬기롭게적응하라 기회는 두 번 오지않는다
	手	손 수 칠 수	4 (火)	手(재방변)	빈손으로 무엇을 하려 고하나 무엇을 얻을고
	囚	가둘 수 죄수 수	5 (土)	口(입구)	혼자 사방을 지배하거나 숨어 지내는 사람이다
	守	지킬 수 절개 수	6 (土)	宀(갓머리)	지위와 권세가 높아지 고 재물이 늘어난다.
	收	거둘 수 잡을 수 가질 수	6 (土)	攴(둥글월문)	
	戍	지킬 수 수자리 수	6 (土)	戈(창과)	
	秀	빼어날 수 이삭 수	7 (金)	禾(벼화변)	사업상, 특히 사랑의 고 백, 신청 등 성사됨
	受	받을 수 이을 수	8 (金)	又(또우)	사랑 없이 교제하거나 성의 없는 선물받는다
	垂	드리울 수 변방 수 거의 수	8 (金)	土(흙토변)	때가 아니니 경거망동 하면 손해를 입는다

음	한자	훈과 음	획 수 (수리오행)	부 수 (부수명칭)	측자·파자
수	岫	산굴 수 산봉우리수	8 (金)	山(뫼산변)	
	峀	산굴 수 산봉우리수	8 (金)	山(뫼산변)	수(岫)의 오기로 보여짐
	首	머리 수 우두머리 수	9 (水)	首(머리수)	바른 길을 걷지 않으면 어려움에 봉착한다
	帥	장수 수 거느릴 수	9 (水)	巾(수건건)	**솔·수 音중에서 선택 長에게 冠帶를 받는다**
	修	닦을 수 다스릴 수	10 (水)	人(사람인변)	俗字 脩(13획)도 신고됨
	殊	뛰어날 수 다를 수 벨 수	10 (水)	歹(죽을사)	해하려는 사람과 구설을 조심해야 재앙을 면한다
	洙	물이름 수 물가 수	10 (水)	水(삼수변)	울어서 흘린 눈물이 많아진다는 것을 의미한다
	狩	사냥 수	10 (水)	犬(개사슴록변)	
	羞	바칠 수 드릴 수	11 (木)	羊(양양)	무언가 어긋난것 같지만 옳으니 계획한대로 진행
	袖	소매 수	11 (木)	衣(옷의)	
	授	줄 수 가르칠 수	12 (木)	手(재방변)	
	須	수염 수 바랄 수 기다릴 수	12 (木)	頁(머리혈)	일이 점점 순조로운 방향으로 흘러간다
	茱	수유나무수	12 (木)	艸(초두밑)	
	琇	옥돌 수 빛날 수	12 (木)	玉(구슬옥변)	
	愁	근심 수 근심할 수	13 (火)	心(마음심)	가을에 뜻을 이루거나 질병은 심장의 화병이다
	睡	졸 수 잠(잘) 수	13 (火)	目(눈목변)	
	嫂	형수 수	13 (火)	女(계집녀변)	

음	한자	훈과 음	획 수 (수리오행)	부 수 (부수명칭)	측자·파자
수	竪	세울 수 豎의 속자	13 (火)	立(설립)	竪: 豎의 俗字
	綏	편안할 수 안심할 수	13 (火)	糸(실사변)	
	酬	갚을 수 술권할 수	13 (火)	酉(닭유변)	
	壽	목숨 수 나이 수 장수할 수	14 (火)	士(선비사)	
	需	구할 수 요구 수 머뭇거릴수	14 (火)	雨(비우)	
	銖	중량단위 수 무딜 수	14 (火)	金(쇠금변)	
	粹	순수할 수 정밀할 수	14 (火)	米(쌀미변)	
	搜	찾을 수 가릴 수	14 (火)	手(재방변)	
	嗽	기침할 수 양치질할수	14 (火)	口(입구)	
	綬	인끈 수 폐슬의끈수	14 (火)	糸(실사변)	
	誰	누구 수 옛 수	15 (土)	言(말씀언변)	말이 비록 아름다워도 유혹하는 말이니 주의
	瘦	여윌 수 파리할 수	15 (土)	疒(병질안)	
	數	셈 수 등급 수 운수 수	15 (土)	攴(등글월문)	
	漱	씻을 수 양치질할수	15 (土)	水(삼수변)	
	銹	녹슬 수 동녹 수	15 (土)	金(쇠금변)	
	賥	재물 수 재화 수	15 (土)	貝(조개패)	
	樹	나무 수 심을 수	16 (土)	木(나무목변)	
	輸	보낼 수 짐 수	16 (土)	車(수레거변)	

음	한자	훈과 음	획 수 (수리오행)	부 수 (부수명칭)	측자·파자
수	遂	이룰 수 나갈 수	16 (土)	辵(책받침)	여러사람이 떼지어 가는 방향으로 함께가야 좋다
	蒐	사냥 수 꼭두서니수	16 (土)	艸(초두밑)	
	蓚	수산 수 식물독즙수	16 (土)	艸(초두밑)	
	雖	비록 수 밀 수	17 (金)	隹(새추)	억지로라도 누가 시켜서 하면 좋은 결과를 얻는다
	穗	이삭 수 벼이삭 수	17 (金)	禾(벼화변)	
	隋	수나라 수	17 (金)	阜(좌부방)	
	燧	봉화 수 부싯돌 수	17 (金)	火(불화변)	
	濉	강이름 수 성(姓) 수	17 (金)	水(삼수변)	
	繡	수놓을 수 비단 수	18 (金)	糸(실사변)	
	璲	패옥 수 서옥 수	18 (金)	玉(구슬옥변)	
	獸	짐승 수 포 수	19 (水)	犬(개견)	
	鵐	새매 수	19 (水)	鳥(새조변)	
	隨	따를 수 따라서 수	21 (木)	阜(좌부방)	
	藪	큰늪 수 덤불 수	21 (木)	艸(초두밑)	
	邃	깊을 수 깊숙할 수	21 (木)	辵(책받침)	
	隧	길 수 도로 수	21 (木)	阜(좌부방)	
	鬚	수염 수	22 (木)	髟(터럭발밑)	

음	한자	훈과 음	획 수 (수리오행)	부 수 (부수명칭)	측자·파자
수	髓	골 수 요점 수	23 (火)	骨(뼈골변)	
	讐	원수 수 대답할 수	23 (火)	言(말씀언변)	두 마리 새가 같은 말을 하니 의견이 일치된다
숙	夙	일찍 숙 이를 숙	6 (土)	歹(죽을사)	주변에 나쁜 무리가 있어 풍파와 질병에 주의
	叔	아재비 숙 시동생 숙	8 (金)	又(또우)	
	宿	묵을 숙 지킬 숙	11 (木)	宀(갓머리)	모자를 썼으나 벼슬 없는 평범한 사람에 불과
	孰	누구 숙 익을 숙	11 (木)	子(아들자)	
	淑	착할 숙 맑을 숙 사모할 숙	12 (木)	水(삼수변)	
	肅	엄숙할 숙 공경할 숙	13 (火)	聿(붓율)	
	琡	옥이름 숙 큰홀 숙	13 (火)	玉(구슬옥변)	
	塾	글방 숙 문옆방 숙	14 (火)	土(흙토변)	
	菽	콩 숙 대두 숙	14 (火)	艸(초두밑)	
	熟	익을 숙 성숙할 숙	15 (土)	火(불화변)	
	橚	밋밋할 숙 무성할 숙	16 (土)	木(나무목변)	
	潚	빠를 숙 깊고맑을숙	16 (土)	水(삼수변)	
	璹	옥그릇 숙	19 (水)	玉(구슬옥변)	
순	旬	열흘 순 두루미칠순	6 (土)	日(날일변)	
	巡	돌 순 순행할 순	7 (金)	辵(책받침)	
	盾	방패 순 矢石막을순	9 (水)	目(눈목변)	형제자매로 인하여 손상을 받는다

음	한자	훈과 음	획 수 (수리오행)	부 수 (부수명칭)	측자·파자
순	徇	두루 순 주창할 순	9 (水)	彳(두인변)	
	純	순수할 순 착할 순	10 (水)	糸(실사변)	
	殉	따라죽을순 경영할 순	10 (水)	歹(죽을사)	
	洵	진실로 순 소리없이울순	10 (水)	水(삼수변)	
	恂	정성 순 믿을 순	10 (水)	心(심방변)	
	栒	나무이름순 가름대나무순	10 (水)	木(나무목변)	
	珣	옥이름 순 옥그릇 순	11 (木)	玉(구슬옥변)	
	順	순할 순 차례 순	12 (木)	頁(머리혈)	藝名, 雅號에 좋은 글자
	循	돌 순 빠를 순	12 (木)	彳(두이변)	
	荀	姓 순 풀이름 순	12 (木)	艸(초두밑)	
	筍	대순 순 가마 순	12 (木)	竹(대죽변)	
	舜	무궁화 순 순임금 순	12 (木)	舛(어길천변)	
	淳	순박할 순 맑을 순	12 (木)	水(삼수변)	주인공은 성품이 온화하고 순후한 인품을 갖춤
	焞	밝을 순 왕성할 순	12 (木)	火(불화변)	
	脣	입술 순 가장자리순	13 (火)	目(눈목변)	
	楯	난간 순 빼낼 순	13 (火)	木(나무목변)	
	詢	물을 순 꾀할 순	13 (火)	言(말씀언변)	
	馴	따를 순 길들일 순	13 (火)	馬(말마변)	말타고 가다 내를 만난 격이니 다른 방도를찾자

음	한자	훈과 음	획수 (수리오행)	부수 (부수명칭)	측자·파자
순	諄	도울 순 지극할 순	15 (土)	言(말씀언변)	
	醇	진할 순 순수할 순 도타울 순	15 (土)	酉(닭유변)	
	錞	악기이름순 사발종 순	16 (土)	金(쇠금변)	
	橓	무궁화나무순	16 (土)	木(나무목변)	
	瞬	눈깜짝거릴순 잠깐 순	17 (金)	目(눈목변)	
	蒓	순채 순 순나물 순	17 (金)	艸(초두밑)	
	蕣	무궁화 순	18 (金)	艸(초두밑)	
술	戌	개 술 열한째지지 술	6 (土)	戈(창과)	조금 더 노력하면 성공하며 다칠 우려가 있다
	術	꾀 술 업 술 술수 술	11 (木)	行(다닐행)	
	述	말할 술 지을 술	12 (木)	辵(책받침)	
	鉥	이끌 술 돗바늘 술	13 (火)	金(쇠금변)	
숭	崇	높을 숭 채울 숭	11 (木)	山(메산변)	
	崧	산이름 숭 우뚝솟을숭	11 (木)	山(메산변)	
	嵩	높을 숭 숭산 숭	13 (火)	山(메산변)	
슬	瑟	큰거문고 슬 많을 슬 쓸쓸할 슬	14 (火)	玉(구슬옥변)	
	蝨	참깨 슬 몸에사는이슬	15 (土)	虫(벌레충변)	
	膝	무릎 슬 종지뼈 슬	17 (金)	肉(고기육변)	끈적한정도가 깊으니 애정이 깊거나 밀착관계다
	璱	진주 슬 푸른구슬 슬	18 (金)	玉(구슬옥변)	

음	한자	훈과 음	획 수 (수리오행)	부 수 (부수명칭)	측자·파자
습	拾	주을 습 팔찌 습	10 (水)	手(재방변)	
	習	익힐 습 버릇 습	11 (木)	羽(깃우)	
	褶	주름 습 겹옷 습	17 (金)	衣(옷의)	
	濕	축축할 습 습기 습	18 (金)	水(삼수변)	
	襲	엄습할 습 물려받을습 인할 습	22 (木)	衣(옷의)	
승	升	되 승 오를 승	4 (火)	十(열십)	
	氶	들 승 구할 승 고을이름 승	5 (土)	水(물수)	
	丞	벼슬이름승 도울 승	6 (土)	一(한일)	
	承	받들 승 이을 승 도울 승	8 (金)	手(재방변)	
	昇	오를 승 올릴 승	8 (金)	日(날일변)	태양이 솟아오르니 광명인데 재물은 약하다
	乘	탈 승 오를 승 곱할 승	10 (水)	丿(삐침)	경쟁자가 많으니 필요한 사람을 꼭 잡아야 한다
	勝	이길 승 나을 승	12 (木)	力(힘력변)	
	塍	밭두둑 승	13 (火)	土(흙토변)	
	僧	중 승 승려 승	14 (火)	人(사람인변)	
	榺	바디 승	14 (火)	木(나무목변)	베틀에서 날을 꿰어 실을치는 기구
	陞	오를 승 올릴 승	15 (土)	阜(좌부방)	陞 : 升(十部2획)과 仝字

음	한자	훈과 음	획 수 (수리오행)	부 수 (부수명칭)	측자·파자
승	蠅	파리 승	19 (水)	虫(벌레충변)	
	繩	노 승 법(도) 승 먹줄 승	19 (水)	糸(실사변)	
시	尸	주검 시 시체 시	3 (火)	尸(주검시)	길이가 한 자, 2%가 부족하니 불만족하다
	市	저자 시 장사 시 값 시	5 (土)	巾(수건건)	
	示	보일 시 볼 시	5 (土)	示(보일시)	종묘의뿌리 흔들리니 가정, 직장, 사업 보존하자
	矢	(화)살 시 곧을 시	5 (土)	矢(화살시)	앞장서면총알맞고, 입을 열게 하면 비밀을 안다
	豕	돼지 시	7 (金)	豕(돼지시)	
	始	처음 시 비로소 시	8 (金)	女(계집녀변)	
	侍	모실 시 기를 시	8 (金)	人(사람인변)	매사 순리를 따르고 상황에 잘 적응해라
	是	이 시 옳을 시 바로잡을시	9 (水)	日(날일변)	옳은것은 있고 그른 것이 없으니 옳은 판단임
	施	베풀 시 전할 시	9 (水)	方(모방)	일에 결함 있거나 돈을 안갚으려고 시간 끈다
	柴	섶(나무)시 제사지낼시 막을 시	9 (水)	木(나무목변)	
	屍	주검 시	9 (水)	尸(주검시)	
	屎	똥 시 앓을 시	9 (水)	尸(주검시)	
	枾	감나무 시	9 (水)	木(나무목변)	枾: 柿의 俗字
	翅	날개 시 나는모양시	10 (水)	羽(깃우)	
	恃	믿을 시 어미 시	10 (水)	心(심방변)	
	豺	승냥이 시	10 (水)	豸(갖은돼지시)	

음	한자	훈과 음	획 수 (수리오행)	부 수 (부수명칭)	측자·파자
시	時	때 시 철 시 때맞출 시	10 (水)	日(날일변)	
	匙	숟가락 시 열쇠 시	11 (木)	匕(비수비)	
	偲	굳셀 시 똑똑할 시 선을권할시	11 (木)	人(사람인변)	
	視	볼 시 견줄 시	12 (木)	見(볼견)	
	弑	죽일 시	12 (木)	弋(주살익)	
	媤	시집 시 남편의집시	12 (木)	女(계집녀변)	
	猜	원망할 시 의심할 시	12 (木)	犬(개사슴록변)	
	媞	편안할 시 아름다울시	12 (木)	女(계집녀변)	媞(제)와 同字
	詩	글(귀) 시 시 시	13 (火)	言(말씀언변)	중요한 사람의 말을 따르고 운용을 잘해야 공명을 얻는다
	試	시험 시 쓸 시	13 (火)	言(말씀언변)	
	毸	날개펴칠시 수염 시	13 (火)	毛(터럭모)	
	嘶	울 시 흐느낄 시	15 (土)	口(입구)	
	蒔	모종낼 시 옮겨심을시	16 (土)	艸(초두밑)	
	蓍	시초 시 서초 시	16 (土)	艸(초두밑)	
	謚	시호 시 행장 시	16 (土)	言(말씀언변)	
	諟	바로잡을시 살필 시	16 (土)	言(말씀언변)	諟(체)와 同字
식	式	법 식 의식 식 삼갈 식	6 (土)	弋(주살익)	
	食	밥 식 먹을 식	9 (水)	食(밥식변)	알고자 하는 사람이 마음씨가 선량한 사람이다

음	한자	훈과 음	획 수 (수리오행)	부 수 (부수명칭)	측자·파자
식	拭	지을 식 닦을 식	10 (水)	手(재방변)	법식 좋아하고 남을 돕고 시험합격하며, 병은 완쾌
	栻	점판 식 점치는판 식	10 (水)	木(나무목변)	
	息	숨쉴 식 그칠 식 아들 식	10 (水)	心(마음심)	
	埴	찰흙 식 점토 식	11 (木)	土(흙토변)	
	植	심을 식 세울 식	12 (木)	木(나무목변)	진실하지 못해 재물이 없고 마음도 어질지 못하다
	殖	번성할 식 심을 식 세울 식	12 (木)	歹(죽을사)	
	寔	진실로 식 이 식	12 (木)	宀(갓머리)	
	湜	맑을 식 엄정할 식	13 (火)	水(삼수변)	
	軾	수레난간 식	13 (火)	車(수레거변)	
	飾	꾸밀 식 가선두를식	14 (火)	食(밥식변)	
	熄	꺼질 식 없어질 식	14 (火)	火(불화변)	
	篒	대밥통 식	15 (土)	竹(대죽변)	
	蝕	일식 식 좀먹을 식	15 (土)	食(밥식변)	
	識	알 식 지식 식	19 (水)	言(말씀언변)	
신	申	아뢸 신 보낼 신	5 (土)	田(밭전)	갑옷 입고 투구쓰니 어떤 일을 위험 없이 완수한다
	臣	신하 신 신하삼을신	6 (土)	臣(신하신)	
	身	몸 신 애밸 신	7 (金)	身(몸신)	나무라면 즉시 잘못을 깨우치는 총명이 있다
	辰	날 신 일월성 신	7 (金)	辰(별진)	개천에서 용이나서 조화부리고 공을세운다

음	한자	훈과 음	획 수 (수리오행)	부 수 (부수명칭)	측자·파자
신	辛	매울 신 괴로울 신	7 (金)	辛(매울신)	진행하던 일을 멈추고 현명하게 판단하라
	伸	펼 신 펴질 신	7 (金)	人(사람인변)	마음이 다른 곳에 있으니 나의 위치를 찾아라
	侁	걷는모양신 떼지어갈신	8 (金)	人(사람인변)	
	呻	읊을 신 끙끙거릴신	8 (金)	口(입구)	주변에 시기하고 질투하는 사람이 많다.
	信	믿을 신 행인 신	9 (水)	人(사람인변)	
	神	귀신 신 마음 신	10 (水)	示(보일시변)	계약파기, 비밀이 탄로나고 재판은 항소하라
	迅	빠를 신 억셀 신	10 (水)	辵(책받침)	
	訊	물을 신 나무랄 신 간할 신	10 (水)	言(말씀언변)	
	娠	애밸 신 하인 신	10 (水)	女(계집녀변)	
	宸	집 신 처마 신	10 (水)	宀(갓머리)	
	晨	새벽 신 새벽알릴신	11 (木)	日(날일변)	해가 가장 짧은 때이니 할 일을 속히 진행하라
	紳	벼슬아치신 큰띠 신 묶을 신	11 (木)	糸(실사변)	먼저 굽신거린 뒤에 형세가좋아져 당당해진다
	新	새 신 새롭게할신	13 (火)	斤(날근)	어려움이 사라지고 주변에서 앞 다투어 돕는다
	莘	족두리풀신 많을 신 나라이름신	13 (火)	艸(초두밑)	
	蜃	이무기 신 무명조개신	13 (火)	虫(벌레충변)	용이 겨울잠에서깨어나지혜와기량을 발휘할때
	愼	삼갈 신 진실로 신	14 (火)	心(심방변)	계획을 세워도 능력, 자본이 없어서 어렵다
	腎	콩팥 신 단단할 신	14 (火)	肉(고기육변)	

음	한자	훈과 음	획 수 (수리오행)	부 수 (부수명칭)	측자·파자
신	燼	깜부기불신	18 (金)	火(불화변)	
	薪	땔나무 신 섶나무 신	19 (水)	艸(초두밑)	일을시작함에 처음에는 고생하지만 후는기쁘다
	璶	옥돌 신	19 (水)	玉(구슬옥변)	
	藎	나갈 신 조개풀 신	20 (水)	艸(초두밑)	
실	失	잃을 실 허물 실	5 (土)	大(큰대)	소의 꼬리가 둘인 형상이니 각별히 조심할 것
	室	집 실 아내 실 가족 실	9 (水)	宀(갓머리)	
	悉	갖출 실 다낼 실	11 (木)	心(마음심)	마음이 꽃처럼 아름답고 말은 채색처럼 곱다
	實	열매 실 재물 실 채울 실	14 (火)	宀(갓머리)	
심	心	마음 심 가운데 심 염통 심	4 (火)	心(마음심)	탓하지 말라. 모든 일은 마음먹기에 달려 있다.
	沁	물스며들심 물이름 심	8 (金)	水(삼수변)	
	沈	빠질 심 즙 심	8 (金)	水(삼수변)	눈물로 비단 베개를 적시나니 이별할 수 있다
	甚	심할 심 무엇 심	9 (水)	甘(달감)	
	芯	등심초 심 물건중심심	10 (水)	艸(초두밑)	
	深	깊을 심 깊게할 심	12 (木)	水(삼수변)	
	尋	찾을 심 길이 심	12 (木)	寸(마을촌)	
	審	살필 심 자세히 심	15 (土)	宀(갓머리)	
	諶	진실 심 헤아릴 심	16 (土)	言(말씀언변)	
	瀋	즙 심 강이름 심	19 (水)	水(삼수변)	

음	한자	훈과 음	획 수 (수리오행)	부 수 (부수명칭)	측자·파자
십	什	열 십 열사람 십	4 (火)	人(사람인변)	십·집 중에서 선택 가능
	十	열 십 열번 십	10 (水)	十(열십)	2획이나 작명 시는 10획 우두머리 되나 병자 위험
	拾	열 십 오를 십	10 (水)	手(재방변)	
쌍	雙	쌍 쌍 짝 쌍	18 (金)	隹(새추)	이럴 수도 저럴 수도 없으니 곤란한 상황이다
씨	氏	씨 씨 성씨 씨 칭호 씨	4 (水)	氏(각씨씨)	일에 성의와 노력을 보이지 않고 거짓으로 행한다
아	牙	어금니 아 대장기 아	4 (火)	牙(엄니아)	
	我	나 아 아집부릴아	7 (金)	戈(창과)	처음 손대 일이 종말에는 싸움으로 번진다
	兒	아이 아 어조사 아	8 (金)	儿(어진사람인)	
	亞	버금 아 동서 아	8 (金)	二(두이변)	잘못된 마음을 비우고 새로운 목표로 도전해라
	妸	고울 아	8 (金)	女(계집녀변)	
	俄	기울 아 갑자기 아	9 (水)	人(사람인변)	
	芽	싹 아 싹틀 아	10 (水)	艸(초두밑)	
	娥	예쁠 아 항아 아	10 (水)	女(계집녀변)	
	峨	높을 아 산이름 아	10 (水)	山(메산변)	
	哦	옳을 아 노래할 아	10 (水)	口(입구)	
	啞	벙어리 아 까마귀소리아	11 (木)	口(입구)	
	訝	맞을 아 의혹할 아	11 (木)	言(말씀언변)	의혹스러우니 유혹에 조심하고 듣지를 말라
	婀	머뭇거릴아 1) 아름다울아 2)	11 (木)	女(계집녀변)	
	雅	바를 아 악기이름아	12 (木)	隹(새추)	쥐 어금니와 참새 뿔로 허풍떨어도 별거아니다

음	한자	훈과 음	획수 (수리오행)	부수 (부수명칭)	측자·파자
아	阿	언덕 아 아름다울 아 아첨할 아	13 (火)	阜(좌부방)	
	莪	새발쑥 아 지칭게 아	13 (火)	艸(초두밑)	
	蛾	나방 아 눈썹 아	13 (火)	虫(벌레충변)	
	衙	관청 아 대궐 아	13 (火)	彳(두이변)	
	鴉	검을 아 갈가마귀아	15 (土)	鳥(새조변)	
	餓	주릴 아 굶주림 아	16 (土)	食(밥식변)	
	鵝	거위 아 진이름 아	18 (金)	鳥(새조변)	
악	岳	큰산 악 벼슬이름악	8 (金)	山(메산변)	
	堊	백토 악 진흙벽 악	11 (木)	土(흙토변)	
	惡	악할 악 못생길 악 흉년들 악	12 (木)	心(마음심)	
	幄	휘장 악 천막 악	12 (木)	巾(수건건)	
	愕	놀랄 악 갑자기 악	13 (火)	心(심방변)	
	握	쥘 악 잡을 악	13 (火)	手(재방변)	
	渥	젖을 악 두터울 악	13 (火)	水(삼수변)	주인공은 물이나 해변가에 세워진 집에 있다
	樂	풍류 악 아뢸 악 락·악·요音	15 (土)	木(나무목변)	주인공이 어려울 때 도울 자가 좌우에 있으니 행복하다
	鄂	경계 악 땅이름 악	16 (土)	邑(우부방)	
	嶽	큰산 악 크고높을악	17 (金)	山(메산변)	
	鍔	칼날 악 칼등 악	17 (金)	金(쇠금변)	

음	한자	훈과 음	획 수 (수리오행)	부 수 (부수명칭)	측자·파자
악	顎	근엄할 악 얼굴높을악	18 (金)	頁(머리혈)	
	鰐	악어 악	20 (水)	魚(고기어변)	
	齷	작을 악 잗달 악	24 (火)	齒(이치)	
안	安	편안할 안 안존할 안	6 (土)	宀(갓머리)	
	岸	언덕 안 뛰어날 안 낭떠러지 안	8 (金)	山(메산변)	
	案	초안 안 안석 안 책상 안	10 (水)	宀(갓머리)	
	晏	맑을 안 늦을 안 편안할 안	10 (水)	日(날일변)	
	按	살필 안 생각할 안	10 (水)	手(재방변)	
	眼	눈 안 요점 안	11 (木)	目(눈목변)	
	雁	기러기 안	12 (木)	隹(새추)	本字인 鴈(15획)도 신고됨
	鞍	안장 안	15 (土)	革(가죽혁)	
	鮟	아귀 안 메기 안	17 (金)	魚(고기어변)	
	顔	얼굴 안 색채 안	18 (金)	頁(머리혈)	
알	軋	삐걱거릴알 형벌이름알	8 (金)	車(수레거변)	인격이부족하여 경박하니 중도에서 일이 실패
	斡	관리할 알 돌이킬 알	14 (火)	斗(말두)	
	謁	명함 알 아뢸 알	16 (土)	言(말씀언변)	짧은 글이나 말로 의사표현을 하고 있다
	閼	그칠 알 가로막을알	16 (土)	門(문문)	

음	한자	훈과 음	획 수 (수리오행)	부 수 (부수명칭)	측자·파자
암	庵	암자 암 초막 암	11 (木)	广(엄호밑)	
	唵	머금을 암 움켜먹을암	11 (木)	口(입구)	
	暗	어두울 암 몰래 암 윌 암	13 (火)	日(날일변)	
	菴	우거질 암 암자 암	14 (火)	艸(초두밑)	
	癌	암 암 괴병 암	17 (金)	疒(병질안)	
	闇	어두울 암 닫힌문 암	17 (金)	門(문문)	
	巖	바위 암 석굴 암	23 (火)	山(메산변)	俗字인 岩(8획)도 신고됨 관직, 사업 탄탄하고 굳건
압	押	찍을 압 잡을 압 주관할 압	9 (水)	手(재방변)	
	狎	익숙할 압 업신여길압	9 (水)	犬(개사슴록변)	
	鴨	오리 압 집오리 압	16 (土)	鳥(새조변)	
	壓	누를 압 막을 압	17 (金)	土(흙토변)	
앙	央	가운데 앙 넓을 앙	5 (土)	大(큰대)	마음 차지도 않고 무리 중에 해하려는 자 주의
	仰	우러러볼앙 높을 앙	6 (土)	人(사람인변)	
	昻	밝을 앙 높을 앙	8 (金)	日(날일변)	
	殃	재앙 앙 해칠 앙	9 (水)	歹(죽을사)	
	怏	불만 앙 원망할 앙	9 (水)	心(심방변)	
	秧	벼의모 앙 재배할 앙	10 (水)	禾(벼화변)	
	鴦	원앙 앙 원앙새 앙	16 (土)	鳥(새조변)	

음	한자	훈과 음	획 수 (수리오행)	부 수 (부수명칭)	측자·파자
애	厓	언덕 애 물가 애	8 (金)	厂(민엄호밑)	
	艾	약쑥 애 늙은이 애	8 (金)	艸(초두밑)	
	哀	슬플 애 서러울 애	9 (水)	口(입구)	의류와 관련된 직업이거나 장의업
	埃	먼지 애 티끌 애	10 (水)	土(흙토변)	
	崖	모날 애 낭떠러지 애	11 (木)	山(메산변)	상황이 변하여 연인을 이별 떠나보내게 된다
	涯	물가 애 끝 애	12 (木)	水(삼수변)	
	愛	사랑(할)애 아낄 애	13 (火)	心(마음심)	
	碍	막을 애 그칠 애	13 (火)	石(돌석변)	
	賹	넉넉할 애 사람이름애	15 (土)	貝(조개패)	
	曖	가릴 애 날흐릴 애	17 (金)	日(날일변)	
	隘	좁을 애 험할 애	18 (金)	阜(좌부방)	
	靄	노을 애 아지랭이애	24 (火)	雨(비우)	
액	厄	재앙 액 재 액	4 (火)	厂(민엄호밑)	조화가 무궁하고 좋은 환경이 갖추어진다
	扼	누를 액 잡을 액	8 (金)	手(재방변)	여행, 사업, 건강이 나쁘니 계획을 포기하라
	液	즙 액 진 액	12 (木)	水(삼수변)	
	掖	부축할 액 겨드랑이액	12 (木)	手(재방변)	
	腋	겨드랑이액	14 (火)	肉(고기육변)	
	縊	목맬 액	16 (土)	糸(실사변)	
	額	이마 액 현판 액	18 (金)	頁(머리혈)	

음	한자	훈과 음	획 수 (수리오행)	부 수 (부수명칭)	측자·파자
앵	罌	양병 앵 큰독 앵	20 (水)	缶(장군부)	
	鶯	꾀꼬리 앵 무늬 앵	21 (木)	鳥(새조변)	
	櫻	앵두나무앵	21 (木)	木(나무목변)	
	鸚	앵무새 앵	29 (水)	鳥(새조변)	
야	也	어조사 야 또 야	3 (火)	乙(새을변)	결단을 빨리하고 내 것을 잘 챙겨라
	冶	대장간 야 주물 야	7 (金)	冫(이수변)	큰 인물이 될 기회가 오니 더욱 정진하라
	夜	밤 야 침실 야	8 (金)	夕(저녁석)	어려운 자를 적극 도와주면 복이 되어 돌아 온다
	耶	아버지 야 그런가 야	9 (水)	耳(귀이변)	
	野	들 야 문밖 야	11 (木)	里(마을리변)	나의 땅이있어 기반이 든든하니 무엇이든한다
	倻	땅이름 야 나라이름야	11 (木)	人(사람인변)	
	若	반야 야 같을 야	11 (木)	艸(초두밑)	
	埜	들 야 野의 古字	11 (木)	土(흙토변)	
	惹	이끌 야 끌어당길야	13 (火)	心(마음심)	
	椰	야자나무야	13 (火)	木(나무목변)	
	爺	아비 야 아버지 야	13 (火)	父(아비부)	
	揶	희롱할 야	13 (火)	手(재방변)	
약	約	묶을 약 간략할 약	9 (木)	糸(실사변)	
	弱	약할 약 어릴 약	10 (水)	弓(활궁)	
	若	같을 약 만일 약	11 (木)	艸(초두밑)	마음에없었는데 재앙이라 뒤로넘어져코깨진다

음	한자	훈과 음	획 수 (수리오행)	부 수 (부수명칭)	측자·파자
약	葯	구리때잎약 부들풀싹약	15 (土)	艸(초두밑)	
	蒻	부들 약 구약풀 약	16 (土)	艸(초두밑)	
	藥	약 약 약초 약	21 (木)	艸(초두밑)	
	躍	뛸 약 뛰게할 약	21 (木)	足(발족변)	
양	羊	양 양 상서로울양	6 (土)	羊(양양)	끝까지 최선을 다하지 않으면 선하지 않게 끝난다
	佯	거짓 양 헤맬 양	8 (金)	人(사람인변)	
	昜	볕 양 양지 양	9 (水)	日(날일변)	昜:양(陽)의 古字
	洋	큰바다 양 서양 양	10 (水)	水(삼수변)	아름답고 상서로운 경사가 거듭되어 만사형통
	恙	근심 양 병 양	10 (水)	心(마음심)	의롭고 충성스런 사람이거나 배은망덕한 사람임
	痒	종기 양 앓을 양	11 (木)	疒(병질안)	
	揚	오를 양 나타낼 양 칭찬할 양	13 (火)	手(재방변)	
	楊	버들 양 버드나무양	13 (火)	木(나무목변)	
	敭	밝을 양	13 (火)	攴(둥글월문)	
	暘	해돋이 양 밝을 양	13 (火)	日(날일변)	
	煬	쬘 양 화할 양	13 (火)	火(불화변)	
	瘍	종기 양 상처 양	14 (火)	疒(병질안)	
	養	기를 양 봉양 양 다스릴 양	15 (土)	食(밥식변)	양은 풀을 먹지만사람은 먹을수 없으니 욕심금물
	樣	본 양 모양 양	15 (土)	木(나무목변)	양, 상 모두 신고 가능

음	한자	훈과 음	획 수 (수리오행)	부 수 (부수명칭)	측자·파자
양	漾	출렁거릴양 물이름 양	15 (土)	水(삼수변)	
	陽	해 양 양기 양 따뜻할 양	17 (金)	阜(좌부방)	바르고 당당한 마음으로 기회를 만들어야 한다
	襄	오를 양 도울 양	17 (金)	衣(옷의)	
	瀁	물모양 양 망망할 망	19 (水)	水(삼수변)	
	壤	땅 양 고운흙 양	20 (水)	土(흙토변)	
	孃	아가씨 양 어미 양	20 (水)	女(계집녀변)	여자의 힘을 빌려야하며 구설 또한 두렵구나
	攘	뺏을 양 물리칠 양	21 (木)	手(재방변)	
	禳	기도할 양 제사이름양	22 (木)	示(보일시변)	
	穰	번성할 양 벼줄기 양	22 (木)	禾(벼화변)	
	讓	겸손할 양 사양할 양	24 (火)	言(말씀언변)	
	釀	술 양 술빚을 양	24 (火)	酉(닭유변)	
어	於	어조사 어 있을 어	8 (金)	方(모방)	
	圄	감옥 어 지킬 어	10 (水)	囗(큰입구)	
	魚	고기 어 어대 어 고기잡을어	11 (木)	魚(고기어변)	물을 얻으면 왕성해지니 물과 관련되면 더욱 좋다
	御	모실 어 부릴 어	11 (木)	彳(두인변)	
	唹	웃을 어 웃음지을어	11 (木)	口(입구)	
	馭	다스릴 어 말부릴 어	12 (木)	馬(말마변)	
	瘀	병 어 어혈 어	13 (火)	疒(병질안)	

음	한자	훈과 음	획 수 (수리오행)	부 수 (부수명칭)	측자·파자
어	語	말할 어 소리 어	14 (火)	言(말씀언변)	입에서 다섯가지 말이나오니 어떤 말을 믿어야할지
	漁	고기잡을 어 낚을 어	15 (土)	水(삼수변)	물고기가 물을만났으니 의기양양하게 활동하라
	禦	막을 어 지킬 어	16 (土)	示(보일시)	
	齬	어긋날 어 맞지않을어	22 (木)	齒(이치)	
억	抑	누를 억 굽힐 억	8 (金)	手(재방변)	
	億	억 억 헤아릴 억	15 (土)	人(사람인변)	
	檍	참죽나무 억 박달나무 억	17 (金)	木(나무목변)	
	憶	기억할 억 생각할 억	17 (金)	心(심방변)	
	臆	가슴 억 생각 억	19 (水)	肉(고기육변)	
언	言	말씀 언 여쭐 언	7 (金)	言(말씀언변)	길하나 나중 구설이 있으니 담력으로 버텨라
	彦	선비 언 뛰어날 언	9 (水)	彡(터럭삼)	彥의 俗字
	彥	선비 언 뛰어날 언	9 (水)	彡(터럭삼)	공부, 임신, 사업 시작은 좋고 장사는 안된다
	焉	어찌 언 어조사 언	11 (木)	火(불화변)	일을 해낼 것 같은데도 능력부족으로 못해낸다
	偃	쓰러질 언 자빠질 언	11 (木)	人(사람인변)	
	堰	방죽 언 막을 언	12 (木)	土(흙토변)	
	嫣	웃을 언 예쁜모양언	14 (火)	女(계집녀변)	
	諺	상말 언 좀말 언	16 (土)	言(말씀언변)	
얼	孼	서자 얼 첩의자식얼	19 (水)	子(아들자)	
	蘖	움 얼 그루터기얼	23 (火)	艸(초두밑)	

음	한자	훈과 음	획 수 (수리오행)	부 수 (부수명칭)	측자·파자
엄	奄	문득 엄 가릴 엄	8 (金)	大(큰대)	
	俺	나 엄 자기 엄	10 (水)	人(사람인변)	
	掩	가릴 엄 닫을 엄	12 (木)	手(재방변)	효심이 지극하고 재주가 뛰어난 사람이다
	淹	담글 엄 적실 엄	12 (木)	水(삼수변)	
	嚴	엄할 엄 높을 엄	20 (水)	口(입구)	
	儼	공경할 엄 의젓할 엄	22 (木)	人(사람인변)	
업	業	업 업 공적 업 시작할 업	13 (火)	木(나무목변)	
	嶪	험준할 업 산높을 업	16 (土)	山(메산변)	
엔	円	원 엔 둥글엔	4 (火)	冂(먼데경)	
여	予	줄 여 나 여	4 (火)	亅(갈고리궐)	일의 규모를 줄이고 미리 미리 수습해라
	如	같을 여 어조사 여	6 (土)	女(계집녀변)	화합하고 용서해라 가까이에 적이 있다
	余	나 여 나머지 여	7 (金)	人(사람인변)	힘이나 자금이 달려서 진퇴양난이로다
	汝	너 여 물이름 여	7 (金)	水(삼수변)	
	妤	첩여 여 첩 여	7 (金)	女(계집녀변)	漢代의 여관(女官) 이름
	悆	잊을 여 기뻐할 여	11 (木)	心(심방변)	
	茹	먹을 여 말기를 여	12 (木)	艸(초두밑)	좋은작품, 재물크게 얻으나 여자로 낙마한다
	艅	나룻배 여 배이름 여	13 (火)	舟(배주변)	
	與	참여할 여 줄 여	14 (火)	臼(절구구)	어려움이 오는 듯 하다가는 모두 물러간다
	餘	나머지 여 남길 여	16 (土)	食(밥식변)	

음	한자	훈과 음	획 수 (수리오행)	부 수 (부수명칭)	측자·파자
여	轝	수레 여 종 여	17 (金)	車(수레거변)	
	歟	어조사 여 그런가 여	18 (金)	欠(하품흠몸)	
	璵	옥 여 보배옥 여	19 (水)	玉(구슬옥변)	
	礖	숫돌 여 돌이름 여	19 (水)	石(돌석변)	
	轝	수레 여 종 여	21 (木)	車(수레거변)	
역	亦	또한 역 모두 역	6 (土)	亠(돼지해밑)	얼굴을 붉힐 일이 있으니 언행을 조심하여야 한다
	役	일꾼 역 부릴 역	7 (金)	彳(두인변)	
	易	바꿀 역 주역 역	8 (金)	日(날일변)	급하다고 소홀히 하면 엉뚱하게 일이 터진다
	疫	돌림병 역 전염병 역	9 (水)	疒(병질안)	
	域	지경 역 나라 역	11 (木)	土(흙토변)	남자는 미인을 얻고 여자는 미인이라 으뜸
	晹	볕날 역 해반짝날역	12 (木)	日(날일변)	
	逆	거스를 역 맞을 역	13 (火)	辶(책받침)	
	繹	풀어낼 역 다스릴 역	19 (水)	糸(실사변)	
	譯	통변할 역 풀이할 역	20 (水)	言(말씀언변)	
	驛	역말 역 자랄 역	23 (火)	馬(말마변)	
연	延	끌 연 맞이할 연 미칠 연	7 (金)	廴(민책받침)	
	沇	물흐를 연 물이름 연	8 (金)	水(삼수변)	
	沿	물따라갈연 좇을 연	9 (水)	水(삼수변)	
	兗	연주 연 오늬 연	9 (水)	儿(어진사람인)	연주:하북성 및 산동성 일대

음	한자	훈과 음	획 수 (수리오행)	부 수 (부수명칭)	측자·파자
연	衍	넘칠 연 퍼질 연	9 (水)	行(다닐행)	출행은 배를 타거나 물을 사용하는 업종을 선택해라
	姸	고울 연 총명할 연	9 (水)	女(계집녀변)	
	宴	잔치 연 즐길 연 편안할 연	10 (水)	宀(갓머리)	
	娟	예쁠 연 아름다울연	10 (水)	女(계집녀변)	
	娫	빛날 연 환할 연	10 (水)	女(계집녀변)	
	硏	갈 연 연구할 연 벼루 연	11 (木)	石(돌석변)	본자11, 속자9획 모두신고
	軟	부드러울연 약할 연	11 (木)	車(수레거변)	
	涓	물방울 연 깨끗할 연	11 (木)	水(삼수변)	
	捐	버릴 연 없앨 연	11 (木)	手(재방변)	
	挻	늘일 연 이길 연	11 (木)	手(재방변)	
	涎	침 연 점액 연	11 (木)	水(삼수변)	
	然	그럴 연 사를 연	12 (木)	火(불화변)	불타고 있는 물건을 쥐고 있으니 위험하기 짝이없다
	硯	벼루 연	12 (木)	石(돌석변)	취직, 승진하며 게시판에 이름을 올리게 된다
	淵	못 연 깊을 연	12 (木)	水(삼수변)	
	堧	빈터 연	12 (木)	土(흙토변)	
	椽	서까래 연 사닥다리연	13 (火)	木(나무목변)	
	莚	만연할 연 풀뿌리 연	13 (火)	艸(초두밑)	
	筵	대자리 연 자리 연	13 (火)	竹(대죽변)	
	鉛	납 연 분 연	13 (火)	金(쇠금변)	

음	한자	훈과 음	획 수 (수리오행)	부 수 (부수명칭)	측자·파자
연	煙	연기 연 담배 연 烟(10획)도 신고	13 (火)	火(불화변)	烟: 불이 일어난 원인이 있으므로 크게 발전하고 성공
	瑌	옥돌 연	14 (火)	玉(구슬옥변)	
	鳶	연 연 소리개 연	14 (火)	鳥(새조변)	
	演	흐를 연 윤택할 연	15 (土)	水(삼수변)	
	緣	인연 연 두를 연	15 (土)	糸(실사변)	
	嬿	성(姓) 연 아리잠적할연	15 (土)	女(계집녀변)	
	燃	탈 연 사를 연	16 (土)	火(불화변)	
	燕	제비 연 잔치 연	16 (土)	火(불화변)	
	縯	길 연 당길 연	17 (金)	糸(실사변)	
	嚥	삼킬 연 마실 연	19 (水)	口(입구)	
	嬿	아름다울연	19 (水)	女(계집녀변)	
	瓀	옥돌 연	19 (水)	玉(구슬옥변)	
	曣	맑을 연	20 (水)	日(날일변)	
	醼	잔치 연 침실 연	23 (火)	酉(닭유변)	醼:宴과 仝字
열	咽	막힐 열 목구멍 열	9 (水)	口(입구)	
	悅	기쁨 열 기뻐할 열	11 (木)	心(심방변)	
	說	기뻐할 열 셈 열	14 (火)	言(말씀언변)	설·열 세 音 중 선택됨
	熱	더울 열 바쁠 열	15 (土)	火(불화변)	조건을 충분히 갖춰으니 자본만 투입하면 됨
	閱	읽을 열 가릴 열	15 (土)	門(문문)	
	潱	물흐르는모양열	16 (土)	水(삼수변)	

음	한자	훈과 음	획수 (수리오행)	부수 (부수명칭)	측자·파자
염	炎	불꽃 염 더울 염	8 (金)	火(불화변)	
	染	물들일 염 옮을 염	9 (水)	木(나무목변)	
	苒	덧없을 염 풀우거질염	11 (木)	艸(초두밑)	
	焰	불꽃 염	12 (木)	火(불화변)	
	琰	옥 염 깎을 염	13 (火)	玉(구슬옥변)	
	厭	싫을 염 가득할 염	14 (火)	厂(민엄호밑)	
	髥	수염 염 구렛나루염	14 (火)	髟(터럭발밑)	
	閻	한길 염 이문 염	16 (土)	門(문문)	재물, 가정을 잘 지켜야 염라대왕을 피해간다
	艶	고울 염 부러워할염	19 (水)	色(빛색)	豔으로도 신고됨
	鹽	소금 염 절일 염	24 (火)	鹵(소금밭로)	
엽	熀	불빛이글거릴엽 밝은모양엽	14 (火)	火(불화변)	황, 엽 音 모두 신고됨
	葉	잎 엽 장 엽 후손 엽	15 (土)	艸(초두밑)	일세대(30년)동안 직업, 사업 등에서 영화누림
	燁	빛날 엽 번쩍거릴엽	16 (土)	火(불화변)	
	曄	빛날 엽 광채발할엽	16 (火)	日(날일변)	
영	永	길 영 길게할 영 깊을 영	5 (土)	水(물수)	
	咏	노래할 영 읊을 영	8 (金)	口(입구)	
	泳	헤엄 영 헤엄칠 영	9 (水)	水(삼수변)	
	映	비칠 영 비출 영	9 (水)	日(날일변)	흔적 감추고 서두르지 말아야 재앙을 면한다

음	한자	훈과 음	획수 (수리오행)	부수 (부수명칭)	측자·파자
영	盈	찰 영 남을 영	9 (水)	皿(그릇명밑)	애기가 생기기도 어려우며 일에서는 실속 없는 껍데기다
	英	꽃 영 빼어날 영	11 (木)	艸(초두밑)	
	迎	맞이할 영 맞출 영	11 (木)	辵(책받침)	
	詠	읊을 영 시가 영	12 (木)	言(말씀언변)	
	渶	물맑을 영	13 (火)	水(삼수변)	
	煐	빛날 영 사람이름영	13 (火)	火(불화변)	
	塋	무덤 영 계획할 영	13 (火)	土(흙토변)	
	暎	비칠 영 비출 영	13 (火)	日(날일변)	映(日部 5획)과 仝字
	楹	기둥 영 둥근기둥영	13 (火)	木(나무목변)	
	榮	영화 영 성할 영	14 (火)	木(나무목변)	
	瑛	옥빛 영 패옥 영	14 (火)	玉(구슬옥변)	
	影	그림자 영 화상 영	15 (土)	彡(터럭삼)	
	潁	강이름 영 송곳자루영	15 (土)	水(물수)	
	瑩	옥돌 영 빛날 영	15 (土)	玉(구슬옥변)	영·형 音 중에서 선택됨
	穎	이삭 영 빼어날 영	16 (土)	頁(머리혈)	
	嬴	찰 영 가득할 영	16 (土)	女(계집녀변)	
	嶸	산높을 영 가파를 영	17 (金)	山(뫼산변)	
	霙	눈꽃 영 진눈깨비영	17 (金)	雨(비우)	
	營	경영할 영 다스릴 영	17 (金)	火(불화변)	

음	한자	훈과 음	획 수 (수리오행)	부 수 (부수명칭)	측자·파자
영	鍈	방울소리 영	17 (金)	金(쇠금변)	
	嫈	어릴 영 더할 영	17 (金)	女(계집녀변)	
	濴	물돌아나갈영	18 (金)	水(삼수변)	
	瀛	물속 영 바다 영	20 (水)	水(삼수변)	
	瀯	물소리 영 소용돌이영	21 (木)	水(삼수변)	
	巆	옥돌 영	21 (木)	心(심방변)	
	瓔	옥돌 영 구슬목걸이 영	22 (木)	玉(구슬옥변)	
	纓	갓끈 영 새끼 영	23 (火)	糸(실사변)	
예	乂	깎을 예 다스릴 예	2 (木)	丿(삐침)	
	刈	벨 예 자를 예	4 (火)	刀(칼도변)	
	曳	끌릴 예 고달풀 예	6 (土)	日(가로왈)	
	汭	물속 예 물굽이 예	8 (金)	水(삼수변)	
	芮	물가 예 방패끈 예	10 (水)	艸(초두밑)	
	倪	끌 예 어린이 예	10 (水)	人(사람인변)	
	玴	옥돌 예	10 (水)	玉(구슬옥변)	
	埶	재주 예 문예 예	11 (木)	土(흙토변)	埶:藝와 仝字
	堄	성가퀴 예	11 (木)	土(흙토변)	성가퀴: 성위에 쌓은 나지막한 담장
	猊	사자 예	12 (木)	犬(개사슴록변)	
	裔	후손 예 옷자락 예	13 (火)	衣(옷의)	
	詣	이를 예 도착할 예	13 (火)	言(말씀언변)	
	預	미리 예 즐길 예	13 (火)	頁(머리혈)	

음	한자	훈과 음	획 수 (수리오행)	부 수 (부수명칭)	측자·파자
예	嫕	유순할 예	14 (火)	女(계집녀변)	
	銳	날카로울 예 날랠 예	15 (土)	金(쇠금변)	상대가 자신을 해치려는 것을 알고 반격할 수 있다
	豫	미리 예 기뻐할 예	16 (土)	豕(돼지시)	
	叡	밝을 예 슬기로울예	16 (土)	又(또우)	仝字인 睿(14획)도 신고됨
	霓	가장자리예 암무지개예	16 (土)	雨(비우)	
	橤	드리울 예 꽃술 예	16 (土)	木(나무목변)	
	濊	깊을 예 막힐 예	17 (金)	水(삼수변)	
	蓺	심을 예	17 (金)	艸(초두밑)	
	穢	거칠 예 더러울 예	18 (金)	禾(벼화변)	
	蕊	꽃술 예	18 (金)	艸(초두밑)	
	[illegible]	아름다울예	20 (水)	殳(갖은등글월문)	
	藝	재주 예 심을 예	21 (木)	艸(초두밑)	
	譽	기릴 예 명예 예	21 (木)	言(말씀언변)	
	藝	꽃술 예	22 (木)	艸(초두밑)	
오	午	낮 오 거슬릴 오	4 (火)	土(흙토변)	소가 뿔을 내밀지 못하니 결정력이 부족하다
	五	다섯 오 다섯번할오	5 (土)	二(두이변)	결과가 계획한 일의 절반만 성공을 거둔다
	伍	다섯사람오 섞을 오	6 (土)	人(사람인변)	동업은 실패한다. 비밀을 발설하면 이익이 줄어든다
	吾	나 오 우리 오	7 (金)	口(입구)	
	汚	더러울 오 더럽힐 오	7 (金)	水(삼수변)	
	吳	오나라 오 큰소리할 오	7 (金)	口(입구)	말이 화근이 되어 파장이 커지므로 말조심

음	한자	훈과 음	획 수 (수리오행)	부 수 (부수명칭)	측자·파자
오	旿	대낮 오 한낮 오	8 (金)	日(날일변)	
	俉	맞이할 오	9 (水)	人(사람인변)	
	烏	까마귀 오 검을 오	10 (水)	火(불화변)	
	娛	즐거워할 오 즐거움 오	10 (水)	女(계집녀변)	
	悟	깨달을 오 슬기로울 오	11 (木)	心(심방변)	상대의 마음이 곧고 쾌활하니 뜻을 이룬다
	梧	오동나무 오 거문고 오 책상 오	11 (木)	木(나무목변)	
	晤	만날 오 밝을 오	11 (木)	日(날일변)	
	敖	놀 오 시끄러울오	11 (木)	土(흙토변)	
	浯	오수 오 오산 오	11 (木)	水(삼수변)	
	珸	옥돌 오 옥빛 오	12 (木)	玉(구슬옥변)	
	惡	미워할 오 부끄러워할오	12 (木)	心(마음심)	
	嗚	탄식할 오 노래소리 오	13 (火)	口(입구)	
	塢	둑 오 마을 오	13 (火)	土(흙토변)	
	筽	대이름 오 버들고리오	13 (火)	竹(대죽변)	
	蜈	지네 오	13 (火)	虫(벌레충변)	
	傲	거만할 오 업신여길 오	13 (火)	人(사람인변)	
	奧	아랫목 오 그윽할 오 쌓을 오	13 (火)	大(큰대)	
	誤	잘못 오 그르칠 오	14 (火)	言(말씀언변)	헐뜯어 말하는건 당연히 그럴만한 점이있다

음	한자	훈과 음	획 수 (수리오행)	부 수 (부수명칭)	측자·파자
오	寤	잠깰 오 깨달을 오	14 (火)	宀(갓머리)	
	熬	볶을 오 누울 오	15 (土)	火(불화변)	
	獒	개 오 길이잘든개오	15 (土)	犬(개견)	
	墺	물가 오 육지 오	16 (土)	土(흙토변)	
	懊	한할 오 괴로워할오	17 (金)	心(심방변)	
	澳	깊을 오 내이름 오	17 (金)	水(삼수변)	
	燠	따뜻할 예	17 (金)	火(불화변)	燠(따뜻할 오·우·욱)同字
	鰲	큰자라 오	22 (木)	魚(고기어변)	鰲: 鼇의 俗字
	鼇	자라 오 큰바다거북오	24 (火)	黽(맹꽁이맹)	
옥	玉	옥 옥 사랑할 옥	5 (土)	玉(구슬옥변)	넓은땅에 파리한마리 앉아있는모습이니 힘이 약하다
	沃	기름질 옥 물댈 옥	8 (金)	水(삼수변)	인간의 힘으로 어쩔 수 없는 일이 발생한다
	屋	집 옥 지붕 옥	9 (水)	尸(주검시)	
	鈺	보배 옥 쇠 옥	13 (火)	金(쇠금변)	금과옥을 쌓으니 영리사업은많은 재물모은다
	獄	감옥 옥 송사 옥	14 (火)	犬(개사슴록변)	
온	昷	어질 온	9 (水)	日(날일변)	
	媼	할미 온 계집 온	13 (火)	女(계집녀변)	
	溫	따뜻할 온 온천 온	14 (火)	水(삼수변)	사업이든 질병이든 창성하고 완쾌한다
	瑥	사람이름 온	15 (土)	玉(구슬옥변)	
	瘟	염병 온 괴로워할온	15 (土)	疒(병질안)	
	穩	번성할 온	15 (土)	禾(벼화변)	

음	한자	훈과 음	획 수 (수리오행)	부 수 (부수명칭)	측자·파자
온	縕	헌솜 온 풍부할 온	16 (土)	糸(실사변)	
	穩	평안할 온 평온할 온	19 (水)	禾(벼화변)	俗字인 16획도 신고됨
	蘊	쌓을 온 간직할 온	22 (木)	艸(초두밑)	
올	兀	우뚝할 올	3 (火)	儿(어진사람인)	
옹	瓮	독 옹 항아리 옹	9 (水)	瓦(기와와)	
	翁	늙은이 옹 아버지 옹	10 (水)	羽(깃우)	藝名, 雅號에 좋은 글자
	邕	막을 옹 화락할 옹	10 (水)	邑(우부방)	邕: 옹(壅)과 仝字
	雍	화목할 옹 막을 옹	13 (火)	隹(새추)	
	壅	막을 옹 북돋울 옹	16 (土)	土(흙토변)	
	擁	안을 옹 막을 옹	17 (金)	手(재방변)	
	甕	독 옹 단지 옹	18 (金)	瓦(기와와)	
	饔	조반 옹 조리할 옹	22 (木)	食(밥식변)	
	癰	등창 옹 악창 옹	23 (火)	疒(병질안)	
와	瓦	기와 와 질그릇 와	5 (土)	瓦(기와와)	
	臥	누울 와 침실 와	8 (金)	臣(신하신)	
	訛	거짓말 와 그릇될 와	11 (木)	言(말씀언변)	
	蛙	음란할 와 개구리 와	12 (木)	虫(벌레충변)	
	渦	소용돌이와 물돌아흐를와	13 (火)	水(삼수변)	
	窩	굴 와 움집 와	14 (火)	穴(구멍혈)	

음	한자	훈과 음	획 수 (수리오행)	부 수 (부수명칭)	측자·파자
와	窪	웅덩이 와 맑은물 와	14 (火)	穴(구멍혈)	
	蝸	고둥 와 달팽이 와	15 (土)	虫(벌레충변)	
완	完	완전할 완 튼튼할 완	7 (金)	宀(갓머리)	
	妧	좋을 완 고울 완	7 (金)	女(계집녀변)	
	岏	산높을 완 산봉우리 완	7 (金)	山(메산변)	
	宛	굽을 완 완연할 완	8 (金)	宀(갓머리)	
	玩	장난할 완 익힐 완 사랑할 완	9 (水)	玉(구슬옥변)	
	垸	바를 완 재섞어바를완	10 (水)	土(흙토변)	
	浣	씻을 완 말미 완 열흘 완	11 (木)	水(삼수변)	
	婠	예쁠 완	11 (木)	女(계집녀변)	
	婉	아름다울 완 순할 완	11 (木)	女(계집녀변)	완· 원 音 중에서 선택 집단중의 여자가 시기한다
	梡	도마 완 땔나무 완	11 (木)	木(나무목변)	
	琓	서옥 완	12 (木)	玉(구슬옥변)	
	椀	주발 완 바리 완	12 (木)	木(나무목변)	
	阮	관문이름완 나라이름완	12 (木)	阜(좌부방)	
	莞	왕골 완 골풀 완 웃을 완	13 (火)	艸(초두밑)	
	琬	옥 완 홀 완	13 (火)	玉(구슬옥변)	
	碗	식기 완	13 (火)	石(돌석변)	

음	한자	훈과 음	획 수 (수리오행)	부 수 (부수명칭)	측자·파자
완	脘	밥통 완 위 완	13 (火)	肉(고기육변)	
	頑	둔할 완 완고할 완	13 (火)	頁(머리혈)	
	腕	팔 완 손 완	14 (火)	肉(고기육변)	
	緩	느릴 완 부드러울완	15 (土)	糸(실사변)	
	翫	가지고놀완	15 (土)	羽(깃우)	
	豌	완두 완	15 (土)	豆(콩두)	
	錇	식기 완 양수사 완	16 (土)	金(쇠금변)	碗과 同字
왈	曰	가로 왈 가로되 왈 이를 왈	4 (火)	曰(가로왈)	주인공의 운이 하늘로부터 펴지면서 공명 得
왕	王	임금 왕 왕성할 왕	4 (火) 5 (土)	王(임금왕변)	木字나 姓으로 쓰면 4획이고, 部首로 쓰면 5획
	往	갈 왕 보낼 왕	8 (金)	彳(두인변)	
	旺	고울 왕 성할 왕	8 (金)	日(날일변)	
	汪	넓을 왕 바다 왕	8 (金)	水(삼수변)	사람의 마음이 옥처럼 깨끗하니청렴한 큰인물
	枉	굽을 왕 원죄 왕	8 (金)	木(나무목변)	
왜	娃	예쁠 왜 미인 왜	9 (水)	女(계집녀변)	
	歪	기울 예 비뚤어질왜	9 (水)	止(그칠지)	
	倭	왜국 왜 순한모양왜	10 (水)	人(사람인변)	
	矮	난장이 왜 키작을 왜	13 (火)	矢(화살시)	

음	한자	훈과 음	획수 (수리오행)	부수 (부수명칭)	측자·파자
외	外	밖 외 외국 외 외댈 외	5 (土)	夕(저녁석)	
	畏	두려워할 외 두려움 외	9 (水)	田(밭전)	집안에 초상이 있을 징조이나 크게 두려워마라
	嵬	높을 외 허망할 외	13 (火)	山(뫼산변)	
	猥	함부로 외 더러울 외	13 (火)	犬(개사슴록변)	
	巍	높을 외 높고큰모양외	21 (木)	山(뫼산변)	
요	夭	일찍죽을 요 재앙 요 예쁠 요	4 (火)	大(큰대)	
	凹	오목 요 오목할 요	5 (土)	凵(위터진입구)	
	妖	도깨비 요 아리따울요	7 (金)	女(계집녀변)	
	要	중요할 요 구할 요 요컨대 요	9 (水)	襾(걸을아)	악할악 머리요 편안안자 발이니 먼저 어렵고 나중편안하다
	姚	예쁠 요 날랠 요	9 (水)	女(계집녀변)	좋은 일이 생기고 자녀들의 도움이 크도다
	拗	꺾을 요 부러뜨릴요	9 (水)	手(재방변)	
	窈	고요할 요 그윽할 요	10 (水)	穴(구멍혈)	
	堯	높을 요 요임금 요	12 (木)	土(흙토변)	
	搖	흔들 요 움직일 요	14 (火)	手(재방변)	
	僥	요행 요 바랄 요	14 (火)	人(사람인변)	
	暚	밝을 요 햇빛 요	14 (火)	日(날일변)	
	腰	허리요 찰 요	15 (土)	肉(고기육변)	

음	한자	훈과 음	획 수 (수리오행)	부 수 (부수명칭)	측자·파자
요	嶢	산높을 요	15 (土)	山(뫼산변)	
	瑤	옥돌 요 아름다울요	15 (土)	玉(구슬옥변)	
	窯	가마 요 오지그릇요	15 (土)	穴(구멍혈)	
	樂	좋아할 요 락·악·요音	15 (土)	木(나무목변)	주인공이 어려울 때 도울 자가 좌우에 있어 행복하다
	橈	꺾을 요 굽을 요	16 (土)	木(나무목변)	
	遙	멀 요 거닐 요	17 (金)	辵(책받침)	
	謠	노래할 요 소문 요	17 (金)	言(말씀언변)	
	繇	역사 요 부역 요	17 (金)	糸(실사변)	
	曜	요일 요 일월성신요 빛날 요	18 (金)	日(날일변)	
	燿	빛날 요 비칠 요	18 (金)	火(불화변)	
	繞	얽을 요 두를 요	18 (金)	糸(실사변)	
	蟯	요충 요 촌충 요	18 (金)	虫(벌레충변)	
	擾	요란할 요 어지러울요	19 (水)	手(재방변)	
	耀	빛날 요	20 (水)	羽(깃우)	曜(日部14획)와 仝字
	邀	맞을 요 초대할 요	20 (水)	辵(책받침)	
	饒	넉넉할 요 용서할 요	21 (木)	食(밥식변)	
욕	辱	욕볼 욕 욕되게할 욕	10 (水)	辰(별진)	
	欲	하고자할 욕 욕심 욕	11 (木)	欠(하품흠몸)	포용하고 용납하며믿고 맡기면 만사형통한다

음	한자	훈과 음	획수 (수리오행)	부수 (부수명칭)	측자·파자
욕	浴	목욕 욕 미역감길욕	11 (木)	水(삼수변)	
	慾	욕심 욕 탐낼 욕	15 (土)	心(마음심)	
	縟	무늬 욕 화문놓을욕	16 (土)	糸(실사변)	
	褥	요 욕 까는침구욕	16 (土)	衣(옷의)	
용	冗	한가로울용 쓸데없을용	4 (火)	冖(민갓머리)	
	用	쓸 용 재물 용	5 (土)	用(쓸용)	상황과 요건이 불완전하니 구조조정을 해야 한다
	甬	길 용 물솟을 용	7 (金)	用(쓸용)	마음이 아프고, 통하지 않고, 용기 없으니 문제
	勇	날랠 용 용감할 용	9 (水)	力(힘력변)	
	俑	목우 용 목우인형용	9 (水)	人(사람인변)	지혜와 용기를 내지 않으면 허수아비가 된다
	容	얼굴 용 담을 용 용서할 용	10 (水)	宀(갓머리)	한 말, 한 일이 상대에게 빨리 전달되니 조심하자
	埇	길돋울 용 땅이름 용	10 (水)	土(흙토변)	
	庸	고용할 용 범상할 용	11 (木)	广(엄호밑)	주인공이 건강하고 튼튼하니 채용해도 된다
	涌	솟아날 용 떠오를 용	11 (木)	水(삼수변)	열심히 노력했는데 어찌 사람들에게 통하지 않네
	茸	우거질 용 녹용 용 버섯 용	12 (木)	艸(초두밑)	
	傛	아름다울용 용화 용	12 (木)	人(사람인변)	
	湧	솟아날 용 떠오를 용	13 (火)	水(삼수변)	湧 : 涌(水部7획)과 仝字
	傭	품팔이 용 임금 용	13 (火)	人(사람인변)	
	溶	녹을 용 질펀히흐를용	14 (火)	水(삼수변))	

음	한자	훈과 음	획 수 (수리오행)	부 수 (부수명칭)	측자·파자
용	榕	용나무 용 나무이름 용	14 (火)	木(나무목변)	
	踊	뛸 용 오를 용	14 (火)	足(발족변)	
	墉	담 용 성채 용	14 (火)	土(흙토변)	
	慂	권할 용 억지로권용	14 (火)	心(마음심)	
	熔	녹일 용 녹을 용	14 (火)	火(불화변)	
	瑢	옥소리 용	15 (土)	玉(구슬옥변)	
	槦	나무이름목 화살대 용	15 (土)	木(나무목변)	
	蓉	부용 용 연꽃 용	16 (土)	艸(초두밑)	
	聳	솟을 용 솟게할 용	17 (金)	耳(귀이변)	
	鎔	거푸집 용 녹일 용	18 (金)	金(쇠금변)	
	鏞	쇠북 용 큰종 용	19 (水)	金(쇠금변)	
우	又	또 우 또할 우	2 (木)	又(또우)	
	于	어조사 우 갈 우	3 (火)	二(두이변)	결과가 만족스럽지 못하거나 부상을 입는다
	牛	소 우 별이름 우	4 (火)	牛(소우변)	관재, 구설을 피하려면 고할 말도 참아야 한다
	友	벗 우 우애있을우	4 (火)	又(또우)	시작만 있고 끝이 없는 형상이니 노력하라
	尤	더욱 우 허물 우	4 (火)	尢(절름발이왕)	허가, 신청, 청탁 등은 이루기가 어렵구나
	右	오른 우 숭상할 우	5 (土)	口(입구)	
	宇	집 우 하늘 우 천하 우	6 (土)	宀(갓머리)	손안에 가진 것 없는 빈털터리 신세로다
	圩	둑 우 우묵할 우	6 (土)	土(흙토변)	

음	한자	훈과 음	획 수 (수리오행)	부 수 (부수명칭)	측자·파자
우	羽	깃 우 새 우	6 (土)	羽(깃우)	날개달고 비상하니 승진,사업,시험,취업 길함
	佑	도울 우 도움 우	7 (金)	人(사람인변)	
	旴	클 우 해돋는모양우	7 (金)	日(날일변)	
	扜	당길 우 끌어당길우	7 (金)	手(재방변)	
	雨	비 우 비올 우	8 (金)	雨(비우)	소인의 무리가 세력을 잡고 못된 짓을 하고 있다
	玗	옥돌 우 아름다운돌우	8 (金)	玉(구슬옥변)	
	盂	사발 우 밥그릇 우	8 (金)	皿(그릇명밑)	
	禹	펼 우 우임금 우	9 (水)	禸(자귀유)	千에서시작하여萬까지 관직, 사업이 승승장구
	紆	굽을 우 얽을 우	9 (水)	糸(실사변)	
	芋	토란 우 텂을 우	9 (水)	艸(초두밑)	
	祐	도울 우 도움 우	10 (水)	示(실사변)	
	迂	굽을 우 멀 우	10 (水)	辵(책받침)	
	偶	짝(수) 우 만날 우	11 (木)	人(사람인변)	찾고 있는 사람을 우연히 만나게 된다
	釪	창고달 우 바리때 우	11 (木)	金(쇠금변)	
	雩	기우제 우	11 (木)	雨(비우)	
	寓	붙어살 우 맡길 우 부칠 우	12 (木)	宀(갓머리)	집에 있지 말고 돌아다녀야 귀인을 만난다
	堣	모퉁이 우 땅이름 우	12 (木)	土(흙토변)	
	惆	기뻐할 우 황홀할 우	13 (火)	心(마음심)	
	愚	어리석을 우 우직할 우 고지식할 우	13 (火)	心(마음심)	열심히 돌아다녀야 귀인을 만나 문제가 해결된다

음	한자	훈과 음	획 수 (수리오행)	부 수 (부수명칭)	측자·파자
우	虞	헤아릴 우 염려할 우	13 (火)	虍(범호)	
	瑀	패옥 우 옥돌 우	14 (火)	玉(구슬옥변)	
	雩	물소리 우	14 (火)	雨(비우)	
	禑	복우	14 (火)	示(보일시)	
	憂	근심 우 앓을 우	15 (土)	心(마음심)	
	郵	역말 우 우편 우 오두막집우	15 (土)	邑(우부방)	
	慪	유혹할 우 화나게할우	15 (土)	心(마음심)	
	遇	만날 우 대접할 우	16 (土)	辵(책받침)	
	優	넉넉할 우 뛰어날 우 희롱할 우	17 (金)	人(사람인변)	
	隅	구석 우 모퉁이 우	17 (金)	阜(좌부방)	
	燠	따뜻할 우 위로할 우	17 (金)	火(불화변)	燠(따뜻할 오·우·욱)同字
	藕	연 우 연뿌리 우	21 (木)	艸(초두밑)	
욱	旭	아침해 욱 해뜰 욱	6 (土)	日(날일변)	
	昱	빛날 욱 밝을 욱	9 (水)	日(날일변)	
	彧	문채 욱 빛날 욱	10 (水)	彡(터럭삼)	
	栯	산앵두 욱	10 (水)	木(나무목변)	
	勖	힘쓸 욱	11 (木)	力(힘력변)	
	煜	빛날 욱 불꽃 욱	13 (火)	火(불화변)	
	郁	땅이름 욱 성할 욱	13 (火)	邑(우부방)	

음	한자	훈과 음	획 수 (수리오행)	부 수 (부수명칭)	측자·파자
욱	頊	멍할 욱 멍청할 욱	13 (火)	頁(머리혈)	
	稶	서직무성할욱	15 (土)	禾(벼화변)	
	燠	따뜻할 욱 위로할 욱	17 (金)	火(불화변)	燠(따뜻할 오·우·욱)同字
운	云	이를 운 운행할 운	4 (火)	二(두이변)	기다려도 답은 없고 주변에 소인배만 들끓는다
	会	높을 운	7 (金)	大(큰대)	
	沄	넓을 운 돌아흐를운	8 (金)	水(삼수변)	
	耘	김맬 운 없앨 운	10 (水)	耒(쟁기뢰변)	
	芸	향풀이름운	10 (水)	艸(초두밑)	
	雲	구름 운 하늘 운	12 (木)	雨(비우)	구름이 하늘을 가리고 있으니 계획 진행하면 나쁨
	暈	무리 운 해와달무리운	13 (火)	日(날일변)	
	殞	죽을 운 떨어질 운	14 (火)	歹(죽을사)	
	熉	누런빛 운 노란모양운	14 (火)	火(불화변)	
	運	돌 운 운 운 옮길 운	16 (土)	辵(책받침)	운수가 장차 대통하여 앞길 시원하게 뚫린다
	澐	큰물결 운 큰물결일운	16 (土)	水(삼수변)	
	賱	재운 운 넉넉할 운	16 (土)	貝(조개패)	
	橒	나무무늬운	16 (土)	木(나무목변)	
	篔	운당 운 왕대 운	16 (土)	竹(대죽변)	
	蕓	평지 운	18 (金)	艸(초두밑)	
	隕	잃을 운 떨어질 운	18 (金)	阜(좌부방)	공을 세워 상을 받거나 승진하게 된다
	韻	울림 운 운치 운	19 (水)	音(소리음)	

음	한자	훈과 음	획 수 (수리오행)	부 수 (부수명칭)	측자·파자
울	亏	땅이름 울	4 (火)	乙(새을)	
	蔚	고을이름울 빽빽할 울	17 (金)	艸(초두밑)	
	鬱	막힐 울 우거질 울	29 (水)	鬯(술창)	
웅	雄	수컷 웅 굳셀 웅 뛰어날 웅	12 (木)	隹(새추)	보통 사람이 따를 수 없는 훌륭한 재주가 있다
	熊	곰 웅 빛날 웅	14 (火)	火(불화변)	수습할수 없을 만큼 파했으니 더이상 손대지 마셈
원	元	으뜸 원 근원 원	4 (火)	儿(어진사람인)	완전한 형상이라 일이 순조롭고 성적은 수석이다
	沅	물이름 원	8 (金)	水(삼수변)	
	朊	달빛희미할원	8 (金)	月(달월변)	
	杬	나무이름원 주무를 원	8 (金)	木(나무목변)	
	怨	원망할 원 원수 원	9 (水)	心(마음심)	
	垣	담(장) 원 별이름 원	9 (水)	土(흙토변)	손실이 오고 가족에게 어려움이 있을수 있다
	爰	이에 원 여기에서원	9 (水)	爪(손톱조)	
	原	근원 원 놓아줄 원	10 (水)	厂(민엄호밑)	물기운을 만나야 발전하며 건강은 회복된다
	員	인원 원 관원 원	10 (水)	口(입구)	
	袁	옷깃 원 옷치렁거릴 원	10 (水)	衣(옷의)	길할 길 머리요 쇠할 쇠 발이니 처음은 좋고 나중 나쁘다
	洹	물이름 원 세차게흐를원	10 (水)	水(삼수변)	
	苑	동산 원 문채날 원	11 (木)	艸(초두밑)	
	婉	고울 원 아름다울원	11 (木)	女(계집녀변)	완·원 중에서 선택됨
	寃	원통할 원 원수 원	11 (木)	宀(갓머리)	집을 떠나야 화를 면하고 뜻을 이루게 된다

음	한자	훈과 음	획 수 (수리오행)	부 수 (부수명칭)	측자·파자
원	媛	아름다울원 끌 원	12 (木)	女(계집녀변)	
	阮	관이름 원 나라이름원	12 (木)	阜(좌부방)	
	園	동산 원 왕능 원 능 원	13 (火)	口(큰입구)	계획상 머지않아 고향이나 타국으로 떠난다.
	圓	둥글 원 알 원 원 원	13 (火)	口(큰입구)	취업, 사업이 잘 되서 큰돈을 손에 쥐게 된다.
	援	당길 원 구조할 원	13 (火)	手(재방변)	
	嫄	사람이름 원 여자이름 원	13 (火)	女(계집녀변)	
	湲	맑을 원 물흐를 원	13 (火)	水(삼수변)	
	源	근원 원 수원 원	14 (火)	水(삼수변)	
	瑗	옥 원 도리옥 원	14 (火)	玉(구슬옥변)	
	愿	성실할 원 정성 원	14 (火)	心(마음심)	
	猿	원숭이 원	14 (火)	犬(개사슴록변)	
	院	집 원 절 원 마을 원	15 (土)	邑(우부방)	
	褑	띠 원 옷 원	15 (土)	衣(옷의)	
	鴛	원앙 원 원앙새 원	16 (土)	鳥(새조변)	
	鋺	식기 원 양수사 원	16 (土)	金(쇠금변)	
	遠	멀 원 깊을 원 멀리할 원	17 (金)	辵(책받침)	이익이 천리 밖에 있으니 멀리나가 구하라
	轅	끌채 원 멍에채 원	17 (金)	車(수레거변)	
	願	바랄 원 소망 원 사모할 원	19 (水)	頁(머리혈)	

음	한자	훈과 음	획 수 (수리오행)	부 수 (부수명칭)	측자·파자
월	月	달 월 세월 월	4 (火)	月(달월변)	달도 차면 기우나니 보름 이전에 일을 마쳐라
	越	넘을 월 지날 월 멀리할 월	12 (木)	走(달아날주변)	
	鉞	도끼 월 뛰어넘을월	13 (火)	金(쇠금변)	
위	危	위태할 위 두려워할 위	6 (土)	卩(병부절)	거짓을 말하므로 주의하고 질병은 오래간다
	位	자리 위 분(인원)위	7 (金)	人(사람인변)	아직 안정과 편안함을 취하기엔 아직 이르다
	委	맡길 위 자세할 위	8 (金)	女(계집녀변)	불화가 생겼을 경우에 여자를 중재자로 세워라
	威	위엄 위 거동 위	9 (水)	女(계집녀변)	여자를 잘못 안으면 모든 일이 수포로 돌아간다
	韋	가죽 위 어길 위	9 (水)	韋(가죽위)	
	偉	클 위 뛰어날 위	11 (木)	人(사람인변)	
	胃	밥통 위 별이름 위	11 (木)	肉(고기육변)	이유는 몰라도 생각없이 복종하지 않으면어렵다
	尉	벼슬이름 위 편안히할위	11 (木)	寸(마디촌)	
	爲	할 위 위할 위 다스릴 위	12 (木)	爪(손톱조)	거짓이니 어떤 말로 감언이설하든 믿지 말아라
	圍	둘레 위 에울 위	12 (木)	口(큰입구)	
	暐	환할 위 햇빛 위	13 (火)	日(날일변)	
	渭	물이름 위 강이름 위	13 (火)	水(삼수변)	
	僞	거짓 위 속일 위	14 (火)	人(사람인변)	
	萎	마를 위 시들 위	14 (火)	艸(초두밑)	

음	한자	훈과 음	획 수 (수리오행)	부 수 (부수명칭)	측자·파자
위	瑋	옥 위 진기할 위	14 (火)	玉(구슬옥변)	
	緯	짤 위 별 위 참서 위	15 (土)	糸(실사변)	
	慰	위로할 위 위안할 위	15 (土)	心(마음심)	
	葦	갈대 위 작은배 위	15 (土)	艸(초두밑)	
	蝟	고슴도치위 운집할 위	15 (土)	虫(벌레충변)	
	褘	아름다울위 장막 위	15 (土)	衣(옷의)	의지하여 도움을 받아도 좋고 독립해도 좋다
	謂	고할 위 힘쓸 위	16 (土)	言(말씀언변)	
	衛	막을 위 경영할 위 나라이름위	16 (土)	行(다닐행)	俗字인 15획도 신고됨 행동,일을잘못하고있다
	違	어길 위 달아날 위	16 (土)	辵(책받침)	
	魏	높을 위 나라이름위	18 (金)	鬼(귀신귀)	
	蔿	풀 위 고을이름위	18 (金)	艸(초두밑)	
유	由	말미암을유 좇을 유 까닭 유	5 (土)	田(밭전)	甲자가 거꾸로 떨어진 형상이라 곤두박질한다
	幼	어릴 유 어릴때 유	5 (土)	幺(작을요)	일이 꼬였으니 포기하고 새롭게 찾아보아라
	有	있을 유 가질 유	6 (土)	月(달월변)	반쪽짜리 친구가 문제이나 집안에서 돕는다
	酉	닭 유 열째지지유	7 (金)	酉(닭유변)	오곡이 자라 열매를 맺고 만사를 성취한다
	攸	곳 유 달릴 유 아득할 유	7 (金)	人(사람인변)	
	臾	잠간 유 착할 유	8 (金)	臼(절구구)	
	侑	도울 유 권할 유	8 (金)	人(사람인변)	

음	한자	훈과 음	획 수 (수리오행)	부 수 (부수명칭)	측자·파자
유	乳	젖 유 기를 유	8 (金)	乙(새을변)	하나에 흡족하지 못하고 갈등하니 상황이 어렵다
	油	기름 유 구름일 유	9 (水)	水(삼수변)	
	柔	부드러울유 복종할 유	9 (水)	木(나무목변)	
	幽	그윽할 유 숨을 유	9 (水)	幺(작을요)	
	宥	용서할 유 도울 유	9 (水)	宀(갓머리)	
	兪	그러할 유 응답할 유	9 (水)	入(들입)	독불장군은 어려우니 남의 힘을 빌려라
	柚	유자나무유	9 (水)	木(나무목변)	
	囿	동산 유 구역 유	9 (水)	囗(큰입구)	
	洧	물이름 유	10 (水)	水(삼수변)	
	秞	무성할 유	10 (水)	禾(벼화변)	
	唯	오직 유 대답할 유	11 (木)	口(입구)	앞에서 끌고 뒤에서 밀어야 성공하니 화합하라
	悠	멀 유 한가할 유	11 (木)	心(마음심)	
	婑	아리따울유 날씬할 유	11 (木)	女(계집녀변)	
	逌	만족할 유 어조사 유	11 (木)	辵(책받침)	
	惟	오직 유 생각할 유	12 (木)	心(심방변)	아름답고 멋진 연인 기다리나 이루기 어렵다
	庾	곳집 유 미곡창고유	12 (木)	广(엄호밑)	
	喩	깨달을 유 좋아할 유	12 (木)	口(입구)	
	釉	광택 유 윤 유	12 (木)	釆(분별할변)	
	裕	넉넉할 유 너그러울 유	13 (火)	衣(옷의)	

음	한자	훈과 음	획 수 (수리오행)	부 수 (부수명칭)	측자·파자
유	愈	나을 유 고칠 유 즐길 유	13 (火)	心(마음심)	
	楡	느릅나무유	13 (火)	木(나무목변)	
	猶	원숭이 유 오히려 유	13 (火)	犬(개사슴록변)	
	猷	꾀유 그릴 유 같을 유	13 (火)	犬(개견)	
	愉	기뻐할 유 즐길 유	13 (火)	心(심방변)	
	琟	옥돌 유 옥같은돌유	13 (火)	玉(구슬옥변)	
	揄	끌 유 이끌 유	13 (火)	手(재방변)	
	楢	졸참나무유 내이름 유	13 (火)	木(나무목변)	
	游	놀 유 헤엄칠 유	13 (火)	水(삼수변)	자원을 총동원하여 일전을벌여야 승산이있다
	維	바 유 맬 유 오직 유	14 (火)	糸(실사변)	어려움벗어나 희망보이고 혼담, 동업은깨진다
	誘	꾈 유 달랠 유 가르칠 유	14 (火)	言(말씀언변)	한쪽에 치우침 없이 조화롭게 일을 추진한다
	瑜	옥 유 옥빛 유	14 (火)	玉(구슬옥변)	
	萸	수유 유 풀이름 유	15 (土)	艸(초두밑)	
	牖	창 유 이끌 유	15 (土)	片(조각편)	
	遊	놀 유 여행 유 유세할 유	16 (土)	辵(책받침)	
	儒	선비 유 유교 유	16 (土)	人(사람인변)	
	諛	아첨할 유 비위맞출유	16 (土)	言(말씀언변)	
	諭	인도할 유 깨우칠 유	16 (土)	言(말씀언변)	

음	한자	훈과 음	획 수 (수리오행)	부 수 (부수명칭)	측자·파자
유	踰	넘을 유 건널 유	16 (土)	足(발족변)	
	蹂	밟을 유 빠를 유	16 (土)	足(발족변)	
	逾	멀 유 넘을 유	16 (土)	辵(책받침)	
	孺	젖먹을 유 젖먹이 유	17 (金)	子(아들자)	
	鍮	놋쇠 유	17 (金)	金(쇠금변)	
	濡	젖을 유 베풀 유	18 (金)	水(삼수변)	
	癒	병나을 유	18 (金)	疒(병질안)	
	曘	어두울 유 물정어둘유	18 (金)	日(날일변)	
	遺	남을 유 남길 유	19 (水)	辵(책받침)	
육	肉	고기 육 몸 육	6 (土)	肉(고기육변)	내안에 또사람 있으니 뒤에서조종하는자 있다
	育	기를 육 자랄 육	10 (水)	肉(고기육변)	
	堉	기름진땅육	11 (木)	土(흙토변)	
	毓	기를 육 번성할 육	14 (火)	毋(말무)	
윤	尹	다스릴 윤 벼슬 윤	4 (火)	尸(주검시)	상대에게 무엇인가 이상스런 징후가 있다
	允	미쁨 윤 진실로 윤 허락할 윤	4 (火)	儿(어진사람인)	
	昀	햇빛 윤	8 (金)	日(날일변)	
	玧	귀막이옥윤	9 (水)	玉(구슬옥변)	
	胤	이을 윤 자손 윤	11 (木)	肉(고기육변)	
	阭	높을 윤	12 (木)	阜(좌부방)	

음	한자	훈과 음	획 수 (수리오행)	부 수 (부수명칭)	측자·파자
윤	鈗	창 윤	12 (木)	金(쇠금변)	
	閏	윤달 윤 윤달들 윤	12 (木)	門(문문)	
	蒟	연뿌리 윤	13 (火)	艸(초두밑)	
	奫	물충충할윤 물깊고 넓을 윤	14 (火)	大(큰대)	
	閠	윤달 윤	15 (土)	門(문문)	閏과 仝字
	潤	젖을 윤 은혜 윤 윤택할 윤	16 (土)	水(삼수변)	
	贇	예쁠 윤 사람이름윤	18 (金)	貝(조개패)	贇(빈)과 同字
율	聿	붓 율 마침내 율	6 (土)	聿(붓율)	직업,사업,재물이 막판에 이르러법에 의한다
	汩	물흐를 율 다스릴 율	8 (金)	水(삼수변)	
	建	나누어줄 율 걸어가는모양율	13 (火)	辵(책받침)	
	燏	빛나는모양율 불타는모양율	16 (土)	火(불화변)	
융	戎	되 융 오랑캐 융	6 (土)	戈(창과)	성공할 때를 기다리며 사기, 도난에 주의하자
	絨	융 융 고운베 융	12 (木)	糸(실사변)	재물을 뺏거나 훔쳐가려는 자가 가까이있다
	融	녹을 융 통할 융 화합할 융	16 (土)	虫(벌레충변)	명리와 담을 쌓은 수도자의 길을 걷는다
	瀜	물깊을 융	20 (水)	水(삼수변)	
은	听	웃는모양은 따질 은	7 (金)	口(입구)	
	圻	언덕 은 땅끝은(垠과통용)	7 (金)	土(흙토변)	垠과 통용
	垠	땅끝 은 낭떠러리 은	9 (水)	土(흙토변)	
	恩	은혜 은 사랑할 은	10 (水)	心(마음심)	어려움이 사라지고 좋은 휴식시간이 온다

음	한자	훈과 음	획수 (수리오행)	부수 (부수명칭)	측자·파자
은	殷	성할 은 클 은 은나라 은	10 (水)	殳(갖은둥글월문)	
	珢	옥돌 은	11 (木)	土(흙토변)	
	訢	삼가고공경할은 誾과 통용	11 (木)	言(말씀언변)	誾과 통용
	銀	은 은 은빛 은	14 (火)	金(쇠금변)	금과 은이 산에 있어 캐니 계획을 진행하면 적중한다
	溵	물소리 은	14 (火)	水(삼수변)	
	慇	은근할 은 괴로워할은 부유할 은	14 (火)	心(마음심)	
	誾	향내날 은 화기애할은	15 (土)	言(말씀언변)	아낙네가 할 말이지 남정네가 할 말이 아니다
	璁	사람이름은	15 (土)	玉(구슬옥변)	
	億	기댈 은 의지할 은	16 (土)	人(사람인변)	
	檃	도지개 은	17 (金)	木(나무목변)	
	濦	강이름 은	18 (金)	水(삼수변)	
	檼	도지개 은 마룻대 은	18 (金)	木(나무목변)	
	隱	숨을 은 점칠 은 근심할 은	22 (木)	阜(좌부방)	
	蘟	은인 은	23 (火)	艸(초두밑)	고사리와 비슷한 나물 이름
을	乙	새 을 둘째 을	1 (木)	乙(새을변)	노력한 만큼 얻지만 손재수가 있으니 주의하라
	圪	우둑할 을	6 (土)	土(흙토변)	
음	吟	읊을 음 끙끙거릴음	7 (金)	口(입구)	
	音	소리 음 소식 음	9 (水)	音(소리음)	바라던 일에 마음이 흡족하고 흐뭇하게 된다

음	한자	훈과 음	획 수 (수리오행)	부 수 (부수명칭)	측자·파자
음	淫	음란할 음 과할 음 담글 음	12 (木)	水(삼수변)	
	愔	화평할 음 그윽할 음	13 (火)	心(마음심)	
	飮	마실 음 숨길 음	13 (火)	食(밥식변)	
	陰	음기 음 그늘 음 몰래 음	16 (土)	阜(좌부방)	잘못이 없는데도 죄를 뒤집어 쓸 수 있다
	蔭	덮을 음 그늘 음	17 (金)	艸(초두밑)	
읍	邑	고을 읍 근심할 읍	7 (金)	邑(우부방)	
	泣	울 읍 눈물 읍	9 (水)	水(삼수변)	
	揖	읍할 읍 사양할 읍	13 (火)	手(재방변)	
응	凝	얼 응 엉길 응 정할 응	16 (土)	冫(이수변)	
	應	응당 응 응할 응	17 (金)	心(마음심)	
	膺	가슴 응 받을 응	19 (水)	肉(고기육변)	
	矘	물끄러미볼응	22 (木)	目(눈목변)	
	鷹	매 응 맹금 응	24 (火)	鳥(새조변)	
의	衣	옷 의 입을 의	6 (土)	衣(옷의)	
	矣	어조사 의 말그칠 의	7 (金)	矢(살시변)	
	依	의지할 의 좇을 의	8 (金)	人(사람인변)	
	宜	옳을 의 마땅할 의	8 (金)	宀(갓머리)	
	倚	기댈 의 믿을 의	10 (水)	人(사람인변)	

음	한자	훈과 음	획 수 (수리오행)	부 수 (부수명칭)	측자·파자
의	椅	노나무 의 의나무 의	12 (木)	木(나무목변)	
	義	의 의 옳을 의	13 (火)	羊(양양)	아름다운 조건이 나에게 오고 여덟 번째 왕이로다
	意	뜻 의 헤아릴 의 의심할 의	13 (火)	心(마음심)	태양이 되고자 하는 뜻을 세우니 큰 인물이다
	疑	의심할 의 두려워할의	14 (火)	疋(필필)	
	儀	거동 의 법 의 본받을 의	15 (土)	人(사람인변)	믿을 수는 있으나 의리가 적으니 문제다
	誼	옳을 의 의논할 의	15 (土)	言(말씀언변)	
	毅	굳셀 의 성발끈낼의	15 (土)	殳(갖은등글월문)	
	醫	의원 의 고칠 의	18 (金)	酉(닭유변)	
	擬	헤아릴 의 비길 의	18 (金)	手(재방변)	
	艤	배댈 의	19 (水)	舟(배주변)	
	薏	율무 의 연밥 의	19 (水)	艸(초두밑)	
	蟻	개미 의 검을 의	19 (水)	虫(벌레충변)	
	議	의논할 의 가릴 의	20 (水)	言(말씀언변)	
	懿	아름다울의 클 의 허 의	22 (木)	心(마음심)	
이	二	두 이 버금 이	2 (木)	二(두이변)	재주는 있으나 자신감이 없어 망설이니 문제로다
	已	이미 이 그칠 이	3 (火)	己(몸기)	
	以	써 이 까닭 이 닮을 이	5 (土)	人(사람인변)	

음	한자	훈과 음	획 수 (수리오행)	부 수 (부수명칭)	측자·파자
이	耳	귀 이 어조사 이	6 (土)	耳(귀이)	
	而	말이을 이 어조사 이 너 이	6 (土)	而(말이을이)	얼굴이 깨진 형상이니 성질내지 말고 참아라
	夷	오랑캐 이 평평할 이	6 (土)	大(큰대)	
	伊	저 이 어조사 이	6 (土)	人(사람인변)	장차 좋은 직장이나 권력을 얻게 된다
	弛	방종할 이 느슨할 이 활부릴 이	6 (土)	弓(활궁)	
	杝	나무이름이 단목 이	7 (金)	木(나무목변)	환자의 질병은 상황이 아주 나쁘며 루머 조심
	易	쉬울 이 소홀이할이	8 (金)	日(날인변)	바쁘다고 일을 대충하면 엉뚱한 곳에서 일터진다
	怡	기뻐할 이 온화할 이	9 (水)	心(심방변)	
	姨	이모 이 아내의자매이	9 (水)	女(계집녀변)	
	異	다를 이 이상할 이	11 (木)	田(밭전)	새가 날개를 얻어 조건을 충족하니 성공하여 귀향 한다
	痍	상처 이 다칠 이	11 (木)	疒(병질안)	
	苡	질경이 이 율무 이	11 (木)	艸(초두밑)	
	珥	귀고리 이 해무리 이	11 (木)	玉(구슬옥변)	
	移	옮길 이 옮을 이	11 (木)	禾(벼화변)	다다익선이라 공동사업은 번창하고 이익은 늘어난다
	荑	벨 이 깎을 이	12 (木)	艸(초두밑)	
	貳	두 이 두마음 이 변할 이	12 (木)	貝(조개패)	
	貽	끼칠 이 전할 이	12 (木)	貝(조개패)	
	胹	힘줄이질길이	12 (木)	肉(고기육변)	

음	한자	훈과 음	획 수 (수리오행)	부 수 (부수명칭)	측자·파자
이	嫛	기뿔 이	12 (木)	女(계집녀변)	
	肄	익힐 이 노력할 이	13 (火)	聿(붓율)	
	爾	너 이 그러할 이 어조사 이	14 (火)	爻(점괘효)	
	飴	엿 이 먹일 이	14 (火)	食(밥식변)	
	頤	턱 이 기를 이 이괘 이	15 (土)	頁(머리혈)	
	彛	떳떳할 이 법 이	16 (土)	彐(터진가로왈)	彛 : 本字 彝(18획)도 신고됨
	邇	가까울 이	21 (木)	辵(책받침)	
익	益	더할 익 이로울 익	10 (水)	皿(그릇명밑)	16일, 28일에 피 흘릴 수 있으니 교통사고등 조심
	翊	도울 익 삼갈 익	11 (木)	羽(깃우)	
	翌	이튿날 익 명일 익	11 (木)	羽(깃우)	
	熤	사람이름익	15 (土)	火(불화변)	
	翼	날개 익 도울 익 18획도가능	17 (金)	羽(깃우)	일에서 이익을 볼 수 있으므로 적극 계획을 추진하자
	謚	웃을 익 웃는모양익	17 (金)	言(말씀언변)	
	瀷	스며흐를익	21 (木)	水(삼수변)	
인	人	사람 인 사람마다인	2 (木)	人(사람인변)	동업자는 갈등하지만 직장인은 더 귀해진다
	刃	칼날 인 벨 인	3 (火)	刀(칼도변)	
	引	끌 인 늘일 인 자살할 인	4 (火)	弓(활궁)	활에 화살까지 있으니 어떤 일이든지 해낸다

음	한자	훈과 음	획수(수리오행)	부수(부수명칭)	측자·파자
인	仁	어질 인 불쌍히여길인	4 (火)	人(사람인변)	
	因	인할 인 까닭 인	6 (土)	囗(큰입구)	곤궁함을 느끼는 것은 마음뿐 실제는 아니다
	印	인 인 찍을 인	6 (土)	卩(병부절)	
	忍	참을 인 잔인할 인	7 (金)	心(마음심)	마음에 칼을 품으면 화가 자신에게 돌아 올수 있다
	汈	젖어맞붙을인	7 (金)	水(삼수변)	
	牣	충만할 인 가득찰 인	7 (金)	牛(소우변)	
	姻	혼인 인 인척 인	9 (水)	女(계집녀변)	
	咽	목구멍 인 삼킬 인	9 (水)	口(입구)	
	蚓	지렁이 인	10 (水)	虫(벌레충변)	
	芢	풀이름 인	10 (水)	艸(초두밑)	
	寅	범 인 동관 인 공경할 인	11 (木)	宀(갓머리)	집을 고치거나 가정사에 무언가 개혁할 일이 있다
	絪	기운 인 수삼 인	12 (木)	糸(실사변)	
	茵	자리 인 풀이름 인	12 (木)	艸(초두밑)	
	靭	질길 인	12 (木)	革(가죽혁)	
	湮	잠길 인 막힐 인	13 (火)	水(삼수변)	
	靷	가슴걸이인 말가슴걸이인	13 (火)	革(가죽혁)	
	認	알 인 허가할 인	14 (火)	言(말씀언변)	
	朄	작은북 인	14 (火)	曰(가로왈)	
	璌	사라이름인	16 (土)	玉(구슬옥변)	

음	한자	훈과 음	획 수 (수리오행)	부 수 (부수명칭)	측자·파자
일	一	한 일 모두 일 낱낱 일	1 (木)	一(한일)	일을 시작하는 사람은 유리하고 환자는 불리하다
	日	해 일 날 일 낮 일	4 (火)	日(날일변)	세력을 얻고 천하가 희망적이고 사업성공도 밝다
	佚	편안할 일 숨을 일	7 (金)	人(사람인변)	
	佾	줄춤 일 춤출 일	8 (金)	人(사람인변)	
	壹	한 일 통일할 일	12 (木)	士(선비사)	
	溢	찰 일 넘칠 일	14 (火)	水(삼수변)	
	馹	역말 일 역마 일	14 (火)	馬(말마변)	
	逸	달아날 일 뛰어날 일 즐길 일	15 (土)	辵(책받침)	
	鎰	중량이름일 무게단위일	18 (金)	金(쇠금변)	
임	壬	아홉째천간 임 간사할 임	4 (火)	士(선비사)	천분의1 선택이니 사람을 잘 골라서 맡겨라
	任	맡길 임 보따리 임 마음대로할임	6 (土)	人(사람인변)	천사람 중에서 뽑히는 기상이라 합격, 당선
	妊	애밸 임	7 (金)	女(계집녀변)	姙(女部 6획)과 仝字
	姙	애밸 임	9 (水)	女(계집녀변)	
	恁	믿을 임 생각할 임	10 (水)	心(심방변)	
	託	생각할 임	11 (木)	言(말씀언변)	
	荏	들깨 임 누에콩 임	12 (木)	艸(초두밑)	
	賃	품삯 임 품팔 임	13 (火)	貝(조개패)	
	稔	여물 임 쌓일 임	13 (火)	禾(벼화변)	

음	한자	훈과 음	획 수 (수리오행)	부 수 (부수명칭)	측자·파자
입	入	들 입 수입 입	2 (木)	入(들입)	
	廿	스물 입	3 (火)	廿(밑스물입)	
잉	仍	인할 잉 거듭 잉	4 (火)	人(사람인변)	
	孕	품을 잉 아이밸 잉	5 (土)	子(아들자)	장차 훌륭한 자녀를 두어 가문을 일으킨다.
	芿	풀 잉 새풀싹 잉	10 (水)	艸(초두밑)	
	剩	남을 잉 길 잉	12 (木)	刀(칼도변)	
자	子	아들 자 작위 자 열매 자	3 (火)	子(아들자)	일과 송사는 쉽게 끝나며 승진, 취직은 고전을 한다.
	仔	견딜 자 자세할 자	5 (土)	人(사람인변)	
	字	글자 자 정혼할 자 낳을 자	6 (土)	宀(갓머리)	집나간 자녀는 돌아오고 재능 발휘할 기회 온다.
	自	몸 자 스스로 자	6 (土)	自(스스로자)	몸 이상 있거나 눈에 보이는게없으니 성공못함
	孜	힘쓸 자 부지런할자	7 (金)	子(아들자)	
	姊	누이 자 손윗누이자	8 (金)	女(계집녀변)	
	刺	찌를 자 바늘 자 꾸짖을 자	8 (金)	刀(칼도변)	
	炙	친근할 자 고기고울자	8 (金)	火(불화변)	
	秄	북돋울 자	8 (金)	禾(벼화변)	
	姿	맵시 자 풍치 자	9 (水)	女(계집녀변)	
	咨	물을 자 탄식할 자	9 (水)	口(입구)	
	恣	방자할 자 방종할 자	10 (水)	心(마음심)	

음	한자	훈과 음	획 수 (수리오행)	부 수 (부수명칭)	측자·파자
자	疵	흠 자 사마귀 자	10 (水)	疒(병질안)	
	玆	검을 자 이곳 자 이에 자	10 (水)	玄(검을현)	
	者	놈 자 곳 자 어조사 자	11 (木)	老(늙을로)	해가 땅 아래에 있으니 어둔 밤이라 희망적다
	紫	자주빛 자 자주옷 자	11 (木)	糸(실사변)	藝名, 雅號에 좋은 글자
	瓷	오지그릇자 사기그릇자	11 (木)	瓦(기와와)	
	茨	지붕이을자 가시나무자	12 (木)	艸(초두밑)	
	雌	암컷 자 약할 자	13 (火)	隹(새추)	사물, 일의 우열을 가리는데 어려움이 있다
	資	재물 자 자리 자	13 (火)	貝(조개패)	재물을 많이 모으나 도적을 조심해야 한다
	煮	삶을 자 익힐 자	13 (火)	火(불화변)	
	慈	사랑할 자 어머니 자 자석 자	14 (火)	心(마음심)	
	滋	불을 자 번식할 자 맛있을 자	14 (火)	水(삼수변)	
	磁	지남석 자 사기그릇자	15 (土)	石(돌석변)	사랑이 부족하여 가정, 회사, 사업이 깨진다
	諮	물을 자 자문할 자	16 (土)	言(말씀언변)	
	蔗	맛좋을 자 사탕수수자	17 (金)	艸(초두밑)	
	藉	깔개 자 빌릴 자 도울 자	20 (水)	艸(초두밑)	
작	勺	잔 작 구기 작	3 (火)	勹(쌀포)	
	作	지을 작 일할 작	7 (金)	人(사람인변)	

음	한자	훈과 음	획 수 (수리오행)	부 수 (부수명칭)	측자·파자
작	灼	사를 작 빛날 작	7 (金)	火(불화변)	
	昨	어제 작 예 작	9 (水)	日(날일변)	
	芍	작약 작 함박꽃 작	9 (水)	艸(초두밑)	사람도사업도 기울어져 한물갔으니 퇴물인간
	斫	벨 작 찍을 작	9 (水)	斤(날근)	
	炸	터질 작 폭발할 작	9 (水)	火(불화변)	
	酌	따를 작 더할 작 가릴 작	10 (水)	酉(닭유변)	
	雀	참새 작 공작새 작	11 (木)	隹(새추)	우아하지도 묘하지도 않은 평범한 편이다
	舃	신 작 클 작	12 (木)	臼(절구구)	舄(석)과 同字
	綽	여유 작 너그러울작	14 (火)	糸(실사변)	
	爵	벼슬 작 술잔 작 참새 작	18 (金)	爪(손톱조)	
	鵲	까치 작	19 (水)	鳥(새조변)	
	嚼	씹을 작 맛볼 작	21 (木)	口(입구)	
잔	殘	남을 잔 해칠 잔	12 (木)	歹(죽을사)	
	孱	나약할 잔 작약할 잔	12 (木)	子(아들자)	
	棧	잔도 잔 사다리 잔	12 (木)	木(나무목변)	나무가 거듭 찍힘을 당했으니 금전운도 없다
	盞	술잔 잔 등잔 잔	13 (火)	皿(그릇명)	
	潺	물소리 잔 물흐르는소리잔	16 (土)	水(삼수변)	

음	한자	훈과 음	획 수 (수리오행)	부 수 (부수명칭)	측자·파자
잠	岑	봉우리 잠 산작고높은잠	7 (金)	山(뫼산변)	공무원 못지않은 권력을 쥐고 관청을 드나든다
	暫	잠깐 잠 별안간 잠	15 (土)	日(날일변)	
	箴	바늘(침)잠 경계할 잠	15 (土)	竹(대죽변)	
	潛	숨을 잠 몰래 잠 무자맥질할잠	16 (土)	水(삼수변)	俗字인 潜도 신고됨
	簪	비녀 잠 빠를 잠	18 (金)	竹(대죽변)	
	蠶	누에 잠 누에칠 잠	24 (火)	虫(벌레충변)	
잡	雜	섞일 잡 번거로울 잡	18 (金)	隹(새추)	
장	丈	어른 장 길이 장	3 (火)	一(한일)	
	仗	무기 장 호위 장	5 (土)	人(사람인변)	
	匠	장인 장 궁리 장	6 (土)	匚(터진입구)	
	庄	전장 장 평평할 장	6 (土)	广(엄호밑)	
	壯	씩씩할 장 장할 장	7 (金)	士(선비사)	
	杖	지팡이 장 짚을 장 몽둥이 장	7 (金)	木(나무목변)	
	長	긴 장 어른 장 나이먹을장	8 (金)	長(긴장변)	난처한 입장이라 결정을 못 내려 서글프기만 하다
	狀	모양 장 형상 장	8 (金)	犬(개견)	
	奘	클 장 몸집클 장	10 (水)	大(큰대)	
	章	글 장 밝을 장	11 (木)	立(설립)	뜻을 성취할수 있으니 빨리실행하여 성취하라

음	한자	훈과 음	획 수 (수리오행)	부 수 부수명칭)	측자·파자
장	將	장수 장 보낼 장	11 (木)	寸(마디촌)	
	張	베풀 장 펼 장	11 (木)	弓(활궁)	
	帳	휘장 장 장부 장	11 (木)	巾(수건건)	
	場	마당 장 때 장	12 (木)	土(흙토변)	
	粧	단장 장 단장할 장	12 (木)	米(쌀미변)	
	掌	손바닥 장 맡을 장	12 (木)	手(재방변)	
	莊	엄할 장 별장 장 가게 장	13 (火)	艸(초두밑)	俗字인 庄(6획)도 신고됨
	裝	꾸밀 장 넣을 장	13 (火)	衣(옷의)	
	奬	권면할 장 표창할 장	14 (火)	大(큰대)	
	臧	착할 장 두터울 장	14 (火)	臣(신하신)	
	葬	장사지낼장 장사 장	15 (土)	草(초두밑)	
	腸	창자 장 마음 장	15 (土)	肉(고기육변)	가슴이 후련해지니 잘 안되던 일이 풀려간다
	漳	물이름 장 고을이름장	15 (土)	水(삼수변)	
	樟	녹나무 장 예장나무장	15 (土)	木(나무목변)	
	暲	해돋을 장 밝을 장	15 (土)	日(날일변)	
	漿	음료 장 미음 장	15 (土)	水(물수)	
	獐	노루 장	15 (土)	犬(개사슴록변)	

음	한자	훈과 음	획 수 (수리오행)	부 수 (부수명칭)	측자·파자
장	墻	담 장 경계 장	16 (土)	土(흙토변)	本字인 牆(17획)도 신고됨
	璋	홀 장 반규홀 장	16 (土)	玉(구슬옥변)	
	蔣	줄 장 나라이름장	17 (金)	艸(초두밑)	
	檣	돛대 장	17 (金)	木(나무목변)	
	醬	간장 장 젓갈 장	18 (金)	酉(닭유변)	
	障	막을 장 보루 장 병풍 장	19 (水)	阜(좌부방)	
	薔	장미 장 장미꽃 장	19 (水)	艸(초두밑)	
	藏	감출 장 곳집 장 오장 장	20 (水)	艸(초두밑)	
	贓	장물 장 장물잡힐장	21 (木)	貝(조개패)	
	欌	장롱 장 의장 장	22 (木)	木(나무목변)	
	臟	오장 장	24 (火)	肉(고기육변)	
재	才	재주 재 바탕 재	4 (火)	手(재방변)	투자금액이 반토막 날 수 있으며 시험은 불합격이다
	在	있을 재 살필 재	6 (土)	土(흙토변)	
	再	두번 재 두번할 재	6 (土)	冂(먼데경)	
	材	재목 재 재주 재	7 (金)	木(나무목변)	藝名, 雅號에 좋은 글자
	災	화재 재 재앙 재	7 (金)	火(불화변)	
	哉	비로소 재 비롯할 재 어조사 재	9 (水)	口(입구)	나가 싸우면 공적을 칭송받으며. 영업직도 굿

음	한자	훈과 음	획 수 (수리오행)	부 수 (부수명칭)	측자·파자
재	栽	심을 재 묘목 재	10 (水)	木(나무목변)	
	宰	재상 재 주관할 재	10 (水)	宀(갓머리)	藝名, 雅號에 좋은 글자
	財	재물 재 재화 재 재단할 재	10 (水)	貝(조개패)	
	梓	가래나무재 나무그릇재 판목 재	11 (木)	木(나무목변)	
	裁	결단할 재 판결할 재 마름질할재	12 (木)	衣(옷의)	
	載	실을 재 이을 재 오를 재	13 (火)	車(수레거변)	
	渽	맑을 재	13 (火)	水(삼수변)	藝名, 雅號에 좋은 글자
	滓	앙금 재 찌끼 재	14 (火)	水(삼수변)	
	縡	일 재	16 (土)	糸(실사변)	縡: 事와 뜻이 같음
	齋	재계 재 식사 재	17 (金)	齊(가지런할제)	
	齎	보낼 재 가져올 재	21 (木)	齊(가지런할제)	
쟁	爭	다툴 쟁 간할 쟁	8 (金)	爪(손톱조)	일을 정당한 방법으로 하지 않으면 구설수만
	箏	쟁 쟁 풍경 쟁	14 (火)	竹(대죽변)	
	諍	간할 쟁 다툴 쟁	15 (土)	言(말씀언변)	
	錚	쇳소리 쟁 징 쟁	16 (土)	金(쇠금변)	
저	低	낮을 저 숙일 저	7 (金)	人(사람인변)	
	佇	기다릴 저 우두커니저	7 (金)	人(사람인변)	

음	한자	훈과 음	획 수 (수리오행)	부 수 (부수명칭)	측자·파자
저	底	밑 저 이룰 저 그칠 저	8 (金)	广(엄호밑)	
	咀	씹을 저 저주 저	8 (金)	口(입구)	
	姐	누이 저 계집아이저	8 (金)	女(계집녀변)	일에 여자가 끼이면 하는 일에 방해를 받는다
	杵	방망이 저 절구공이저	8 (金)	木(나무목변)	
	抵	닥뜨릴 저 겨룰 저 다다를 저	9 (水)	手(재방변)	
	沮	막을 저 저지할 저	9 (水)	水(삼수변)	
	狙	속일 저 원숭이 저	9 (水)	犬(개사슴록변)	
	疽	종기 저 등창 저	10 (水)	疒(병질안)	
	苧	모시 저 모시풀 저	11 (木)	艸(초두밑)	
	紵	모시 저 모시풀 저	11 (木)	糸(실사변)	
	貯	쌓을 저 둘 저	12 (木)	貝(조개패)	藝名, 雅號에 좋은 글자
	邸	집 저 주막 저 병풍 저	12 (木)	邑(우부방)	
	詛	저주할 저 방자할 저	12 (木)	言(말씀언변)	
	楮	닥나무 저 종이 저 돈 저	13 (火)	木(나무목변)	
	渚	물가 저 모래섬 저	13 (火)	水(삼수변)	
	猪	돼지 저 멧돼지 저	13 (火)	犬(개사슴록변)	
	雎	물수리 저 저구새 저	13 (火)	隹(새추)	

음	한자	훈과 음	획 수 (수리오행)	부 수 (부수명칭)	측자·파자
저	葅	젓갈 저 채소절임저	14 (火)	艸(초두밑)	
	這	이것 저 맞이할 저	14 (火)	辵(책받침)	
	著	나타날 저 지을 저	15 (土)	艸(초두밑)	
	樗	가죽나무저	15 (土)	木(나무목변)	
	箸	대통 저 젓가락 저	15 (土)	竹(대죽변)	
	儲	쌓을 저 버금 저	18 (金)	人(사람인변)	
	躇	밟을 저 머뭇거릴저	20 (水)	足(발족변)	
	齟	어긋날 저	20 (水)	齒(이치)	
	藷	참마 저 사탕수수저	22 (木)	艸(초두밑)	
적	弔	조상할 적 弔의 속자	6 (土)	口(입구)	
	赤	붉을 적 빌 적 벌거벗을적	7 (金)	赤(붉을적)	소인배의 구설과 시비를 막거나 피해야 이롭다
	的	과녁 적 목표 적	8 (金)	白(흰백)	
	狄	오랑케 적 낮은관리적	8 (金)	犬(개사슴록변)	
	炙	고기구울적 가까이할적	8 (金)	火(불화변)	값진 것이나 소중한 것을 잃을수 있으니 주의
	笛	피리 적 저 적	11 (木)	艸(초두밑)	
	寂	고요할 적 막막할 적	11 (木)	宀(갓머리)	숙부나 삼촌이 관직을 얻거나 승진하게 된다
	迪	나아갈 적 이끌 적	12 (木)	辵(책받침)	

음	한자	훈과 음	획 수 (수리오행)	부 수 (부수명칭)	측자·파자
적	賊	도둑 적 죽일 적	13 (火)	貝(조개패)	
	跡	자취 적 뒤밟을 적	13 (火)	足(발족변)	
	勣	공적 적 업적 적	13 (火)	力(힘력변)	
	荻	갈대 적 물억새 적	13 (火)	艸(초두밑)	
	迹	행적 적 발자국 적	13 (火)	辵(책받침)	
	嫡	본처 적 맞아들 적	14 (火)	女(계집녀변)	
	翟	꿩 적	14 (火)	羽(깃우)	
	敵	적 적 원수 적 필적할 적	15 (土)	攴(등글월문)	
	滴	물방울 적 물댈 적	15 (土)	水(삼수변)	
	摘	잡아뗄 적 들추어낼적	15 (土)	手(재방변)	
	積	쌓을 적 주름 적	16 (土)	禾(벼화변)	화평한 마음으로 화합하면 많은 재물이 생긴다
	績	공 적 일 적 길쌈할 적	17 (金)	糸(실사변)	
	適	갈 적 맞을 적	18 (金)	辵(책받침)	적을 알아야 승리하니 경쟁자의 정보를 얻어라
	蹟	자취 적 좇을 적	18 (金)	足(발족변)	
	謫	유배 적 귀양살이적	18 (金)	言(말씀언변)	
	鏑	살촉 적 우는살 적	19 (水)	金(쇠금변)	
	籍	문서 적 호적 적 올릴 적	20 (水)	竹(대죽변)	

음	한자	훈과 음	획 수 (수리오행)	부 수 (부수명칭)	측자·파자
전	田	밭 전 사냥할 전	5 (土)	田(밭전)	때가 왔으니 힘차게 전진하면 이익에 꽃이핀다
	全	온통 전 온전할 전	6 (土)	入(들입)	변화무쌍하여 환자는 회복되지만 재물은 나간다
	甸	경기 전 경계 전 사냥할 전	7 (金)	田(밭전)	
	佃	밭갈 전 소작인 전	7 (金)	人(사람인변)	
	典	법 전 책 전 전당잡힐전	8 (金)	八(여덟팔)	직장인은 한 단계 승진하고 일이 성사된다.
	佺	이름 전 신선이름 전	8 (金)	人(사람인변)	
	前	앞 전 인도할 전	9 (水)	刀(칼도변)	
	畑	화전 전 밭 전	9 (水)	火(불화변)	
	展	펼 전 살필 전	10 (水)	尸(주검시)	
	栓	나무못 전 병마개 전	10 (水)	木(나무목변)	
	專	오로지 전 제멋대로할전	11 (木)	寸(마디촌)	
	剪	가위 전	11 (木)	刀(칼도변)	
	悛	고칠 전 깨달을 전	11 (木)	心(심방변)	
	奠	정할 전 둘 전 제수 전	12 (木)	大(큰대)	
	荃	향초풀 전 가는베 전 통발 전	12 (木)	艸(초두밑))	
	筌	통발 전	12 (木)	竹(대죽변)	
	電	번개 전 전기 전	13 (火)	雨(비우)	
	傳	전할 전 전기 전	13 (火)	人(사람인변)	

음	한자	훈과 음	획 수 (수리오행)	부 수 (부수명칭)	측자·파자
전	鈿	비녀 전 금장식 전	13 (火)	金(쇠금변)	
	煎	마음조릴전 단일 전	13 (火)	火(불화변)	
	詮	설명할 전 법 전	13 (火)	言(말씀언변)	말이 이치에 맞고 틀림 없으니 듣는 것이 좋다
	琠	옥이름 전 귀막이 전	13 (火)	玉(구슬옥변)	
	塡	메울 전 채울 전	13 (火)	土(흙토변)	전·진 音 중 선택됨
	殿	큰집 전 대궐 전	13 (火)	殳(갖은둥글월문)	
	雋	살찐고기전 새살찔 전	13 (火)	隹(새추)	전·준 音 중 선택됨
	銓	저울질할전 전형할 전 가릴 전	14 (火)	金(쇠금변)	
	塼	벽돌 전 지명 전	14 (火)	土(흙토변)	
	箋	글 전 쪽진 전	14 (火)	竹(대죽변)	
	廛	가게 전 집터 전	15 (土)	广(엄호밑)	
	箭	화살 전 대나무 전	15 (土)	竹(대죽변)	대나무와 관련된 사업을하면 이익을 얻는다
	篆	전자 전 도장 전	15 (土)	竹(대죽변)	훌륭한 학력과 실력을 가진 인물이다
	戰	싸움 전 두려워할전	16 (土)	戈(창과)	
	錢	돈 전 가래 전	16 (土)	金(쇠금변)	금 기운이 쇠해가고 천한 사람이 달라붙는다
	澱	앙금 전 찌끼 전	17 (金)	水(삼수변)	
	輾	구를 전 반전할 전	17 (金)	車(수레거변)	

음	한자	훈과 음	획 수 (수리오행)	부 수 (부수명칭)	측자·파자
전	餞	보낼 전 전별할 전	17 (金)	食(밥식변)	
	氈	양탄자 전 모전 전	17 (金)	毛(터럭모)	
	轉	구를 전 옮길 전	18 (金)	車(수레거변)	
	顚	이마 전 정수리 전	19 (水)	頁(머리혈)	
	纏	얽힐 전 묶을 전	21 (木)	糸(실사변)	
	鐫	새길 전 쪼갤 전	21 (木)	金(쇠금변)	
	顫	떨릴 전 놀랄 전	22 (木)	頁(머리혈)	
	癲	미칠 전 지랄병 전	24 (火)	疒(병질안)	
절	切	벨 절 간절히 절 절박할 절	4 (火)	刀(칼도변)	
	折	꺾을 절 깎을 절	8 (金)	手(재방변)	
	晢	밝을 절 총명할 철	11 (木)	日(날일변)	
	浙	쌀씻을 절 강이름 절	11 (木)	水(삼수변)	
	絶	끊을 절 건널 절 뛰어날 절	12 (木)	糸(실사변)	
	截	끊을 절 다스릴 절	14 (火)	戈(창과)	
	節	마디 절 절개 절 존절할 절	15 (土)	竹(대죽변)	
	癤	부스럼 절	20 (水)	疒(병질안)	
	竊	얕을 절 훔칠 절	22 (木)	穴(구멍혈)	

음	한자	훈과 음	획수 (수리오행)	부수 (부수명칭)	측자·파자
점	占	점칠 점 물을 점	5 (土)	卜(점복)	
	店	전방 점 가게 점	8 (金)	广(엄호밑)	
	岾	고개 점 땅이름 점	8 (金)	山(뫼산변)	
	粘	붙을 점 끈끈할 점	11 (木)	米(쌀미변)	
	漸	차차 점 젖을 점	15 (土)	水(삼수변)	
	霑	젖을 점 잠길 점	16 (土)	雨(비우)	
	鮎	메기 점	16 (土)	魚(고기어변)	
	點	점 점 조사할 점	17 (金)	黑(검을흑)	俗子인 点(9획)도 신고됨
접	接	접할 접 모일 접 대접할 접	12 (木)	手(재방변)	
	蝶	나비 접 들나비 접	15 (土)	虫(벌레충변)	바람에낙엽이날리니 질병,사업,시험,직업 불길
	摺	접을 접 두려워할접	15 (土)	手(재방변)	
정	丁	고무래 정 일꾼 정 장정 정	2 (木)	一(한일)	일의 진척이 느리며 협력자 만나야 발복한다
	井	우물 정 정전 정	4 (火)	二(두이변)	상황이 더욱 나빠져서 우물안 개구리 신세가 된다
	正	바를 정 바로잡을정	5 (土)	止(그칠지)	더 나아가기도 물러서기도 난처한 입장이다
	汀	물가 정 모래섬 정	6 (土)	水(삼수변)	하는 일이 막힘없이 흐르는 물처럼 발전한다
	廷	조정 정 마을 정	7 (金)	廴(민책받침)	
	町	밭두둑 정 경계 정	7 (金)	田(밭전)	
	呈	나타낼 정 드릴 정	7 (金)	口(입구)	

음	한자	훈과 음	획 수 (수리오행)	부 수 (부수명칭)	측자·파자
정	玎	옥소리 정	7 (金)	玉(구슬옥변)	
	姘	안존할 정 얌전할 정	7 (金)	女(계집녀변)	
	佂	허둥댈 정 두려워할정	7 (金)	人(사람인변)	
	政	정사 정 법 정 바로잡을 정	8 (金)	攴(등글월문)	잘못되었으면 바르게 고쳐야 살길이 생긴다
	定	정할 정 머무를 정	8 (金)	宀(갓머리)	
	征	칠 정 갈 정	8 (金)	彳(두인변)	
	妊	단정할 정 여자단정할정	8 (金)	女(계집녀변)	
	貞	곧을 정 점칠 정	9 (水)	貝(조개패)	
	亭	정자 정 머무를 정	9 (水)	亠(돼지해밑)	
	訂	바로잡을정 맺을 정	9 (水)	言(말씀언변)	
	柾	나무 정 나무바를정	9 (水)	木(나무목변)	
	炡	빛날 정 불번쩍거릴정	9 (水)	火(불화변)	
	穽	함정 정 뜰의우물정	9 (水)	穴(구멍혈)	우물에물이마르니 재물이 줄어 쓸돈이 고갈됨
	酊	술취할 정	9 (水)	酉(닭유변)	
	庭	뜰 정 조정 정 곧을 정	10 (水)	广(엄호밑)	
	釘	못 정	10 (水)	金(쇠금변)	
	頂	이마 정 꼭대기 정	11 (木)	頁(머리혈)	
	挺	뽑을 정 빼어날 정	11 (木)	手(재방변)	
	梃	몽둥이 정 줄기 정	11 (木)	木(나무목변)	

음	한자	훈과 음	획 수 (수리오행)	부 수 (부수명칭)	측자·파자
정	偵	염탐할 정 염탐군 정	11 (木)	人(사람인변)	
	桯	기둥 정 서안 정	11 (木)	木(나무목변)	
	停	머루를 정 멈출 정	11 (木)	人(사람인변)	
	涏	곧을 정	11 (木)	水(삼수변)	
	旌	기장목 정	11 (木)	方(모방)	
	埩	밭갈 정 밭일굴 정	11 (木)	土(흙토변)	
	彭	청정할 정 정담 정	11 (木)	靑(푸를청)	
	胜	비릴 성 여윌 성	11 (木)	肉(고기육변)	胜(성)과 同字
	情	뜻 정 욕 정 사랑 정	12 (木)	心(심방변)	
	淨	깨끗할 정 악인역 정	12 (木)	水(삼수변)	
	程	한도 정 법 정 계량기 정	12 (木)	禾(벼화변)	선한 일을 하고도 공적을 인정못받고 오해만 받는다
	珵	패옥 정 노리개 정	12 (木)	玉(구슬옥변)	
	幀	그림족자정 수틀 정	12 (木)	巾(수건건)	영업부서나 시장에서 상담하는 업무에 종사함
	珽	옥이름 정 옥홀 정	12 (木)	玉(구슬옥변)	
	晶	수정 정 맑을 정	12 (木)	日(날일변)	셋이 입다물고 있으니 듣고자 하는 말을 들을 수 없다
	晸	해뜰 정	12 (木)	日(날일변)	
	淀	배댈 정 얕은물 정	12 (木)	水(삼수변)	
	婷	예쁠 정 아리따울정	12 (木)	女(계집녀변)	
	湞	물이름 정	13 (火)	水(삼수변)	

음	한자	훈과 음	획 수 (수리오행)	부 수 (부수명칭)	측자·파자
정	綎	인끈 정	13 (火)	糸(실사변)	
	楨	광나무 정 담치는나무정	13 (火)	木(나무목변)	
	鼎	솥 정 바야흐로정	13 (火)	鼎(솥정)	
	鉦	징 정	13 (火)	金(쇠금변)	
	靖	꾀할 정 다스릴 정 편안할 정	13 (火)	靑(푸를청)	
	睛	눈동자 정	13 (火)	目(눈목변)	
	渟	멈출 정 물괴일 정	13 (火)	水(삼수변)	
	碇	닻 정 배멈출 정	13 (火)	石(돌석변)	
	艇	거룻배 정 길고작은배정	13 (火)	舟(배주변)	
	精	찧을 정 자세할 정 깨끗할 정	14 (火)	米(쌀미변)	
	禎	상서 정 길조 정	14 (火)	示(보일시변)	
	鋌	광석 정 동철 정 달릴 정	15 (土)	金(쇠금변)	
	靚	단장할 정 조용할 정	15 (土)	靑(푸를청)	청룡을 만나 재물 얻고 혼인이나 득남한다
	鋥	칼날세울정 칼갈 정	15 (土)	金(쇠금변)	
	霆	번개 정 천둥소리정	15 (土)	雨(비우)	
	靜	조용할 정 깨끗할 정	16 (土)	靑(푸를청)	
	整	가지런할정 정돈할 정	16 (土)	攴(둥글월문)	
	諪	고를 정 조정할 정	16 (土)	言(말씀언변)	

음	한자	훈과 음	획 수 (수리오행)	부 수 (부수명칭)	측자·파자
정	錠	제기이름정 은화 정 정제 정	16 (土)	金(쇠금변)	
	頲	아름다울정	17 (金)	頁(머리혈)	
	檉	능수버들정	17 (金)	木(나무목변)	
	鄭	정나라 정 정나라풍류정	19 (水)	邑(우부방)	
	瀞	맑을 정 청결할 정	20 (水)	水(삼수변)	
제	弟	아우 제 공경할 제	7 (金)	弓(활궁)	청운의 꿈을 펼치려는데 인연줄이 문제구나
	制	법 제 마를 제 억제할 제	8 (金)	刀(칼도변)	
	帝	임금 제 하느님 제	9 (水)	巾(수건건)	
	第	집 제 차례 제 과거 제	11 (木)	竹(대죽변)	
	祭	제사 제 제사지낼제	11 (木)	示(보일시변)	
	悌	화락할 제 공손할 제	11 (木)	心(심방변)	
	梯	사닥다리제 기댈 제	11 (木)	木(나무목변)	죽고싶을 만큼 어려운 일이 발생할 수 있다
	堤	둑 제 제방 제	12 (木)	土(흙토변)	
	啼	울 제 울부짖을제	12 (木)	口(입구)	
	媞	편안할 제 아름다울제	12 (木)	女(계집녀변)	媞(시)와 同字
	提	끌 제 거느릴 제	13 (火)	手(재방변)	
	製	지을 제 만들 제 갖옷 제	14 (火)	衣(옷의)	
	齊	가지런할제 다스릴 제 나라이름제	14 (火)	齊(가지런할제)	물과 관련된 직종, 사업, 학문을 해야 크게 성공함

음	한자	훈과 음	획 수 (수리오행)	부 수 (부수명칭)	측자·파자
제	瑅	옥이름 제	14 (火)	玉(구슬옥변)	
	除	덜 제 충계 제	15 (土)	阜(좌부방)	반쯤 가다가 길이 막혀 일이 진행되지 않는다
	諸	모든 제 어조사 제	16 (土)	言(말씀언변)	일에 대하여 상의를 해야 가닥을 잡을 수 있다
	劑	약지을 제	16 (土)	刀(칼도변)	모두에게 이로운 것을 갖고도 능력 발휘하지 못함
	蹄	올무제 짐승의발굽제	16 (土)	足(발족변)	
	醍	맑은술제	16 (土)	酉(닭유변)	
	題	표제 제 글제 제 이마 제	18 (金)	頁(머리혈)	
	濟	건널 제 건질 제 이룰 제	18 (金)	水(삼수변)	
	際	사이 제 만날 제 때 제	19 (水)	阜(좌부방)	
	臍	배꼽 제	20 (水)	肉(고기육변)	
	薺	냉이 제	20 (水)	艸(초두밑)	
	霽	갤 제 눈비그칠제	22 (木)	雨(비우)	
조	弔	조상할 조 상심할 조	4 (火)	弓(활궁)	
	爪	손톱 조 깍지 조	4 (火)	爪(손톱조)	
	兆	조 조 조짐 조	6 (土)	儿(어진사람인)	
	早	새벽 조 이를 조	6 (土)	日(날일변)	무엇이건 충분히 쓰고 남을 정도로 충분하다
	助	도울 조 도움 조	7 (金)	力(힘력변)	

음	한자	훈과 음	획 수 (수리오행)	부 수 (부수명칭)	측자·파자
조	俎	도마 조 제기 조	9 (水)	人(사람인변)	
	昭	밝을 조 밝힐 조	9 (水)	日(날일변)	昭(소)와 同字
	祖	할아버지 조 조상 조 시조 조	10 (水)	示(보일시)	
	租	구실 조 세금 조	10 (水)	禾(벼화변)	
	晁	아침 조 땅이름 조	10 (水)	日(날일변)	晁 : 朝(月部8획)의 古字
	祚	복 조 자리 조	10 (水)	示(보일시변)	
	凋	시들 조 슬퍼할 조	10 (水)	冫(이수변)	질병은 쾌유, 재물은 쌓이고 혼담은 성사된다
	曺	무리 조 성(姓) 조	10 (水)	曰(가로왈)	
	蚤	벼룩 조 일찍 조	10 (水)	虫(벌레충변)	
	鳥	새 조	11 (木)	鳥(새조변)	난새와 봉황을 타니 시험합격, 사업확장, 우승 한다
	條	가지 조 조리 조 법규 조	11 (木)	人(사람인변)	
	組	끈 조 짤 조	11 (木)	糸(실사변)	
	彫	새길 조 꾸밀 조 시들 조	11 (木)	彡(터럭삼)	
	窕	조용할 조 아리따울조	11 (木)	穴(구멍혈밑)	
	釣	낚시 조 낚을 조	11 (木)	金(쇠금변)	
	曹	무리 조 마을 조 조나라 조	11 (木)	曰(가로왈)	姓으로 사용시 曺로 10획
	眺	살필 조 바라볼 조	11 (木)	目(눈목변)	
	粗	거칠 조 약간 조	11 (木)	米(쌀미변)	

음	한자	훈과 음	획 수 (수리오행)	부 수 (부수명칭)	측자·파자
조	朝	아침 조 조정 조	12 (木)	月(달월변)	일의 결과가 나타나는 때가 언제냐면 시월 10일 경
	措	놓을 조 베풀 조 처리할 조	12 (木)	手(재방변)	
	詔	조서 조 가르칠 조	12 (木)	言(말씀언변)	
	棗	대추 조 빨강 조	12 (木)	木(나무목변)	
	照	비칠 조 거울 조	13 (火)	火(불화변)	
	稠	고를 조 빽빽할 조	13 (火)	禾(벼화변)	
	阻	험할 조 걱정할 조	13 (火)	阜(좌부방)	
	造	지을 조 처음 조 이를 조	14 (火)	辵(책받침)	
	趙	조나라 조 찌를 조	14 (火)	走(달아날주변)	
	肇	시작할 조 바로잡을조	14 (火)	聿(붓율)	
	調	고를 조 구실 조 조롱할 조	15 (土)	言(말씀언변)	
	嘲	비웃을 조 조롱할 조	15 (土)	口(입구)	
	槽	구유 조 말구유 조	15 (土)	木(나무목변)	
	漕	배질할 조 수레 조	15 (土)	水(삼수변)	
	潮	조수 조 밀물 조	16 (土)	水(삼수변)	
	雕	새길 조 독수리 조	16 (土)	隹(새추)	
	燥	마를 조 말릴 조	17 (金)	火(불화변)	

음	한자	훈 과 음	획 수 (수리오행)	부 수 (부수명칭)	측자·파자
조	操	잡을 조 지조 조	17 (金)	手(재방변)	
	糟	지게미 조 술재강 조	17 (金)	米(쌀미변)	
	遭	만날 조 두를 조	18 (金)	水(삼수변)	
	璪	면류관드림옥조 옥에새긴무늬조	18 (金)	玉(구슬옥변)	
	繰	야청통견조	19 (水)	糸(실사변)	
	躁	조금 조 성급할 조	20 (水)	足(발족변)	
	藻	무늬 조 바다말 조	22 (木)	艸(초두밑)	
족	足	발 족 족할 족	7 (金)	足(발족변)	위만 바라보지말고 아래 바라보며 만족하자
	族	겨레 족 무리 족 성 족	11 (木)	方(모방)	
	簇	모일 족 조릿대 족	17 (金)	竹(대죽변)	
	鏃	화살촉 족 날카로울족	19 (水)	金(쇠금변)	
존	存	있을 존 보존할 존	6 (土)	子(아들자)	만족스럽지 못해도 반은 성공하며 연인이 생긴다
	尊	높을 존 높일 존	12 (木)	寸(마디촌)	
졸	卒	군사 졸 하인 졸 마칠 졸	8 (金)	十(열십)	쓸 돈이 남아있으나 여러마음을 가진 자가 주변에 있다
	拙	졸할 졸 옹졸할 졸	9 (水)	手(재방변)	
	猝	창졸 졸 갑자기 졸	12 (木)	犬(개사슴록변)	

음	한자	훈 과 음	획 수 (수리오행)	수 (부수명칭)	측자·파자
종	宗	종묘 종 마루 종 높일 종	8 (金)	宀(갓머리)	
	柊	나무이름종 메(농기구)종	9 (水)	木(나무목변)	
	倧	한배 종 신인 종	10 (水)	人(사람인변)	
	終	끝날 종 마칠 종	11 (木)	糸(실사변)	
	從	좇을 종 종사할 종 세로 종	11 (木)	彳(두인변)	결과에 상관없이 일을 진행하여야만 한다
	淙	물댈 종 물소리 종	12 (木)	水(삼수변)	
	棕	종려나무종	12 (木)	木(나무목변)	
	悰	즐길 종 즐거울 종	12 (木)	心(심방변)	
	琮	옥홀 종 모난옥 종	13 (火)	玉(구슬옥변)	
	椶	종려나무종	13 (火)	木(나무목변)	
	種	씨 종 종류 종 심을 종	14 (火)	禾(벼화변)	천리 밖에서 사업상 이익을 얻고 뜻을 이룬다
	綜	모을 종 바디 종	14 (火)	糸(실사변)	
	慫	권할 종 놀랄 종	15 (土)	心(심방변)	
	踪	자취 종 발자취 종	15 (土)	足(발족변)	
	腫	부스럼 종 종기 종	15 (土)	肉(고기육변)	천리 뜬 밝은달을 향하고 있으니 광명이 온다
	瑽	패옥소리종 옥소리 종	16 (土)	玉(구슬옥변)	
	踵	발꿈치 종 쫓을 종	16 (土)	足(발족변)	

음	한자	훈과 음	획수 (수리오행)	부수 (부수명칭)	측자·파자
종	縱	세로 종 놓을 종 늘어질 종	17 (金)	糸(실사변)	
	鍾	술병 종 모을 종 쇠북 종	17 (金)	金(쇠금변)	금보다 명예를 중히 여기는 사람으로 귀인이다
	鐘	쇠북 종 종 종	20 (水)	金(쇠금변)	
좌	左	왼 좌 그를 좌 증거 좌	5 (土)	工(장인공)	
	坐	앉을 좌 연루 좌 지킬 좌	7 (金)	土(흙토변)	도와줄 사람도 해낼 사람도 있으니 만사 OK
	佐	도울 좌 속료 좌	7 (金)	人(사람인변)	
	座	자리 좌 좌 좌	10 (水)	广(엄호밑)	억지 부리지말고 분수를 지키면서 때를 기다리자
	挫	꺾을 좌 결박할 좌	11 (木)	手(재방변)	재물을 얻고자 하면 반드시 얻으니 재운안정됨
죄	罪	허물 죄 죄줄 죄	14 (火)	网(그물망)	
주	主	주인 주 등불 주 주장할 주	5 (土)	丶(점)	
	朱	붉을 주 연지 주	6 (土)	木(나무목변)	
	舟	배 주 떨 주	6 (土)	舟(배주변)	
	州	고을 주 나라 주	6 (土)	巛(개리허리)	
	住	머무를 주 그칠 주	7 (金)	人(사람인변)	
	走	달릴 주 달아날 주	7 (金)	走(달아날주)	
	宙	집 주 하늘 주	8 (金)	宀(갓머리)	
	周	두루 주 둘레 주 주나라 주	8 (金)	口(입구)	

음	한자	훈과 음	획 수 (수리오행)	부 수 (부수명칭)	측자·파자
주	侏	난장이 주 광대 주	8 (金)	人(사람인변)	
	呪	빌 주 저주할 주	8 (金)	口(입구)	형제의 일로 구설수에 오르고 슬픈 일이 있다
	姝	예쁠 주 연약할 주	9 (水)	女(계집녀변)	
	注	흐를 주 물댈 주 주낼 주	9 (水)	水(삼수변)	
	柱	기둥 주 버틸 주	9 (水)	木(나무목변)	
	奏	아뢸 주 상소 주 곡조 주	9 (水)	大(큰대)	인생에서 첫 번째 봄을 맞이하니 좋은 때다
	炷	심지 주 사를 주	9 (水)	火(불화변)	
	紂	말고삐 주 말치끈 주	9 (水)	糸(실사변)	
	拄	버틸 주 반박할 주	9 (水)	手(재방변)	
	酒	술 주 잔치 주	10 (水)	酉(닭유변)	물가의 닭처럼 위태로우니 위험을 미리 막자
	株	그루 주 줄기 주 주식 주	10 (水)	木(나무목변)	
	洲	물 주 섬 주 모래섬 주	10 (水)	水(삼수변)	
	酎	소주 주 진한술 주	10 (水)	酉(닭유변)	
	晝	낮 주 한낮 주	11 (木)	日(날일변)	
	胄	자손 주 맏아들 주	11 (木)	肉(고기육변)	
	珠	구슬 주 진주 주	11 (木)	玉(구슬옥변)	
	做	지을 주 만들 주	11 (木)	人(사람인변)	

음	한자	훈과 음	획 수 (수리오행)	부 수 (부수명칭)	측자·파자
주	紬	명주 주	11 (木)	糸(실사변)	
	註	주낼 주 적을 주 주해 주	12 (木)	言(말씀언변)	
	蛛	거미 주	12 (木)	虫(벌레충변)	개천에서 용나고 대기만성이라 희망이 있다
	湊	항구 주 모일 주 살결 주	13 (火)	水(삼수변)	
	誅	벨 주 죽일 주	13 (火)	言(말씀언변)	글이 옥구슬처럼 훌륭하니 공명을 얻는다
	鉒	광석 주 노름할 주	13 (火)	金(쇠금변)	
	皗	밝을 주 비단휠 주	13 (火)	白(흰백)	
	噈	부추길 주 개부리는소리주	14 (火)	口(입구)	
	綢	얽을 주 숨길 주	14 (火)	糸(실사변)	
	週	주일 주 둘레 주	15 (土)	辵(책받침)	
	駐	머무를 주 머무르게할주	15 (土)	馬(말마변)	
	廚	부엌 주 상자 주	15 (土)	广(엄호밑)	구직 고시응시자는 이름이 왕과 天에 알려짐
	遒	닥칠 주 굳셀 주 모일 주	16 (土)	辵(책받침)	辶酉(14획)로도 신고됨
	澍	적실 주 물댈 주	16 (土)	水(삼수변)	
	輳	모일 주 몰려들 주	16 (土)	車(수레거변)	
	澍	단비 주 물쏟힐 주	16 (土)	水(삼수변)	
	燽	드러날 주 현저할 주	18 (金)	火(불화변)	

음	한자	훈과 음	획수 (수리오행)	부수 (부수명칭)	측자·파자
주	疇	두둑 주 세습 주 접때 주	19 (水)	田(밭전)	
	籌	산가지 주 투호살 주	20 (水)	竹(대죽변)	
	躊	주저할 주 머뭇거릴주	21 (木)	足(발족변)	
	鑄	부어만들주 쇠불릴 주	22 (木)	金(쇠금변)	
죽	竹	대(쪽) 죽 피리 죽	6 (土)	竹(대죽변)	화살머리이니 구설과 뒤에서 쏘는 활살에 주의하라
	粥	죽 죽 미음 죽	12 (木)	米(쌀미변)	
준	俊	뛰어날 준 준걸 준 높을 준	9 (水)	人(사람인변)	새로운 벗은 해로우며 이익과 손해가 반복된다.
	峻	높을 준 험할 준 가파를 준	10 (水)	山(메산변)	
	埈	높을 준 험할 준	10 (水)	土(흙토변)	
	准	허가할 준 승인할 준 법도 준	10 (水)	冫(이수변)	準(水部 10획)의 俗字
	隼	송골매 준 새매 준	10 (水)	隹(새추)	
	純	선두를 준 테두리 준	10 (水)	糸(실사변)	
	浚	깊을 준 맑을 준 준설할 준	11 (木)	水(삼수변)	
	晙	밝을 준 이를 준	11 (木)	日(날일변)	
	焌	구울 준 불붙을 준	11 (木)	火(불화변)	
	埻	과녁 준 관혁 준	11 (木)	土(흙토변)	
	竣	마칠 준 끝날 준	12 (木)	立(설립)	

음	한자	훈과 음	획 수 (수리오행)	부 수 (부수명칭)	측자·파자
준	畯	농부 준 권농관 준	12 (木)	田(밭전)	
	雋	영특할 준 뛰어날 준 준걸 준	13 (火)	隹(새추)	전 · 준 音 중에서 선택
	準	법도 준 본받을 준	14 (火)	水(삼수변)	
	逡	주저할 준 뒷걸음질칠준	14 (火)	辵(책받침)	
	僔	모일 준 겸손할 준	14 (火)	人(사람인변)	
	儁	영특할 준 뛰어날 준	15 (土)	人(사람인변)	雋(隹部4획), 俊(人部7획)과 仝字
	葰	클 준 성할 준	15 (土)	艸(초두밑)	
	寯	준걸 준 모일 준	16 (土)	宀(갓머리)	
	樽	술통 준 그칠 준	16 (土)	木(나무목변)	
	駿	준마 준 준걸 준	17 (金)	馬(말마변)	
	竴	기쁠 준	17 (金)	立(설립)	
	濬	깊을 준 개천칠 준	18 (金)	水(삼수변)	
	遵	따라갈 준 좇을 준	19 (水)	辵(책받침)	
	蠢	꿈틀거릴준 어리석을준	21 (木)	虫(벌레충변)	
줄	茁	풀싹 줄 성할 줄	11 (木)	艸(초두밑)	
중	中	가운데 중 마음 중	4 (火)	丨(뚫을곤)	강자는 점점 더 貴해지고 약자는 경쟁만 치열해진다
	仲	버금 중 가운데 중	6 (土)	人(사람인변)	
	重	무거울 중 거듭할 중	9 (水)	里(마을리변)	힘이 부족하여 움직일 수 없으니 능력이 모자란다
	衆	무리 중 많을 중	12 (木)	血(피혈변)	

음	한자	훈과 음	획 수 (수리오행)	부 수 부수명칭)	측자·파자
즉	即	곧 즉 나아갈 즉	7 (金)	卩(병부절)	即:卽**과** 仝字
	卽	곧 즉 다만 즉	9 (水)	卩(병부절)	정조를 지키고 형상이라 다소 융통성이 부족하다
즐	櫛	빗(질할)즐 늘어설 즐	19 (水)	木(나무목변)	
즙	汁	즙 즙 국물 즙	6 (土)	水(삼수변)	바다 밑서 바늘을 건지려하니 희망이 없다
	楫	노 즙 돛대 즙	13 (火)	木(나무목변)	
	葺	기울 집 지붕이을즙	15 (土)	艸(초두밑)	
증	症	증세 증 병세 증	10 (水)	疒(병질안)	
	拯	건질 증 구조할 증	10 (水)	手(재방변)	
	烝	찔 증 많을 증	10 (水)	火(불화변)	
	曾	일찍 증 거듭 증	12 (木)	曰(가로왈)	
	增	늘 증 더할 증	15 (土)	土(흙토변)	
	憎	미워할 증 증오할 증	16 (土)	心(심방변)	
	蒸	많을 증 백성 증 찔 증	16 (土)	艸(초두밑)	
	甑	시루 증	17 (金)	瓦(기와와)	
	繒	비단 증 명주 증	18 (金)	糸(실사변)	
	證	증거 증 깨달을 증	19 (水)	言(말씀언변)	
	贈	줄 증 선물 증	19 (水)	貝(조개패)	

음	한자	훈과 음	획수 (수리오행)	부수 (부수명칭)	측자·파자
지	支	가지 지 버틸 지	4 (火)	支(지탱할지)	십분 능력을 발휘하니 원하는 결과를 얻는다
	止	그칠 지 머무를 지	4 (火)	止(그칠지)	
	之	갈 지 어조사 지	4 (火)	丿(삐침)	藝名, 雅號에 좋은 글자
	只	다만 지 말그칠 지	5 (土)	口(큰입구)	
	地	땅 지 지위 지	6 (土)	土(흙토변)	일은 성취하나 진척이 느리고 소송은 지루해진다
	至	이를 지 동지 지	6 (土)	至(이를지)	높이 지은 집이 무너지니 노력한 것이 허사다
	旨	맛 지 뜻 지	6 (土)	日(날일변)	어떤 일에서 양쪽 모두 손해를 보게 됩니다
	志	뜻 지 적을 지 기억할 지	7 (金)	心(마음심)	글자에 기쁨과 슬픔을 모두 간직하고 있다
	池	못 지 해자 지	7 (金)	水(삼수변)	전혀 생각하지 못한 평지풍파로 인해 재앙이 온다
	址	터 지	7 (金)	土(흙토변)	
	底	숫돌 지 갈 지	7 (金)	厂(민엄호밑)	
	枝	가지 지 버틸 지	8 (金)	木(나무목변)	
	知	알 지 사귐 지 슬기 지	8 (金)	矢(화살시변)	말을 조리있게 하고 상인은 입광고 잘해야 한다
	沚	물가 지 모래톱 지	8 (金)	水(삼수변)	
	泜	가지런할지 붙을 지	8 (金)	水(삼수변)	
	祉	복 지	9 (水)	示(보일시변)	
	咫	길이 지 적을 지	9 (水)	口(입구)	
	枳	해칠 지 탱자나무지	9 (水)	木(나무목변)	
	指	손발가락지 가리킬 지	10 (水)	手(재방변)	

음	한자	훈과 음	획 수 (수리오행)	부 수 (부수명칭)	측자·파자
지	紙	종이 지	10 (水)	糸(실사변)	실력을 크게 발휘하거나 비밀이 탈로 나서 힘들다
	持	가질 지 버틸 지 도울 지	10 (水)	手(재방변)	재능을 마음껏 펼칠 기회를 기다려야 한다
	祗	공경할 지	10 (水)	示(보일시변)	
	芝	영지 지 버섯 지	10 (水)	艸(초두밑)	
	砥	숫돌지 평평할 지	10 (水)	石(돌석변)	
	肢	사지 지 팔다리 지	10 (水)	肉(고기육변)	
	芷	구리때 지 지초 지	10 (水)	艸(초두밑)	
	沚	섬 지 모래톱 지	10 (水)	水(삼수변)	
	趾	발 지 발가락 지 터 지	11 (木)	足(발족변)	길을 가다 중간에서 멈추면 아니 간만 못하다
	智	슬기 지 슬기로울지	12 (木)	日(날일변)	
	脂	기름 지 비게 지	12 (木)	肉(고기육변)	
	誌	기록할 지 표 지 문체이름지	14 (火)	言(말씀언변)	
	蜘	거미 지	14 (火)	虫(벌레충변)	
	摯	잡을 지 지극할 지 사나울 지	15 (土)	手(재방변)	
	鋕	새길 지	15 (土)	金(쇠금변)	
	漬	담글 지 적실 지	15 (土)	水(삼수변)	
	贄	폐백 지	18 (金)	貝(조개패)	

음	한자	훈과 음	획수 (수리오행)	수 (부수명칭)	측자·파자
지	遲	더딜 지 기다릴 지	19 (水)	辵(책받침)	힘과 기세만 믿고 무리하여 서두르면 얻는 것이 없다
	識	알지 표할 지	19 (水)	言(말씀언변)	
직	直	곧을 직 대할 직 바로잡을직	8 (金)	目(눈목변)	누군가 속이고 있거나 판단을 잘못하고 있다
	稙	올벼 직 이른벼 직	13 (火)	禾(벼화변)	
	稷	기장 직 농관 직	15 (土)	禾(벼화변)	
	職	직분 직 맡을 직 벼슬 직	18 (金)	耳(귀이변)	잘아는 사람에게 부탁하면성공하며 희망적이다
	織	짤 직 직물 직	18 (金)	糸(실사변)	
진	辰	별이름 진 별 진 지지 진	7 (金)	辰(별진)	마른 나무가 봄을 만나니 순조롭게 성공한다
	枃	바디 진 사침대 진	8 (金)	木(나무목변)	
	抮	되돌릴 진 홰잡을 진	9 (水)	手(재방변)	
	殄	다할 진 끊을 진	9 (水)	歹(죽을사)	
	昣	밝을 진	9 (水)	日(날일변)	
	眞	참 진 화상 진	10 (水)	目(눈목변)	마음이 조심성과겸손하여 입을 열어도 좋은 말을함
	珍	보배 진 희귀할 진	10 (水)	玉(구슬옥변)	훌륭한데도 주변에서 탐내고 질투하는 자가 많다
	晉	나아갈 진 억누를 진 진나라 진	10 (水)	日(날일변)	俗字 晋(10획)으로 신고됨
	津	나루 진 윤택할 진	10 (水)	水(삼수변)	글과 붓으로 살아가되 법률과 관련된 직업이 좋다
	秦	姓 진 진나라 진	10 (水)	禾(벼화변)	
	唇	놀랄 진	10 (水)	口(입구)	

음	한자	훈과 음	획 수 (수리오행)	수 (부수명칭)	측자·파자
진	畛	밭두렁 진 밭지경 진	10 (水)	田(밭전)	
	疹	홍역 진 역질 진	10 (水)	疒(병질안)	나쁜 습관이나 행동이 도진다. 환자는 나쁘다
	振	떨칠 진 건질 진 정돈할 진	11 (木)	手(재방변)	
	桭	대청 진 평고대 진	11 (木)	木(나무목변)	
	袗	홑옷 진 고운옷 진	11 (木)	衣(옷의)	
	臸	밝을 진	11 (木)	臣(신하신)	
	軫	수레 진 슬퍼할 진	12 (木)	車(수레거변)	수례에 보물을 가득 실었으니 크게 성공 한다
	診	볼 진 진찰할 진 점칠 진	12 (木)	言(말씀언변)	
	塡	누를 진 다할 진	13 (火)	土(흙토변)	
	嗔	성낼 진 미워할 진	13 (火)	口(입구)	
	鉁	보배 진 귀할 진	13 (火)	金(쇠금변)	鉁:珍과 仝字
	溱	많을 진 성할 진	14 (火)	水(삼수변)	
	搢	꽂을 진 흔들 진	14 (火)	手(재방변)	
	盡	다할 진 가령 진	14 (火)	皿(그릇명밑)	
	塵	티끌 진 더럽힐 진	14 (火)	土(흙토변)	
	賑	넉넉할 진 구휼할 진	14 (火)	貝(조개패)	
	榛	덤불 진 개암나무진	14 (火)	木(나무목변)	
	進	나아갈 진 오를 진	15 (土)	辵(책받침)	사람을 선출하는데 훌륭한 인품이 뽑힌다

음	한자	훈과 음	획 수 (수리오행)	부 수 (부수명칭)	측자·파자
진	陣	진칠 진 싸움 진 한바탕 진	15 (土)	阜(좌부방)	운이 막혀 어떤 일을 이루기가 어렵다
	瑨	옥돌 진	15 (土)	玉(구슬옥변)	俗字인 琎(15획)도 신고
	瑱	귀막이옥진 옥 진	15 (土)	玉(구슬옥변)	
	震	천둥소리진 진동할 진 놀랄 진	15 (土)	雨(비우)	용이 비와 구름을 얻으니 만사형통이로다
	禛	복받을 진	15 (土)	示(보일시변)	
	瞋	성낼 진 눈부릅뜰진	15 (土)	目(눈목변)	
	陳	늘어놓을진 묵을 진 말할 진	16 (土)	阜(좌부방)	
	縝	촘촘할 진 찬찬할 진	16 (土)	糸(실사변)	
	縉	꽂을 진 분홍빛 진	16 (土)	糸(실사변)	
	臻	이를 진 모일 진	16 (土)	至(이를지)	
	蓁	우거질 진 개암나무진	16 (土)	艸(초두밑)	
	璡	옥돌 진	17 (金)	玉(구슬옥변)	
	蔯	약쑥 진 더워지기진	17 (金)	艸(초두밑)	
	鎭	누를 진 진정할 진	18 (金)	金(쇠금변)	
질	叱	욕할 질 꾸짖을 질	5 (土)	口(입구)	
	侄	굳을 질 어리석을질	8 (金)	人(사람인변)	
	帙	책갑 질 책가위 질	8 (金)	巾(수건건)	
	姪	조카(딸)질 이질 질	9 (水)	女(계집녀변)	뜻대로 우리머리가 되고 큰 성과를 얻는다

음	한자	훈과 음	획 수 (수리오행)	부 수 (부수명칭)	측자·파자
질	秩	차례 질 벼슬 질	10 (水)	禾(벼화변)	
	疾	병 질 괴로움 질	10 (水)	疒(병질안)	
	桎	차꼬 질 족쇄 질	10 (水)	木(나무목변)	
	窒	막힐 질 막을 질	11 (木)	穴(구멍혈)	
	蛭	거머리 질 개밋독 질	12 (木)	虫(벌레충변)	
	跌	넘어질 질 거꾸러질질	12 (木)	足(발족변)	길을 가는 도중에 목표를 잃고 헤매는 격이다
	迭	침노할 질 갈마들 질	12 (木)	辵(책받침)	
	嫉	시기할 질 미워할 질	13 (火)	女(계집녀변)	
	質	바탕 질 저당물 질	15 (土)	貝(조개패)	
	膣	생식기 질 새살날 질	17 (金)	肉(고기육변)	
	瓆	이름 질 사람이름질	20 (水)	玉(구슬옥변)	
짐	朕	나 짐 조짐 짐	10 (水)	月(달월변)	
	斟	짐작할 짐 술따를 짐	13 (火)	斗(말두)	
집	什	세간 집 시편 집	4 (火)	人(사람인변)	십·집 音 중에서 선택됨
	執	잡을 집 막을 집	11 (木)	土(흙토변)	세력이 부족하니 열성을 다해야 후일을 도모한다
	集	모을 집 가지런할집	12 (木)	隹(새추)	
	楫	노 집 노저을 집	13 (火)	木(나무목변)	
	緝	낳을 집 길쌈 집	15 (土)	糸(실사변)	

음	한자	훈과 음	획 수 (수리오행)	부 수 (부수명칭)	측자·파자
집	潗	샘물솟을집	16 (土)	水(삼수변)	
	輯	모을 집 화목할 집	16 (土)	車(수레거변)	
	鏶	쇳조각 집	20 (水)	金(쇠금변)	
징	徵	부를 징 조짐 징	15 (土)	彳(두인변)	
	澄	맑을 징 맑게할 징	16 (金)	水(삼수변)	
	懲	징계할 징 징계 징	19 (水)	心(마음심)	
차	叉	깍지낄 차 갈래 차	3 (火)	又(또우)	
	且	또 차 만일 차 장차 차	5 (土)	一(한일)	한 우물 파며 초지일관하면 뜻을 이루게 된다
	次	버금 차 차례 차	6 (土)	欠(하품흠몸)	굳세지 못하여 다른 사람이 깔보고 속인다
	此	이 차 이에 차	6 (土)	止(그칠지)	분수를 지키지 않으면 헛수고를 하게 된다
	車	수레 차 잇몸 차 거,차 신고됨	7 (金)	車(수레거변)	바퀴 없는 수레이니 관직, 사업, 연애 성공이 어렵다
	侘	뽐낼 차 실의할 차	8 (金)	人(사람인변)	
	姹	자랑할 차 소녀 차	9 (水)	女(계집녀변)	
	借	빌릴 차 가령 차	10 (水)	人(사람인변)	
	差	틀릴 차 나을 차 사신보낼차	10 (水)	工(장인공)	잘못이 오히려 복이 되고 좋은 벗을 얻는다
	茶	차 차 씀바귀 차	12 (木)	艸(초두밑)	
	硨	차거 차 조개껍데기차	12 (木)	石(돌석변)	
	嗟	탄식할 차 감탄할 차	13 (火)	口(입구)	입을 다물고 말을 적게 해야 효과적

음	한자	훈과 음	획 수 (수리오행)	부 수 (부수명칭)	측자·파자
차	嵯	우뚝솟을차 울쑥불쑥할차	13 (火)	山(뫼산변)	
	箚	찌를 차 닿을 차 적을 차	14 (火)	竹(대죽변)	
	瑳	고울 차 웃을 차	15 (土)	玉(구슬옥변)	
	磋	갈 차	15 (土)	石(돌석변)	
	蹉	넘어질 차 실패할 차	17 (金)	足(발족변)	
	遮	막을 차 가릴 차	18 (金)	辶(책받침)	
	奲	관대할 차	24 (火)	大(큰대)	
착	窄	좁을 착 닥칠 착	10 (水)	穴(구멍혈)	
	捉	잡을 착 붙잡을 착	11 (木)	手(재방변)	재물이 풍족해지니 마음마저 평안해진다
	着	붙을 착 입을 착 다다를 착	12 (木)	目(눈목변)	著(艸部 9획)의 俗字
	搾	짤 착 압박할 착	14 (火)	手(재방변)	
	錯	꾸밀 착 섞일 착 어긋날 착	16 (土)	金(쇠금변)	
	齪	악착할 착 이마주칠착	22 (木)	齒(이치)	
	鑿	끌 착 뚫을 착	28 (金)	金(쇠금변)	
찬	粲	밝을 찬 정미 찬 쌀찧기 찬	13 (火)	米(쌀미변)	
	撰	지을 찬 저술 찬	16 (土)	手(재방변)	
	餐	먹을 찬 음식물 찬	16 (土)	食(밥식변)	

음	한자	훈과 음	획수 (수리오행)	부수 (부수명칭)	측자·파자
찬	簒	빼앗을 찬 회음혈 찬	16 (土)	竹(대죽변)	
	澯	맑을 찬	17 (金)	水(삼수변)	
	燦	빛날 찬 찬란할 찬	17 (金)	火(불화변)	
	璨	옥 찬 빛날 찬	18 (金)	玉(구슬옥변)	
	竄	숨울 찬 도망할 찬	18 (金)	穴(구멍혈)	
	饌	반찬 찬 음식 찬	18 (金)	食(밥식변)	
	贊	도울 찬 찬사 찬	19 (水)	貝(조개패)	俗字 替(15획)도 신고됨
	纂	모을 찬 이을 찬	20 (水)	糸(실사변)	
	儹	모을 찬 빠를 찬	21 (木)	人(사람인변)	
	巑	산높을 찬 높이솟을찬	22 (木)	山(뫼산변)	
	攢	모일 찬 토롱할 찬	23 (火)	手(재방변)	
	瓚	술그릇 찬 제기이름찬	24 (火)	玉(구슬옥변)	
	纘	이을 찬 모을 찬	25 (土)	糸(실사변)	繬(21획)도 신고됨
	讚	기릴 찬 도울 찬	26 (土)	言(말씀언변)	俗字인 讃(22획)도 신고됨
	鑽	끓을 찬 뚫을 찬	27 (金)	金(쇠금변)	
찰	札	패 찰 편지 찰	5 (土)	木(나무목변)	
	刹	절 찰 사원 찰	8 (金)	刀(칼도변)	
	紮	감을 찰 묶을 찰	11 (木)	糸(실사변)	

음	한자	훈과 음	획 수 (수리오행)	부 수 (부수명칭)	측자·파자
찰	察	살필 찰 자세할 찰	14 (火)	宀(갓머리)	
	擦	비빌 찰 문지를 찰	18 (金)	手(재방변)	
참	站	역마을 참 우두커니설참	10 (水)	立(설립)	
	參	참여할 참 섞일 참 무리 참	11 (木)	厶(마늘모)	참·삼 音 중에서 선택
	斬	벨 참 매우 참	11 (木)	斤(날근)	
	僭	거짓 참 범할 참	14 (火)	人(사람인변)	
	塹	팔 참 구덩이 참	14 (火)	土(흙토변)	
	慘	아플 참 혹독할 참	15 (土)	心(심방변)	
	慙	부끄러움참 부끄러워할 참	15 (土)	心(심방변)	소字인 慚 (15획)도 신고
	懺	뉘우칠 참 회피할 참	21 (木)	心(심방변)	
	讒	참소할 참	24 (火)	言(말씀언변)	
	讖	참서 참 비결 참	24 (火)	言(말씀언변)	
창	昌	창성할 창 착할 창	8 (金)	日(날일변)	
	昶	해길 창 화창할 창	9 (水)	日(날일변)	
	倉	곳집 창 푸를 창	10 (水)	人(사람인변)	
	倡	가무 창 여광대 창	10 (水)	人(사람인변)	
	唱	부를 창 노래 창	11 (木)	口(입구)	

음	한자	훈과 음	획 수 (수리오행)	부 수 (부수명칭)	측자·파자
창	窓	창 창 창문 창	11 (木)	穴(구멍혈밑)	藝名, 雅號에 좋은 글자
	娼	창녀 창 몸파는여자창	11 (木)	女(계집녀변)	
	創	비롯할 창 다칠 창	12 (木)	刀(칼도변)	藝名, 雅號에 좋은 글자
	敞	통창할 창 넓을 창	12 (木)	攴(등글월문)	
	猖	미쳐날뛸창	12 (木)	犬(개사슴록변)	
	滄	큰바다 창 한랭할 창	14 (火)	水(삼수변)	
	暢	통할 창 자랄 창 화창할 창	14 (火)	日(날일변)	
	菖	창포 창	14 (火)	艸(초두밑)	
	彰	밝을 창 드러낼 창	14 (火)	彡(터럭삼)	
	槍	창 창 이를 창	14 (火)	木(나무목변)	
	愴	슬퍼할 창 차가울 창	14 (火)	心(심방변)	
	脹	창자 창 배부를 창	14 (火)	肉(고기육변)	
	廠	헛간 창 공장 창	15 (土)	广(엄호밑)	
	漲	물불을 창 물넘쳐흐를창	15 (土)	水(삼수변)	
	瘡	종기 창 부스럼 창	15 (土)	疒(병질안)	
	艙	선창 창 갑판밑 창	16 (土)	舟(배주변)	
	蒼	푸를 창 늙을 창 우거질 창	16 (土)	艸(초두밑)	藝名, 雅號에 좋은 글자

음	한자	훈과 음	획 수 (수리오행)	부 수 (부수명칭)	측자·파자
채	采	캘 채 가릴 채 채색 채	8 (金)	采(분별할채)	
	砦	진칠 채 울타리 채	10 (水)	石(돌석변)	
	彩	무늬 채 채색 채	11 (木)	彡(터럭삼)	
	埰	식읍 채 사패지 채	11 (木)	土(흙토변)	
	寀	채지 채 동관 채	11 (木)	宀(갓머리)	寀:采와 宀字
	釵	비녀 채 인동덩굴채	11 (木)	金(쇠금변)	
	責	빚 채 債의 古字	11 (木)	貝(조개패)	채, 책 모두 신고가능
	婇	여자이름채	11 (木)	女(계집녀변)	
	採	가릴 채 캘 채 나무꾼 채	12 (木)	手(재방변)	큰재물을 얻거나 고시에 합격하여 관직에 오른다
	棌	떡갈나무채	12 (木)	木(나무목변)	
	債	빚 채 빚돈 채	13 (火)	人(사람인변)	
	琗	옥빛 채 옥무늬 채	13 (火)	玉(구슬옥변)	
	睬	참견할 채 주목할 채	13 (火)	目(눈목변)	
	菜	나물 채 반찬 채	14 (火)	艸(초두밑)	나물과 쌀이있어 배부르니 사업, 직장 순조롭다
	綵	비단 채 채색 채	14 (火)	糸(실사변)	
	寨	울타리 채 울짱 채	14 (火)	宀(갓머리)	
	蔡	풀 채 먼지 채	17 (金)	艸(초두밑)	
책	冊	책 책 칙서 책	5 (土)	冂(먼데경)	친구와 모임, 연인 등의 조직이 깨질 수 있다
	柵	목책 책 울타리 책	9 (水)	木(나무목변)	

음	한자	훈과 음	획 수 (수리오행)	부 수 (부수명칭)	측자·파자
책	責	꾸짖을 책 책임 책	11 (木)	貝(조개패)	가난한사람에게 돈을꾼 형상이니 심적부담이 더크다
	策	꾀 책 문서 책 대쪽 책	12 (木)	竹(대죽변)	
처	妻	아내 처 시집보낼처	8 (金)	女(계집녀변)	사업,직장,입학 시에 이왕에 다홍치마 골라라
	凄	쓸쓸할 처 차가울 처	10 (水)	冫(이수변)	
	處	곳 처 머무를 처	11 (木)	虍(범호밑)	
	悽	슬퍼할 처 야윌 처	12 (木)	心(심방변)	
척	尺	자 척 길이 척	4 (火)	尸(주검시)	
	斥	물리칠 척 가리킬 척 엿볼 척	5 (土)	斤(날근)	
	坧	기지 척	8 (金)	土(흙토변)	
	刺	찌를 척 꾸짖을 척	8 (金)	刀(칼도변)	
	拓	넓힐 척 주울 척 꺾을 척	9 (水)	手(재방변)	소송, 결혼, 사업, 매매, 금전 모두 어렵다
	倜	높이들 척 대범할 척	10 (水)	人(사람인변)	
	剔	바를 척 깎을 척	10 (水)	刀(칼도변)	
	隻	외짝 척 새한마리척	10 (水)	隹(새추)	
	戚	슬퍼할 척 겨레 척 도끼 척	11 (木)	戈(창과)	
	脊	등뼈 척 등마루 척	12 (木)	肉(고기육변)	감추거나 거짓이 아니라 눈에 보이는대로다
	慼	슬플 척 근심할 척	15 (土)	心(심방변)	

음	한자	훈과 음	획 수 (수리오행)	부 수 (부수명칭)	측자·파자
척	滌	씻을 척 닦을 척	15 (土)	水(삼수변)	
	瘠	여윌 척 파리할 척	15 (土)	疒(병질안)	
	陟	오를 척 올릴 척	15 (土)	阜(좌부방)	
	蹠	밟을 척 나아갈 척	18 (金)	足(발족변)	
	擲	던질 척 버릴 척	19 (水)	手(재방변)	
천	千	일천 천 천번 천	3 (火)	十(열십)	최고 직전까지 올라가며 환자는 부작용에 주의
	川	내 천 물귀신 천	3 (火)	川(개미허리)	물 흐르듯 순리로 일을 풀어가고 재앙조심
	天	하늘 천 임금 천	4 (火)	大(큰대)	만인에게 덕을 베풀 수 있으며 이별수가 있다
	仟	일천 천 무성할 천	5 (土)	人(사람인변)	
	舛	어그러질 천	6 (土)	舛(어길천밑)	
	玔	옥고리 천 옥팔찌 천	8 (金)	玉(구슬옥변)	
	泉	샘 천 돈 천	9 (水)	水(물수)	
	穿	구멍 천 뚫을 천	9 (水)	穴(구멍혈밑)	
	阡	길 천 일천 천 무성할 천	11 (木)	阜(좌부방)	시장, 부사장, 중책을 임명받아 활동 한다
	釧	팔찌 천	11 (木)	金(쇠금변)	

음	한자	훈과 음	획 수 (수리오행)	부 수 (부수명칭)	측자·파자
천	淺	얕을 천 엷을 천	12 (木)	水(삼수변)	두개 창으로 공격할수 있으니 일을 효과적으로진행
	喘	기침 천 헐떡거릴 천	12 (木)	口(입구)	
	茜	천초 천 진홍색 천	12 (木)	艸(초두밑)	
	賤	천할 천 천히여길 천	15 (土)	貝(조개패)	주변에 무기가 많아 사업, 직장에서 손해 본다
	踐	밟을 천 오를 천	15 (土)	足(발족변)	
	擅	멋대로 천 마음대로 천	17 (金)	手(재방변)	
	遷	옮길 천 천도 천	19 (水)	辵(책받침)	
	薦	드릴 천 천거할 천	19 (水)	艸(초두밑)	
	闡	열 천 넓힐 천	20 (水)	門(문문)	문안에 홀로있으니 주변에 도와줄사람이없다
	韆	그네 천	24 (火)	革(가죽혁)	
철	凸	볼록할 철 뾰족할 철	5 (土)	凵(위터진입구)	
	哲	밝을 철 슬기로울 철	10 (水)	口(입구)	
	悊	공경할 철 지혜로울철	11 (木)	心(심방변)	
	喆	밝을 철 슬기로울 철	12 (木)	口(입구)	哲(口部7획)과 仝字
	綴	꿰맬 철 지을 철	14 (火)	糸(실사변)	
	徹	통할 철 뚫을 철 치울 철	15 (土)	彳(두인변)	
	輟	그칠 철 멈출 철	15 (土)	車(수레거변)	
	澈	맑을 철 물맑을 철	16 (土)	水(삼수변)	
	撤	거둘 철 치울 철	16 (土)	手(재방변)	

음	한자	훈과 음	획 수 (수리오행)	부 수 (부수명칭)	측자·파자
철	轍	흔적 철 바퀴자국철	19 (水)	車(수레거변)	
	鐵	쇠 철 철물 철	21 (木)	金(쇠금변)	철의 약자에 失字가있으니 금 기운을 잃기 시작
첨	尖	뾰족할 첨 작을 첨	6 (土)	小(작을소)	적은 자본으로 큰 사업일으키고 중역이 된다
	沾	더할 첨 첨가할 첨	9 (水)	水(삼수변)	
	甛	달 첨 낮잠 첨	11 (木)	甘(달감)	고진감래라 어려움 지나가고 희망찬 날이 온다
	添	더할 첨 안주 첨	12 (木)	水(삼수변)	
	僉	모두 첨 도리깨 첨	13 (火)	人(사람인변)	
	詹	이를 첨 도달할 첨	13 (火)	言(말씀언변)	
	諂	아첨할 첨 알랑거릴첨	15 (土)	言(말씀언변)	달콤한 말에 함정에 빠질 수 있으니 주의하자
	瞻	볼 첨 우러러볼첨	18 (金)	目(눈목변)	
	簽	농 첨 쪽지 첨	19 (水)	竹(대죽변)	
	籤	제비 첨 심지 첨	23 (火)	竹(대죽변)	
첩	妾	첩 첩 계집아이첩	8 (金)	女(계집녀변)	
	帖	문서 첩 장부 첩 편안할 첩	8 (金)	巾(수건건)	
	捷	이길 첩 빠를 첩	12 (木)	手(재방변)	
	堞	치첩 첩 성가퀴 첩	12 (木)	土(흙토변)	
	貼	붙을 첩 전당잡을첩	12 (木)	貝(조개패)	

음	한자	훈과 음	획수 (수리오행)	부수 (부수명칭)	측자·파자
첩	牒	공문서 첩 글씨판 첩	13 (火)	片(조각편)	
	睫	속눈썹 첩 깜작일 첩	13 (火)	目(눈목변)	
	輒	문득 첩 갑자기 첩	14 (火)	車(수레거변)	
	諜	이간할 첩 염탐할 첩	16 (土)	言(말씀언변)	
	疊	접을 첩 겹처질 첩	22 (木)	田(밭전)	
청	靑	푸를 청 대껍질 청	8 (金)	靑(푸를청)	청룡이 얻으니 기쁨이 있고 가만히 있으면 다투지 않음
	淸	맑을 청 깨끗할 청	12 (木)	水(삼수변)	청룡이 물을 얻으니 재능을 마음껏 발휘할 기회로다
	晴	갤 청 날갤 청	12 (木)	日(날일변)	
	菁	우거질 청 부초꽃 청	14 (火)	艸(초두밑)	
	請	청할 청 물을 청	15 (土)	言(말씀언변)	정도 없고 의리도 없어 보이니 어찌할꼬
	鯖	청어 청	19 (水)	魚(고기어변)	
	聽	들을 청 기다릴 청	22 (木)	耳(귀이변)	
	廳	마을 청 관청 청 대청 청	25 (土)	广(엄호밑)	
체	切	일체 체 몸통 체	4 (火)	刀(칼도변)	
	剃	털깎을 체 머리깎을체	9 (水)	刀(칼도변)	
	涕	울 체 눈물 체	11 (木)	水(삼수변)	
	替	바꿀 체 폐할 체 쇠할 체	12 (木)	曰(가로왈)	
	締	맺을 체 맺힐 체	15 (土)	糸(실사변)	

음	한자	훈과 음	획 수 (수리오행)	부 수 (부수명칭)	측자·파자
체	滯	막힐 체 빠질 체	15 (土)	水(삼수변)	
	逮	잡을 체 미칠 체	15 (土)	辵(책받침)	
	諦	살필 체 이치 체	16 (土)	言(말씀언변)	
	諟	바로잡을체 살필 체	16 (土)	言(말씀언변)	諟(시)와 同字
	遞	번갈아 체 역말 체	17 (金)	辵(책받침)	
	體	몸 체 모양 체	23 (火)	骨(뼈골변)	
초	初	처음 초 시작 초	7 (金)	刀(칼도)	이미 상대는 다른 마음을 먹고 있으니 대비하라
	抄	베낄 초 거를 초	8 (金)	手(재방변)	
	炒	볶을 초 떠들 초	8 (金)	火(불화변)	
	岧	높을 초 높고험준할초	8 (金)	山(뫼산변)	
	肖	닮을 초 본받을 초	9 (水)	肉(고기육변)	
	招	부를 초 요구할 초	9 (水)	手(재방변)	
	秒	초 초 초심 초	9 (水)	禾(벼화변)	
	哨	망볼 초 말많을 초	10 (水)	口(입구)	
	梢	꼬리 초 나무끝 초	11 (木)	木(나무목변)	
	苕	원두 초 능소화 초	11 (木)	艸(초두밑)	
	鈔	좋은쇠 초 아름다울초	11 (木)	金(쇠금변)	모래속에서 사금을 얻으나 일의 성과가적다
	草	풀 초 거칠 초	12 (木)	艸(초두밑)	本字인 艸(6획)도 신고됨
	超	뛰어넘을 초 뛰어날 초	12 (木)	走(달아날주변)	

음	한자	훈과 음	획 수 (수리오행)	부 수 (부수명칭)	측자·파자
초	焦	그을릴 초 탄내날 초 초조할 초	12 (木)	火(불화변)	가인이나 좋은 사람들과 잔치를 베풀며 좋아한다
	硝	망초 초 초석 초	12 (木)	石(돌석변)	
	椒	후초 초 산초나무초	12 (木)	木(나무목변)	
	酢	초 초 신맛 초	12 (木)	酉(닭유변)	
	稍	점점 초 벼줄기끝초	12 (木)	禾(벼화변)	궁금증 풀만한 소식을 듣고 희망도좀 보인다
	貂	담비 초	12 (木)	豸(갖은돼지시)	
	楚	가시나무초 매질할 초 초나라 초	13 (火)	木(나무목변)	
	剿	노곤할 초 괴로워할초	13 (火)	刀(칼도변)	
	醋	초 초 술권할 초	15 (土)	酉(닭유변)	
	樵	땔나무 초 나무할 초	16 (土)	木(나무목변)	
	憔	수척할 초 애태울 초	16 (土)	心(심방변)	
	礁	암초 초 물에잠긴바위초	17 (金)	石(돌석변)	
	礎	주춧돌 초	18 (金)	石(돌석변)	
	蕉	파초 초 땔나무 초	18 (金)	火(불화변)	말라 타 버렸으니 사업, 직장, 건강 나쁘다
	醮	초례제 초 제사지낼초	19 (水)	酉(닭유변)	
촉	促	절박할 촉 재촉할 촉	9 (水)	人(사람인변)	
	蜀	나라이름촉 나비애벌레촉	13 (火)	虫(벌레충변)	어둡고 답답하나 불을 얻어초에붙이면밝아짐
	燭	촛불 촉 비칠 촉	17 (金)	火(불화변)	눈썹타는 정도만 막거나 작은 이익만 얻음

음	한자	훈과 음	획 수 (수리오행)	부 수 (부수명칭)	측자·파자
촉	觸	닿을 촉 범할 촉	20 (水)	角(뿔각)	
	囑	맡길 촉 부탁할 촉	24 (火)	口(입구)	
	矗	곧을 촉 우거질 촉	24 (火)	目(눈목변)	
촌	寸	촌수 촌 마디 촌	3 (火)	寸(마디촌)	맞설 상대, 머리를 맞대고 의논 할 자가 없다
	村	마을 촌 시골 촌	7 (金)	木(나무목변)	팔방미인이라 주변에서 부르는 자가 많아 공명한다
	忖	헤아릴 촌	7 (金)	心(심방변)	
	邨	마을 촌 村과 동자	11 (木)	邑(우부방)	邨: 村과 同字
총	悤	바쁠 총 급할 총	11 (木)	心(마음심)	
	塚	무덤 총 산꼭대기총	13 (火)	土(흙토변)	
	銃	총 총 도끼구멍총	14 (火)	金(쇠금변)	
	総	모을 총 대략 총 거느릴 총	14 (火)	糸(실사변)	總과 仝字
	憁	바쁠 총 심심할 총	15 (土)	心(심방변)	
	摠	모두 총 거느릴 총	15 (土)	手(재방변)	
	總	거느릴 총 묶을 총 대강 총	17 (金)	糸(실사변)	
	聰	밝을 총 총명할 총	17 (金)	耳(귀이변)	
	蔥	파 총 부들 총	17 (金)	艸(초두밑)	
	叢	모을 총 더부룩할총	18 (金)	又(또우)	
	寵	총애할 총 영화 총	19 (水)	宀(갓머리)	

음	한자	훈과 음	획수 (수리오행)	부수 (부수명칭)	측자·파자
촬	撮	모을 촬 취할 촬	17 (金)	手(재방변)	
최	崔	姓 최 높을 최	11 (木)	山(메산변)	새해, 새로 시작하는 일은 유종의 미를 거둔다
	最	가장 최 모을 최	12 (木)	曰(가로왈)	원하는 것은 당일에도 얻을 수 있으니 뛰어라
	催	재촉할 최 일어날 최 베풀 최	13 (火)	人(사람인변)	
추	秋	가을 추 때 추	9 (水)	禾(벼화변)	벼에 불이붙은 모습이니 화재를 조심하고 부상도 주의
	抽	뺄 추 당길 추	9 (水)	手(재방변)	
	酋	두목 추 묵은술 추	9 (水)	酉(닭유변)	
	芻	꼴 추 말린풀 추	10 (水)	艸(초두밑)	
	推	밀 추 옮을 추	12 (木)	手(재방변)	재물운이 왕성하여 재물, 돈이 마구 들어온다
	椎	뭉치 추 방망이 추	12 (木)	木(나무목변)	
	追	쫓을 추 뒤따라 추	13 (火)	辵(책받침)	
	楸	개오동나무추 바둑판 추	13 (火)	木(나무목변)	
	湫	늪 추 다할 추	13 (火)	水(삼수변)	
	墜	떨어질 추 잃을 추	15 (土)	土(흙토변)	
	皺	주름 추 마른대추추	15 (土)	皮(가죽피)	
	萩	사철쑥 추 가래나무추	15 (土)	艸(초두밑)	
	諏	꾀할 추 물을 추	15 (土)	言(말씀언변)	

음	한자	훈과 음	획 수 (수리오행)	부 수 (부수명칭)	측자·파자
추	樞	지도리 추 고동 추 별이름 추	15 (土)	木(나무목변)	
	錐	송곳 추 무게 추	16 (土)	金(쇠금변)	영웅적 기질에 쇠판얼굴이라 염치가부족하다
	錘	저울추 추 도가니 추	16 (土)	金(쇠금변)	
	醜	추할 추 못생길 추	17 (金)	酉(닭유변)	
	鄒	나라이름추 추나라 추	17 (金)	邑(우부방)	
	趨	쫓을 추 달릴 추	17 (金)	走(달아날주변)	
	鎚	저울 추 쇠망치 추	18 (金)	金(쇠금변)	
	雛	큰새 추 병아리 추	18 (金)	隹(새추)	
	騶	마부 추 승마 추	20 (水)	馬(말마변)	
	鰍	미꾸라지추 鰌와 동자	20 (水)	魚(고기어변)	鰍: 鰌와 同字
축	丑	둘째지지축 소 축	4 (火)	一(한일)	상황이니 만큼 근면성실해야 으뜸의 대우를 받는다
	竺	대나무 축 두터울 축	8 (金)	竹(대죽변)	
	祝	빌 축 축문 축 하례할 축	10 (水)	示(보일시변)	
	畜	저축 축 가축 축 기를 축	10 (水)	田(밭전)	
	軸	굴대 축 두루마리축	12 (木)	車(수레거변)	
	筑	주울 축 악기이름축	12 (木)	竹(대죽변)	
	逐	쫓을 축 달릴 축	14 (火)	辵(책받침)	

음	한자	훈과 음	획 수 (수리오행)	부 수 (부수명칭)	측자·파자
축	蓄	쌓을 축 기를 축 저축 축	16 (土)	艸(초두밑)	
	築	건축물 축 쌓을 축	16 (土)	竹(대죽변)	
	縮	줄 축 오그라들축	17 (金)	糸(실사변)	
	蹙	쫓을 축 대지를 축	18 (金)	足(발족변)	
	蹴	찰 축 밟을 축	19 (水)	足(발족변)	
춘	春	봄 춘 청춘 춘 사귈 춘	9 (水)	日(날일변)	삼양이 크게 열리니 백가지 화초가 발생 활동한다
	椿	참죽나무춘	13 (火)	木(나무목변)	나무에 봄이 오니 때를 만나 발전과 영화롭다
	瑃	옥이름 춘	14 (火)	玉(구슬옥변)	
	賰	넉넉할 춘	16 (土)	貝(조개패)	
출	出	나갈 출 뛰어날 출	5 (土)	凵(위터진입구)	
	朮	차조 출 삽주 출	5 (土)	木(나무목변)	
	黜	물리칠 출 내리칠 출	17 (金)	黑(검을흑)	
충	充	찰 충 막을 충 살찔 충	6 (土)	儿(어진사람인)	본자5,속자6이나 6획사용
	忠	충성 충 정성 충	8 (金)	心(마음심)	마음으로 생긴 병이니 심장부터 머리까지 병
	沖	온화할 충 높이날 충 공허할 충	8 (金)	水(삼수변)	俗字인 冲(6획)도 신고
	衷	참마음 충 정성스럴충 속옷 충	10 (水)	衣(옷의)	
	珫	귀고리 충	11 (木)	玉(구슬옥변)	본자 10획, 속자 11획 신고가

음	한자	훈과 음	획 수 (수리오행)	부 수 (부수명칭)	측자·파자
충	衝	거리 충 찌를 충 부딪칠 충	15 (土)	彳(두인변)	
	蟲	벌레 충	18 (金)	虫(벌레충변)	略字인 虫(6획)도 신고됨
췌	悴	근심할 췌 파리할 췌	12 (木)	心(심방변)	
	萃	모을 췌 야윌 체	14 (火)	艸(초두밑)	
	膵	췌장 췌	18 (金)	肉(고기육변)	
	贅	혹 췌 군더더기췌	18 (金)	貝(조개패)	
취	吹	불 취 바람 취	7 (金)	口(입구)	몸과 마음이 불편하고 탄식하는 일이 있다
	取	취할 취 장가들 취	8 (金)	又(또우)	
	炊	불땔 취 밥지을 취	8 (金)	火(불화변)	
	臭	냄새 취 썩을 취 향내 취	10 (水)	自(스스로자)	
	娶	장가들 취 아내맞을취	11 (木)	女(계집녀변)	동업은 양호, 결혼이나 좋은 연인이 생긴다
	就	나아갈 취 이룰 취 마칠 취	12 (木)	尢(절름발이왕)	
	脆	연할 취 무를 취	12 (木)	肉(고기육변)	
	翠	비취색 취 물총새 취	14 (火)	羽(깃우)	
	聚	모을 취 무리 취 마을 취	14 (火)	耳(귀이변)	
	醉	취할 취 취하게할취	15 (土)	酉(닭유변)	
	趣	뜻 취 향할 취 추창할 취	15 (土)	走(달아날주변)	나가 돌아다니면 직업, 재물 등을 얻게 된다

음	한자	훈과 음	획 수 (수리오행)	부 수 (부수명칭)	측자·파자
취	嘴	부리 취 주둥이 취	15 (土)	口(입구)	
	鷲	수리 취 독수리 취	23 (火)	鳥(새조변)	
	驟	달릴 취 별안간 취	24 (火)	馬(말마변)	
측	仄	기울 측 우뚝솟을측	4 (火)	人(사람인)	
	側	곁 측 기울(일)측 어렴풋할측	11 (木)	人(사람인변)	
	厠	뒷간 측 돼지우리측	11 (木)	厂(민엄호밑)	
	測	잴 측 맑을 측	13 (火)	水(삼수변)	
	惻	슬퍼할 측 불쌍할 측	13 (火)	心(심방변)	
층	層	층 층 층집 층	15 (土)	尸(주검시)	
치	侈	사치할 치 거만할 치	8 (金)	人(사람인변)	
	治	다스릴 치 익힐 치	9 (水)	水(삼수변)	좋은 아이디어를 고안하여 요직에 오른다
	峙	우뚝솟을치 쌓을 치	9 (水)	山(메산변)	
	致	이룰 치 보낼 치 다할 치	10 (水)	至(이를치)	
	値	값 치 만날 치	10 (水)	人(사람인변)	
	恥	부끄럼 치 욕보일 치	10 (水)	心(마음심)	
	蚩	어리석을치 벨레이름치	10 (水)	虫(벌레충)	
	梔	치자나무치	11 (木)	木(나무목변)	

음	한자	훈과 음	획 수 (수리오행)	부 수 (부수명칭)	측자·파자
치	痔	치질 치	11 (木)	疒(병질안)	
	淄	검은빛 치 강이름 치	12 (木)	水(삼수변)	밭에 물이 넘쳐 재난을 당하니 일이 순조롭지못함
	稚	어릴 치 어린애 치	13 (火)	禾(벼화변)	
	雉	꿩 치 담 치	13 (火)	隹(새추)	
	馳	달릴 치 전할 치	13 (火)	馬(말마변)	
	嗤	냉소할 치 웃는모양치	13 (火)	口(입구)	
	痴	어리석을치 癡의 속자	13 (火)	疒(병질안)	痴:癡의 俗字
	置	둘 치 버릴 치 베풀 치	14 (火)	网(그물망)	
	緇	검은옷 치 검은비단치	14 (火)	糸(실사변)	재앙있는 밭이라 나쁜일에 연루되거나 재산분쟁
	齒	이 치 나이 치	15 (土)	齒(이치)	아수라장인 곳에 사람들위에 그칠지 字 있으니 소인배에서 손을 빼라
	幟	기 치 표적 치	15 (土)	巾(수건건)	
	緻	고울 치 찬찬할 치	15 (土)	糸(실사변)	
	輜	짐수레 치	15 (土)	車(수레거변)	
	熾	맹렬할 치 불꽃 치	16 (土)	火(불화변)	
	穉	어릴 치 어린벼 치	17 (金)	禾(벼화변)	당장 이익 없어도 서두르지 않으면 반드시 유익함이 있다
	癡	어리석을치 미치광이치	19 (水)	疒(병질안)	

음	한자	훈과 음	획 수 (수리오행)	부 수 (부수명칭)	측자·파자
칙	則	법칙 칙 본받을 칙	9 (水)	刀(칼도변)	則 : 즉 音으로 사용 못함. 상벌 분명해야 입지가 굳건
	勅	조서 칙 삼갈 칙 신칙할 칙	9 (水)	力(힘력변)	
	飭	경계할 칙 신칙할 칙	13 (火)	食(밥식변)	
친	親	친할 친 몸소 친 어버이 친	16 (土)	見(볼견)	고통스러워도 꾸준히 노력하면 소원성취 한다
칠	七	일곱 칠 일곱번 칠	7 (金)	一(한일)	능력 탁월하나 약점을 노리는 자에게는 주의를 요망
	柒	옻칠 칠 漆과 동자	9 (水)	木(나무목변)	柒漆과 同字
	漆	옻나무 칠 검을 칠	15 (土)	水(삼수변)	
침	沈	가라앉을침 빠질 침	8 (金)	水(삼수변)	눈물로 비단 베개를 적시니니 이별할 수 있다
	枕	베개 침 말뚝 침	8 (金)	木(나무목변)	
	侵	침범할 침 차츰나갈침	9 (水)	人(사람인변)	
	針	바늘 침 침 침	10 (水)	金(쇠금변)	
	砧	방치돌 침 다듬잇돌침	10 (水)	石(돌석변)	
	浸	적실 침 잠길 침	11 (木)	水(삼수변)	
	棽	우거질 침 무성할 침	12 (木)	木(나무목변)	
	琛	보배 침	13 (火)	玉(구슬옥변)	
	寢	잠 침 쉴 침 누울 침	14 (火)	宀(갓머리)	
	鍼	침 침 찌를 침	17 (金)	金(쇠금변)	
칩	蟄	숨을 칩 모일 칩	17 (金)	虫(벌레충변)	

음	한자	훈과 음	획 수 (수리오행)	부 수 (부수명칭)	측자·파자
칭	秤	저울 칭 공평할 칭	10 (水)	禾(벼화변)	
	稱	일컬을 칭 칭찬할 칭 저울 칭	14 (火)	禾(벼화변)	
쾌	夬	터놓을 쾌 쾌괘 쾌	4 (火)	大(큰대)	藝名, 雅號에 좋은 글자
	快	쾌할 쾌 빠를 쾌 방종할 쾌	8 (金)	心(심방변)	藝名, 雅號에 좋은 글자
타	他	남 타 다를 타	5 (土)	人(사람인변)	
	打	칠 타 타 타	6 (土)	手(재방변)	
	朶	꽃송이 타 늘어질 타	6 (土)	木(나무목변)	
	妥	편안할 타 온당할 타	7 (金)	女(계집녀변)	
	咤	꾸짖을 타 슬퍼할 타	9 (水)	口(입구)	
	拖	당길 타 잡아끌 타	9 (水)	手(재방변)	그런 의도가 아닌데 생각지도 않게 화근이 됨
	唾	침 타 침뱉을 타	11 (木)	口(입구)	
	舵	선박키 타	11 (木)	舟(배주변)	
	惰	버릇 타 게으를 타	13 (火)	心(심방변)	
	楕	길쭉할 타	13 (火)	木(나무목변)	
	陀	험할 타 비탈길 타	13 (火)	阜(좌부방)	
	馱	태울 타 짐실을 타	13 (火)	馬(말마변)	
	墮	떨어질 타 게으를 타	15 (土)	土(흙토변)	
	駝	낙타 타 곱사등이타	15 (土)	馬(말마변)	

음	한자	훈과 음	획 수 (수리오행)	부 수 (부수명칭)	측자·파자
탁	托	맡길 탁 떡국 탁 의지할 탁	7 (金)	手(재방변)	
	卓	높을 탁 탁자 탁	8 (金)	十(열십)	
	坼	터질 탁 갈라질 탁	8 (金)	土(흙토변)	
	度	잴 탁 셀 탁 물을 탁	9 (水)	广(엄호밑)	도·탁 音 중에서 선택
	拓	박을 탁 밀칠 탁	9 (水)	手(재방변)	척·탁 音 중에서 선택
	柝	열 탁 갈라질 탁	9 (水)	木(나무목변)	
	倬	클 탁 환할 탁	10 (水)	人(사람인변)	
	託	부탁할 탁 의탁할 탁	10 (水)	言(말씀언변)	
	啄	쪼을 탁 두드릴 탁	11 (木)	口(입구)	
	晫	환할 탁 밝을 탁	12 (木)	日(날일변)	
	琢	쫄 탁 닦을 탁 가릴 탁	13 (火)	玉(구슬옥변)	
	琸	이름 탁 사람이름탁	13 (火)	玉(구슬옥변)	
	濁	흐릴 탁 흐리게할탁	17 (金)	水(삼수변)	
	濯	씻을 탁 클 탁 빛날 탁	18 (金)	水(삼수변)	물고기가 물에서 뛰는 것은당연하니 노력하라
	擢	뽑을 탁 빼낼 탁	18 (金)	手(재방변)	
	鐸	방울 탁 요령 탁	21 (木)	金(쇠금변)	

음	한자	훈과 음	획 수 (수리오행)	부 수 (부수명칭)	측자·파자
탄	呑	삼킬 탄 감출 탄	7 (金)	口(입구)	조건이 나빠도 하늘이 돕고 노력하여 성공한다
	坦	평평할 탄 너그러울탄	8 (金)	土(흙토변)	
	炭	숯 탄 석탄 탄	9 (水)	火(불화변)	
	誕	태어날 탄 클 탄 거짓 탄	14 (火)	言(말씀언변)	
	嘆	탄식할 탄 한숨쉴 탄	14 (火)	口(입구)	
	綻	터질 탄 옷터질 탄	14 (火)	糸(실사변)	
	歎	한숨쉴 탄 칭찬할 탄 화답할 탄	15 (土)	欠(하품흠몸)	
	彈	탄알 탄 튀길 탄 탄핵할 탄	15 (土)	弓(활궁)	화살과 탄환이 없으면 서도 큰소리만 친다
	憚	꺼릴 탄 화낼 탄	16 (土)	心(심방변)	
	灘	여울 탄 물가 탄	23 (火)	水(삼수변)	
탈	脫	벗을 탈 빠질 탈 떨어질 탈	13 (火)	肉(고기육변)	
	奪	빼앗을 탈 빼앗길 탈	14 (火)	大(큰대)	
탐	眈	노려볼 탐	9 (水)	目(눈목변)	
	耽	즐길 탐 처질 탐 빠질 탐	10 (水)	耳(귀이변)	
	貪	탐할 탐 탐 탐	11 (木)	貝(조개패)	
	探	찾을 탐 더듬을 탐	12 (木)	手(재방변)	

음	한자	훈과 음	획 수 (수리오행)	부 수 (부수명칭)	측자·파자
탑	塔	탑 탑 층집 탑	13 (火)	土(흙토변)	
	搭	탈 탑 태울 탑	14 (火)	手(재방변)	
	榻	긴걸상 탑 임금의의자탑	14 (火)	木(나무목변)	
탕	宕	방탕할 탕 거치를 탕	8 (金)	宀(갓머리)	
	帑	금고 탕 처자 탕	8 (金)	巾(수건건)	
	湯	끓일 탕 온천 탕 탕약 탕	13 (火)	水(삼수변)	이곳저곳 방랑하며 방탕한 생활을 한다
	糖	엿 탕 사탕 탕	16 (土)	米(쌀미변)	
	蕩	흐리게할탕 쓸어버릴탕	18 (金)	艸(초두밑)	
태	太	클 태 심할 태 처음 태	4 (火)	大(큰대)	
	台	별이름 태 나이 태	5 (土)	口(입구)	사업에 동참하게 되며 좋은 결과가 기대해도 좋다
	兌	기뻐할 태 통할 태 바꿀 태	7 (金)	儿(어진사람인)	
	汰	지날 태 씻을 태 사치할 태	8 (金)	水(삼수변)	
	泰	클 태 너그러울태	9 (水)	水(물수)	결국 그사람도 한집안 식구이니 잘 대해라
	怠	게으를 태 업신여길태	9 (水)	心(마음심)	
	殆	위태할 태 가까울 태	9 (水)	歹(죽을사)	
	苔	이끼 태	11 (木)	艸(초두밑)	
	笞	매질할 태 볼기칠 태	11 (木)	竹(대죽변)	

음	한자	훈과 음	획 수 (수리오행)	부 수 (부수명칭)	측자·파자
태	胎	아이밸 태 태아 태 조짐 태	11 (木)	肉(고기육변)	
	邰	나라이름태	12 (木)	邑(우부방)	대인은 나라를 잘 다스리고 사업가는 사업, 보통사람은 가정을 행복하게 하라
	跆	밟을 태 유린할 태	12 (木)	足(발족변)	
	鈦	티타늄 태	12 (木)	金(쇠금변)	
	態	모양 태 형상 태	14 (火)	心(마음심)	
	颱	태풍 태 바람 태	14 (火)	風(바람풍)	망가진 삿갓으로바람 막으니 어려움이 여전하다
택	宅	집 택 묏자리 택	6 (土)	宀(갓머리)	댁, 택 音으로 신고됨
	垞	언덕 택 비탈길 택	9 (水)	土(흙토변)	
	澤	못 택 윤날 택 은덕 택	17 (金)	水(삼수변)	
	擇	가릴 택 선택할 택	17 (金)	手(재방변)	
탱	撐	버팀목 탱 배저울 탱	16 (土)	手(재방변)	
터	攄	펼 터 오를 터	19 (水)	手(재방변)	
토	土	흙 토 땅 토	3 (火)	土(흙토변)	최고의 경영자로 군림하지만 질병은 고질병이다
	吐	토할 토 뱉을 토	6 (土)	口(입구)	
	兎	토끼 토 달 토	7 (金)	儿(어진사람인)	兎: 本字인 兔(8획)로 신고 못함
	討	칠 토 찾을 토 다스릴 토	10 (水)	言(말씀언변)	
통	洞	꿰뚫을 통 골짜기 통	10 (水)	水(삼수변)	
	桶	통 통 용기 통	11 (木)	木(나무목변)	

음	한자	훈과 음	획 수 (수리오행)	부 수 (부수명칭)	측자·파자
통	統	거느릴 통 합칠 통 계통 통	12 (木)	糸(실사변)	
	痛	아플 통 원망할 통	12 (木)	疒(병질안)	
	筒	대롱 통	12 (木)	竹(대죽변)	
	通	통할 통 말할 통	14 (火)	辵(책받침)	급류에도 용케 피하였으니 좋은 때를 기다리자
	慟	애통할 통 서럽게울통	15 (土)	心(심방변)	
퇴	堆	흙무더기퇴 쌓을 퇴	11 (木)	土(흙토변)	화합과 타협의 경영능력 인정받고 결혼은 성사
	退	물러날 퇴 물리칠 퇴	13 (火)	辵(책받침)	
	槌	망치 퇴 방망이 퇴	14 (火)	木(나무목변)	
	腿	정강이 퇴 넓적다리퇴	16 (土)	肉(고기육변)	
	褪	바랠 퇴 옷벗을 퇴	16 (土)	衣(옷의)	
	頹	기울 퇴 무너질 퇴	16 (土)	頁(머리혈)	
투	投	던질 투 줄 투 의탁할 투	8 (金)	手(재방변)	재물 구하려하나 삼천포 빠지고 직장 운은 좋다
	妬	투기할 투 강새암할투	8 (金)	女(계집녀변)	
	套	덮개 투 전례 투	10 (水)	大(큰대)	
	偸	훔칠 투 가벼울 투	11 (木)	人(사람인변)	생각이 부족하니 뒤돌아보며 다시한번 생각하자
	透	뛸 투 환할 투 환히비칠투	14 (火)	辵(책받침)	
	鬪	싸움 투 다툴 투	20 (水)	鬥(싸울투)	

음	한자	훈과 음	획 수 (수리오행)	부 수 (부수명칭)	측자·파자
특	特	특히 특 하나 특 수컷 특	10 (水)	牛(소우변)	
	慝	간사할 특 사특할 특	15 (土)	心(마음심)	
틈	闖	엿볼 틈	18 (金)	門(문문)	
파	巴	땅이름 파 천곡 파	4 (火)	己(몸기)	
	把	잡을 파 손잡이 파 묶음 파	8 (金)	手(재방변)	
	坡	비탈 파 둑 파	8 (金)	土(흙토변)	풍파를 미리 예방하며 조심스럽게 일을 진행시켜라
	杷	비파나무파	8 (金)	木(나무목변)	
	爬	긁을 파 기어다닐파	8 (金)	爪(손톱조)	
	波	물결 파 움직일 파	9 (水)	水(삼수변)	
	破	깨뜨릴 파 흩뜨릴 파	10 (水)	石(돌석변)	
	派	갈래 파 가를 파	10 (水)	水(삼수변)	
	芭	파초 파 풀이름 파	10 (水)	艸(초두밑)	
	婆	할미 파 늙은계집파	11 (木)	女(계집녀변)	여자로 인하여 어려움과 파란을 겪는다
	跛	절뚝발이파	12 (木)	足(발족변)	
	琶	비파 파 탈 파	13 (火)	玉(구슬옥변)	
	頗	치우칠 파 자못 파	14 (火)	頁(머리혈)	거센 파도가 재물, 가족에게 우환을 가져온다
	播	뿌릴 파 베풀 파 달아날 파	16 (土)	手(재방변)	

음	한자	훈과 음	획 수 (수리오행)	부 수 (부수명칭)	측자·파자
파	罷	파할 파 내칠 파	16 (土)	网(그물망)	
	擺	열릴 파 배열할 파	19 (水)	手(재방변)	
판	判	가를 판 판단 판	7 (金)	刀(칼도변)	
	坂	비탈 판 고개 판	7 (金)	土(흙토변)	
	板	널조각 판 판목 판 글 판	8 (金)	木(나무목변)	
	版	널 판 책 판 인쇄 판	8 (金)	片(조각편)	
	販	팔 판 장사할 판	11 (木)	貝(조개패)	성공과실패가 반복되니 아까운세월만 허비한다
	阪	비탈(질)판 둑 판	12 (木)	阜(좌부방)	
	鈑	금박 판 불릴금 판	12 (木)	金(쇠금변)	
	辦	힘쓸 판 갖출 판	16 (土)	辛(매울신)	
	瓣	꽃잎 판 오이씨 판	19 (水)	瓜(오이과)	
팔	叭	나팔 팔 입벌릴 팔	5 (土)	口(입구)	
	八	여덟 팔 여덟번 팔	8 (金)	八(여덟팔)	두 갈래길이니 이별수요, 애매하고 기약조차 없다
	捌	깨뜨릴 팔 쳐부술 팔	11 (木)	手(재방변)	속이고 꼬시는 자와 같이 일하려고 하는 형상
패	貝	조개 패 돈 패 비단이름패	7 (金)	貝(조개패)	재물도 없고 직업도 없으니 빈천한 것이 짐이 된다
	佩	찰 패 노리개 패	8 (金)	人(사람인변)	바람결에 친구나 연인이 먼 곳으로 떠난다
	沛	늪 패 습지 패	8 (金)	水(삼수변)	시장처럼 시끄럽고 어수선한 술자리와 같다

음	한자	훈과 음	획 수 (수리오행)	부 수 (부수명칭)	측자·파자
패	唄	찬불 패 염불소리패	10 (水)	口(입구)	
	敗	패할 패 썩을 패 무너질 패	11 (木)	攴(등글월문)	
	浿	물가 패 물이름 패	11 (木)	水(삼수변)	
	悖	거스릴 패 어그러질패	11 (木)	心(심방변)	
	狽	이리 패 낭패 패	11 (木)	犬(개사슴록변)	
	牌	패 패 간판 패 방패 패	12 (木)	片(조각편)	
	稗	피 패 돌피 패	13 (火)	禾(벼화변)	건강상 소화기능 약하고 사업상 소화를 못함
	覇	으뜸갈 패 두목 패	19 (水)	襾(덮을아)	
팽	烹	삶을 팽 익힌음식팽	11 (木)	火(불화변)	
	彭	장수 팽 띵띵할 팽	12 (木)	彡(터럭삼)	
	澎	물결부딪칠팽 물소리 팽	16 (土)	水(삼수변)	
	膨	부풀 팽 배부를 팽	18 (金)	肉(고기육변)	
퍅	愎	강할 퍅 괴팍할 퍅	13 (火)	心(심방변)	
편	片	조각 편 꽃잎 편	4 (火)	片(조각편)	
	便	편할 편 소식 편 말잘할 편	9 (水)	人(사람인변)	
	扁	납작할 편 거룻배 편 현판 편	9 (水)	戶(지게호)	
	偏	치우칠 편 한쪽 편	11 (木)	人(사람인변)	

음	한자	훈과 음	획 수 (수리오행)	부 수 (부수명칭)	측자·파자
편	編	엮을 편 책 편	15 (土)	糸(실사변)	
	篇	책 편 편 편	15 (土)	竹(대죽변)	
	翩	빨리날 편 나부낄 편	15 (土)	羽(깃우)	훌륭한 인재도움 받아도 사업, 건강 회복불가
	遍	두루 편 번 편	16 (土)	辶(책받침)	
	鞭	채찍 편 회초리 편	18 (金)	革(가죽혁)	
	騙	속일 편 기만할 편	19 (水)	馬(말마변)	
폄	貶	감할 폄 떨어뜨릴폄	12 (木)	貝(조개패)	
평	平	평상 평 평평할 평 화친할 평	5 (土)	干(방패간)	학문을 이루기 어렵고 일이 중도에서 어그러진다
	坪	들 평 평 평	8 (金)	土(흙토변)	
	枰	판 평 바둑판 평 은행나무평	9 (水)	木(나무목변)	심신이 부평초처럼 떠돌아다니는 방랑객이다
	泙	물소리 평 물결셀 평	9 (水)	水(삼수변)	
	評	품평할 평 평론할 평	12 (木)	言(말씀언변)	
	萍	부평초 평 개구리밥평	14 (火)	艸(초두밑)	마음이 만족하니 일의 진행결과가 순조롭다
폐	吠	개짖을 폐	7 (金)	口(입구)	
	肺	허파 폐 친할 폐	10 (水)	肉(고기육변)	
	閉	닫을 폐 감출 폐	11 (木)	門(문문)	
	廢	폐할 폐 못쓰게될폐	15 (土)	广(엄호밑)	

음	한자	훈과 음	획 수 (수리오행)	부 수 (부수명칭)	측자·파자
폐	弊	해질 폐 곤할 폐 폐해 폐	15 (土)	廾(밑스물입)	
	幣	폐백 폐 비단 폐 재물 폐	15 (土)	巾(수건건)	
	陛	섬돌 폐 층계 폐	15 (土)	阜(좌부방)	
	嬖	사랑할 폐 총애받을폐	16 (土)	女(계집녀변)	
	蔽	가릴 폐 덮을 폐	18 (金)	艸(초두밑)	
	斃	죽을 폐 넘어질 폐	18 (金)	攴(등글월문)	
포	布	베 포 펼 포 베풀 포	5 (土)	巾(수건건)	
	包	쌀 포 꾸러미 포	5 (土)	勹(쌀포)	진척이 더디거나 두려운 일이 발생할 수있다
	佈	펼 포 알릴 포	7 (金)	人(사람인변)	
	咆	성낼 포 범의소리포	8 (金)	口(입구)	
	抱	안을 포 품을 포	9 (水)	手(재방변)	
	匍	길 포 문지를 포	9 (水)	勹(쌀포)	
	怖	떨 포 두려워할포	9 (水)	心(심방변)	
	抛	던질 포 버릴 포	9 (水)	手(재방변)	
	泡	거품 포 성할 포	9 (水)	水(삼수변)	
	砲	대포 포 돌쇠뇌 포	10 (水)	石(돌석변)	
	哺	먹을 포 먹일 포	10 (水)	口(입구)	

음	한자	훈과 음	획 수 (수리오행)	부 수 (부수명칭)	측자·파자
포	圃	밭 포 채전 포	10 (水)	囗(큰입구)	
포	疱	마마 포 천연두 포	10 (水)	疒(병질안)	
포	胞	태의 포 세포 포	11 (木)	肉(고기육변)	
포	浦	개펄 포 물가 포	11 (木)	水(삼수변)	藝名, 雅號에 좋은 글자
포	捕	잡을 포 구할 포	11 (木)	手(재방변)	
포	匏	박 포 바가지 포	11 (木)	勹(쌀포)	
포	袍	두루마기포 핫옷 포	11 (木)	衣(옷의)	
포	苞	풀이름 포 쌀 포	11 (木)	艸(초두밑)	藝名, 雅號에 좋은 글자
포	脯	포 포 어육 포	13 (火)	肉(고기육변)	
포	飽	배부를 포 만족할 포	14 (火)	食(밥식변)	
포	逋	달아날 포 체납할 포	14 (火)	辵(책받침)	
포	葡	포도 포 포도나무포	15 (土)	艸(초두밑)	
포	褒	칭찬할 포 도포 포	15 (土)	衣(옷의)	
포	鋪	펼 포 베풀 포	15 (土)	金(쇠금변)	
포	暴	해칠 포 사나울 포	15 (土)	日(날일변)	
포	蒲	창포 포 부들 포	16 (土)	艸(초두밑)	
포	鮑	절인어물포 혁공 포	16 (土)	魚(고기어변)	

음	한자	훈과 음	획 수 (수리오행)	부 수 (부수명칭)	측자·파자
폭	幅	폭 폭 포백 폭 족자 폭	12 (木)	巾(수건건)	
	暴	사나울 폭 갑자기 폭 나타낼 폭	15 (土)	日(날일변)	
	輻	몰려들 폭 바퀴살 폭	16 (土)	車(수레거변)	
	爆	터질 폭 폭발할 폭	19 (水)	火(불화변)	
	曝	별쬘 폭 별에말릴폭	19 (水)	日(날일변)	
	瀑	폭포 폭 소나기 폭	19 (水)	水(삼수변)	
표	杓	자루 표 맬 표 당길 표	7 (金)	木(나무목변)	
	表	모습 표 웃옷 표 나타낼 표	9 (水)	衣(옷의)	
	豹	표범 표	10 (水)	豸(갖은돼지시)	
	俵	흩을 표 나누어줄표	10 (水)	人(사람인변)	
	票	쪽지 표 훌쩍날릴표 불똥 표	11 (木)	示(보일시)	
	彪	범 표 문채날 표	11 (木)	彡(터럭삼)	호랑이에 날개를 달아주니 재능을 맘껏 발휘
	剽	빠를 표 사나울 표	13 (火)	刀(칼도변)	
	標	표 표 표할 표 나무끝 표	15 (土)	木(나무목변)	
	漂	떠다닐 표 빨래할 표	15 (土)	水(삼수변)	
	慓	급할 표 날랠 표	15 (土)	心(심방변)	
	瓢	박 표 표주박 표	15 (土)	瓜(오이과)	

음	한자	훈과 음	획 수 (수리오행)	부 수 (부수명칭)	측자·파자
표	飄	질풍 표 회오리바람표	20 (水)	風(바람풍)	
	驃	굳셀 표 빠를 표	21 (木)	馬(말마변)	
	飈	폭풍 표 바람 표	21 (木)	風(바람풍)	飈: 표(飆)와 同字
품	品	물건 품 품수 품 법 품	9 (水)	口(입구)	세입이 모여 명품을 만들지만 입조심을 하자
	稟	바탕 품 사뢸 품 받을 품	13 (火)	禾(벼화변)	
풍	風	바람 풍 관습 풍 노래 풍	9 (水)	風(바람풍)	바람잘날 없어 밝은범이 울부짖고안에는 벌레가생긴다
	馮	탈 풍 오를 풍	12 (木)	馬(말마변)	기대고 의지하기에 부족하니 다른 방법을 찾자
	楓	단풍나무풍	13 (火)	木(나무목변)	귀한나무에 거센 바람이 부니 소중한 자가 위험
	諷	윌 풍 풍자할 풍	16 (土)	言(말씀언변)	
	豐	풍년들 풍 성할 풍 살찔 풍	18 (金)	豆(콩두)	俗字인 豊(13획)도 신고됨
피	皮	가죽 피 껍질 피	5 (土)	皮(가죽피)	
	彼	저 피 그 피	8 (金)	彳(두인변)	
	披	나눌 피 개척할 피	9 (水)	手(재방변)	
	疲	고달플 피 느른할 피 야윌 피	10 (水)	疒(병질안)	
	被	이불 피 입을 피 당할 피	11 (木)	衣(옷의)	
	陂	비탈 피 기울어질피	13 (火)	阜(좌부방)	
	避	피할 피 벗어날 피	20 (水)	辵(책받침)	

음	한자	훈과 음	획 수 (수리오행)	부 수 (부수명칭)	측자·파자
필	匹	필 필 짝 필	4 (火)	匸(터진입구)	
	必	반드시 필 오로지 필	5 (土)	心(마음심)	
	疋	필 필 발 필	5 (土)	疋(필필)	
	佖	점잖을 필 위엄스러울 필	7 (金)	人(사람인변)	
	泌	샘물흐를필 스며나올필	9 (水)	水(삼수변)	
	珌	칼집장식필	10 (水)	玉(구슬옥변)	
	畢	그물 필 마칠 필 다할 필	11 (木)	田(밭전)	
	苾	향내 필 향기 필	11 (木)	艸(초두밑)	
	筆	붓 필 쓸 필	12 (木)	竹(대죽변)	분수를 지키고 자기관리를 철저히 해야한다
	弼	도울 필 도지개 필	12 (木)	弓(활궁)	
	鉍	창자루 필	13 (火)	金(쇠금변)	
	馝	향기로울필 향내날 필	14 (火)	香(향기향)	
핍	乏	가난할 핍 고달풀 핍	5 (土)	丿(삐침)	
	逼	닥칠 핍 협박할 핍	16 (土)	辵(책받침)	
하	下	아래 하 내릴 하	3 (火)	一(한일)	
	何	어찌 하 무엇 하	7 (金)	人(사람인변)	풍요롭고 자녀 뛰어나지만 귀인의 도움필요
	呀	입벌릴 하 휑덩그렁할하	7 (金)	口(입구)	
	河	물이름 하 운하 하	9 (水)	水(삼수변)	

음	한자	훈과 음	획 수 (수리오행)	부 수 (부수명칭)	측자·파자
하	昰	여름 하 클 하	9 (水)	日(날일변)	
	夏	여름 하 클 하 하나라 하	10 (水)	夊(천천히걸을쇠)	사업은 번창하며 친구나 동업자를 믿으면 낭패 본다
	賀	하례할 하 위로할 하	12 (木)	貝(조개패)	
	荷	연꽃 하 짐 하 멜 하	13 (火)	艸(초두밑)	
	廈	큰집 하 처마 하	13 (火)	广(엄호밑)	俗字인 厦(12획)도 신고됨
	瑕	허물 하 옥의티 하	14 (火)	玉(구슬옥변)	
	嘏	클 하 복 하	14 (火)	口(입구)	
	碬	숫돌 하 울퉁불퉁할하	14 (火)	石(돌석변)	
	蝦	새우 하 두꺼비 하	15 (土)	虫(벌레충)	
	遐	멀 하 멀어질 하	16 (土)	辵(책받침)	
	霞	노을 하 멀 하	17 (金)	雨(비우)	
	鰕	새우 하 고래 하	20 (水)	魚(고기어변)	하(蝦)와 同字
학	虐	해칠 학 사나울 학	9 (水)	虍(범호)	
	嗃	엄할 학 엄한모양학	13 (火)	口(입구)	
	學	배울 학 학문 학 학교 학	16 (土)	子(아들자)	앞서 깨우치거나 집안을 흥성하게 하는 자녀를 둔다.
	壑	골 학 골짜기 학	17 (金)	土(흙토변)	
	謔	희롱할 학 농담할 학	17 (金)	言(말씀언변)	
	鶴	두루미 학 휠 학	21 (木)	鳥(새조변)	군자가 소인배와 함께 있으니 어울리는 곳에서 빠져라

음	한자	훈과 음	획 수 (수리오행)	부 수 (부수명칭)	측자·파자
한	旱	가물 한 한발 한	7 (金)	日(날일변)	
	汗	땀 한 땀날 한	7 (金)	水(삼수변)	
	罕	드물 한 새그물 한	8 (金)	罓(그물망)	
	恨	한 한 한할 한	10 (水)	心(심방변)	마음에 미련이남아있어 어려움만 가중시킨다
	悍	사나울 한 성급할 한	11 (木)	心(심방변)	
	閑	마굿간 한 한가할 한	12 (木)	門(문문)	
	寒	찰 한 궁할 한	12 (木)	宀(갓머리)	
	閒	틈 한 한가할 한	12 (木)	門(문문)	문안에 태음이 있으니 여자가 대표가 된다
	限	한정 한 기한 한	14 (火)	阜(좌부방)	
	漢	한나라 한 물이름 한 은하수 한	15 (土)	水(삼수변)	
	翰	깃 한 글 한	16 (土)	羽(깃우)	
	澖	넓을 한 끝없이넓을한	16 (土)	水(삼수변)	
	韓	나라이름한 한국 한	17 (金)	韋(가죽위)	국가나 단체의 큰사람으로 발전할 기회다
	澣	씻을 한 열흘 한	17 (金)	水(삼수변)	
	𡾝	산형상 한 산이높은모양한	17 (金)	山(뫼산변)	
	瀚	넓을 한 사막이름한	20 (水)	水(삼수변)	
할	割	나눌 할 해칠 할 재앙 할	12 (木)	刀(칼도변)	상대가 칼자루를 쥐었으니 물러서거나 타협
	轄	비녀장 할 굴대빗장할	17 (金)	車(수레거변)	

음	한자	훈과 음	획 수 (수리오행)	부 수 (부수명칭)	측자·파자
함	含	머금을 함 품을 함	7 (金)	口(입구)	
	函	포용할 함 글월 함 상자 함	8 (金)	凵(위터진입구)	
	咸	다 함 두루미칠함	9 (水)	口(입구)	마음에는 없는데 떠받드니 결국 구설과 다툼뿐이다
	啣	머금을 함 銜의 속자	11 (木)	口(입구)	啣: 함(銜)의 俗字
	涵	담글 함 넣을 함	12 (木)	水(삼수변)	
	喊	소리 함 소리지를함	12 (木)	口(입구)	
	銜	재갈 함 머금을 함	14 (火)	金(쇠금변)	
	緘	봉할 함 새끼 함	15 (土)	糸(실사변)	
	陷	빠질 함 함정 함	16 (土)	阜(좌부방)	
	檻	감옥 함 우리 함	18 (金)	木(나무목변)	
	艦	싸움배 함 군함 함	20 (水)	舟(배주변)	
	鹹	짤 함 소금 함	20 (水)	鹵(소금밭로)	
합	合	합할 합 모일 합	6 (土)	口(입구)	가족이 나에게 힘이 되고 식구가 늘어난다
	哈	웃는소리합 크게마실합	9 (水)	口(입구)	
	盒	함 합 그릇 합	11 (木)	皿(그릇명)	창고에 쌓을곳 없을만큼 채워졌으니 베풀라
	蛤	대합조개합 큰두꺼비합	12 (木)	虫(벌레충변)	
	閤	침실 합 쪽문 합	14 (火)	門(문문)	
	陜	좁을 합 땅이름 합	15 (土)	阜(좌부방)	
	闔	문짝 합 간직할 합	18 (金)	門(문문)	

음	한자	훈과 음	획 수 (수리오행)	부 수 (부수명칭)	측자·파자
항	亢	굳셀 항 막을 항 거만할 항	4 (火)	亠(돼지해밑)	인간관계에 어려움을 겪으니 짝궁이 없다
	伉	짝 항 강직할 항	6 (土)	人(사람인변)	
	行	항렬 항 걸을 항	6 (土)	行(다닐행)	
	抗	막을 항 겨룰 항 높을 항	8 (金)	手(재방변)	
	沆	넓을 항 광대할 항	8 (金)	水(삼수변)	용이 바다로나가니 재능을발휘할 자리가 준비됨
	杭	건널 항 나룻배 항	8 (金)	木(나무목변)	
	巷	거리 항 복도 항	9 (水)	己(몸기)	
	姮	항아 항 계집이름항	9 (水)	女(계집녀변)	
	缸	항아리 항	9 (水)	缶(장군부)	
	肛	항문 항 부풀 항	9 (水)	肉(고기육변)	
	恒	항상 항 영구히 항	10 (水)	心(심방변)	
	航	배 항 날 항 건널 항	10 (水)	舟(배주변)	
	桁	수갑 항 도리 항	10 (水)	木(나무목변)	
	項	조목 항 목덜미 항 클 항	12 (木)	頁(머리혈)	
	港	항구 항 뱃길 항 분류 항	13 (火)	水(삼수변)	藝名, 雅號에 좋은 글자
	嫦	항아 항	14 (火)	女(계집녀변)	
	降	항복할 항	14 (火)	阜(언덕부)	운이 흥하고 융성할 때를 기다려서 움직여라

음	한자	훈과 음	획 수 (수리오행)	부 수 (부수명칭)	측자·파자
해	亥	돼지 해 열두째지지해	6 (土)	亠(돼지해밑)	우연하게 손재수가 있으니 가진 것을 잘 지켜라
	咍	비웃을 해 기뻐할 해	8 (金)	口(입구)	
	咳	기침 해 웃을 해	9 (水)	口(입구)	
	垓	지경 해 경계 해	9 (水)	土(흙토변)	
	孩	어릴 해 어린아이해	9 (水)	子(아들자)	
	害	해(칠) 해 시기할 해	10 (水)	宀(갓머리)	일을 하고자 하나 중요한 것이 꼭모자란다.
	奚	종 해 어찌 해	10 (水)	大(큰대)	
	海	바다 해 바닷물 해	11 (木)	水(삼수변)	해결안된 일을 해결된 것처럼 속이면 후유증이크다
	偕	함께 해 맞을 해 굳셀 해	11 (木)	人(사람인변)	
	解	풀 해 가를 해	13 (火)	角(뿔각)	
	該	갖출 해 마땅 해	13 (火)	言(말씀언변)	부탁을 하면 각박한 말로 거절당할 수 있다
	楷	본(보기)해 해서 해	13 (火)	木(나무목변)	모든 것을 갖추었으니 최고에게 인정받는다.
	諧	어울릴 해 이룰 해	16 (土)	言(말씀언변)	
	駭	놀랄 해 소란 해	16 (土)	馬(말마변)	
	骸	뼈 해 해골 해	16 (土)	骨(뼈골변)	
	懈	게으를 해 느슨할 해	17 (金)	心(심방변)	
	蟹	게 해	19 (水)	虫(벌레충변)	
	瀣	이슬기운해	20 (水)	水(삼수변)	
	邂	만날 해 우연히만날해	20 (水)	辵(책받침)	

음	한자	훈과 음	획 수 (수리오행)	부 수 (부수명칭)	측자·파자
핵	劾	힘쓸 핵 캐물을 핵	8 (金)	力(힘력변)	
	核	씨 핵 핵심 핵	10 (水)	木(나무목변)	
행	行	다닐 행 행할 행	6 (土)	彳(두인변)	다니어도 행하여도 얻는게 적으니 한발 물러서라
	杏	살구 행 은행 행	7 (金)	口(입구변)	
	幸	다행 행 요행 행 바랄 행	8 (金)	干(방패간)	
	倖	요행 행 아첨 행	10 (水)	人(사람인변)	
	荇	마름풀 행	12 (木)	艸(초두밑)	
	涬	기운 행 당길 행	12 (木)	水(삼수변)	
향	向	향방 향 향할 향	6 (土)	口(입구)	부상, 질병, 소송 등의 시비를 조심해야 한다
	享	드릴 향 잔치 향 누릴 향	8 (金)	亠(돼지해밑)	사업은 이리저리 잘 풀리고 늦자식을 얻을수 있다
	香	향기 향 향 향	9 (水)	香(향기향)	소식은 곧 올것이고 누군가 나를 희롱하려고 한다
	珦	옥이름 향 구슬 향	11 (木)	玉(구슬옥변)	
	餉	건량 향 도시락 향	15 (土)	食(밥식변)	
	鄕	고향 향 시골 향 대접할 향	17 (金)	邑(우부방)	
	嚮	향할 향 지난번 향	19 (水)	口(입구)	
	麝	사향사슴향	20 (水)	鹿(사슴록)	
	響	울림 향 울릴 향	22 (木)	音(소리음)	
	饗	잔치 향 연회 향	22 (木)	食(밥식변)	

음	한자	훈과 음	획 수 (수리오행)	부 수 (부수명칭)	측자·파자
허	許	허락(할)허 바랄 허	11 (木)	言(말씀언변)	
	虛	빌 허 하늘 허	12 (木)	虍(범호밑)	놀라거나걱정하지마라염려에불과하며 가정불화는주의
	噓	불 허 울 허	14 (火)	口(입구)	
	墟	터 허 언덕 허	15 (土)	土(흙토변)	
헌	軒	처마 헌 집 헌 오를 헌	10 (水)	車(수레거변)	현재 관록 얻기어려우나 실력배양하며 때 기다려
	憲	법 헌 본뜰 헌 성할 헌	16 (土)	心(마음심)	
	轞	초헌 헌 수레 헌	16 (土)	車(수레거변)	
	獻	드릴 헌 권할 헌	20 (水)	犬(개견)	
	櫶	나무이름헌	20 (水)	木(나무목변)	
험	險	험할 험 음흉할 험	21 (木)	阜(좌부방)	
	驗	시험 험 보람 험 증좌 험	23 (火)	馬(말마변)	
혁	侐	고요할 혁 적막할 혁	8 (金)	人(사람인변)	
	革	가죽 혁 고칠 혁	9 (水)	革(가죽혁)	
	奕	클 혁 바둑 혁 아름다울혁	9 (水)	大(큰대)	
	焃	붉을 혁 赫의 속자	11 (木)	火(불화변)	焃:赫의 俗字
	焱	화염 혁 화염모양혁	12 (木)	火(불화변)	
	赫	붉을 혁 빛날 혁	14 (火)	赤(붉을적)	
	爀	불빛 혁 빛날 혁	18 (金)	火(불화변)	

음	한자	훈과 음	획 수 (수리오행)	부 수 (부수명칭)	측자·파자
현	玄	검을 현 오묘할 현	5 (土)	玄(검을현)	藝名, 雅號에 좋은 글자
	見	나타날 현 현재 현	7 (金)	見(볼견)	견·현 音 중에서 선택됨
	呟	소리 현	8 (金)	口(입구)	
	弦	활시위 현 초승달 현 줄 현	8 (金)	弓(활궁)	
	泫	이슬빛날현 눈물흘릴현	9 (水)	水(삼수변)	
	炫	빛날 현 자랑할 현	9 (水)	火(불화변)	藝名, 雅號에 좋은 글자
	昡	햇빛 현 당혹할 현	9 (水)	日(날일변)	
	俔	염탐할 현 비유할 현	9 (水)	人(사람인변)	
	怰	팔 현	9 (水)	心(심방변)	
	峴	산이름 현 고개 현	10 (水)	山(메산변)	
	玹	옥돌 현 옥빛 현	10 (水)	玉(구슬옥변)	
	眩	아찔할 현 현혹할 현	10 (水)	目(눈목변)	
	絃	줄 현 탈 현 현악기 현	11 (木)	糸(실사변)	
	晛	일광 현 햇빛 현	11 (木)	日(날일변)	
	衒	팔 현 자랑할 현	11 (木)	行(다닐행)	
	舷	뱃전 현	11 (木)	舟(배주변)	
	現	나타날 현 지금 현 옥빛 현	12 (木)	玉(구슬옥변)	藝名, 雅號에 좋은 글자
	絢	노끈 현 무늬 현	12 (木)	糸(실사변)	
	睍	고을 현 불거진눈현	12 (木)	目(눈목변)	

음	한자	훈과 음	획 수 (수리오행)	부 수 (부수명칭)	측자·파자
현	鉉	솥귀고리현 활시위 현	13 (火)	金(쇠금변)	
	儇	영리할 현 가릴 현	15 (土)	人(사람인변)	
	賢	어질 현 나을 현	15 (土)	貝(조개패)	
	儇	약을 현 덮어가릴현	15 (土)	人(사람인변)	
	縣	고을 현 매달 현	16 (土)	糸(실사변)	
	懸	매달 현 현격할 현	20 (水)	心(마음심)	
	譞	말많을 현	20 (水)	言(말씀언변)	
	顯	밝을 현 나타날 현	23 (火)	頁(머리혈)	
혈	孑	남길 혈 외로울 혈	3 (火)	子(아들자)	
	穴	움 혈 구멍 혈	5 (土)	穴(구멍혈)	먼저 부유하고 나중 귀히 되나 분수를 지켜라
	血	피 혈 물들일 혈	6 (土)	血(피혈변)	
	頁	머리 혈 목덜미 혈	9 (水)	頁(머리혈)	누구에게 어떤 부탁을 하면 거절당한다
혐	嫌	의심 혐 싫어할 혐	13 (木)	女(계집녀변)	
협	夾	낄 협 부축할 협	7 (金)	大(큰대)	
	協	합할 협 좇을 협	8 (金)	十(열십)	
	洽	화할 협 윤택할 협	8 (金)	冫(이수변)	
	俠	호협할 협 협객 협	9 (水)	人(사람인변)	
	峽	골짜기 협 시내 협	10 (水)	山(메산변)	
	挾	낄 협 두루미칠협	11 (木)	手(재방변)	초대했는데 오지 않거나 오히려 협객이 온다

음	한자	훈과 음	획 수 (수리오행)	부 수 (부수명칭)	측자·파자
협	浹	두루미칠협 일주 협 젖을 협	11 (木)	水(삼수변)	
	狹	좁을 협 좁아질 협	11 (木)	犬(개사슴록변)	
	脅	겨드랑이협 으를 협 곁 협	12 (木)	肉(고기육변)	
	脇	겨드랑이협 으를 협	12 (木)	肉(고기육변)	脇:脅과 仝字
	莢	콩깍지 협 풀열매 협	13 (火)	艸(초두밑)	
	鋏	칼 협 집게 협	15 (土)	金(쇠금변)	
	頰	뺨 협 괘적할 협	16 (土)	頁(머리혈)	
형	兄	맏 형 형 형	5 (土)	儿(어진사람인)	
	刑	형벌 형 목벨 형 제어할 형	6 (土)	刀(칼도변)	
	形	형상 형 형세 형	7 (金)	彡(터럭삼)	
	亨	형통할 형 드릴 형	7 (金)	亠(돼지해밑)	높이 오르려고 하면 낙마하며 음해를 조심하자
	型	거푸집 형 본보기 형	9 (水)	土(흙토변)	
	泂	멀 형 깊을 형	9 (水)	水(삼수변)	
	炯	밝을 형 빛날 형	9 (水)	火(불화변)	
	邢	나라이름형 땅이름 형	11 (木)	邑(우부방)	
	珩	패옥 형 갓끈 형	11 (木)	玉(구슬옥변)	
	荊	가시나무형	12 (木)	艸(초두밑)	정직해야 살아남으니 있는 그대로 보여주자

음	한자	훈과 음	획 수 (수리오행)	부 수 (부수명칭)	측자·파자
형	迥	멀 형 빛날 형	13 (火)	辵(책받침)	
	滎	실개천 형 못이름 형	14 (火)	水(물수)	
	熒	등불 형 빛날 형 개똥벌레형	14 (火)	火(불화변)	불꽃이 맹렬하니 일이 결국 허사로 돌아간다
	瑩	맑을 형 의혹할 형	15 (土)	玉(구슬옥변)	영·형 音 중에서 선택
	螢	개똥벌레형 반딧불 형	16 (土)	虫(벌레충변)	반딧불은 오래가지않으니 어두움에 대비하자
	衡	저울 형 달 형	16 (土)	彳(두인변)	
	鎣	줄 형 꾸밀 형	18 (金)	金(쇠금변)	
	瀅	맑은 형 물맑은 형	19 (水)	水(삼수변)	
	馨	향기로울형 향기 형	20 (水)	香(향기향)	
	灐	물이름 형	22 (木)	水(삼수변)	
혜	兮	어조사 혜	4 (火)	八(여덟팔)	뛰어난 재능과 손재주를 발휘할 기회이다
	彗	비 혜 살별 혜	11 (木)	⺕(터진가로왈)	
	惠	은혜 혜 베풀 혜 슬기로울혜	12 (木)	心(마음심)	
	慧	지혜 혜 슬기로울혜	15 (土)	心(마음심)	
	憓	밝을 혜 깨달을 혜	15 (土)	宀(갓머리)	
	暳	많은별모양혜 별반짝일혜	15 (土)	日(날일변)	
	鞋	신발 혜 집신 혜	15 (土)	革(가죽혁)	
	憓	순할 혜 베풀 혜	16 (土)	心(심방변)	

음	한자	훈과 음	획 수 (수리오행)	부 수 (부수명칭)	측자·파자
혜	蹊	건널 혜 지름길 혜	17 (金)	足(발족변)	
	蕙	풀이름 혜 향초 혜	18 (金)	艸(초두밑)	
	醯	초 혜 식초 혜	19 (水)	酉(닭유변)	
	譓	순종할 혜 분별할 혜	19 (水)	言(말씀언변)	
	鏸	날카로울혜	20 (水)	金(쇠금변)	
	譿	살필 혜 슬기로울혜	22 (木)	言(말씀언변)	
호	戶	집 호 지게 호	4 (火)	戶(지게호)	
	互	서로 호 번갈아들호	4 (火)	二(두이변)	
	乎	그런가 호 어조사 호	5 (土)	ノ(삐침)	재물이 생기고 일이 해결실마리를 찾게 된다
	好	좋을 호 아름다울호	6 (土)	女(계집녀변)	타당하고 옳은 생각을 가지고 있으니 실천
	呼	부를 호 숨내쉴 호	8 (金)	口(입구)	
	虎	범 호 용맹스럴호	8 (金)	虍(범호밑)	
	昊	하늘 호 여름하늘호	8 (金)	日(날일변)	밝은 태양이 하늘 높으니 장차 창성하리라
	岵	산거할 호 초목많을호	8 (金)	山(뫼산변)	
	弧	활 호 나무활 호	8 (金)	弓(활궁)	먼저는 잘되어 나가다 뒤에 어려움이 생긴다
	狐	여우 호	9 (水)	犬(개사슴록변)	
	祜	복 호 복록 호	10 (水)	示(보일시변)	
	芦	지황 호 부들 호	10 (水)	艸(초두밑)	
	浩	넓을 호 넉넉할 호	11 (木)	水(삼수변)	취업이나 사업은 좋고 병자는 상황이 나쁘다

음	한자	훈과 음	획 수 (수리오행)	부 수 (부수명칭)	측자·파자
호	瓠	단지 호 표주박 호	11 (木)	瓜(오이과)	
	胡	오랑캐 호 늙은이 호	11 (木)	肉(고기육변)	시월은먹을것 많은 계절이니바쁘고재물이풍성해진다
	毫	붓 호 잔털 호 조금 호	11 (木)	毛(터럭모)	
	晧	빛날 호 해뜰 호	11 (木)	日(날일변)	藝名, 雅號에 좋은 글자
	扈	따를 호 넓을 호	11 (木)	戶(지게호)	
	婋	계집영리할호	11 (木)	女(계집녀변)	
	皓	깨끗할 호 밝을 호 하늘 호	12 (木)	白(흰백)	
	淏	맑을 호	12 (木)	水(삼수변)	
	壺	병 호 투호 호	12 (木)	士(선비사)	
	號	이름 호 차례 호	13 (火)	虍(범호밑)	藝名, 雅號에 좋은 글자
	湖	호수 호	13 (火)	水(삼수변)	藝名, 雅號에 좋은 글자
	琥	호박 호 옥그릇 호	13 (火)	玉(구슬옥변)	
	豪	뛰어날 호 호협할 호	14 (火)	豕(돼지시)	
	瑚	산호 호 호련 호	14 (火)	玉(구슬옥변)	
	滸	물가 호	15 (土)	水(삼수변)	
	糊	풀 호 끈끈할 호	15 (土)	米(쌀미변)	
	葫	마늘 호 초롱박 호	15 (土)	艸(초두밑)	
	蝴	나비 호	15 (土)	虫(벌레충변)	
	皞	밝을 호 화락할 호	15 (土)	白(흰백)	

음	한자	훈과 음	획 수 (수리오행)	부 수 (부수명칭)	측자·파자
호	縞	명주 호 흰비단 호	16 (土)	糸(실사변)	
	蒿	쑥 호 김오를 호	16 (土)	艸(초두밑)	
	澔	넓을 호 넉넉할 호	16 (土)	水(삼수변)	澔: 浩(水部 7획)와 仝字
	壕	해자 호 성둘레 호	17 (金)	土(흙토변)	
	濠	해자 호 호주 호 물이름 호	18 (金)	水(삼수변)	
	鎬	빛날 호 남비 호 호경 호	18 (金)	金(쇠금변)	藝名, 雅號에 좋은 글자
	濩	퍼질 호 은나라풍류호	18 (金)	水(삼수변)	
	護	도울 호 지킬 호 통솔할 호	21 (木)	言(말씀언변)	藝名, 雅號에 좋은 글자
	顥	클 호 넓을 호	21 (木)	頁(머리혈)	
	頀	풍류이름호 풍류 호	23 (火)	音(소리음)	
	灝	아득할 호 넓고멀 호	25 (土)	水(삼수변)	
혹	或	혹 혹 있을 혹	8 (金)	戈(창과)	나라와 사회에서 필요한 사람이라 크게 쓴다
	惑	미혹 혹 미혹할 혹	12 (木)	心(마음심)	입구가 없어서 위하는 마음뿐이니 안타깝구나
	酷	독할 혹 잔인할 혹	14 (火)	酉(닭유변)	
혼	昏	날저물 혼 어두울 혼 일찍죽을혼	8 (金)	日(날일변)	
	婚	혼인할 혼 돈 혼	11 (木)	女(계집녀변)	
	混	섞을 혼 흐릴 혼	12 (木)	水(삼수변)	
	渾	흐릴 혼 둥글 혼	13 (火)	水(삼수변)	

음	한자	훈과 음	획수 (수리오행)	부수 (부수명칭)	측자·파자
혼	魂	넋 혼 마음 혼	14 (火)	鬼(귀신귀)	
	琿	아름다운옥혼	14 (火)	玉(구슬옥변)	
홀	忽	홀연 홀 멸할 홀	8 (金)	心(마음심)	
	笏	홀 홀 피리가락맞출홀	10 (水)	竹(대죽변)	
	惚	황홀할 홀 흐릿할 홀	12 (木)	心(심방변)	
홍	弘	넓을 홍 클 홍 활소리 홍	5 (土)	弓(활궁)	
	汞	수은 홍	7 (金)	水(물수)	
	紅	붉을 홍 연지 홍	9 (水)	糸(실사변)	열심히 노력해도 보람도 없이 일이 꼬여만 간다
	泓	물속깊을홍 물맑을 홍	9 (水)	水(삼수변)	
	虹	무지개 홍 어지러울홍	9 (水)	虫(벌레충변)	나간돈 다시 들어오고 음지에서행한 선행이 알려진다
	哄	노래소리홍 떠들썩할홍	9 (水)	口(입구)	
	洪	클 홍 큰물 홍	10 (水)	水(삼수변)	
	烘	밝을 홍 땔 홍	10 (水)	火(불화변)	
	訌	모함할 홍 무너질 홍	10 (水)	言(말씀언변)	
	鉷	돌쇠뇌 홍	14 (火)	金(쇠금변)	
	鴻	기러기 홍 클 홍	17 (金)	水(삼수변)	
화	火	불 화 화성 화	4 (火)	火(불화변)	말썽을 부려 성가신 일이 생기며 출타자는 곧 귀환
	化	화할 화 변화 화 교화 화	4 (火)	人(사람인변)	

음	한자	훈과 음	획 수 (수리오행)	부 수 (부수명칭)	측자·파자
화	禾	벼 화 곡식 화 줄기 화	5 (土)	禾(벼화변)	공익사업에 힘쓰면 명망이 높아지고칼쓰는사업도양호
	和	온순할 화 화목할 화 화해 화	8 (金)	口(입구)	구설수가 있으니 뜻을 피하면 뜻을 이룬다
	花	꽃 화 필 화 소비할 화	10 (水)	艸(초두밑)	
	貨	재화 화 팔 화 뇌물줄 화	11 (木)	貝(조개패)	
	畫	그 림 화 그릴 화	12 (木)	田(밭전)	俗字인 畵(13획)도 신고됨
	話	이야기 화 착한말 화	13 (火)	言(말씀언변)	계획을 세움에 주변사람의 도움말이 덕이 된다
	靴	양화 화 가죽신 화	13 (火)	革(가죽혁)	
	華	빛날 화 꽃 화 번성할 화	14 (火)	艸(초두밑)	
	禍	재화 화 재앙 화	14 (火)	示(보일시변)	
	嬅	고울 화 얌전할 화	15 (土)	女(계집녀변)	
	樺	자작나무화 벚나무 화	16 (土)	木(나무목변)	
	譁	바뀔 화 시끄러울화	19 (水)	言(말씀언변)	
확	廓	둘레 확 성 확	14 (火)	广(엄호밑)	
	確	확실할 확 단단할 확	15 (土)	石(돌석변)	집안이 깨어지는 어려움이 없게 미리 조심하라
	穫	곡식거둘 확	19 (水)	禾(벼화변)	
	擴	넓힐 확 늘릴 확	19 (水)	手(재방변)	
	攫	붙잡을 확 후려칠 확	24 (火)	手(재방변)	선남선녀가 쌍쌍으로 눈을 마주치니 귀한인연임

음	한자	훈과 음	획 수 (수리오행)	부 수 (부수명칭)	측자·파자
환	丸	알 환 탄알 환	3 (火)	丶(점)	독립심과 자존감을 키우면 크게 성공 한다
	幻	변할 환 요술 환 허깨비 환	4 (火)	幺(작을요)	아동에게 시련이 있거나 공명과는 좀 멀다
	奐	클 환 빛날 환 성대할 환	9 (水)	大(큰대)	
	宦	내관 환 벼슬 환	9 (水)	宀(갓머리)	
	紈	맺을 환 흰비단 환	9 (水)	糸(실사변)	
	桓	굳셀 환 머뭇거릴환	10 (水)	木(나무목변)	
	患	근심 환 병 환	11 (木)	心(마음심)	
	晥	밝을 환	11 (木)	日(날일변)	
	喚	부를 환	12 (木)	口(입구변)	
	換	바꿀 환 고칠 환	13 (火)	手(재방변)	
	渙	찬란할 환 흩어질 환	13 (火)	水(삼수변)	
	煥	빛날 환 불빛 환	13 (火)	火(불화변)	
	環	옥 환 돌 환 고리 환	18 (金)	玉(구슬옥변)	
	還	돌아올 환 갚을 환	20 (水)	辵(책받침)	
	鐶	고리 환	21 (木)	金(쇠금변)	
	鰥	홀아비 환 환어 환	21 (木)	魚(고기어변)	
	歡	기뻐할 환 기쁨 환	22 (木)	欠(하품흠몸)	
	驩	기뻐할 환 기쁨 환	28 (金)	馬(말마변)	驩:歡(欠部18획)과 仝字

음	한자	훈과 음	획 수 (수리오행)	수 (부수명칭)	측자·파자
활	活	살 활 살림 활	10 (水)	水(삼수변)	혀로 파란이 일어날 징조이니 입조심을 하자
	滑	미끄러울활 부드러울활	14 (火)	水(삼수변)	
	猾	교활할 활 어지럽힐활	14 (火)	犬(개사슴록변)	
	闊	넓을 활 거칠 활	17 (金)	門(문문)	俗字인 濶(18획)도 신고됨
	豁	통할 활 열릴 활	17 (金)	谷(골곡)	
황	皇	임금 황 클 황 엄숙할 황	9 (水)	白(흰백)	
	況	모양 황 더욱 황 하물며 황	9 (水)	水(삼수변)	
	晃	밝을 황 빛날 황	10 (水)	日(날일변)	태양이 넓게 비치는 상이라 공명을 드날린다
	恍	어두울 황 황홀할 황	10 (水)	心(심방변)	
	晄	밝을 황 晃과 동자	10 (水)	日(날일변)	
	凰	봉새 황 봉황새 황	11 (木)	几(안석궤)	
	黃	누를 황 황금 황 늙은이 황	12 (木)	黃(누를 황)	넓고 크니 공동사업, 주식회사 설립에 좋은 기회다
	荒	거칠 황 흉년들 황	12 (木)	艸(초두밑)	물은흘러가고 꽃떨어지니 분수지키며 덕 쌓자
	堭	대궐 황 전각 황	12 (木)	土(흙토변)	
	媓	이름 황 여자이름황	12 (木)	女(계집녀변)	
	徨	노닐 황 방황할 황	12 (木)	彳(두인변)	
	煌	빛날 황	13 (火)	火(불화변)	

음	한자	훈과 음	획 수 (수리오행)	부 수 (부수명칭)	측자·파자
황	幌	휘장 황 방장 황	13 (火)	巾(수건건)	
	惶	당황할 황 두려워할 황	13 (火)	心(심방변)	
	湟	빠질 황 해자 황	13 (火)	水(삼수변)	
	滉	깊을 황 물깊고넓을황	14 (火)	水(삼수변)	
	榥	책상 황	14 (火)	木(나무목변)	
	熀	불빛이글거릴황	14 (火)	火(불화변)	
	愰	밝을 황 영리할 황	14 (火)	心(심방변)	
	慌	다급할 황 황할 황	14 (火)	心(심방변)	
	篁	대숲 황 피리 황	15 (土)	竹(대죽변)	
	蝗	황충 황 누리 황	15 (土)	虫(벌레충변)	
	潢	은하수 황 웅덩이 황	16 (土)	水(삼수변)	
	遑	급할 황 허둥거릴 황	16 (土)	辵(책받침)	
	璜	패옥 황 옥소리 황	17 (金)	玉(구슬옥변)	
	隍	해자 황 산골짜기 황	17 (金)	阜(좌부방)	
	簧	혀 황 생황 황	18 (金)	竹(대죽변)	
회	回	돌아올 회 피할 회 횟수 회	6 (土)	口(입구)	서로 바빠서 상대의 얼굴을 보지 못하는 형상이다
	灰	재 회 재로될 회	6 (土)	火(불화변)	

음	한자	훈과 음	획 수 (수리오행)	부 수 (부수명칭)	측자·파자
회	佪	노닐 회 배회할 회	9 (水)	彳(두인변)	
	廻	돌 회 피할 회	9 (水)	廴(민책받침)	
	恢	넓을 회 넓힐 회	10 (水)	心(심방변)	
	悔	뉘우칠 회 뉘우침 회	11 (木)	心(심방변)	
	晦	그믐 회 감출 회 어두울 회	11 (木)	日(날일변)	
	淮	강이름 회 회수 회	11 (木)	水(삼수변)	갈수록 더 재밌거나 보기 좋아 운세가 좋아짐
	茴	회향풀 회 약이름 회	12 (木)	艸(초두밑)	
	蛔	회충 회 거위 회	12 (木)	虫(벌레충변)	
	會	모을 회 기회 회 그림 회	13 (火)	日(날일변)	藝名, 雅號에 좋은 글자
	匯	물돌아모일회	13 (火)	匚(터진입구)	
	賄	뇌물 회 예물 회	13 (火)	貝(조개패)	
	誨	가르칠 회 가르침 회	14 (火)	言(말씀언변)	
	檜	노송나무회 회나라 회	17 (金)	木(나무목변)	
	澮	봇도랑 회 밭도랑 회 물이름 회	17 (金)	水(삼수변)	
	獪	교활할 회 간교할 회	17 (金)	犬(개사슴록변)	
	繪	그림 회 그릴 회	19 (水)	糸(실사변)	
	膾	회 회 회칠 회	19 (水)	肉(고기육변)	
	懷	품을 회 위로할 회	20 (水)	心(심방변)	

음	한자	훈과 음	획 수 (수리오행)	부 수 (부수명칭)	측자·파자
획	劃	쪼갤 획 그을 획	14 (火)	刀(칼도변)	
	獲	얻을 획 맞힐 획	18 (金)	犬(개사슴록변)	
횡	宖	클 횡 집울릴 횡	8 (金)	宀(갓머리)	
	横	가로 횡 방자할 횡	16 (土)	木(나무목변)	
	鐄	쇠북 횡 소리 횡	20 (水)	金(쇠금변)	
효	爻	사귈 효 육효 효	4 (火)	爻(점괘효)	
	孝	효도 효 효자 효	7 (金)	子(아들자)	자식에게 의지하거나 자식이 늙을 때까지 오래 산다
	效	본받을 효 힘쓸 효	10 (水)	攴(둥글월문)	멀리 있는 것과는 사귀고 가까이 있는 것은 공격함
	哮	성낼 효 으르렁거릴효	10 (水)	口(입구)	
	肴	안주 효 절인채소효	10 (水)	肉(고기육변)	
	涍	물가 효 물이름 효	11 (木)	水(삼수변)	
	梟	영웅 효 올빼미 효	11 (木)	木(나무목변)	원앙새 한 쌍이 나무위에 금슬좋게 사는 모습
	淆	흐릴 효 뒤섞일 효	12 (木)	水(삼수변)	
	窙	탁트일 효 높은기운효	12 (木)	穴(구멍혈)	
	酵	술밑 효 술괴일 효	14 (火)	酉(닭유변)	
	歊	김오를 효 무더위 효	14 (火)	欠(하품흠몸)	
	皛	휠 효 밝을 효	15 (土)	白(흰백)	
	曉	새벽 효 밝을 효	16 (土)	日(날일변)	근심걱정 없는 요순시대를 맞이하게 된다
	嘐	울릴 효 외칠 효	17 (金)	口(입구)	

음	한자	훈과 음	획 수 (수리오행)	부 수 (부수명칭)	측자·파자
효	斅	가르칠 효	20 (水)	攴(둥글월문)	
	驍	굳셀 효 날랠 효	22 (木)	馬(말마변)	
후	后	황후 후 임금 후 신령 후	6 (土)	口(입구)	
	朽	냄새 후 썩을 후	6 (土)	木(나무목변)	
	吼	울 후 아우성칠후	7 (金)	口(입구)	
	後	뒤 후 뒤질 후	9 (水)	彳(두인변)	
	厚	두터울 후 두께 후	9 (水)	厂(민엄호밑)	귀인은 주변에 있으며 입조심을 꼭 해야한다
	侯	제후 후 후작 후 후복 후	9 (水)	人(사람인변)	
	垕	두터울 후 땅이름 후	9 (水)	土(흙토변)	
	候	철(기후)후 물을 후 염탐할 후	10 (水)	人(사람인변)	
	珝	옥이름 후	11 (木)	玉(구슬옥변)	
	喉	목구멍 후 목 후	12 (木)	口(입구)	
	帿	과녁 후	12 (木)	巾(수건건)	
	逅	만날 후	13 (火)	辵(책받침)	
	嗅	맡을 후 냄새맡을후	13 (火)	口(입구)	
	煦	쬘 후 따뜻하게할후	13 (火)	火(불화변)	
훈	訓	가르칠 훈 새길 훈 따를 훈	10 (水)	言(말씀언변)	꾀와계략이 부족하여 계획을이루기가 쉽지 않다
	焄	냄새 훈 김오를 훈	11 (木)	火(불화변)	

음	한자	훈과 음	획 수 (수리오행)	부 수 (부수명칭)	측자·파자
훈	暈	무리 훈 달무리 훈	13 (火)	日(날일변)	
	塤	질나팔 훈 악기이름훈	13 (火)	土(흙토변)	壎(土部14획)와 仝字
	熏	연기낄 훈 태울 훈 움직일 훈	14 (火)	火(불화변)	
	勳	공 훈 공적 훈	16 (土)	力(힘력)	(15획), 勛(12획)도 신고됨 쇠 녹이듯이 노력해야 성공
	壎	질나팔 훈 악기이름훈	17 (金)	土(흙토변)	
	燻	연기낄 훈 태울 훈 움직일 훈	18 (金)	火(불화변)	熏(火部10획)과 仝字
	薰	향기 훈 태울 훈	20 (水)	艸(초두밑)	藝名, 雅號에 좋은 글자
	鑂	금빛투색할훈	22 (水)	金(쇠금변)	
훙	薨	죽을 훙 무너지는소리훙	19 (水)	艸(초두밑)	
훤	喧	떠들썩할훤 시끄러울훤	12 (木)	口(입구)	
	暄	따뜻할 훤 온난할 훤	13 (火)	日(날일변)	
	煊	따뜻할 훤	13 (火)	火(불화변)	
	萱	원추리 훤 망우초 훤	15 (土)	艸(초두밑)	
훼	卉	풀 훼 초목 훼	5 (土)	十(열십)	
	喙	부리 훼 주둥이 훼	12 (木)	口(입구)	
	毁	헐 훼 야월 훼	13 (火)	殳(갖은둥글월문)	
휘	揮	휘두를 휘 지휘할 휘 뿌릴 휘	13 (火)	手(재방변)	
	彙	고슴도치휘 무리 휘 모을 휘	13 (火)	⺕(터진가로왈)	

음	한자	훈과 음	획 수 (수리오행)	부 수 (부수명칭)	측자·파자
휘	暉	빛날 휘 빛 휘	13 (火)	日(날일변)	시와 운이 맞지 않으니 뜻을 이루기가 쉽지 않다
	煇	빛 휘 빛날 휘	13 (火)	火(불화변)	煇(火部 9 획)와 仝字
	輝	빛 휘 빛날 휘	15 (土)	車(수레거변)	
	麾	지휘 휘 대장기 휘	15 (土)	麻(삼마)	
	諱	꺼릴 휘 피할 휘	16 (土)	言(말씀언변)	대화해 본들 마음에 거슬리는 말을 듣는다
	徽	아름다울휘 표기 휘 굵은바 휘	17 (金)	彳(두인변)	
휴	休	쉴 휴 휴가 휴 좋을 휴	6 (土)	人(사람인변)	
	烋	아름다울휴 기세좋을휴	10 (水)	火(불화변)	藝名, 雅號에 좋은 글자
	畦	지경 휴 밭두둑 휴	11 (木)	田(밭전)	
	携	이끌 휴 가질 휴	14 (火)	手(재방변)	
	虧	줄어들 휴 이지러질휴	17 (金)	虍(범호)	
휼	恤	근심할 휼 동정할 휼	10 (水)	心(심방변)	
	譎	속일 휼 변할 휼	19 (水)	言(말씀언변)	
	鷸	물총새 휼 도요새 휼	23 (火)	鳥(새조변)	
흉	凶	흉할 흉 재앙 흉 요사 흉	4 (火)	凵(위터진입구)	
	兇	흉악할 흉 두려워할흉	6 (土)	儿(어진사람인)	
	匈	오랑캐 흉 요란할 흉	6 (土)	勹(쌀포)	

음	한자	훈과 음	획수 (수리오행)	부수 (부수명칭)	측자·파자
흉	洶	물소리 흉 물살세찰흉	10 (水)	水(삼수변)	
	胸	가슴 흉 마음 흉	12 (木)	肉(고기육변)	한달내에 흉한 일, 송사 등을 피해야 승천한다
흑	黑	검을 흑 어두울 흑 돼지 흑	12 (木)	黑(검을흑)	관여한 일에 흑막이 있으니 다시 살펴보자
흔	欣	기뻐할 흔 기쁨 흔	8 (金)	欠(하픔흠몸)	
	炘	화끈거릴흔 뜨거울 흔	8 (金)	火(불화변)	
	昕	새벽 흔	8 (金)	日(날일변)	날로 새로워지고 하루가 다르게 목표에 접근한다
	忻	기뻐할 흔 계발할 흔	8 (金)	心(심방변)	
	痕	흔적 흔 흉터 흔	11 (木)	疒(병질안)	병의 근원을 다시 살펴봐야 원인을 치료한다.
흘	屹	쭈뼛할 흘 높을 흘	6 (土)	山(메산변)	
	吃	말더듬을흘 머뭇거릴흘	6 (土)	口(입구)	
	紇	실끝 흘 명주실 흘	9 (水)	糸(실사변)	
	訖	미칠 흘 이를 흘	10 (水)	言(말씀언변)	
흠	欠	하품할 흠 부족할 흠	4 (火)	欠(하품흠몸)	만나는 사람이 허풍을 잘 떠는 사람이니 주의
	欽	공경할 흠 부러워할흠	12 (木)	欠(하품흠몸)	금은에 흠결이 있듯이 훌륭한 인물이지만 흠이 있구나
	歆	받을 흠 먹을 흠	13 (火)	欠(하품흠몸)	
흡	吸	숨들이쉴흡 마실 흡	7 (金)	口(입구)	
	洽	두루미칠흡 화목할 흡	10 (水)	水(삼수변)	

음	한자	훈과 음	획 수 (수리오행)	부 수 (부수명칭)	측자·파자
흡	恰	꼭 흡 적합할 흡	10 (水)	心(심방변)	두사람의 마음이 합쳐지니 사업, 승진, 연인이 된다
	翕	합할 흡 모을 흡	12 (木)	羽(깃우)	
흥	興	일어날 흥 기뻐할 흥	15 (土)	臼(절구구)	참여도 거행할수도 있으니 무슨일을 하든괜찮다
희	希	바랄 희 성길 희 드물 희	7 (金)	巾(수건건)	
	姬	아씨 희 첩 희	9 (水)	女(계집녀변)	
	俙	비슷할 희 희미할 희	9 (水)	人(사람인변)	
	晞	말릴 희 밝을 희	11 (木)	日(날일변)	
	烯	밝을 희 마를 희	11 (木)	火(불화변)	
	喜	기쁠 희 좋아할 희	12 (木)	口(입구)	藝名, 雅號에 좋은 글자
	稀	드물 희 묽을 희	12 (木)	禾(벼화변)	
	熙	빛날 희 넓을 희 기뻐할 희	13 (火)	火(불화변)	
	熈	빛날 희 넓을 희 기뻐할 희	14 (火)	火(불화변)	熙의 俗字
	僖	기쁠 희 좋아할 희	14 (火)	人(사람인변)	僖 : 喜(口部 9획)과 仝字
	嬉	놀 희 즐길 희	15 (土)	女(계집녀변)	
	凞	화할 희 빛날 희	15 (土)	冫(이수변)	凞과 同字 15, 16획 가능
	噫	한숨쉴 희 탄식할 희	16 (土)	口(입구)	상대의 본심과 말이 일치하니 믿어도 된다
	橲	나무이름희	16 (土)	木(나무목변)	
	羲	사람이름희 복희 희	16 (土)	羊(양양)	의로운 것을 내세워 무언가하고 싶으나아니다

음	한자	훈과 음	획 수 (수리오행)	부 수 (부수명칭)	측자·파자
희	熺	성할 희 밝을 희	16 (土)	火(불화변)	熹(火部12 획)과 仝字
	憙	기뻐할 희 좋아할 희	16 (土)	心(마음심)	
	熹	성할 희 밝을 희	16 (土)	火(불화변)	
	憘	기뻐할 희 憙의 古字	16 (土)	心(심방변)	
	暿	몹시더울희	16 (土)	日(날일변)	
	凞	화할 희 빛날 희	16 (土)	冫(이수변)	凞과 同字로 15, 16획 가능
	戲	놀 희 희롱할 희	17 (金)	戈(창과)	
	禧	복 희 길할 희	17 (金)	示(보일시)	
	爔	불빛 희 햇빛 희	20 (水)	火(불화변)	
	曦	햇빛 희 빛날 희	20 (水)	日(날일변)	藝名, 雅號에 좋은 글자
	犧	희생할 희 사랑할 희	20 (水)	牛(소우변)	藝名, 雅號에 좋은 글자
	嚭	쌍희 희	22 (木)	口(입구)	
힐	詰	꾸짖을 힐 물을 힐 굽을 힐 새벽 힐	13 (火)	言(말씀언변)	

3. 인명용 한자 획수별 색인

1) 인명용 1획 한자

***음오행이 木·火인 글자**

없음

***음오행이 土인 글자**

乙(새 을), 一(한 일)

***음오행이 金·水인 글자**

없음

2) 인명용 2획 한자

***음오행이 木인 글자**

冂(멀 경)

***음오행이 火인 글자**

乃(이에 내), 刀(칼 도), 力(힘 력), 了(마칠 료)

***음오행이 土인 글자**

乂(깎을 예), 又(또 우), 二(두 이), 人(사람 인), 入(들 입)

***음오행이 金인 글자**

丁(장정 정)

***음오행이 水인 글자**

卜(점 복), 匕(비수 비)

3) 인명용 3획 한자

***음오행이 木인 글자**

干(방패 간), 巾(수건 건), 乞(빌 걸), 工(장인 공), 口(입 구), 久(오랠 구), 弓(활 궁), 己(몸 기)

***음오행이 火인 글자**

女(계집 녀), 大(큰 대), 土(흙 토)

***음오행이 土인 글자**

也(어조사 야), 兀(우뚝할 올), 于(갈 우), 已(이미 이), 刃(칼날 인), 廿(스물 입), 下(아래 하), 孑(남길 혈), 丸(둥글 환)

***음오행이 金인 글자**

巳(뱀 사), 士(선비 사), 山(뫼 산), 三(석 삼), 上(위 상), 夕(저녁 석), 小(작을 소), 尸(주검 시), 子(아들 자), 勺(잔 작), 丈(어른 장), 叉(깍지낄 차), 千(일천 천), 川(내 천), 寸(마디 촌)

***음오행이 水인 글자**

万(일만 만), 亡(죽을 망), 凡(무릇 범)

4) 인명용 4획 한자

***음오행이 木인 글자**

介(끼일 개), 犬(개 견), 公(공작 공), 孔(구멍 공), 戈(창 과), 仇(원수 구), 勾(굽을 구), 勻(적을 균), 斤(도끼 근), 今(이제 금), 及(미칠 급), 夬(쾌괘 쾌)

***음오행이 火인 글자**

內(안 내), 丹(붉은 단), 斗(말 두), 屯(진칠 둔), 太(클 태), 丹(붉은 란)

***음오행이 土인 글자**

牙(어금니 아), 厄(재앙 액), 円(원 엔), 予(나 여), 刈(벨 예), 午(낮 오), 曰(가로 왈), 王(임금 왕: 本字나 姓으로 쓰면 4획, 部首로 쓰면 5획), 夭(예쁠 요), 冗(한가로울 용), 牛(소 우), 友(벗 우), 尤(더욱 우), 云(이를 운), 亐(땅이름 울), 元(으뜸 원), 月(달 월), 尹(다스릴 윤), 允(진실로 윤), 引(끌 인), 仁(어질 인), 日(날 일), 壬(간사할 임), 仍(인할 잉), 亢(굳셀 항), 兮(어조사 혜), 戶(집 호), 互(서로 호), 火(불 화), 化(화할 화), 幻(변할 환), 爻(육효 효), 凶(흉할 흉), 欠(하품할 흠)

***음오행이 金인 글자**

四(넉 사), 少(젊을 소), 水(물 수), 手(손 수), 升

(되 승), 氏(성씨 씨), 心(마음 심), 什(열사람 십), 才(재주 재), 切(벨 절), 井(우물 정), 弔(조상할 조), 爪(손톱 조), 中(가운데 중), 支(가지 지), 止(그칠 지), 之(갈 지), 什(세간 집), 尺(자 척), 天(하늘 천), 切(일체 체), 丑(소 축), 仄(기울 측)

***음오행이 水인 글자**

毛(털 모), 木(나무 목), 无(없을 무), 文(글월 문), 勿(없을 물), 反(돌이킬 반), 方(모 방), 卞(조급할 변), 夫(지아비 부), 父(아비 부), 不(아닐 부), 分(나눌 분), 不(아니 불), 比(견줄 비), 巴(땅이름 파), 片(조각 편), 匹(짝 필)

5) 인명용 5획 한자

***음오행이 木인 글자**

可(옳을 가), 加(더할 가), 刊(책펴낼 간), 甘(달 감), 甲(갑옷 갑), 去(갈 거), 巨(클 거), 古(옛 고), 叩(두드릴 고), 尻(꽁무니 고), 功(공 공), 瓜(오이 과), 巧(공교로울 교), 句(글귀 구), 丘(언덕 구), 句(구절 귀), 叫(부르짖을 규)

***음오행이 火인 글자**

奴(종 노), 尼(여승 니), 旦(아침 단), 代(시대 대),

冬(겨울 동), 仝(한가지 동), 令(법 령), 立(설 립), 他(다를 타), 台(나이 태)

***음오행이 土인 글자**

央(가운데 앙), 永(길 영), 五(다섯 오), 玉(옥 옥), 瓦(기와 와), 外(밖 외), 凹(오목 요), 用(쓸 용), 右(오른 우), 由(말미암을 유), 幼(어릴 유), 以(써 이), 孕(품을 잉), 玄(검을 현), 穴(구멍 혈), 兄(맏 형), 乎(어조사 호), 弘(넓을 홍), 禾(벼 화), 卉(풀 훼)

***음오행이 金인 글자**

仕(벼슬 사), 史(사기 사), 司(맡을 사), 乍(잠깐 사), 生(날 생), 石(돌 석), 仙(신선 선), 世(인간 세), 召(부를 소), 囚(가둘 수), 丞(구할 승), 市(장사 시), 示(보일 시), 矢(화살 시), 申(아뢸 신), 失(잃을 실), 仔(자세할 자), 仗(무기 장), 田(밭 전), 占(점칠 점), 正(바를 정), 左(왼 좌), 主(주인 주), 只(다만 지), 叱(꾸짖을 질), 且(또 차), 札(편지 찰), 冊(책 책), 斥(물리칠 척), 仟(일천 천), 凸(볼록할 철), 出(나갈 출), 朮(차조 출),

***음오행이 水인 글자**

末(끝 말), 皿(그릇 명), 母(어미 모), 矛(창 모), 目(눈 목), 卯(토끼 묘), 戊(천간 무), 未(아닐 미),

民(백성 민), 半(반 반), 北(달아날 배), 白(흰 백), 弁(고깔 변), 丙(남녁 병), 本(근본 본), 付(줄 부), 北(북녁 북), 弗(달러 불), 丕(클 비), 氷(얼음 빙), 叭(나팔 팔), 平(평상 평), 布(베 포), 包(쌀 포), 皮(가죽 피), 必(반드시 필), 疋(필 필), 乏(가난할 핍)

6) 인명용 6획 한자

***음오행이 木인 글자**

各(각각 각), 艮(머무를 간), 奸(범할 간), 乫(땅이름 갈), 价(착할 개), 件(사건 건), 攷(상고할 고: 考의 古字), 曲(굽을 곡), 共(함께 공), 光(빛 광), 匡(바를 광), 交(사귈 교), 臼(절구 구), 圭(홀 규), 劤(힘셀 근), 伋(속일 급), 亘(건널 긍), 企(도모할 기), 伎(재주 기), 吉(길할 길)

***음오행이 火인 글자**

年(해 년), 多(많을 다), 宅(집 댁), 乭(돌 돌), 同(한가지 동), 列(줄지울 렬), 劣(용렬할 렬), 老(늙을 로), 六(여섯 륙), 吏(아전 리), 打(칠 타), 朶(꽃송이 타), 宅(집 택), 吐(토할 토)

***음오행이 土인 글자**

安(편안할 안), 仰(우러러볼 앙), 羊(양 양), 如(같을 여), 亦(또한 역), 曳(끌릴 예), 伍(다섯사람 오), 宇(집 우), 羽(깃 우), 圩(둑 우), 旭(아침해 욱), 危(위태할 위), 有(있을 유), 肉(고기 육), 聿(붓 율), 戎(되 융), 圪(우뚝할 을), 衣(옷 의), 耳(귀 이), 而(어조사 이), 夷(오랑캐 이), 伊(저 이), 弛(방종할 이), 因(인할 인), 印(인 인), 任(맡길 임), 合(합할 합), 伉(짝 항), 行(항렬 항), 亥(돼지 해), 行(다닐 행), 向(방향 향), 血(피 혈), 刑(형벌 형), 好(좋을 호), 回(돌아올 회), 灰(재 회), 后(황후 후), 朽(냄새 후), 休(쉴 휴), 兇(흉악할 흉), 匈(오랑캐 흉), 屹(높을 흘), 吃(말더듬을 흘)

***음오행이 金인 글자**

寺(절 사), 死(죽을 사), 糸(실 사), 色(빛 색), 西(서녘 서), 先(먼저 선), 舌(혀 설), 守(지킬 수), 收(거둘 수), 戍(지킬 수), 夙(일찍 숙), 旬(열흘 순), 戌(개 술), 丞(도울 승), 式(법 식), 臣(신하 신), 字(글자 자), 自(스스로 자), 匠(장인 장), 庄(전장 장), 在(있을 재), 再(두번 재), 吊(조상할 적), 全(온통 전), 汀(물가 정), 兆(조 조), 早(새벽 조), 存(있을 존), 朱(붉을 주), 舟(배 주), 州(고을 주), 竹(대 죽), 仲(버금 중), 汁(즙 즙), 地(땅 지), 至(이

를 지), 旨(맛 지), 次(버금 차), 此(이 차), 舛(어그러질 천), 尖(뾰족할 첨), 充(찰 충)

***음오행이 水인 글자**

卍(만자 만), 妄(거짓 망), 名(이름 명), 牟(클 모), 刎(목벨 문), 米(쌀 미), 朴(순박할 박), 百(일백 백), 伐(칠 벌), 犯(범할 범), 帆(돛 범), 氾(넘칠 범), 并(어우를 병), 伏(엎드릴 복), 缶(장군 부), 妃(왕비 비), 牝(암컷 빈), 份(빛날 빈)

7) 인명용 7획 한자

***음오행이 木인 글자**

伽(절 가), 角(뿔 각), 却(물리칠 각), 杆(난간 간), 坎(구덩이 감), 匣(갑 갑), 江(강 강), 杠(다리 강), 改(고칠 개), 更(다시 갱), 坑(구덩이 갱), 車(수레 거), 劫(위험할 겁), 見(볼 견), 更(바꿀 경), 冏(빛날 경), 囧(밝을 경), 系(핏줄 계), 戒(경계할 계), 告(고할 고), 谷(골 곡), 困(곤할 곤), 功(칠 공), 串(곶 곶), 串(익힐 관), 宏(클 굉), 求(구할 구), 究(궁구할 구), 灸(뜸 구), 局(판 국), 君(임금 군), 糺(얽힐 규), 均(고를 균), 克(이길 극), 妗(외숙모 금), 忌(미워할 기), 杞(소태나무 기), 岐(높을 기),

圻(언덕 기), 妓(기생 기)

***음오행이 火인 글자**

男(사내 남), 努(힘쓸 노), 尿(오줌 뇨), 但(다만 단), 坍(무너질 담), 旲(햇빛 대), 禿(대머리 독), 彤(붉을 동), 豆(콩 두), 杜(막을 두), 卵(알 란), 冷(찰 랭), 良(어질 량), 呂(풍류 려), 伶(영리할 령), 弄(희롱할 롱), 牢(견고할 뢰), 里(마을 리), 利(이로울 리), 李(오얏 리), 吝(탐할 린), 妥(편안할 타), 托(맡길 탁), 呑(삼킬 탄), 兌(기뻐할 태), 兎(토끼 토)

***음오행이 土인 글자**

我(나 아), 冶(대장간 야), 言(말씀 언), 余(나 여), 汝(너 여), 妤(첩 여), 役(일꾼 역), 延(끌 연), 吾(나 오), 汚(더러울 오), 吳(오나라 오), 完(완전할 완), 妧(좋을 완), 岏(산놓을 완), 妖(도깨비 요), 甬(길 용), 佑(도울 우), 盱(클 우), 扜(당길 우), 会(높을 운), 位(자리 위), 酉(닭 유), 攸(곳 유), 听(웃는모양 은), 圻(땅의끝 은), 吟(읊을 음), 邑(고을 읍), 矣(어조사 의), 杝(나무이름 이), 忍(참을 인), 汈(끈적거릴 인), 牣(충만할 인), 佚(편안할 일), 妊(아이밸 임), 何(어찌 하), 呀(입벌릴 하), 旱(가물

한), 汗(땀 한), 含(머금을 함), 杏(살구 행), 見(나타날 현), 夾(낄 협), 形(형상 형), 亨(형통할 형), 汞(수은 홍), 孝(효도 효), 吼(울 후), 吸(마실 흡), 希(바랄 희)

***음오행이 金인 글자**

私(사사 사), 似(같을 사), 些(적을 사), 伺(살필 사), 删(깎을 산), 汕(통발 산), 杉(삼나무 삼), 床(밥상 상), 序(차례 서), 汐(저녁조수 석), 成(이룰 성), 忕(익숙할 세), 卲(읍이름 소), 束(묶을 속), 宋(송나라 송), 秀(빼어날 수), 巡(돌 순), 豕(돼지 시), 身(몸 신), 辰(날 신), 辛(매울 신), 伸(펼 신), 孜(힘쓸 자), 作(지을 작), 灼(빛날 작), 岑(봉우리 잠), 壯(씩씩할 장), 杖(지팡이 장), 材(재목 재), 災(화재 재), 低(낮을 저), 佇(기다릴 저), 赤(붉을 적), 甸(경기 전), 佃(소작인 전), 廷(조정 정), 町(밭두둑 정), 玎(옥소리 정), 呈(나타낼 정), 姘(안존할 정), 征(허둥댈 정), 弟(아우 제), 助(도울 조), 足(발 족), 座(앉을 좌), 佐(도울 좌), 住(머무를 주), 走(달릴 주), 即(곧 즉), 志(뜻 지), 池(못 지), 址(터 지), 底(숫돌 지), 辰(별 진), 車(수레 차), 初(처음 초), 村(마을 촌), 忖(헤아릴 촌), 吹(불 취),

七(일곱 칠)

＊음오행이 水인 글자

忙(바쁠 망), 忘(잊을 망), 每(매양 매), 免(면할 면), 牡(수컷 모), 妙(묘할 묘), 巫(무당 무), 吻(입술 문), 尾(꼬리 미), 伴(짝 반), 尨(클 방), 妨(방해할 방), 坊(막을 방), 彷(거닐 방), 伯(큰아버지 백), 汎(뜰 범), 机(나무 범), 釆(나눌 변), 別(다를 별), 兵(군사 병), 步(걸음 보), 甫(클 보), 否(아닐 부), 孚(기를 부), 吩(뿜을 분), 佛(부처 불), 庇(덮을 비), 判(판단 판), 坂(비탈 판), 貝(조개 패), 吠(개 짖을 폐), 佈(알릴 포), 杓(자루 표), 佖(점잖을 필)

8) 인명용 8획 한자

＊음오행이 木인 글자

佳(아름다울 가), 呵(웃을 가), 刻(새길 각), 侃(굳셀 간), 玕(옥돌 간), 岬(산허리 갑), 岡(언덕 강), 羌(오랑캐 강), 居(살 거), 杰(준걸 걸), 決(결정할 결), 抉(도려낼 결), 京(서울 경), 庚(나이 경), 坰(들 경), 炅(빛날 경), 季(철 계), 屆(이를 계), 固(굳을 고), 考(상고할 고), 姑(시어머니 고), 孤(외로울 고), 呱(울 고), 杲(밝을 고), 坤(땅 곤), 昆(형

곤), 汨(빠질 골), 空(하늘 공), 供(베풀 공), 果(과실 과), 官(벼슬 관), 刮(깎을 괄), 侊(성찬 광), 眖(비칠 광), 狂(미칠 광), 卦(점칠 괘), 乖(어그러질 괴), 佼(예쁠 교), 具(갖출 구), 坵(언덕 구), 玖(옥돌 구), 咎(허물 구), 屈(굽을 굴), 穹(높을 궁), 卷(책 권), 券(문서 권), 糾(끌어모을 규), 金(쇠 금), 昑(밝을 금), 汲(물길을 급), 扱(미칠 급), 其(그기), 技(재주 기), 奇(기이할 기), 玘(패옥 기), 汽(김 기), 沂(물이름 기), 祁(성할 기), 肌(근육 기), 佶(바를 길), 金(성 김), 快(빠를 쾌)

*음오행이 火인 글자

奈(어찌 나), 枏(녹나무 남), 奈(어찌 내), 念(생각 념), 弩(쇠뇌 노), 杻(박달나무 뉴), 沓(합할 답), 垈(터 대), 坮(대 대), 岱(클 대), 到(이를 도), 毒(해칠 독), 旽(밝을 돈), 沌(흐릴 돈), 東(동녘 동), 枓(구기 두), 來(돌아올 래), 兩(두 량), 戾(돌아올 려), 冽(찰 렬), 姈(계집영리할 령), 囹(옥 령), 岺(재 령), 例(법식 례), 彔(나무깍을 록), 侖(덩어리 륜), 肋(갈비 륵), 林(수풀 림), 卓(높을 탁), 坼(터질 탁), 坦(평평할 탄), 宕(방탕할 탕), 帑(금고 탕), 汰(지날 태), 投(던질 투), 妬(투기할 투)

*음오행이 土인 글자

兒(아이 아), 亞(버금 아), 婀(고울 아), 岳(큰산 악), 岸(언덕 안), 軋(삐걱거릴 알), 昻(밝을 앙), 厓(언덕 애), 艾(약쑥 애), 扼(누를 액), 夜(밤 야), 佯(거짓 양), 於(어조사 어), 抑(누를 억), 奄(문득 엄), 易(바꿀 역), 沇(물흐를 연), 炎(불꽃 염), 咏(노래할 영), 汭(물속 예), 旿(대낮 오), 沃(기름질 옥), 臥(누울 와), 宛(굽을 완), 往(갈 왕), 旺(고울 왕), 汪(넓을 왕), 枉(굽을 왕), 雨(비 우), 玗(옥돌 우), 盂(사발 우), 沄(넓을 운), 沅(물이름 원), 朊(달빛희미할 원), 杬(나무이름 원), 委(맡길 위), 臾(잠간 유), 乳(젖 유), 侑(도울 유), 昀(햇빛 윤), 汩(물흐를 율), 依(의지할 의), 宜(옳을 의), 易(쉬울 이), 佾(춤출 일), 罕(드물 한), 函(상자 함), 抗(막을 항), 沆(넓을 항), 杭(건널 항), 咍(비웃을 해), 劾(힘쓸 핵), 幸(다행 행), 享(드릴 향), 呟(소리 현), 弦(활시위 현), 侐(고요할 혁), 協(합할 협), 洽(화할 협), 呼(부를 호), 虎(범 호), 昊(하늘 호), 岵(산거할 호), 弧(활 호), 惑(혹 혹), 昏(어두울 혼), 忽(홀연 홀), 和(화목할 화), 宖(클 횡), 欣(기뻐할 흔), 炘(화끈거릴 흔), 昕(새벽 흔), 忻(기뻐할 흔)

*음오행이 金인 글자

使(부릴 사), 舍(집 사), 事(일 사), 社(단체 사), 沙(모래 사), 祀(제사 사), 疝(산증 산), 乷(음역자 살), 尙(숭상할 상), 牀(평상 상), 狀(모양 상), 抒(떠낼 서), 昔(옛 석), 析(쪼갤 석), 姓(성 성), 所(곳 소), 松(소나무 송), 刷(인쇄할 쇄), 受(받을 수), 垂(드리울 수), 岫(산굴 수), 峀(산굴 수), 叔(아재비 숙), 承(이을 승), 昇(오를 승), 始(처음 시), 侍(모실 시), 侁(떼지어갈 신), 呻(읊을 신), 沁(물스며들 심), 沈(빠질 심), 姊(누이 자), 刺(찌를 자), 炙(친근할 자), 秄(북돋울 자), 長(어른 장), 狀(모양 장), 爭(다툴 쟁), 底(밑 저), 咀(저주 저), 姐(누이 저), 杵(방망이 저), 的(목표 적), 狄(오랑캐 적), 炙(고기구울 적), 典(법 전), 佺(신선이름 전), 折(꺾을 절), 店(가게 점), 岾(고개 점), 政(정사 정), 定(정할 정), 征(칠 정), 姃(단정할 정), 制(법 제), 卒(군사 졸), 宗(마루 종), 柊(메 종), 宙(집 주), 周(두루 주), 侏(난장이 주), 呪(빌 주), 拄(버틸 주), 枝(가지 지), 知(알 지), 沚(물가 지),泜(가지런할 지), 直(곧을 직), 枃(바디 진), 侄(굳을 질), 帙(책갑 질), 侘(뽐낼 차), 刹(절 찰), 昌(창성할 창), 采(캘 채), 妻(아내 처), 坧(기지 척), 刺(찌를 척), 玔(옥고리 천), 妾(첩 첩), 帖

(문서 첩), 靑(푸를 청), 抄(베낄 초), 炒(볶을 초), 岧(높을 초), 竺(대나무 축), 忠(충성 충), 沖(온화할 충), 取(취할 취), 炊(밥지을 취), 侈(사치할 치), 沈(가라앉을 침), 枕(베개 침), 快(빠를 쾌)

***음오행이 水인 글자**

妹(누이 매), 枚(줄기 매), 孟(만 맹), 盲(장님 맹), 氓(백성 맹), 沔(물흐를 면), 命(목숨 명), 明(밝을 명), 姆(여스승 모), 牧(목장 목), 沐(목욕할 목), 沒(빠질 몰), 歿(죽을 몰), 杳(어두울 묘), 武(무사 무), 門(문 문), 汶(물이름 문), 炆(연기날 문), 物(만물 물), 沕(숨을 물), 味(맛 미), 旻(하늘 민), 旼(온화할 민), 岷(산봉우리 민), 忞(힘쓸 민), 枋(나무이름 방), 房(집 방), 放(내놓을 방), 昉(밝을 방), 杯(잔 배), 佰(일백 백), 帛(비단 백), 幷(어우를 병), 秉(잡을 병), 並(나란할 병), 服(옷 복), 宓(편안할 복), 乶(음역자 볼), 奉(받들 봉), 扶(도울 부), 府(마을 부), 咐(분부할 부), 斧(도끼 부), 阜(언덕 부), 奔(달릴 분), 汾(물이름 분), 忿(분할 분), 扮(꾸밀 분), 昐(햇빛 분), 彿(비슷할 불), 朋(벗 붕), 非(아닐 비), 批(비평할 비), 卑(낮을 비), 枇(참빗 비), 把(잡을 파), 坡(비탈 파), 杷(비파나무 파), 爬(긁을 파), 板(널조각 판), 版(인쇄 판), 八((여덟 팔), 佩(찰 패), 沛(늪

패), 坪,(들 평), 咆(성낼 포), 彼(저 피)

9) 인명용 9획 한자

***음오행이 木인 글자**

架(시렁 가), 柯(줄기 가), 枷(도리깨 가), 看(볼 간), 柬(분별할 간), 肝(간 간), 姦(간사할 간), 竿(장대 간), 曷(어찌 갈), 柑(감귤 감), 姜(강할 강), 舡(오나라배 강), 皆(다 개), 疥(옴 개), 玠(큰홀 개), 客(손 객), 炬(횃불 거), 拒(막을 거), 建(세울 건), 怯(겁낼 겁),

涇

(찰 경) 俓(곧을 경), 勁(굳셀 경), 癸(경도 계), 界(지경 계), 計(셀 계), 係(이을 계), 契(계약 계), 故(옛 고), 枯(마를 고), 沽(팔 고), 科(과거 과), 冠(갓 관), 怪(괴이할 괴), 拐(속일 괴), 咬(음란할 교), 姣(예쁠 교), 九(아홉 구), 拘(거리낄 구), 狗(개 구), 枸(구기자나무 구), 垢(때 구), 軍(군사 군), 芎(궁궁이 궁), 机(책상 궤), 軌(바퀴굴대 궤), 奎(별 규), 赳(재능 규), 畇(밭개간할 균), 剋(이길 극), 契(맺을 글), 急(급할 급), 矜(숭상할 긍), 紀(해 기), 祈(빌 기), 祇(고할 기), 姞(계집 길)

***음오행이 火인 글자**

柰(능금나무 나), 拏(잡을 나), 南(남녘 남), 耐(견딜 내), 柰(능금나무 내), 拈(집을 념), 怒(성낼 노), 泥(진흙 니), 柅(굄목 니), 段(조각 단), 彖(판단할 단), 沓(논 답), 待(기다릴 대), 度(법도 도), 突(부딪칠 돌), 垌(동막이 동), 剆(칠 라), 剌(어그러질 랄), 拉(꺾을 랍), 亮(밝을 량), 侶(짝 려), 昤(빛날 령), 怜(영리할 령), 泠(깨우칠 령), 柳(버드나무 류), 律(법 률), 俚(속될 리), 俐(똑똑할 리), 厘(털끝 리), 咤(꾸짖을 타), 拖(당길 타), 度(잴 탁), 拓(박을 탁), 柝(열 탁), 炭(숯 탄), 眈(노려볼 탐), 泰(클 태), 怠(게으를 태), 殆(위태할 태), 垞(언덕 택)

***음오행이 土인 글자**

俄(기울 아), 押(찍을 압), 狎(익숙할 압), 殃(재앙 앙), 怏(불만 앙), 哀(슬플 애), 耶(아버지 야), 約(묶을 약), 昜(볕 양), 彦(선비 언), 疫(돌림병 역), 沿(좇을 연), 衍(넘칠 연), 姸(고울 연), 兗(연주 연), 咽(막힐 열), 染(물들일 염), 泳(헤엄칠 영), 映(비칠 영), 盈(찰 영), 俉(맞이할 오), 屋(집 옥), 昷(어질 온), 瓮(항아리 옹), 玩(장난할 완), 娃(예쁠 왜), 歪(기울 왜), 畏(두려워할 외), 要(중요로울 요), 姚(예쁠 요), 拗(꺾을 요), 勇(날랠 용), 俑(목우 용), 禹(펼 우), 紆(얽을 우), 芋(토란 우), 昱(빛날 욱), 怨(원망할 원), 垣(담장 원), 爰(이에 원), 威(위엄 위), 韋(가죽 위), 油(기름 유), 柔(부드러울 유), 幽(그윽할 유), 宥(용서할 유), 兪(그러할 유), 柚(유자나무 유), 囿(동산 유), 玧(귀막이옥 윤), 垠(지경 은), 音(소리 음), 泣(울 읍), 怡(기뻐할 이), 姨(이모 이), 姻(혼인 인), 咽(목구멍 인), 姙(아이밸 임), 河(운하 하), 昰(여름 하), 虐(해칠 학), 咸(다 함), 哈(웃는소리 합), 巷(거리 항), 姮(항아 항), 缸(항아리 항), 肛(항문 항), 咳(기침 해), 垓(지경 해), 孩(어릴 해), 香(향기 향), 革(가죽 혁), 奕(클 혁), 泫(이슬빛날 현), 炫(빛날 현), 昡(햇빛 현), 俔(비유할 현), 炫(팔 현), 頁(머리 혈), 俠(협객 협), 型(본보기 형), 泂(멀 형), 炯(빛날 형), 狐(여우 호), 紅(붉을 홍), 泓(물맑을 홍), 虹(무지개 홍), 哄(노랫소리 홍), 奐(빛날 환), 宦(내관 환), 紈(맺을 환), 皇(임금 황), 況(모양 황), 徊(배회할 회), 廻(돌 회), 後(뒤 후), 厚(두터울 후), 侯(제후 후), 垕(땅이름 후), 紇(명주실 흘), 姬(아씨 희), 俙(비슷할 희)

*음오행이 金인 글자

思(생각 사), 査(조사할 사), 泗(물이름 사), 砂(모래 사), 俟(클 사), 柶(수저 사), 削(깎을 삭), 衫(적삼 삼), 峠(고개 상), 相(서로 상), 庠(학교 상), 牲(희생 생), 眚(재앙 생), 叙(차례 서), 宣(베풀 선), 泄(물샐 설), 契(사람이름 설), 性(성품 성), 星(별 성), 省(살필 성), 昭(맑을 소), 沼(늪 소), 炤(밝을 소), 柖(과녁 소), 俗(풍습 속), 帥(거느릴 솔), 首(머리 수), 帥(장수 수), 盾(방패 순), 徇(두루 순), 是(이 시), 施(베풀 시), 柴(제사지낼 시), 屍(주검 시), 屎(똥 시), 柹(감나무 시), 食(밥 식), 信(믿을 신), 室(집 실), 甚(심할 심), 姿(맵시 자), 咨(물을 자), 昨(어제 작), 芍(작약 작), 斫(벨 작), 炸(터질 작), 哉(비로소 재), 抵(다다를 저), 沮(막을 저), 狙(원숭이 저), 前(앞 전), 畑(화전 전), 貞(곧을 정), 亭(정자 정), 訂(바로잡을 정), 柾(나무 정), 炡(빛날 정), 穽(함정 정), 酊(술취할 정), 帝(임금 제), 俎(도마 조), 昭(밝을 조), 拙(옹졸할 졸), 姝(예쁠 주), 注(물댈 주), 柱(기둥 주), 奏(아뢸 주), 炷(심지 주), 紂(말고삐 주), 俊(뛰어날 준), 重(무거울 중), 卽(곧 즉), 祉(복 지), 咫(길이 지), 枳(해칠 지), 抮(되돌릴 진), 殄(다할 진), **眕**(밝을 진), 姪

(조카 질), 姹(소녀 차), 昶(화창할 창), 柵(목책 책), 拓(넓힐 척), 泉(샘 천), 穿(구멍 천), 沾(더할 첨), 剃(털깎을 체), 招(부를 초), 肖(닮을 초), 杪(초 초), 促(절박할 촉), 秋(가을 추), 抽(당길 추), 酋(두목 추), 春(봄 춘), 治(다스릴 치), 峙(우뚝솟을 치), 則(법칙 칙), 勅(조서 칙), 柒(옻칠 칠), 侵(침범할 침)

*음오행이 水인 글자

抹(칠할 말), 沫(침 말), 罔(그물 망), 芒(가시 망), 昧(새벽 매), 勉(힘쓸 면), 面(낯 면), 眄(애꾸눈 면), 明(밝게볼 명), 某(아무 모), 冒(무릅쓸 모), 侮(깔볼 모), 昴(묘낼 묘), 玅(땅이름 묘), 拇(엄지손가락 무), 美(아름다울 미), 眉(눈썹 미), 玟(옥돌 민), 旼(강할 민), 泯(멸할 민), 砇(옥돌 민), 泊(배댈 박), 拍(박자 박), 叛(배반할 반), 拌(쪼갤 반), 泮(학교 반), 盼(눈예쁠 반), 拔(가릴 발), 勃(변색할 발), 拜(절 배), 柏(잣나무 백), 泛(뜰 범), 法(법 법), 炳(빛날 병), 柄(자루 병), 昺(밝을 병), 保(보전할 보), 俌(도울 보), 封(봉할 봉), 負(입을 부), 赴(알릴 부), 訃(부고 부), 盆(동이 분), 拂(떨칠 불), 飛(날 비), 毖(삼갈 비), 毗(도울 비), 毘(도울 비), 沸(물끓을 비), 泌(샘물흐를 비), 秕(쭉정이 비), 砒(비소 비), 玭(구슬이름 빈), 波(물결 파), 便(편할 편), 扁(납작할 편), 枰(판 평), 泙(물소리 평), 抱(안을 포), 匍(길 포), 怖(떨 포), 抛(던질 포), 泡(거품 포), 表(모습 표), 品(물건 품), 風(바람 풍), 披(나눌 피), 泌(샘물흐를 필)

10) 인명용 10획 한자

***음오행이 木인 글자**

家(집 가), 哥(노래 가), 痂(팔다리병 가), 珂(옥이름 가), 嘏(좋을 가), 珏(쌍옥 각), 恪(조심할 각), 栞(표지 간), 疳(감병 감), 剛(굳셀 강), 個(낱 개), 芥(겨자 개), 豈(어찌 개), 倨(거만할 거), 祛(보낼 거), 虔(베풀 건), 桀(홰 걸), 格(자리 격), 肩(어깨 견), 缺(모자랄 결), 兼(겸할 겸), 耕(갈 경), 徑(지름길 경), 倞(굳셀 경), 耿(빛 경), 勍(셀 경), 桂(계수나무 계), 烓(화덕 계), 高(높을 고), 庫(창고 고), 拷(칠 고), 羔(새끼양 고), 股(넓적다리 고), 哭(울 곡), 骨(뼈 골), 恭(공손할 공), 恐(두려워할 공), 貢(바칠 공), 蚣(지네 공), 拱(껴안을 공), 括(묶을 괄), 恝(걱정없을 괄), 洸(굳셀 광), 桄(베틀 광), 紘(갓끈 굉), 肱(팔뚝 굉), 校(학교 교), 狡(간교할 교), 俱(함께 구), 矩(곱자 구), 珣(옥돌 구), 宮(집 궁), 躬(몸 궁), 拳(주먹 권), 倦(게으를 권), 鬼(귀신 귀), 根(뿌리 근), 芹(미나리 근), 衾(이불 금), 衿(옷깃 금), 芩(풀이름 금), 級(등급 급), 肯(긍정할 긍), 記(기록할 기), 起(일어날 기), 氣(기운 기), 豈(어찌 기), 耆(늙을 기), 桔(도라지 길), 拮(일할 길)

*음오행이 火인 글자

娜(아리따울 나), 拿(붙잡을 나), 拏(사로잡을 나), 納(바칠 납), 衲(옷수선할 납), 娘(소녀 낭), 恬(편안할 념), 紐(끈 뉴), 爹(아비 다), 疸(황달 달), 倓(고요할 담), 唐(당나라 당), 玳(대모 대), 島(섬 도), 徒(무리 도), 倒(넘어질 도), 挑(뛸 도), 桃(복숭아도), 洞(동네 동), 桐(오동나무 동), 凍(얼 동), 疼(아플 동), 烔(태울 동), 芚(둔나물 둔), 洛(물이름 락), 烙(지질 락), 倆(재주 량), 凉(서늘할 량), 旅(나그네 려), 烈(세찰 렬), 洌(맑을 렬), 玲(금옥소리 령), 料(헤아릴 료), 留(머무를 류), 倫(인륜 륜), 栗(밤 률), 凌(깔볼 릉), 唎(가는소리 리), 砬(약돌 립), 倬(클 탁), 託(부탁할 탁), 耽(즐길 탐), 討(다스릴 토), 洞(꿰뚫을 통), 套(덮개 투), 特(특히 특)

*음오행이 土인 글자

芽(싹 아), 娥(예쁠 아), 峨(높을 아), 哦(옳을 아), 案(초안 안), 晏(맑을 안), 按(살필 안), 秧(벼의모양), 埃(먼지 애), 弱(약할 약), 洋(큰바다 양), 恙(근심 양), 圄(감옥 어), 俺(나 엄), 宴(잔치 연), 娟(예쁠 연), 娫(빛날 연), 芮(물가 예), 倪(어린이 예), 玴(옥돌 예), 烏(까마귀 오), 娛(즐거워할 오), 翁(늙은이 옹), 邕(막을 옹), 垸(바를 완), 倭(왜국 왜), 窈(고요할 요), 辱(욕볼 욕), 容(얼굴 용), 埇(길돋울 용), 祐(도울 우), 迂(굽을 우), 或(문채 욱), 栯(산앵두 욱), 耘(김맬 운), 芸(향풀이름 운), 原(근원 원), 員(인원 원), 袁(옷길 원), 洹(물이름 원), 洧(물이름 유), 秞(무성할 유), 育(기를 육), 恩(은혜 은), 殷(클 은), 倚(기댈 의), 益(더할 익), 蚓(지렁이 인), 芢(풀이름 인), 恁(믿을 임), 艿(풀 잉), 夏(여름 하), 恨(한 한), 恒(항상 항), 航(배 항), 桁(수갑 항), 害(해칠 해), 奚(종 해), 核(핵심 핵), 倖(요행 행), 軒(처마 헌), 峴(고개 현), 玹(옥빛 현), 眩(현혹할 현), 峽(골짜기 협), 祜(복 호), 芦(지황 호), 笏(홀 홀), 洪(클 홍), 烘(밝을 홍), 訌(모함할 홍), 花(꽃 화), 桓(굳셀 환), 活(살 활), 晃(밝을 황), 愰(어두울 황), 晄(밝을 황), 恢(넓을 회), 効(본받을 효), 哮(성낼 효), 肴(안주 효), 候(기후 후), 訓(가르칠 훈), 烋(아름다울 휴), 恤(동정할 휼), 洶(물소리 흉), 訖(미칠 흘), 洽(화목할 흡), 恰(적합할 흡)

***음오행이 金인 글자**

射(쏠 사), 唆(대답할 사), 祠(사당 사), 師(스승 사), 紗(깁 사), 娑(춤출 사), 朔(초하루 삭), 索(동아줄 삭), 珊(산호 산), 芟(풀벨 삼), 桑(뽕나무 상), 索(찾을 색), 書(글 서), 徐(천천히 서), 恕(용서할 서), 席(자리 석), 袥(섬 석), 扇(부채질할 선), 洒(물뿌릴 선), 屑(가루 설), 洩(샐 설), 剡(날카로울 섬), 閃(번쩍할 섬), 城(재 성), 娍(아름다울 성), 宬(서고 성), 洗(씻을 세), 洒(물뿌릴 세), 宵(밤 소), 素(바탕 소), 笑(웃을 소), 玿(아름다운옥 소), 孫(손자 손), 衰(쇠할 쇠), 釗(쇠 쇠), 修(닦을 수), 殊(벨 수), 洙(물가 수), 狩(사냥 수), 純(순수할 순), 殉(따라죽을 순), 洵(진실로 순), 恂(정성 순), 栒(가름대나무 순), 拾(주을 습), 乘(탈 승), 翅(날개 시), 豺(승냥이 시), 時(때 시), 恃(믿을 시), 息(숨쉴 식), 拭(지울 식), 栻(점판 식), 神(귀신 신), 迅(빠를 신), 訊(물을 신), 娠(애밸 신), 宸(처마 신), 芯

(등심초 심), 十(열 십), 拾(열 십), 恣(방자할 자), 疵(흠 자), 玆(검을 자), 酌(따를 작), 奘(클 장), 栽(심을 재), 宰(재상 재), 財(재물 재), 疽(종기 저), 展(펼 전), 栓(나무못 전), 庭(조정 정), 釘(못 정), 祖(조상 조), 租(세금 조), 晁(아침 조), 祚(복 조), 凋(시들 조), 曹(무리 조), 蚤(벼룩 조), 倧(한배 종), 座(자리 좌), 酒(술 주), 株(그루 주), 洲(섬 주), 酎(소주 주), 峻(높을 준), 埈(험할 준), 准(허가할 준), 隼(송골매 준), 葰(테두리 준), 症(증세 증), 拯(건질 증), 烝(찔 증), 指(손발가락 지), 紙(종이 지), 持(가질 지), 祗(공경할 지), 芝(영지 지), 砥(숫돌 지), 肢(사지 지), 芷(구리때 지), 涛(섬 지), 眞(참 진), 珍(보배 진), 晉(나아갈 진), 津(나루 진), 秦(진나라 진), 唇(놀랄 진), 畛(밭두렁 진), 疹(홍역 진), 秩(차례 질), 疾(병 질), 桎(차꼬 질), 朕(조짐 짐), 借(빌릴 차), 差(틀릴 차), 窄(좁을 착), 站(역마을 참), 倉(곳집 창), 倡(가무 창), 砦(진칠 채), 凄(쓸쓸할 처), 倜(높이들 척), 剔(깎을 척), 隻(외짝 척), 哲(밝을 철), 哨(망볼 초), 芻(꼴 추), 祝(빌 축), 畜(가축 축), 衷(참마음 충), 臭(냄새 취), 致(이룰 치), 値(값 치), 恥(부끄럼 치), 蚩

(어리석을 치), 針(바늘 침), 砧(방치돌 침), 秤(저울 칭)

*음오행이 水인 글자

馬(말 마), 娩(순산할 만), 唜(끝 말), 邙(산이름 망), 埋(묻을 매), 眠(잠잘 면), 冥(어두울 명), 洺(명수 명), 袂(소매 메), 芼(나물 모), 耗(줄일 모), 畝(이랑 묘), 畝(이랑 무), 紋(무늬 문), 們(들 문), 蚊(모기 문), 紊(어지러울 문), 珉(옥돌 민), 珀(호박 박), 剝(벗길 박), 般(돌 반), 畔(두둑 반), 芳(꽃다울 방), 倣(본뜰 방), 旁(두루 방), 舫(쌍배 방), 肪(기름 방), 紡(실 방), 蚌(조개 방), 倍(곱 배), 配(짝지을 배), 俳(장난 배), 栢(잣나무 백), 便(문득 변), 病(병 병), 竝(나란할 병), 倂(나란히할 병), 洑(나루 보), 峯(산봉우리 봉), 俸(녹 봉), 芙(연꽃 부), 俯(숨을 부), 剖(쪼갤 부), 釜(가마 부), 紛(어지러울 분), 粉(가루 분), 芬(향내날 분), 肥(살찔 비), 祕(숨길 비), 粃(쭉정이 비), 匪(아닐 비), 破(깨뜨릴 파), 派(갈래 파), 芭(파초 파), 唄(찬불 패), 肺(허파 폐), 砲(대포 포), 哺(먹을 포), 圃(밭 포), 疱(마마 포), 豹(표범 표), 俵(흩을 표), 疲(고달플 피), 珌(칼집장식 필)

11) 인명용 11획 한자

***음오행이 木인 글자**

假(거짓 가), 苛(잔풀 가), 茄(연줄기 가), 袈(승려옷 가), 桿(나무이름 간), 紺(감색 감), 勘(헤아릴 감), 胛(어깨 갑), 強(강할 강), 康(편안할 강), 堈(언덕 강), 崗(산등성이 강), 蓋(덮을 개), 乾(하늘 건), 健(굳셀 건), 偈(쉴 게), 堅(굳을 견), 牽(끌 견), 訣(비결 결), 竟(마칠 경), 頃(기울 경), 梗(막힐 경), 逕(통할 경), 烱(빛날 경), 絅(끌어죌 경), 械(기구 계), 啓(열 계), 苦(쓸 고), 皐(고할 고), 苽(줄 고), 斛(헤아릴 곡), 梏(쇠고랑 곡), 崑(곤륜산 곤), 梱(문지방 곤), 袞(곤룡포 곤), 珙(옥 공), 貫(꿸 관), 棺(도마 관), 珖((옥피리 광), 敎(가르칠 교), 皎(달빛 교), 救(구원할 구), 區(구역 구), 苟(진실로 구), 耈(명길 구), 寇(도둑 구), 毬공 구), 國(나라 국), 堀(굴 굴), 圈(둘레 권), 眷(돌볼 권), 規(법 규), 珪(서옥 규), 硅(규소 규), 近(가까울 근), 基(터 기), 旣(이미 기), 寄(부칠 기), 飢(주릴 기), 琦(갑 기), 崎(험할 기)

***음오행이 火인 글자**

那(편안할 나), 捏(이길 날), 訥(과묵할 눌), 匿(숨길 닉), 蛋(새알 단), 袒(옷벗어맬 단), 啖(먹을 담), 聃(귓바퀴없을 담), 堂(집 당), 帶(띠 대), 袋(자루 대), 豚(돼지 돈), 動(움직일 동), 兜(투구 두), 得(얻을 득), 珞(구슬목걸이 락), 婪(예쁠 람), 浪(물결 랑), 朗(밝을 랑), 狼(이리 랑), 烺(빛밝을 랑), 崍(산이름 래), 徠(올 래), 略(간단할 략), 梁(들보 량), 笭(작은농 령), 羚(큰양 령), 翎(새깃 령), 聆(좇을 령), 鹵(소금 로), 鹿(사슴 녹), 聊(의지할 료), 累(포갤 루), 婁(빌 루), 流(흐를 류), 崙(곤륜산 륜), 率(비율 률), 勒(굴레 륵), 浬(해리 리), 犁(쟁기 리), 狸(너구리 리), 离(도깨비 리), 梨(배나무 리), 悧(영리할 리), 涖(임할 리), 笠(삿갓 립), 粒(낟알 립), 唾(침 타), 舵(선박키 타), 啄(쪼을 탁), 貪(탐할 탐), 苔(이끼 태), 笞(매질할 태), 胎(아이밸 태), 桶(통 통), 堆(흙무더기 퇴), 偸(훔칠 투)

***음오행이 土인 글자**

啞(벙어리 아), 訝(맞을 아), 婀(머뭇거릴 아), 堊(백토 악), 眼(눈 안), 庵(암자 암), 菴(머금을 암), 崖(낭떠러지 애), 野(들 야), 倻(땅이름 야), 若(반야 야), 埜(들 야), 若(같을 약), 痒(종기 양), 魚(고기어), 御(모실 어), 唹(웃을 어), 焉(어찌 언), 偃(쓰러질 언), 悆(잊을 여), 域(지경 역), 硏(연구할 연), 軟(부드러울 연), 涓(물방울 연), 捐(버릴 연), 挻(늘일 연), 涎(침 연), 悅(기쁨 열), 苒(덧없을 염), 英(꽃 영), 迎(맞이할 영), 堄(성가퀴 예), 埶(재주 예), 悟(깨닫을 오), 梧(오동나무 오), 晤(밝을 오), 敖(놀 오), 浯(오수 오), 訛(거짓말 와), 浣(씻을 완), 婠(예쁠 완), 婉(아름다울 완), 梡(도마 완), 欲(하고자할 욕), 浴(목욕 욕), 庸(고용할 용), 涌(솟아날 용), 偶(짝 우), 釪(창고달 우), 雩(기우제 우), 勖(힘쓸 욱), 苑(동산 원), 婉(고울 원), 寃(원통할 원), 偉(클 위), 胃(밥통 위), 尉(벼슬이름 위), 唯(오직 유), 悠(멀 유), 婑(아리따울 유), 逌(만족할 유), 堉(기름진땅 육), 胤(이을 윤), 垠(땅끝 은), 訢(삼가고공경할 은), 異(다를 이), 痍(상처 이), 苡(질경이 이), 珥(귀고리 이), 移(옮길 이), 翊(도울 익), 翌(이튿날 익), 寅(범 인), 荏(생각할 임), 悍(사나울 한), 啣(머금을 함), 盒(그릇 합), 海(바다 해), 偕(함께 해), 珦(옥이름 향), 許(허락할 허), 焃(붉을 혁), 絃(줄 현), 晛(일광 현), 衒(팔 현), 舷(뱃전 현), 挾(낄 협), 浹(두루미칠 협), 狹(좁을 협), 邢

(나라이름 형), 珩(패옥 형), 彗(비 혜), 胡(오랑캐 호), 浩(넓을 호), 毫(붓 호), 婋皓(빛날 호), 扈(따를 호), 瓠(단지 호),

(계집영리할 호), 婚(혼인할 혼), 貨(재화 화), 患(근심 환), 皖(밝을 환), 凰(봉황새 황), 悔(뉘우칠 회), 晦(감출 회), 淮(강이름 회), 涍(물가 효), 梟(영웅 효), 珝(옥이름 후), 焄(김오를 훈), 畦(밭두둑 휴), 痕(흉터 흔), 晞(밝을 희), 烯(밝을 희)

*음오행이 金인 글자

蛇(뱀 사), 邪(간사할 사), 斜(비스듬할 사), 徙(옮길 사), 赦(용서할 사), 梭(베짜는북 사), 産(낳을 산), 殺(죽일 살), 參(석 삼), 常(항상 상), 商(장사 상), 祥(상서로울 상), 爽(시원할 상), 笙(생황 생), 敍(서문 서), 庶(서민 서), 胥(서로 서), 悆(기뻐할 서), 船(배 선), 旋(돌아올 선), 珗(옥돌 선), 雪(눈 설), 設(베풀 설), 卨(높을 설), 涉(건널 섭), 晟(밝을 성), 胜(비릴 성), 細(자세할 세), 笹(조릿대 세), 消(사라질 소), 紹(이을 소), 巢(새집 소), 疏(멀리할 소), 梳(빗 소), 涑(빨 속), 飡(먹을 손), 率(거느릴 솔), 悚(두려울 송), 訟(송사할 송), 殺(죽일 쇄), 羞(바칠 수), 袖(소매 수), 宿(묵을 숙), 孰(누구 숙),

珣(옥이름 순), 術(꾀 술), 崇(높을 숭), 崧(산이름 숭), 習(익힐 습), 匙(숟가락 시), 偲(굳셀 시), 埴(찰흙 식), 晨(새벽 신), 紳(벼슬아치 신), 悉(갖출 실), 者(놈 자), 紫(자주빛 자), 瓷(사기그릇 자), 雀(참새 작), 章(글 장), 將(장수 장), 張(베풀 장), 帳(휘장 장), 梓(가래나무 재), 苧(모시풀 저), 紵(모시 저), 笛(피리 적), 寂(고요할 적), 專(오르지 전), 剪(가위 전), 悛(고칠 전), 晢(밝을 절), 浙(쌀씻을 절), 粘(붙을 점), 頂(이마 정), 挺(빼어날 정), 偵(염탐할 정), 桯(기둥 정), 停(머무를 정), 涏(곧을 정), 旌(기장목 정), 埩(밭갈 정), 彭(청정할 정), 梃(몽둥이 정), 胜(비릴 정), 第(차례 제), 祭(제사 제), 悌(공손할 제), 梯(사닥다리 제), 鳥(새 조), 條(가지 조), 組(끈 조), 彫(새길 조), 窕(조용할 조), 釣(낚시 조), 曹(무리 조), 眺(살필 조), 粗(거칠 조), 族(겨레 족), 終(끝날 종), 從(좇을 종), 挫(꺾을 좌), 晝(낮 주), 冑(자손 주), 珠(구슬 주), 做(지을 주), 紬(명주 주), 浚(깊을 준), 晙(밝을 준), 焌(구울 준), 埻(과녁 준), 茁(풀싹 줄), 趾(발 지), 振(떨칠 진), 桭(대청 진), 袗(홑옷 진), 昣(밝을 진), 窒(막힐 질), 執(잡을 집), 捉(잡을 착), 紮(감을 찰), 參(참여할 참), 斬(벨 참), 唱(부를 창), 窓(창문 창), 娼(창녀 창), 彩(채색 채), 埰(식읍 채), 寀(채지 채), 釵(비녀 채), 責(빚 채), 婇(여자이름 채), 責(꾸짖을 책), 處(곳 처), 戚(겨레 척), 阡(길 천), 釧(팔찌 천), 惁(공경할 철), 甛(달 첨), 涕(울 체), 梢(꼬리 초), 苕(원두 초), 鈔(좋은쇠 초), 邨(마을 촌), 悤(바쁠 총), 崔(높을 최), 珫(귀고리 충), 娶(장가들 취), 側(곁 측), 厠(뒷간 측), 梔(치자나무 치), 痔(치질 치), 浸(잠길 침)

*음오행이 水인 글자

痲(삼 마), 晩(저물 만), 曼(길 만), 挽(당길 만), 茉(말리꽃 말), 望(바랄 망), 梅(매화나무 매), 苺(딸기 매), 麥(보리 맥), 覓(찾을 멱), 冕(면류관 면), 眸(눈 모), 茅(띠 모), 苗(모 묘), 茂(무성할 무), 務(일 무), 問(물을 문), 梶(나무끝 미), 敏(민첩할 민), 密(은밀할 밀), 舶(배 박), 粕(지게미 박), 絆(줄 반), 班(나눌 반), 返(돌아올 반), 訪(찾을 방), 邦(나라 방), 培(북돋울 배), 背(등 배), 徘(노닐 배), 胚(아이밸 배), 范(날벌레 범), 梵(범어 범), 釩(바나듭 범), 屛(병풍 병), 甁(단지 병), 珤(보배 보), 匐(엎드려길 복), 烽(봉화 봉), 婦(아내 부), 浮

(뜰 부), 符(도장 부), 副(버금 부), 埠(선창 부), 趺(발등 부), 崩(무너질 붕), 婢(계집종 비), 浜(물가 빈), 貧(가난할 빈), 彬(빛날 빈), 邠(나라이름 빈), 婆(할미 파), 販(팔 판), 捌(깨뜨릴 팔), 敗(패할 패), 浿(물가 패), 悖(거스릴 패), 狽(이리 패), 烹(삶을 팽), 偏(치우칠 편), 閉(닫을 폐), 胞(세포 포), 浦(물가 포), 捕(잡을 포), 匏(박 포), 袍(두루마기 포), 苞(풀이름 포), 票(쪽지 표), 彪(범 표), 被(입을 피), 畢(그물 필), 苾(향내 필)

12) 인명용 12획 한자

***음오행이 木인 글 자**

街(거리 가), 迦(부처이름 가), 訶(꾸짖을 가), 跏(난쟁이 가), 軻(굴래 가), 殼(껍질 각), 間(사이 간), 稈(짚 간), 喝(꾸짖을 갈), 敢(굳셀 감), 堪(견딜 감), 嵌(산깊을 감), 邯(땅이름 감), 强(강할 강), 絳(진홍색 강), 開(열 개), 凱(이길 개), 喀(토할 객), 距(떨어질 거), 据(일할 거), 傑(준걸 걸), 鈐(자물쇠 검), 法(갈 겁), 結(맺을 결), 景(경치 경), 硬(강할 경), 卿(벼슬 경), 痙(경련할 경), 堺(지경 계), 悸(두근거릴 계), 棨(창 계), 袴(바지 고), 辜(허물 고), 雇(품살 고), 控(당길 공), 款(정성 관),

棺(널 관), 筐(침상 광), 胱(방광 광), 掛(걸릴 괘), 傀(클 괴), 喬(높을 교), 絞(목맬 교), 蛟(교룡 교), 球(구슬 구), 邱(언덕 구), 窘(막힐 군), 掘(팔 굴), 港(물돌아흐를 권), 捲(거둘 권), 厥(숙일 궐), 貴(귀할 귀), 晷(햇빛 귀), 鈞(고르게할 균), 戟(창 극), 棘(가시성 극), 筋(힘줄 근), 給(줄 급), 期(때 기), 幾(빌미 기), 欺(속일 기), 棄(버릴 기), 淇(물이름 기), 棋(바둑 기), 碁(아기돌 기), 喫(마실 끽)

*음오행이 火인 글자

喇(나팔 나), 旑(깃발펄럭일 나), 䐁(살찔 나), 捺(누를 날), 捻(비틀 념), 鈕(손잡이 뉴), 能(능察할 능),

(깊을 다), 茶(차 다), 單(홀로 단), 短(짧을 단), 淡(묽을 담), 覃(펴질 담), 答(대답할 답), 棠(해당화 당), 貸(빌릴 대), 盜(도둑 도), 堵(담 도), 棹(노도), 屠(잡을 도), 悼(슬퍼할 도), 掉(흔들 도), 淘(일 도), 敦(도타울 돈), 惇(인정두터울 돈), 焞(성할 돈), 童(아이 동), 棟(마룻대 동), 胴(큰창자 동), 痘(천연두 두), 阧(수문 두), 鈍(무딜 둔), 等(등급 등), 登(오를 등), 喇(나팔 라), 絡(두를 락), 嵐(산기운 람), 琅(옥돌 랑), 掠(노략질할 략), 量(양 량),

涼(서늘할 량), 裂(찢을 렬), 勞(수고할 로), 虜(하인 로), 淚(눈물 루), 琉(유리 류), 硫(유황 류), 淪(물놀이 륜), 葎(가파를 률), 痢(설사 리), 理(다스릴 리), 淋(물뿌릴 림), 棽(무성할 림), 晫(밝을 탁), 探(찾을 탐), 邰(나라이름 태), 跆(밟을 태), 鈦(티타늄 태), 統(거느릴 통), 通(아플 통), 筒(대롱 통)

***음오행이 土인 글자**

雅(바를 아), 惡(악할 악), 幄(휘장 악), 雁(기러기 안), 涯(물가 애), 液(즙 액), 掖(부축할 액), 馭(다스릴 어), 堰(방죽 언), 掩(가릴 엄), 淹(담글 엄), 茹(먹을 여), 晹(볕날 역), 然(그럴 연), 硯(벼루 연), 淵(못 연), 堧(빈터 연), 焰(불꽃 염), 詠(읊을 영), 猊(사자 예), 珸(옥돌 오), 惡(미워할 오), 蛙(음란할 와), 琓(서옥 완), 椀(주발 완), 阮(관문이름 완), 堯(높을 요), 茸(녹용 용), 傛(아름다울 용), 寓(붙어살 우), 堣(모퉁이 우), 雲(구름 운), 雄(수컷 웅), 媛(아름다울 원), 阮(관이름 원), 越(넘을 월), 爲(위할 위), 圍(둘레 위), 惟(오직 유), 庾(곳집 유), 喩(깨달을 유), 釉(광택 유), 閏(윤달 윤), 鈗(창 윤), 阭(높을 윤), 絨(융 융), 淫(음란할 음), 愔(화평할 음), 椅(노나무 의), 荑(벨皿이), 貳(두

이), 貽(끼칠 이), 嫛(기쁠 이),

(힘줄이질길 이), 絪(기운 인), 茵(풀이름 인), 靭(질길 인), 壹(한 일), 荏(들깨 임), 剩(남을 잉), 賀(하례할 하), 閑(한가할 한), 寒(찰 한), 閒(틈 한), 割(나눌 할), 涵(담글 함), 喊(소리 함), 蛤(대합조개 합), 項(조목 항), 荇(마름풀 행), 涬(기운 행), 虛(빌 허), 焱(화염 혁), 現(나타날 현), 絢(노끈 현), 睍(고울 현), 脅(겨드랑이 협), 脇(겨드랑이 협), 荊(가시나무 형), 惠(은혜 혜), 皓(깨끗할 호), 淏(맑을 호), 壺(병 호), 惑(미혹 혹), 混(섞을 혼), 惚(황홀할 홀), 畫(그림 화), 喚(부를 환), 黃(누를 황), 荒(거칠 황), 堭(대궐 황), 媓(여자이름 황), 徨(방황할 황), 茴(회향풀 회), 蛔(회충 회), 淆(흐릴 효), 窙(탁트일 효), 喉(목구멍 후), 帿(과녁 후), 喧(시끄러울 훤), 喙(부리 훼), 胸(가슴 흉), 黑(검을 흑), 欽(공경할 흠), 翕(합할 흡), 喜(기쁠 희), 稀(드물 희)

***음오행이 金인 글자**

絲(실 사), 詞(고할 사), 捨(버릴 사), 詐(속일 사), 斯(쪼갤 사), 奢(사치할 사), 散(헤어질 산), 傘(우산 산), 森(빽빽할 삼), 鈒(창삽 삽), 喪(복입을 상), 象(코끼리 상), 翔(날 상), 廂(행랑 상), 甥(생질 생),

壻(사위 서), 黍(기장 서), 絮(솜 서), 犀(무소뿔 서), 舒(펼 서), 棲(깃들일 서), 捿(새깃들일 서), 惜(아낄 석), 淅(쌀일 석), 晳(밝을 석), 舃(신 석), 善(착할 선), 琁(옥 선), 卨(사람이름 설), 盛(성할 성), 瑊(옥 성), 賍(재물 성), 稅(거둘 세), 貰(세낼 세), 訴(하소연할 소), 掃(소제 소), 疎(멀리할 소), 邵(고을이름 소), 甦(소생할 소), 粟(조 속), 巽(사양할 손), 淞(물이름 송), 授(줄 수), 須(수염 수), 茱(수유나무 수), 琇(옥돌 수), 淑(맑을 숙), 順(차례 순), 循(돌 순), 荀(풀이름 순), 筍(대순 순), 舜(순임금 순), 淳(순박할 순), 焞(밝을 순), 述(말할 술), 勝(이길 승), 視(볼 시), 弑(죽일 시), 媤(시집 시), 猜(원망할 시), 媞(편안할 시), 植(심을 식), 殖(번성할 식), 寔(진실로 식), 深(깊을 심), 尋(찾을 심), 茨(지붕이을 자), 舃(까치 작), 殘(남을 잔), 孱(나약할 잔), 棧(잔도 잔), 場(마당 장), 粧(단장 장), 掌(손바닥 장), 裁(결단할 재), 貯(쌓을 저), 邸(집 저), 詛(저주할 저), 迪(나아갈 적), 奠(정할 전), 荃(향초풀 전), 筌(통발 전), 絶(끊을 절), 接(접할 접), 情(뜻 정), 淨(깨끗할 정), 程(한도 정), 珵(패옥 정), 幀(그림족자 정), 珽(옥이름 정), 晶(수정

정), 晸(해뜰 정), 淀(배댈 정), 婷(예쁠 정), 堤(둑 제), 啼(울 제), 媞(편안할 제), 朝(아침 조), 措(놓을 조), 詔(조서 조), 棗(대추 조), 尊(높을 존), 猝(창졸 졸), 淙(물댈 종), 棕(종려나무 종), 悰(즐길 종), 註(주낼 주), 蛛(거미 주), 粥(미음 죽), 竣(마칠 준), 畯(농부 준), 衆(무리 중), 曾(일찍 증), 智(슬기 지), 脂(기름 지), 軫(수레 진), 診(진찰할 진), 蛭(거머리 질), 跌(넘어질 질), 迭(침노할 질), 集(모을 집), 茶(차 차), 硨(차거 차), 着(붙을 착), 創(비롯할 창), 敞(넓을 창), 猖(미쳐날뛸 창), 採(가릴 채), 棌(떡갈나무 채), 策(꾀 책), 悽(슬퍼할 처), 脊(등뼈 척), 淺(얕을 천), 喘(기침 천), 茜(천초 천), 喆(밝을 철), 添(더할 첨), 捷(이길 첩), 堞(치첩 첩), 貼(붙을 첩), 淸(맑을 청), 晴(갤 청), 替(바꿀 체), 草(풀 초), 超(뛰어넘을 초), 焦(그을릴 초), 硝(망초 초), 椒(후초 초), 酢(초 초), 稍(점점 초), 貂(담비 초), 最(가장 최), 推(밀 추), 椎(뭉치 추), 軸(굴대 축), 筑(주을 축), 悴(근심할 췌), 就(이룰 취), 脆(연할 취), 淄(검은빛 치), 棽(우거질 침)

*음오행이 水인 글자

茫(망망할 망), 賣(살 매), 媒(중매 매), 寐(잠잘 매), 脈(맥 맥), 猛(사나울 맹), 棉(목화 면), 榆(홈통 명), 茗(차싹 명), 帽(모자 모), 無(없을 무), 貿(바꿀 무), 珷(옥돌이름 무), 雯(구름무늬 문), 媚(아첨할 미), 媄(빛고울 미), 嵋(산이름 미), 嵄(깊은산 미), 閔(힘쓸 민), 悶(민망할 민), 迫(핍박할 박), 博(넓을 박), 斑(얼룩 반), 發(쏠 발), 跋(밟을 발), 防(막을 방), 傍(곁할 방), 排(물리칠 배), 焙(불에쬘 배), 番(차례 번), 筏(떼목 벌), 棅(권세 병), 報(갚을 보), 普(넓을 보), 堡(작은성 보), 復(회복할 복), 茯(복령 복), 捧(공경할 봉), 棒(몽둥이 봉), 富(넉넉할 부), 傅(스승 부), 復(다시 부), 焚(탈 분), 雰(안개 분), 賁(클 분), 棚(시렁 붕), 悲(슬플 비), 備(갖출 비), 費(소모할 비), 扉(문짝 비), 斐(문채날 비), 棐(도울 비), 斌(빛날 빈), 跛(절뚝발이 파), 阪(비탈 판), 鈑(금박 판), 牌(간판 패), 彭(띵띵할 팽), 貶(감할 폄), 評(평론할 평), 幅(폭 폭), 馮(탈 풍), 筆(붓 필), 弼(도울 필)

13) 인명용 13획 한자

*음오행이 木인 글자

暇(겨를 가), 嫁(시집갈 가), 賈(값 가), 脚(다리

각), 幹(줄기 간), 揀(분별할 간), 渴(목마를 갈), 減(덜 감), 感(느낄 감), 戡(이길 감), 閘(수문 갑), 鉀(갑옷 갑), 畺(지경 강), 絳(세울 강), 塏(밝을 개), 粳(메벼 갱), 鉅(클 거), 渠(우두머리 거), 楗(문빗장 건), 愆(허물 건), 揭(높이들 게), 絹(명주 견), 鉗(칼 겸), 經(책 경), 敬(공경 경), 傾(기울일 경), 莖(줄기 경), 脛(정강이 경), 鼓(북 고), 痼(고질 고), 賈(장사 고), 琨(옥돌 곤), 誇(자랑할 과), 跨(넘을 과), 琯(피리 관), 适(빠를 괄), 塊(덩어리 괴), 郊(들 교), 較(비교할 교), 鳩(비둘기 구), 絿(구할 구), 舅(장인 구), 鉤(낫 구), 群(무리 군), 裙(속옷 군), 窟(움 굴), 詭(속일 궤), 揆(헤아릴 규), 邽(고을이름 규), 筠(대나무 균), 極(지극할 극), 勤(부지런할 근), 僅(겨우 근), 禁(금지할 금), 禽(짐승 금), 琴(거문고 금), 琪(옥이름 기), 祺(복 기), 琦(옥이름 기), 畸(험할 기), 碁(바둑 기), 嗜(즐길 기), 稘(돌 기)

***음오행이 火인 글자**

暖(따뜻할 난), 煖(따뜻할 난), 楠(매화나무 남), 湳(물이름 남), 寗(차라리 녕), 農(농사 농), 惱(괴로워할 뇌), 亶(믿을 단), 湍(여울 단), 煓(빛날 단), 湛

(즐길 담), 痰(천식 담), 當(마땅할 당), 塘(못 당), 跳(뛸 도), 逃(달아날 도), 渡(건널 도), 塗(진흙 도), 督(감독할 독), 頓(조아릴 돈), 荳(콩 두), 酪(과즙 락), 亂(어지러울 란), 廊(행랑 랑), 粮(양식 량), 粱(기장 량), 煉(이길 련), 廉(청렴할 렴), 零(떨어질 령), 鈴(방울 령), 路(길 로), 輅(수레 로), 祿(복 록), 雷(천둥 뢰), 賂(재화 뢰), 旒(깃발 류), 慄(떨 률), 稜(논두렁 릉), 裏(안 리), 莉(말리 리), 琳(옥 림), 惰(버릇 타), 楕(길쭉할 타), 陀(험할 타), 馱(태울 타), 琢(닦을 탁), 琸(이름 탁), 脫(벗을 탈), 塔(탑 탑), 湯(끓일 탕), 退(물러날 퇴)

*음오행이 土인 글자

莪(새발쑥 아), 蛾(나방 아), 阿(언덕 아), 衙(관청 아), 愕(놀랄 악), 握(잡을 악), 渥(젖을 악), 暗(몰래 암), 愛(사랑 애), 碍(막을 애), 惹(이끌 야), 椰(야자나무 야), 爺(아비 야), 揶(희롱할 야), 揚(오를 양), 楊(버들 양), 敭(밝을 양), 暘(해돋이 양), 煬(쬘 양), 瘀(어혈 어), 業(업 업), 艅(나룻배 여), 逆(거스를 역), 椽(서까래 연), 鉛(납 연), 煙(연기 연), 筵(대자리 연), 莚(만연할 연), 琰(옥 염), 渶(물맑을 영), 煐(빛날 영), 塋(무덤 영), 暎(비칠 영), 楹(기둥 영), 預(미리 예), 裔(후손 예), 詣(도착할 예), 嗚(탄식할 오), 塢(둑 오), 筽(대이름 오), 蜈(지네 오), 傲(거만할 오), 奧(아랫목 오), 鈺(보배 옥), 媼(할미 온), 雍(화목할 옹), 渦(소용돌이 와), 莞(왕골 완), 琬(옥 완), 碗(식기 완), 脘(밥통 완), 頑(둔할 완), 矮(난장이 왜), 嵬(높을 외), 猥(함부로 외), 湧(솟아날 용), 傭(품팔이 용), 愚(어리석을 우), 虞(헤아릴 우), 惆

(기뻐할 우), 煜(빛날 욱), 郁(땅이름 욱), 頊(멍할 욱), 暈(무리 운), 園(동산 원), 圓(둥글 원), 援(구조할 원), 嫄(여자이름 원), 湲(맑을 원), 鉞(도끼 월), 暐(환할 위), 渭(물이름 위), 裕(넉넉할 유), 愈(나을 유), 楡(느릅나무 유), 猶(원숭이 유), 猷(꾀 유), 愉(기뻐할 유), 琟(옥돌 유), 揄(끌 유), 楢(졸참나무 유), 游(놀建유), 筠(연뿌리 윤),

(나누어줄 율), 飮(마실 음), 揖(읍할 읍), 義(옳을 의), 意(뜻 의), 肄(익힐 이), 湮(잠길 인), 靷(가슴걸이 인), 賃(품삯 임), 稔(여물 임), 荷(연꽃 하), 廈(큰집 하), 嗃(엄할 학), 港(항구 항), 解(풀 해), 該(갖출 해), 楷(본 해), 鉉(솥귀고리 현), 嫌(의심혐), 莢(콩깍지 협), 逈(멀 형), 號(이름 호), 湖(호

수 호), 琥(호박 호), 渾(흐릴 혼), 話(이야기 화), 畵(그림 화), 換(바꿀 환), 渙(찬란할 환), 煥(빛날 환), 煌(빛날 황), 幌(휘장 황), 惶(당황할 황), 湟(빠질 황), 會(모을 회), 滙(물돌아모일 회), 賄(뇌물 회), 逅(만날 후), 嗅(맡을 후), 煦(찔 후), 暈(무리 훈), 塤(질나팔 훈), 暄(따뜻할 훤), 煊(따뜻할 훤), 毁(헐 훼), 揮(지휘할 휘), 彙(무리 휘), 暉(빛날 휘), 煇(빛날 휘), 歆(받을 흠), 熙(빛날 희), 詰(꾸짖을 힐)

***음오행이 金인 글자**

嗣(이을 사), 莎(향부자 사), 渣(찌끼 사), 肆(방사할 사), 裟(가사 사), 煞(죽일 살), 扌臿(가래 삽), 想(생각할 상), 傷(상할 상), 詳(자세할 상), 湘(물이름 상), 塞(변방 새), 嗇(탐낼 색), 塞(요새 색), 署(더울 서), 偦(지혜 서), 筮(점칠 서), 鼠(쥐 서), 揟(고기잡을 서), 鉐(놋쇠 석), 渲(물적실 선), 愃(쾌할 선), 羨(부러워할 선), 僊(춤출 선), 跣(맨발 선), 詵(많을 선), 楔(문설주 설), 渫(칠 설), 聖(성인 성), 惺(깨달을 성), 猩(성성이 성), 筬(베틀 성), 聖(성스러울 성), 勢(세력 세), 歲(해 세), 塑(토우 소), 送(보낼 송), 頌(칭송할 송), 碎(깨뜨릴 쇄), 愁(근심

수), 睡(졸 수), 嫂(형수 수), 竪(세울 수), 綏(편안할 수), 酬(갚을 수), 肅(엄숙할 숙), 琡(옥이름 숙), 脣(입술 순), 楯(난간 순), 詢(물을 순), 馴(따를 순), 鉥(돗바늘 술), 嵩(높을 숭), 塍(밭두둑 승), 詩(글귀 시), 試(시험 시), 湜(맑을 식), 軾(수레난간 식), 新(새 신), 莘(족두리풀 신), 蜃(이무기 신), 雌(암컷 자), 資(재물 자), 煮(삶을 자), 盞(술잔 잔), 莊(별장 장), 裝(꾸밀 장), 載(실을 재), 渽(맑을 재), 楮(닥나무 저), 渚(물가 저), 猪(돼지 저), 雎(물소리 저), 賊(도둑 적), 跡(자취 적), 勣(공적 적), 荻(갈대 적), 迹(행적 적), 電(전기 전), 傳(전할 전), 鈿(비녀 전), 煎(마음조릴 전), 詮(선명할 전), 琠(옥이름 전), 塡(메울 전), 殿(큰집 전), 雋(새살찔 전), 湞(물이름 정), 楨(광나무 정), 綎(인끈 정), 鼎(솥 정), 鉦(징 정), 靖(편안할 정), 睛(눈동자 정), 渟(멈출 정), 碇(닻 정), 艇(거룻배 정), 提(거느릴 제), 照(비칠 조), 稠(고를 조), 阻(험할 조), 琮(옥홀 종), 椶(종려나무 종), 誅(벨 주), 湊(항구 주), 鉒(광석 주), 皗(밝을 주), 雋(영특할 준), 楫(노 즙), 稙(올벼 직), 塡(다할 진), 嗔(성낼 진), 鉁(보배 진), 嫉(시기할 질), 斟(짐작할 짐), 楫

(노 집), 嗟(탄식할 차), 嵯(우뚝솟을 차), 粲(밝을 찬), 債(빚 채), 琗(옥빛 채), 睬(참견할 채), 僉(모두 첨), 詹(이를 첨), 牒(공문서 첩), 睫(속눈썹 첩), 楚(초나라 초), 剿(노곤할 초), 蜀(나비애벌레 촉), 塚(무덤 총), 催(재촉할 최), 追(쫓을 추), 楸(개오동나무 추), 湫(늪 추), 椿(참죽나무 춘), 測(잴 측), 惻(슬퍼할 측), 稚(어릴 치), 雉(꿩 치), 馳(달릴 치), 嗤(냉소할 치), 痴(어리석을 치), 飭(경계할 칙), 琛(보배 침)

*음오행이 水인 글자

痲(홍역 마), 莫(없을 막), 煤(그으름 매), 貊(오랑캐 맥), 盟(맹세 맹), 酩(술취할 명), 募(뽑을 모), 睦(화목 목), 渺(아득할 묘), 猫(고양이 묘), 描(그릴 묘), 楙(무성할 무), 楣(처마 미), 迷(헤맬 미), 微(작을 미), 渼(잔물결 미), 湄(물가 미), 媺(아름다울 미), 瀰(넘칠 미), 愍(근심할 민), 暋(강할 민), 鈱(철판 민), 鉑(금박 박), 雹(우박 박), 飯(밥 반), 頒(나눌 반), 鉢(바리때 발), 渤(바다이름 발), 湃(물결소리 배), 煩(번민할 번), 琺(법랑 법), 馝(향기날 별), 莂(모종낼 별), 輧(수레 병), 補(도울 보), 湺(보 보), 蜂(벌 봉), 琫(칼집장식 봉), 附(붙일 부),

艀(거룻배 부), 莩(갈대청 부), 鳧(오리 부), 硼(붕산 붕), 痺(각기 비), 碑(비문 비), 琵(비파 비), 聘(장가들 빙), 琶(비파 파), 稗(피 패), 愎(강할 퍅), 脯(어육 포), 剽(빠를 표), 稟(바탕 품), 楓(단풍나무 풍), 陂(비탈 피), 鉍(창자루 필)

14) 인명용 14획 한자

*음오행이 木인 글자

歌(노래 가), 嘉(아름다울 가), 閣(누각 각), 碣(비석 갈), 竭(다할 갈), 監(볼 감), 降(내릴 강), 綱(벼리 강), 腔(빈속 강), 嫝(여자이름 강), 愷(즐거울 개), 愾(성낼 개), 覡(박수 격), 甄(가마 견), 慊(한탄할 겸), 箝(재갈먹일 겸), 輕(가벼울 경), 境(지경 경), 逕(좁은길 경), 溪(시내 계), 誡(경계할 계), 敲(두드릴 고), 暠(휠 고), 槁(마를 고), 菰(향초 고), 睾(늪 고), 誥(고할 고), 滑(어지러울 골), 寡(적을 과), 菓(실과 과), 廓(넓을 곽), 管(관 관), 菅(골풀 관), 罫(줄 괘), 愧(탓할 괴), 槐(홰나무 괴), 魁(으뜸 괴), 僑(객지에살 교), 構(얽을 구), 溝(도랑 구), 嘔(토할 구), 嶇(험할 구), 廐(마구간 구), 逑(짝 구), 菊(국화 국), 郡(고을 군), 詭(괭기날 귀), 閨

(침실 규), 嫢(가는허리 규), 菌(버섯 균), 墐(묻을 근), 嫤(아름다울 근), 菫(제비꽃 근), 兢(조심할 긍), 旗(기 기), 綺(비단 기), 箕(삼태기 기), 曔(별기운 기), 緊(굳을 긴)

*음오행이 火인 글자

寧(편안할 녕), 瑙(옥돌 노), 嫩(어릴 눈), 溺(빠질 닉), 端(바를 단), 團(둥글 단), 對(대답할 대), 臺(토대 대), 圖(그림 도), 途(길 도), 嶋(섬 도), 睹(볼 도), 搗(두드릴 도), 滔(물넘칠 도), 萄(포도 도), 蝀(무지개 동), 銅(구리 동), 逗(머무를 두), 裸(벌거벗을 라), 摞(정돈할 라), 辣(매울 랄), 郎(사내 랑), 萊(명아주 래), 連(이을 련), 領(다스릴 령), 逞(굳셀 령), 綠(초록빛 록), 菉(녹두 록), 僚(동료 료), 廖(공허할 료), 屢(여러 루), 陋(좁을 루), 榴(석류나무 류), 溜(여울 류), 綸(낚싯줄 륜), 楞(모 릉), 綾(무늬비단 릉), 菱(마름 릉), 誕(태어날 탄), 嘆(탄식할 탄), 綻(터질 탄), 奪(빼앗을 탈), 搭(태울 탑), 榻(긴걸상 탑), 態(모양 태), 颱(태풍 태), 通(통할 통), 槌(망치 퇴), 透(환할 투)

*음오행이 土인 글자

斡(관리할 알), 菴(우거질 암), 腋(겨드랑이 액), 瘍

(종기 양), 語(말할 어), 嫣(웃을 언), 與(참여할 여),

瑌(옥돌 연), 鳶(소리개 연), 說(기뻐할 열), 厭(가득할 염), 髥(수염 염), 熀(불빛이글거릴 엽), 榮(영화 영), 瑛(옥빛 영), 嫕(유순할 예), 誤(잘못 오), 寤(잠깰 오), 獄(감옥 옥), 溫(따뜻할 온), 窩(굴 와), 窪(웅덩이 와), 腕(팔 완), 搖(흔들 요), 僥(요행 요), 暚(밝을 요), 溶(녹을 용), 榕(용나무 용), 踊(뛸 용), 墉(담 용), 慂(권할 용), 熔(녹일 용), 瑀(옥돌 우), 雩(물소리 우), 禑(복 우), 殞(죽을 운), 熉(누런빛 운), 熊(곰 웅), 源(근원 원), 瑗(옥 원), 愿(성실할 원), 猿(원숭이 원), 僞(거짓 위), 萎(마를 위), 瑋(진기할 위), 維(오직 유), 誘(꾈 유), 瑜(옥 유), 毓(번성할 육), 奫(물충충할 윤), 銀(은 은), 激(물소리 은), 慇(은근할 은), 疑(의심할 의), 爾(너 이), 飴(엿 이), 認(알 인), 鞇(작은북 인), 溢(찰 일), 馹(역말 일), 瑕(허물 하), 嘏(클 하), 碬(숫돌 하), 限(한정 한), 銜(재갈 함), 閤(침실 합), 嫦(항아 항), 降(항복할 항), 噓(불 허), 赫(붉을 혁), 滎(실개천 형), 熒(등불 형), 豪(뛰어날 호), 瑚(산호 호), 酷(독할 혹), 魂(넋 혼), 琿(아름다운옥 혼), 鉷

(돌쇠뇌 홍), 華(빛날 화), 禍(재앙 화), 廓(둘레 확), 滑(미끄러울 활), 猾(교활할 활), 滉(깊을 황), 榥(책상 황), 熀(불빛이글거릴 황), 愰(밝을 황), 慌(다급할 황), 誨(가르칠 회), 劃(쪼갤 획), 酵(술괴일 효), 歊(김오를 효), 熏(태울 훈), 携(이끌 휴), 僖(기쁠 희), 熙(빛날 희)

*음오행이 金인 글자

獅(사자 사), 飼(먹일 사), 算(셈 산), 酸(초 산), 颯(꺾을 삽), 嘗(맛볼 상), 裳(치마 상), 像(형상 상), 塽(땅높고밝은곳 상), 瑞(상서 서), 誓(맹세할 서), 墅(농막 서), 逝(떠날 서), 碩(클 석), 瑄(도리옥 선), 銑(무쇠 선), 嫙(예쁠 선), 煽(부칠 선), 說(말씀 설), 誠(정성 성), 瑆(옥빛 성), 說(말씀 세), 搔(긁을 소), 溯(거슬러올라갈 소), 逍(거닐 소), 韶(아름다울 소), 愫(정성 소), 速(빠를 속), 損(잃을 손), 誦(읽을 송), 壽(목숨 수), 需(구할 수), 銖(중량단위 수), 粹(순수할 수), 搜(찾을 수), 嗽(기침할 수), 綬(인끈 수), 塾(글방 숙), 菽(콩 숙), 瑟(큰거문고 슬), 僧(승려 승), 縢(바디 승), 飾(꾸밀 식), 熄(꺼질 식), 愼(삼갈 신), 腎(콩팥 신), 實(열매 실), 慈(사랑할 자), 滋(붙을 자), 綽(여유 작), 奘

(표창할 장), 臧(착할 장), 滓(앙금 재), 箏(쟁 쟁), 菹(젓갈 저), 這(이것 저), 嫡(본처 적), 翟(꿩 적), 銓(저울질할 전), 塼(벽돌 전), 箋(글 전), 截(다스릴 절), 精(찧을 정), 禎(상서 정), 製(지을 제), 齊(가지런할 제), 瑅(옥이름 제), 造(지을 조), 趙(조나라 조), 肇(시작할 조), 種(씨 종), 綜(모을 종), 罪(허물 죄), 嗾(부추길 주), 綢(얽을 주), 準(법도 준), 逡(주저할 준), 僔(모일 준), 誌(기록할 지), 蜘(거미 지), 溱(많을 진), 搢(꽂을 진), 盡(다할 진), 塵(티끌 진), 賑(넉넉할 진), 榛(덤불 진), 箚(찌를 차), 搾(짤 착), 察(살필 찰), 僭(거짓 참), 塹(구덩이 참), 滄(큰바다 창), 暢(통할 창), 菖(창포 창), 彰(밝을 창), 槍(창 창), 愴(슬퍼할 창), 脹(창자 창), 菜(나물 채), 綵(비단 채), 寨(울타리 채), 綴(꿰맬 철), 輒(문득 첩), 菁(우거질 청), 銃(총 총), 總(모을 총), 逐(쫓을 축), 瑃(옥이름 춘), 萃(야윌 췌), 翠(비취색 취), 聚(모을 취), 置(둘 치), 緇(검은옷 치), 寢(잘 침), 稱(칭찬할 칭)

*음오행이 水인 글자

幕(장막 막), 寞(쓸쓸할 막), 輓(수레끌 만), 靺(말갈 말), 網(그물 망), 莽(풀 망), 陌(밭두렁 맥), 萌

(싹 맹), 綿(솜 면), 滅(멸망할 멸), 鳴(울 명), 銘(새길 명), 溟(바다 명), 瞑(어두울 명), 憮慏(생각 깊을 명),

(법 모), 貌(모양 모), 瑁(서옥 모), 夢(꿈 몽), 墓(무덤 묘), 舞(춤출 무), 誣(무고할 憮 무),

(어루만질 무), 聞(들을 문), 頣(강할 민), 磻(옥돌 민), 慜(총명할 민), 密(꿀 밀), 箔(발 박), 駁(얼룩말 박), 搬(옮길 반), 槃(쟁반 반), 榜(방목 방), 滂(큰비 방), 裵(옷치렁거릴 배), 閥(가문 벌), 碧(옥돌 벽), 鉼(금화 병), 輔(재상 보), 菩(보살 보), 福(복 복), 僕(종 복), 逢(만날 봉), 鳳(봉황새 봉), 腐(썩을 부), 溥(넓을 부), 孵(알깔 부), 腑(장부 부), 鼻(코 비), 榧(비자나무 비), 菲(엷을 비), 脾(지라 비), 緋(붉은빛 비), 翡(물총새 비), 蜚(바퀴 비), 裨(도울 비), 賓(손 빈), 頗(치우칠 파), 萍(부평초 평), 飽(배부를 포), 逋(달아날 포), 飶(향기로울 필)

15) 인명용 15획 한자

*음오행이 木인 글자

價(값 가), 稼(농사 가), 駕(탈것 가), 慤(성실할 각), 葛(칡 갈), 褐(털옷 갈), 蝎(전갈 갈), 慷(개탄할 강), 慨(분개할 개), 槪(절개 개), 漑(물댈 개), 踞(웅크릴 거), 腱(힘줄 건), 漧(하늘 건), 儉(검소할 검), 劍(칼 검), 熲(불빛 경), 儆(경계할 경), 慶(경사 경), 磎(시내 계), 稽(머무를 계), 稿(초 고), 穀(곡식 곡), 滾(흐를 곤), 鞏(묶을 공), 課(시험할 과), 郭(둘레 곽), 槨(덧널 곽), 慣(익숙할 관), 寬(너그러울 관), 廣(넓을 광), 嬌(아리따울 교), 嶠(산길 교), 餃(경단 교), 銶(끌 구), 歐(토할 구), 毆(칠 구), 駒(망아지 구), 窮(궁할 궁), 逵(큰길 규), 葵(해바라기 규), 槻(느티나무 규), 劇(연극 극), 瑾(맑을 근), 槿(무궁화나무 근), 畿(경기 기)

*음오행이 火인 글자

駑(둔할 노), 腦(뇌 뇌), 鬧(시끄러울 뇨), 緞(비단 단), 談(말씀 담), 踏(밟을 답), 幢(휘장 당), 德(큰 덕), 稻(벼 도), 墩(돈대 돈), 董(바로잡을 동), 嶝(고개 등), 落(떨어질 락), 樂(즐길 락), 瑯(옥돌 랑), 諒(참 량), 樑(들보 량), 輛(수레 량), 慮(생각할 려), 閭(마을 려), 黎(검을 려), 練(익힐 련), 漣(물놀이 련), 輦(손수레 련), 魯(미련할 로), 論(말할 론), 賚(뇌물줄 뢰), 磊(돌무덤 뢰), 寮(동료 료), 樓

(다락 루), 漏(샐 루), 劉(도끼 류), 瑠(유리 류), 瘤(혹 류), 戮(형벌 륙), 輪(바퀴 륜), 凜(찰 름), 凜(늠름할 름), 履(신발 리), 墮(떨어질 타), 駝(낙타 타), 歎(한숨쉴 탄), 彈(탄알 탄), 慟(애통할 통), 慝(간사할 특)

***음오행이 土인 글자**

鴉(검을 아), 樂(풍류 악), 鞍(안장 [illegible]안), (넉넉할 애), 葯(부들풀싹 약), 養(기를 양), 樣(본양), 漾(출렁거릴 양), 漁(고기잡을 어), 億(억 억), 演(흐를 연), 緣(인연 연), [illegible](성 연), 熱(더울 열), 閱(읽을 열), 葉(잎 엽), 影(그림자 영), 潁(강이름 영), 瑩(옥돌 영), 銳(날카로울 예), 熬(볶을 오), 獒(개 오), 瑥(사람이름 온), [illegible]瘟(염병 온), (번성할 온), 蝸(고둥 와), 緩(느릴 완), 翫(가지고 놀 완), 豌(완두 완), 腰(허리 요), 瑤(옥돌 요), 嶢(산높을 요), 窯(가마 요), 樂(좋아할 요), 慾(욕심 욕), 瑢(옥소리 용), 槦(나무이름 용), 憂(근심 우), 郵(우편 우), 慪(유혹할 우), 稶(서직무성할 욱), 院(집 원), 褑(띠 원), 緯(짤 위), 慰(위로할 위), 葦(갈대 위), 蝟(고슴도치 위), 褘(아름다울 위), 萸(수유 유), 牖(창 유), 閏(윤달 윤), 誾(향내날 은), [illegible]

(사람이름 은), 儀(거동 의), 誼(의논할 의), 毅(굳셀 의), 頤(턱 이), 熤(사람이름 익), 逸(달아날 일), 蝦(새우 하), 漢(한나라 한), 緘(봉할 함), 陜(좁을 합), 餉(건량 향), 墟(터 허), 賢(어질 현), 儇(약을 현), 儇(총명할 현), 鋏(칼 협), 瑩(맑을 형), 慧(지혜 혜), 憓(밝을 혜), 暳(많은별모양 혜), 鞋(신발 혜), 滸(물가 호), 糊(풀 호), 葫(마늘 호), 蝴(나비 호), 嬅(고울 화), 確(확실할 확), 篁(대숲 황), 蝗(황충 황), 皞(밝을 효), 皛(흴 효), 萱(원추리 훤), 輝(빛 휘), 麾(지휘 휘), 興(일어날 흥), 嬉(즐길 희), 熈(화할 희)

*음오행이 金인 글자

賜(줄 사), 寫(베낄 사), 傞(잘게부술 사), 駟(말 사), 數(셀 삭), 滲(스밀 삼), 賞(상줄 상), 箱(상자 상), 橡(상수리나무 상), 署(임명할 서), 緖(실마리 서), 鋤(호미 서), 奭(클 석), 線(줄 선), 墡(백토 선), 嬋(아름다울 선), 腺(샘 선), 陝(고을이름 섬), 葉(고을이름 섭), 腥(비릴 성), 嘯(휘파람 소), 瘙(종기 소), 銷(녹일 소), 誰(누구 수), 瘦(여윌 수), 數(셈 수), 漱(씻을 수), 銹(녹슬 수), 睟(재물 수), 熟(익을 숙), 諄(도울 순), 醇(진할 순), 蝨(참깨 슬),

陞(오를 승), 嘶(울 시), 簹(대밥통 식), 蝕(일식 식), 審(살필 심), 磁(지남석 자), 暫(잠깐 잠), 箴(바늘침 잠), 葬(장사지낼 장), 腸(창자 장), 漳(물이름 장), 樟(녹나무 장), 暲(해돋을 장), 漿(음료 장), 獐(노루 장), 諍(간할 쟁), 著(지을 저), 樗(가죽나무 저), 箸(젓가락 저), 敵(적 적), 滴(물방울 적), 摘(잡아뗄 적), 廛(가게 전), 箭(화살 전), 篆(전자 전), 節(마디 절), 漸(차차 점), 蝶(나비 접), 摺(접을 접), 鋌(광석 정), 靚(단장할 정), 鋥(칼날세울 정), 霆(번개 정), 除(덜 제), 調(고를 조), 嘲(비웃을 조), 槽(구유 조), 漕(배질할 조), 慫(권할 종), 踪(자취 종), 腫(종기 종), 週(주일 주), 駐(머물를 주), 廚(부엌 주), 儁(영특할 준), 葰(클 준), 葺(기울 집), 增(늘 증), 摯(잡을 지), 誌(새길 지), 漬(담글 지), 稷(기장 직), 進(나아갈 진), 陣(진칠 진), 瑨(옥돌 진), 瑱(귀막이옥 진), 震(천둥소리 진), 禛(복받을 진), 瞋(성낼 진), 質(바탕 질), 緝(낳을 집), 徵(조짐 징), 瑳(고울 차), 磋(갈 차), 慘(아플 참), 慚(부끄러움 참), 廠(헛간 창), 漲(물불을 창), 瘡(종기 창), 慽(슬플 척), 滌(씻을 척), 瘠(여윌 척), 陟(오를 척), 賤(천할 천), 踐(밟을 천), 徹(통할 철), 輟(그칠 철), 諂(아첨할 첨), 請(청할 청), 締(맺을 체), 滯(막힐 체), 逮(잡을 체), 醋(술권할 초), 憁(심심할 총), 摠(모두 총), 墜(떨어질 추), 皺(주름 추), 萩(사철쑥 추), 諏(꾀할 추), 樞(지도리 추), 衝(부딪칠 충), 醉(취할 취), 趣(뜻 취), 嘴(부리 취), 層(층 층), 齒(이 치), 幟(기 치), 緻(고울 치), 輜(짐수레 치), 漆(옻나무 칠)

*음오행이 水인 글자

摩(연마할 마), 瑪(마노 마), 碼(저울추 마), 漠(사막 막), 萬(일만 만), 滿(찰 만), 慢(게으를 만), 漫(넓을 만), 輞(바퀴테 망), 賣(팔 매), 魅(도깨비 매), 緬(가는실 면), 瞑(눈감을 명), 暮(저물 모), 模(법 모), 慕(사모할 모), 摸(본뜰 모), 摹(베낄 모), 廟(사당 묘), 墨(먹 묵), 慜(총명할 민), 緡(낚싯줄 민), 瘢(흉터 반), 盤(쟁반 반반), 磐(너럭바위 반), 髮(머리털 발), 魃(가물귀신 발), 磅(돌소리 방), 輩(무리 배), 賠(배상할 배), 褙(속적삼 배), 魄(혼백), 幡(기 번), 樊(새장 번), 罰(벌줄 벌), 範(법범), 僻(피할 벽), 劈(쪼갤 벽), 軿(수레 병), 褓(포대기 보), 腹(배 복), 複(거듭 복), 鋒(칼날 봉), 熢(불기운 봉), 漨(내이름 봉), 部(거느릴 부), 賦(구실 부), 敷(펼 부), 駙(곁마 부), 墳(무덤 분), 噴(노할 분), 誹(비방할 비), 編(엮을 편), 篇(책 편), 翩(빨리날 편), 廢(폐할 폐), 弊(해질 폐), 幣(폐백 폐), 陛(섬돌 폐), 葡(포도 포), 褒(도포 포), 鋪(베풀 포), 暴(사나울 포), 暴(사나울 폭), 標(표 표), 漂(떠다닐 표), 慓(급할 표), 瓢(박 표)

16) 인명용 16획 한자

***음오행이 木인 글자**

諫(간할 간), 墾(개간할 간), 澗(산골물 간), 橄(감람나무 감), 鋼(강철 강), 彊(강할 강), 蓋(덮을 개), 鋸(톱 거), 劍(칼 검), 憩(쉴 게), 膈(흉격 격), 潔(깨끗할 결), 磬(경쇠 경), 頸(목 경), 憬(깨달을 경), 暻(밝을 경), 膏(살찔 고), 錮(땜질할 고), 錕(곤오산 곤), 過(지나칠 과), 錧(바퀴철 관), 館(객사 관), 橋(다리 교), 龜(나라이름 구), 獗(날뛸 궐), 潰(무너질 궤), 龜(거북 귀), 窺(엿볼 규), 龜(거북 균), 橘(귤 귤), 瑾(옥 근), 錦(비단 금), 器(그릇 기), 機(기계 기), 璂(꾸미개옥 기), 錤(호미 기), 錡(세발솥 기), 冀(바랄 기)

***음오행이 火인 글자**

諾(대답할 낙), 撚(비틀 년), 撓(흔들릴 뇨), 壇(단단), 達(통달할 달), 潭(못 담), 曇(흐릴 담), 錟(창담), 糖(엿 당), 撞(부딪칠 당), 道馟(길 도),
(향기날 도), 都(도읍 도), 覩(볼 도), 陶(질그릇도), 導(인도할 도), 賭(도박 도), 도篤(도타울 독), 暾(아침해 돈), 燉(불빛 돈), 潼(물이름 동), 憧(그리워할 동), 朣(달떠오를 동), 曈(동틀 동), 頭(머리두), 遁(달아날 둔), 燈(등잔 등), 橙(등자나무 등), 駱(낙타 락), 螂(사마귀 랑), 歷(지낼 력), 曆(책력력), 憐(어여삐여길 련), 璉(호련 련), 隷(붙을 례), 盧(검을 로), 撈(잡을 로), 潞(강이름 로), 錄(문서록), 賴(의뢰할 뢰), 燎(밝을 료), 龍(용 룡), 瘻(부스럼 루), 陸(뭍 륙), 錀(금색 륜), 廩(곳집 름), 陵(언덕 릉), 璃(유리 리), 𠩺(바를 리), 潾(돌샘 린), 燐(반딧불 린), 撛(뺄 린), 霖(장마 림), 憚(화낼탄), 糖(엿 탕), 撐(버팀목 탱), 腿(정강이 퇴), 褪(바랠 퇴), 頹(기울 퇴)

***음오행이 土인 글자**

餓(주릴 아), 鄂(경계 악), 謁(아뢸 알), 閼(그칠알), 鴨(오리 압), 鴦(원앙 앙), 縊(목맬 액), 蒻(부들 약), 禦(막을 어), 諺(상말 언), 嶪(험준할 업),

餘(나머지 여), 燃(탈澧연) ,澧燕(제비 연), (물흐르는모양 열), 閻(한길 염), 燁(빛날 엽), 曄(빛날 엽), 穎(이삭 영), 嬴(찰 영), 豫(미리 예), 叡(밝을 예), 霓(가장자리 예), 橤(드리울 예), 墺(육지 오), 縕(헌솜 온), 壅(막을 옹), 鋺(식기 완), 橈(꺾을 요), 縟(무늬 욕), 褥(요 욕), 蓉(연꽃 용), 遇(만날 우), 運(운 운), 澐(큰물결 운), 賱(재운 운), 橒(나무무늬 운), 篔(운당 운), 鴛(원앙새 원), 鋺(식기 원), 謂(고할 위), 衛(막을 위), 違(어길 위), 遊(놀 유), 儒(유교 유), 諛(아첨할 유), 諭(인도할 유), 踰(넘을 유), 蹂(밟을 유), 逾(멀 유), 潤(젖을 윤), 燏(빛나는모양 율), 融(통할 융), 隱(기댈 은), 陰(음기 음) ,瑱凝(얼 응), 彝(떳떳할 이), (사람이름 인), 遐(멀 하), 學(배울 학), 翰(깃 한), 澗(넓을 한), 陷(빠질 함), 諧(어울릴 해), 駭(놀랄 해), 骸(해골 해), 憲(법 헌), 輯(초헌 헌), 縣(고을 현), 頰(뺨 협), 螢(반딧불 형), 衡(저울 형), 憓(순할 혜), 澔(넓을 호), 縞(명주 호), 蒿(쑥 호), 樺(자작나무 화), 潢(은하수 황), 遑(급할 황), 橫(가로 횡), 曉(밝을 효), 勳(공 훈), 諱(꺼릴 휘), 噫(한숨쉴 희), 橲(나무이름 희), 羲(복희 희), 熺(밝을 희),

憙(기뻐할 희), 熹(밝을 희), 憘(기뻐할 희), 嘻(몹시 더울 희)

*음오행이 金인 글자

蓑(도롱이 사), 篩(체 사), 蒜(마늘 산), 撒(뿌릴 살), 澁(떫을 삽), 橡(상수리 상), 諝(슬기 서), 蓆(자리 석), 潟(개펄 석), 錫(주석 석), 璇(옥 선), 敾(흩을 선), 暹(해떠오를 섬), 醒(깰 성), 燒(불사를 소), 篠(조릿대 소), 穌(소생할 소), 蓀(난초 손), 樹(심을 수), 輸(보낼 수), 遂(이룰 수), 蒐(사냥 수), 蓚(수산 수), 橚(무성할 숙), 潚(빠를 숙), 錞(악기이름 순), 橓(무궁화나무 순), 蒔(모종낼 시), 蓍(시초 시), 諡(시호 시), 諟(바로잡을 시), 諶(진실 심), 諮(물을 자), 潺(물소리 잔), 潛(숨을 잠), 墻(담 장), 璋(홀 장), 縡(일 재), 錚(징 쟁), 積(쌓을 적), 戰(싸움 전), 錢(돈 전), 霑(젖을 점), 鮎(메기 점), 靜(조용할 정), 整(가지런할 정), 諪(고를 정), 錠(제기 이름 정), 諸(모든 제), 劑(약지을 제), 蹄(올무 제), 醍(맑은술 제), 潮(밀물 조), 雕(새길 조), 瑽(패옥소리 종), 踵(발꿈치 종), 遒(닥칠 주), 澍(적실 주), 輳(모일 주), 澍(단비 주), 寯(준걸 준), 樽(술통 준), 憎(미워할 증), 蒸(많을 증), 陳(늘어놓을 진),

縝(촘촘할 진), 縉(꽂을 진), 臻(이를 진), 蓁(우거질 진), 潗(샘물솟을 집), 輯(모을 집), 澄(맑을 징), 錯(어긋날 착), 撰(지을 찬), 餐(먹을 찬), 簒(빼앗을 찬), 艙(선창 창), 蒼(푸를 창), 澈(맑을 철), 撤(거둘 철), 諜(이간할 첩), 諦(살필 체), 諟(바로잡을 체), 樵(땔나무 초), 憔(수척할 초), 錐(송곳 추), 錘(도가니 추), 蓄(쌓을 축), 築(건축물 축), 賰(넉넉할 춘), 熾(맹렬할 치), 親(친할 진)

***음오행이 水인 글자**

磨(갈 마), 瞞(속일 만), 罵(욕할 매), 冪(덮을 멱), 蓂(명협풀 명), 螟(해충 명), 謨(꾀할橅모),

(법 모), 穆(온화할 목), 蒙(우매할 몽), 憮(애무할 무), 撫(어루만질橅무),

(어루만질 무), 默(잠잠할 묵), 躾(모橅양낼 미), 憫(근심할 민), 潣(물흘러내릴 민), 撲(칠 박), 樸(통나무 박), 縛(묶을 박), 膊(포 박), 潘(쌀뜨물 반), 潑(물뿌릴 발), 撥(없앨 발), 膀(오줌통 방), 蒡(우엉 방), 陪(모실 배), 燔(구울 번), 壁(울타리 벽), 辯(분별할 변), 湺(끓을 보), 輹(복토 복), 輻(모여들 복), 憤(성낼 분), 奮(떨칠 분), 憊(고달플 비), 頻(자주 빈), 儐(인도할 빈), 憑(의지할 빙), 播(뿌릴

파), 罷(파할 파), 辦(힘쓸 판), 澎(물소리 팽), 遍(두루 편), 嬖(사랑할 폐), 蒲(창포 포), 鮑(절인어물 포), 輻(몰려들 폭), 諷(풍자할 풍), 逼(협박할 핍)

17) 인명용 17획 한자

*음오행이 木인 글자

懇(간절할 간), 癇(간질 간), 磵(시내 간), 艱(어려울 간), 瞰(볼 감), 憾(서운할 감), 講(강론할 강), 橿(굳셀 강), 糠(겨 강), 據(의지할 거), 鍵(열쇠 건), 蹇(다리절 건), 檢(조사할 검), 擊(칠 격), 激(부딪칠 격), 檄(격서 격), 遣(보낼 견), 謙(겸손할 겸), 璟(옥빛 경), 擎(받들 경), 檠(등불 경), 檠(도지개 경), 階(섬돌 계), 谿(시내 계), 鍋(냄비 과), 顆(낟알 과), 館(객사 관), 矯(바로잡을 교), 膠(아교 교), 鮫(상어 교), 購(살 구), 鞠(기를 국), 懃(은근할 근), 擒(생포할 금), 檎(능금나무 금), 璣(별이름 기), 磯(물가 기)

*음오행이 火인 글자

濃(짙을 농), 檀(박달나무 단), 鍛(쇠칠 단), 撻(매질할 달), 澾(미끄러울 달), 擔(맡을 담), 憺(편안할 담), 澹(싱거울 담), 遝(뒤섞일 답), 螳(매미 당), 隊

(떼 대), 黛(눈썹먹 대), 鍍(올릴 도), 蹈(밟을 도), 獨(홀로 독), 瞳(눈동자 동), 謄(베낄 등), 螺(소라 라), 勵(힘쓸 려), 鍊(익힐 련), 聯(연이을 련), 蓮(연 련), 濂(엷을 렴), 斂(거둘 렴), 殮(빈소 렴), 嶺(재 령), 澪(맑을 령), 澧(강이름 례), 擄(사로잡을 로), 儡(꼭두각시 뢰), 瞭(눈밝을 료), 療(병고칠 료), 蓼(여뀌 료), 縷(실 루), 褸(남루할 루), 蔞(쑥 루), 隆(높을 륭), 罹(근심 리), 璘(옥빛 린), 麟(기린 린), 臨(임할 림), 濁(흐릴 탁), 澤(못 택), 擇(가릴 택)

*음오행이 土인 글자

嶽(큰산 악), 鍔(칼날 악), 鮟(메기 안), 癌(암 암), 闇(어두울 암), 壓(누를 압), 曖(가릴 애), 陽(해 양), 襄(오를 양), 檍(참죽나무 억), 憶(기억할 억), 輿(수레 여), 縯(길 연), 嶸(산높을 영), 霙(눈꽃 영), 營(경영할 영), 鍈(방울소리 영), 嬰(어릴 영), 濊(깊을 예), 蓺(심을 예), 懊(한할 오), 澳(깊을 오), 燠(따뜻할 오), 擁(안을 옹), 遙(거닐 요), 謠(노래할 요), 繇(부역 요), 聳(솟을 용), 優(넉넉할 우), 隅(구석 우), 燠(따뜻할 우), 燠(따뜻할 욱), 蔚(빽빽할 울), 遠(멀 원), 轅(끌채 원), 孺(젖먹이 유), 鍮(놋쇠 유), 檃(도지개 은), 蔭(그늘 음), 應(응할 응), 翼(날개 익), 謚(웃을 익), 霞(노을 하), 壑(골짜기 학), 謔(희롱할 학), 韓(나라이름 한), 澣(씻을 한), 㵎(산형상 한), 轄(비녀장 할), 懈(게으를 해), 鄕(고향 향), 蹊(건널 혜), 壕(해자 호), 鴻(기러기 홍), 闊(넓을 활), 豁(통할 활), 璜(패옥 황), 隍(해자 황), 檜(노송나무 회), 澮(봇도랑 회), 獪(교활할 회), 嚆(울릴 효), 壎(질나팔 훈), 徽(표기 휘), 虧(줄어들 휴), 戲(놀 희), 禧(복 희)

***음오행이 金인 글자**

謝(사례할 사), 蔘(인삼 삼), 霜(서리 상), 償(갚을 상), 賽(굿할 새), 嶼(섬 서), 㠠(섬 서), 鮮(생선 선), 禪(선 선), 褻(더러울 설), 蔎(향기로울 설), 燮(화할 섭), 聲(소리 성), 蔬(푸성귀 소), 遡(거스를 소), 謖(일어날 속), 遜(달아날 손), 雖(비록 수), 穗(이삭 수), 隋(수나라 수), 燧(봉화 수), 濉(강이름 수), 瞬(잠깐 순), 蓴(순나물 순), 膝(무릎 슬), 褶(주름 습), 蔗(맛좋을 자), 蔣(줄 장), 檣(돛대 장), 齋(재계 재), 績(공 적), 澱(앙금 전), 輾(구를 전), 餞(보낼 전), 氈(양탄자 전), 點(점 점), 頳(아름다울 정), 檉(능수버들 정), 燥(마를 조), 操(잡을 조), 糟

(지게미 조), 簇(모일 족), 縱(세로 종), 鍾(술병 종), 駿(준마 준), 蹲(기쁠 준), 甑(시루 증), 璡(옥돌 진), 蔯(약쑥 진), 膣(생식기 질), 蹉(넘어질 차), 澯(맑을 찬), 燦(빛날 찬), 蔡(풀 채), 擅(멋대로 천), 遞(번갈아 체), 礁(암초 초), 燭(촛불 촉), 總(거느릴 총), 聰(총명할 총), 蔥(파 총), 撮(모을 촬), 醜(추할 추), 鄒(추나라 추), 趨(쫓을 추), 縮(줄 축), 黜(물리칠 출), 穉(어릴 치), 鍼(침 침), 蟄(숨을 칩)

***음오행이 水인 글자**

膜(막 막), 蔓(덩굴 만), 蔑(없을 멸), 錨(닻 묘), 懋(힘쓸 무), 繆(묶을 무), 彌(퍼질 미), 謎(수수께끼 미), 謐(고요할 밀), 璞(옥덩이 박), 磻(강이름 반), 豳(나라이름 반), 謗(비방할 방), 繁(많을 번), 磻(강이름 번), 擘(나눌 벽), 檗(회양목 벽), 瞥(잠깐볼 별), 襒(털어낼 별), 餅(떡 병), 鍑(솥 복), 蔔(무우 복), 蓬(쑥 봉), 縫(붙일 봉), 膚(살갗 부), 賻(부의 부), 糞(똥 분), 繃(감을 붕), 嬪(아내 빈), 豳(나라이름 빈), 騁(달릴 빙)

18) 인명용 18획 한자

*음오행이 木인 글자

簡(편지 간), 鞨(말갈족 갈), 薑(생강 강), 鎧(갑옷 개), 擧(들 거), 瞼(눈꺼풀 검), 隔(막을 격), 鵑(두견새 견), 鎌(낫 겸), 璥(경옥 경), 鵠(고니 곡), 壙(광 광), 翹(꼬리 교), 蕎(메밀 교), 舊(옛 구), 軀(몸 구), 謳(노래할 구), 瞿(살필 구), 鞫(국문할 국), 闕(대궐문 궐), 蕨(고사리 궐), 櫃(함 궤), 歸(돌아올 귀), 竅(구멍 규), 隙(틈 극), 謹(삼갈 근), 覲(뵐 근), 騎(말탈 기), 騏(준마 기), 穖(받갈 기)

*음오행이 火인 글자

懦(나약할 나), 獰(모질 녕), 濔(많을 니), 膩(미끄러울 니), 斷(끊을 단), 簞(대광주리 단), 蕁(마를 담), 戴(일 대), 擡(들 대), 燾(비칠 도), 濤(큰물결 도), 櫂(노 도), 遯(피할 둔), 濫(퍼칠 람), 擥(잡을 람), 糧(양식 량), 禮(예절 례), 壘(성채 루), 謬(속일 류), 釐(고칠 리), 鯉(잉어 리), 濯(씻을 탁), 擢(뽑을 탁), 蕩(흐리게할 탕), 闖(엿볼 틈)

*음오행이 土인 글자

鵝(거위 아), 顎(근엄할 악), 顔(얼굴 안), 隘(좁을 애), 額(이마 액), 歟(어조사 여), 濚(물돌아나갈 영), 穢(거칠 예), 蕊(꽃술 예), 甕(단지 옹), 曜(요일 요), 燿

(빛날 요), 繞(얽을 요), 蟯(요충 요), 鎔(거푸집 용), 蕓(평지 운), 隕(잃을 운), 魏(높을 위), 蔿(풀 위), 濡(젖을 유), 癒(병나을 유), 曘(어두울 유), 贇(예쁠 윤), 濦(강이름 은), 檃(도지개 은), 醫(의원 의), 擬(헤아릴 의), 鎰(무게단위 일), 檻(감옥 함), 闔(문짝 합), 爀(불빛 혁), 鎣(줄 형), 蕙(난초 혜), 濠(호주 호), 鎬(빛날 호), 濩(퍼질 호), 環(옥 환), 簧(생황 황), 獲(얻을 획), 燻(태울 훈)

***음오행이 金인 글자**

觴(술잔 상), 雙(쌍 쌍), 穡(농사 색), 曙(새벽 서), 膳(반찬 선), 繕(기울 선), 蟬(매미 선), 簫(퉁소 소), 蕭(맑은대쑥 소), 鎖(자물쇠 쇄), 繡(수놓을 수), 璲(패옥 수), 蕣(무궁화 순), 璱(진주 슬), 濕(축축할 습), 燼(깜부기불 신), 爵(벼슬 작), 簪(비녀 잠), 雜(섞일 잡), 醬(간장 장), 儲(쌓을 저), 適(갈 적), 蹟(자취 적), 謫(유배 적), 轉(구를 전), 題(표제 제), 濟(건널 제), 遭(만날 조), 璪(면류관드림옥 조), 燽(드러날 주), 濬(깊을 준), 繒(비단 증), 贄(폐백 지), 職(직분 직), 織(짤 직), 鎭(누를 진), 遮(막을 차), 璨(옥 찬), 竄(숨을 찬), 饌(반찬 찬), 擦(문지를 찰), 蹠(밟을 척), 瞻(볼 첨), 礎(주춧돌 초), 蕉(파초 초), 叢(모을 총), 鎚(저울 추), 雛(큰 새 추), 蹙(쫓을 축), 蟲(벌레 충), 膵(췌장 췌), 贅(혹 췌)

*음오행이 水인 글자

謨(꾀 모), 朦(풍부할 몽), 蕪(거친풀 무), 鵡(앵무새 무), 顝(강할 민), 蟠(서릴 반), 藩(우거질 번), 癖(버릇 벽), 璧(둥글옥 벽), 駢(나란히할 병), 馥(향기 복), 覆(뒤집힐 복), 臂(팔 비), 鄙(더러울 비), 濱(물가 빈), 檳(빈랑나무 빈), 殯(염할 빈), 贇(사람이름 빈), 膨(부풀 팽), 鞭(채찍 편), 蔽(가릴 폐), 斃(죽을 폐), 豐(풍년들 풍)

19) 인명용 19획 한자

*음오행이 木인 글자

疆(한계 강), 襁(포대기 강), 羹(국 갱), 繭(누에고치 견), 鏡(거울 경), 鯨(고래 경), 鶊(꾀꼬리 경), 繫(맬 계), 鯤(물고기알 곤), 關(기관 관), 曠(밝을 광), 壞(무너질 괴), 轎(가마 교), 鞠(술 국), 蹶(넘어질 궐), 襟(옷깃 금), 麒(기린 기), 璣(나무랄 기)

*음오행이 火인 글자

難(어려울 난), 膿(고름 농), 鄲(현이름 단), 譚(편안할 담), 膽(쓸개 담), 禱(빌 도), 韜(활집 도), 瀆(도랑 독), 牘(편지 독), 犢(송아지 독), 臀(볼기 둔), 鄧(나라이름 등), 覶(자세할 라), 麗(빛날 려), 廬(주막 려), 濾(거를 려), 櫚(종려나무 려), 簾(발 렴), 獵(사냥 렵), 櫓(방패 로), 嚧(웃을 로), 麓(산림 록), 壟(언덕 롱), 遼(멀 료), 鏤(강철 루), 類(무리 류), 瀏(물맑을 류), 離(떠날 리), 羸(여윌 리), 鄰(이웃 린), 攄(펼 터), 覇(으뜸갈 패)

*음오행이 土인 글자

瀁(물모양 양), 臆(가슴 억), 孼(서자 얼), 璵(옥여), 礖(숫돌 여), 繹(다스릴 역), 嚥(삼킬 연), 嬿(아름다울 연), 瑌(옥돌 연), 艶(고울 염),

蘙 (아름다울 예), 穩(편안할 온), 擾(요란할 요), 鏞(쇠북 용), 韻(울림 운), 願(바랄 원), 遺(남을 유), 膺(가슴 응), 艤(배댈 의), 薏(율무 의), 蟻(개미 의), 蟹(게 해), 嚮(향할 향), 瀅(맑을 형), 醯(초혜), 譓(순종할 혜), 譁(시끄러울 화), 穫(곡식거둘 확), 擴(넓힐 확), 繪(그림 회), 膾(회 회), 薨(죽을 훙), 譎(속일 휼)

*음오행이 金인 글자

辭(말씀 사), 瀉(물쏟을 사), 璽(도장 새), 選(뽑을 선), 璿(옥 선), 薛(쑥 설), 蟾(두꺼비 섬), 鏁(쇠사슬 쇄), 霄(하늘 소), 獸(짐승 수), 鵐(새매 수), 璹(옥그릇 숙), 蠅(파리 승), 繩(먹줄 승), 識(알 식), 薪(땔나무 신), 璶(옥돌 신), 瀋(즙 심), 鵲(까치 작), 障(막을 장), 薔(장미 장), 鏑(살촉 적), 顚(이마 전), 鄭(정나라 정), 際(사이 제), 繰(야청통견 조), 鏃(화살촉 족), 疇(두둑 주), 遵(따라갈 준), 櫛(늘어설 즐), 證(증거 증), 贈(줄 증), 遲(더딜 지), 識(알 지), 懲(징계할 징), 贊(도울 찬), 擲(던질 척), 遷(옮길 천), 薦(천거할 천), 轍(흔적 철), 簽(농 첨), 鯖(청어 청), 醮(초례제 초), 寵(총애할 총), 蹴(찰 축), 癡(어리석을 치)

*음오행이 水인 글자

鏋(금 만), 鵬(초명새 명), 霧(안개 무), 薇(장미 미), 靡(쓰러질 미), 薄(얇을 박), 攀(당길 반), 醱(술괴일 발), 龐(클 방), 譜(적을 보), 簿(장부 부), 鵬(붕새 붕), 璸(옥무늬 빈), 穦(향기 빈), 嚬(찡그릴 빈), 霦(옥광채 빈), 擺(열릴 파), 瓣(꽃잎 판), 覇(으뜸갈 패), 騙(속일 편), 爆(터질 폭), 曝(볕쬘 폭), 瀑(폭포 폭)

20) 인명용 20획 한자

***음오행이 木인 글자**

覺(깨달을 각), 醵(술잔치 갹), 遽(역말 거), 騫(그르칠 건), 競(다툴 경), 警(경계할 경), 瓊(옥 경), 繼(이을 계), 藁(볏짚 고), 勸(권할 권), 饉(주릴 근)

***음오행이 火인 글자**

獺(수달 달), 黨(무리 당), 竇(구멍 두), 騰(오를 등), 羅(벌일 라), 懶(게으를 라), 藍(남빛 람), 籃(바구니 람), 襤(누더기 람), 礪(거친숫돌 려), 瀝(거를 력), 礫(조약돌 력), 齡(나이 령), 醴(단술 례), 瀘(강이름 로), 露(이슬 로), 爐(화로 로), 瀧(젖을 롱), 朧(흐릿할 롱), 瀨(여울 뢰), 隣(이웃 린), 鏻(굳셀 린), 鬪(싸움 투)

***음오행이 土인 글자**

鰐(악어 악), 罌(양병 앵), 壤(땅 양), 孃(아가씨 양), 嚴(엄할 엄), 譯(통변할 역), 曣(맑을 연), 瀛(바다 영), 耀(빛날 요), 邀(맞을 요), 瀜(물깊을 융), 議(의논할 의), 鰕(새우 하), 瀚(넓을 한), 艦(군함 함), 鹹(짤 함), 瀣(이슬기운 해), 邂(만날 해), 麐(사향사슴 향), 獻(드릴 헌), 櫶(나무이름 헌), 懸(매달 현), 譞(말많을 현), 馨

(향기 형), 鏸(날카로울 혜), 還(돌아올 환), 懷(품을 회), 鐄(쇠북 횡), 斆(가르칠 효), 薰(향기 훈), 爔(불빛 희), 曦(햇빛 희), 犧(희생할 희)

*음오행이 金인 글자

霰(싸락눈 산), 薩(보살 살), 薯(참마 서), 藇(술맛 좋을 서), 釋(해석할 석), 鐥(복자 선), 贍(도울 섬), 騷(떠들 소), 瀟(강이름 소), 藎(조개풀 신), 藉(깔개 자), 藏(감출 장), 躇(밟을 저), 齟(어긋날 저), 籍(호적 적), 癤(부스럼 절), 瀞(맑을 정), 臍(배꼽 제), 薺(냉이 제), 躁(조금 조), 鐘(쇠북 종), 籌(산가지 주), 瓆(이름 질), 鏶(쇳조각 집), 纂(모을 찬), 闡(열 천), 觸(닿을 촉), 騶(마부 추), 鰍(미꾸라지 추)

*음오행이 水인 글자

饅(만두 만), 邁(갈 매), 麵(국수 면), 鶩(집오리 목), 礬(명반 반), 寶(보배 보), 鰒(전복 복), 譬(비유할 비), 瀕(물가 빈), 繽(성할 빈), 飄(질풍 표), 避(피할 피)

21) 인명용 21획 한자

*음오행이 木인 글자

譴(꾸짖을 견), 鷄(닭 계), 顧(돌아볼 고), 轟(울림 굉), 驅(몰 구), 饋(먹일 궤), 夔(조심할 기), 饑(주릴 기)

*음오행이 火인 글자

儺(역귀쫓을 나), 鐺(쇠사슬 당), 藤(등나무 등), 癩(문둥병 라), 欄(난간 란), 爛(빛날 란), 瀾(큰물결 란), 覽(볼 람), 臘(납향 랍), 蠟(밀랍 랍), 儷(짝 려), 蠣(굴 려), 藜(명아주 려), 瓏(옥소리 롱), 鐸(방울 탁)

*음오행이 土인 글자

鶯(꾀꼬리 앵), 櫻(앵두나무 앵), 藥(약 약), 躍(뛸 약), 攘(뺏을 양), 轝(수레 여), 瀯(물소리 ⿰忄營영), (지킬 영), 藝(재주 예), 譽(기릴 예), 巍(높을 외), 饒(넉넉할 요), 藕(연뿌리 우), 邇(가까울 이), 瀷(스며흐를 익), 鶴(두루미 학), 險(험할 험), 護(도울 호), 顥(클 호), 鐶(고리 환), 鰥(홀아비 환), 爔(불빛 희)

*음오행이 金인 글자

麝(사향 사), 饍(반찬 선), 齧(깨물 설), 殲(멸할 섬), 續(이을 속), 屬(살붙이 속), 隨(따를 수), 藪(큰늪 수), 邃(깊을 수), 隧(길 수), 嚼(씹을 작), 贓

(장물 장), 齎(보낼 재), 纏(얽힐 전), 鐫(새길 전), 躊(주저할 주), 蠢(꿈틀거릴 준), 儹(모을 찬), 懺(뉘우칠 참), 鐵(쇠 철)

*음오행이 水인 글자

魔(마귀 마), 邈(멀 막), 襪(버선 말), 驀(말탈 맥), 飜(날 번), 藩(덮을 번), 闢(문열 벽), 霹(벼락 벽), 辯(말잘할 변), 驃(빠를 표), 飇(폭풍 표)

22) 인명용 22획 한자

*음오행이 木인 글자

鑑(거울 감), 龕(감실 감), 鱇(아귀 강), 藿(콩잎 곽), 灌(물댈 관), 驕(교만할 교), 鷗(갈매기 구), 懼(두려워할 구), 權(권세 권)

*음오행이 火인 글자

囊(주머니 낭), 讀(읽을 독), 讀(구절 두), 瓓(옥무늬 란), 轢(삐걱거릴 력), 孌(아름다울 련), 蘆(갈대 로), 籠(대그릇 롱), 聾(귀머거리 롱), 藺(골풀 린)

*음오행이 土인 글자

禳(기도할 양), 穰(번성할 양), 齬(어긋날 어), 儼(공경할 엄), 瓔(옥돌 영), 藝(꽃술 예), 鰲(큰자라 오), 蘊(쌓을 온), 饔(조반 옹), 隱(숨을 은), 聽(물끄러미볼 응), 懿(아름다울 의), 響(울림 향), 饗(잔치 향), 瀅(물이름 형), 譓(살필 혜), 歡(기뻐할 환), 驍(날랠 효), 鑂(금빛투색할 훈), 囍(쌍희 희)

*음오행이 金인 글자

癬(종기 선), 攝(당길 섭), 蘇(깨어날 소), 贖(바꿀 속), 鬚(수염 수), 襲(엄습할 습), 欌(장롱 장), 藷(참마 저), 顫(떨릴 전), 竊(얕을 절), 霽(갤 제), 藻(무늬 조), 鑄(부어만들 주), 齪(악착할 착), 巑(산높을 찬), 疊(접을 첩), 聽(들을 청)

*음오행이 水인 글자

巒(뫼 만), 彎(굽을 만), 鰻(뱀장어 만), 邊(변방 변), 鑌(벼린쇠 빈)

23) 인명용 23획 한자

*음오행이 木인 글자

驚(놀랄 경), 蠱(독 고), 瓘(옥 관), 鑛(광물 광)

*음오행이 火인 글자

蘭(난초 란), 欒(나무이름 란), 戀(그리워할 련), 攣(걸릴 련), 鷺(백로 로), 麟(기린 린), 鱗(비늘 린), 灘(여울 탄)

*음오행이 土인 글자

巖(바위 암), 糱(움 얼), 驛(역말 역), 醼(잔치 연), 纓(갓끈 영), 癰(등창 옹), 隱(은인 은), 驗(시험 험), 顯(밝을 현), 頀(풍류 호), 鷸(물총새 휼)

***음오행이 金인 글자**

蘚(이끼 선), 纖(가늘 섬), 灑(청소할 쇄), 髓(골수), 讎(원수 수), 攢(모일 찬), 讒(참소할 참), 讖(비결 참), 籤(제비 첨), 體(몸 체), 鷲(독수리 취)

***음오행이 水인 글자**

黴(썩을 미), 蘗(승검초 벽), 變(변할 변), 鱉(금계 별)

24) 인명용 24획 한자

***음오행이 木인 글자**

罐(두레박 관), 攪(손놀릴 교), 衢(네거리 구)

***음오행이 火인 글자**

蘿(미나리 라), 靂(벼락 력), 靈(신령 령)

***음오행이 土인 글자**

齷(작을 악), 靄(노을 애), 讓(겸손할 양), 釀(술양), 鹽(소금 염), 鼇(자라 오), 鷹(매 응), 攫(붙잡을 확)

***음오행이 金인 글자**

蠶(누에 잠), 臟(오장 장), 癲(미칠 전), 韂(관대할

차), 瓚(술그릇 찬), 韆(그네 천) 矚(맏길 촉), 矗(곧을 촉), 驟(달릴 취)

*음오행이 水인 글자

없음

25) 인명용 25획 한자

*음오행이 木인 글자

觀(볼 관), 羈(재갈 기)

*음오행이 火인 글자

纛(둑 독), 欖(감람나무 람), 攬(잡을 람), 籬(울타리 리)

*음오행이 土인 글자

灝(아득할 호)

*음오행이 金인 글자

纘(이을 찬), 廳(관청 청)

*음오행이 水인 글자

蠻(오랑캐 만), 鼈(자라 별)

26) 인명용 26획 한자

*음오행이 木인 글자

없음

*음오행이 火인 글자

邏(순행할 라), 驢(나귀 려)

***음오행이 土인 글자**

없음

***음오행이 金인 글자**

讚(기릴 찬)

***음오행이 水인 글자**

灣(물굽이 만)

27) 인명용 27획 한자

***음오행이 木인 글자**

驥(천리마 기)

***음오행이 火인 글자**

纜(닻줄 람), 躪(짓밟을 린)

***음오행이 土인 글자**

없음

***음오행이 金인 글자**

鑽(끓을 찬)

***음오행이 水인 글자**

없음

28) 인명용 28획 한자

***음오행이 木인 글자**

없음

*음오행이 火인 글자

戇(어리석을 당)

*음오행이 土인 글자

驩(기뻐할 환)

*음오행이 金, 水인 글자

鑿(끌 착)

29) 인명용 29획 한자

*음오행이 木인 글자

없음

*음오행이 火인 글자

驪(검은말 려)

*음오행이 土인 글자

鸚(앵무새 앵), 鬱(막힐 울),

*음오행이 金인 글자

없음

*음오행이 水인 글자

없음

30) 인명용 30획 한자

*음오행이 木인 글자

없음

***음오행이 火인 글자**

鸞(방울 란)

***음오행이 土인 글자**

없음

***음오행이 金인 글자**

없음

***음오행이 水인 글자**

없음

4. 성씨 별 획수 색인

*2획 성씨

乃(내), 力(력), 卜(복), 丁(정), 又(우), 入(입)

*3획 성씨

干(간), 弓(궁), 大(대), 凡(범), 山(산), 也(야), 于(우), 子(자), 千(천)

*4획 성씨

孔(공), 公(공), 今(금), 文(문), 毛(모), 木(목), 方(방), 夫(부), 王(왕), 元(원), 尹(윤), 允(윤), 午(오), 仁(인), 才(재), 天(천), 太(태), 巴(파), 片(편), 卞(변)

*5획 성씨

功(공), 丘(구), 甘(감), 白(백), 史(사), 石(석), 申(신), 召(소), 玉(옥), 田(전), 占(점), 台(태), 平(평), 皮(피), 弘(홍), 玄(현), 乙支(을지)

*6획 성씨

光(광), 圭(규), 吉(길), 老(노), 牟(모), 米(미), 百(백), 朴(박), 先(선), 西(서), 安(안), 伊(이), 印(인), 任(임), 在(재), 朱(주), 全(전), 宅(택)

*7획 성씨

江(강), 君(군), 甫(보), 成(성), 宋(송), 辛(신), 呂(여), 余(여), 汝(여), 延(연), 吳(오), 李(이), 位(위), 池(지), 廷(정), 車(차), 何(하), 孝(효)

*8획 성씨

空(공), 季(계), 庚(경), 京(경), 具(구), 金(김), 奇(기), 孟(맹), 明(명), 門(문), 房(방), 奉(봉), 舍(사), 昔(석), 松(송), 昇(승), 承(승), 沈(심), 岳(악), 林(임), 長(장), 宗(종), 周(주), 昌(창), 卓(탁), 表(표), 和(화)

*9획 성씨

姜(강), 南(남), 段(단), 柳(류), 思(사), 宣(선), 星(성), 信(신), 彦(언), 韋(위), 兪(유), 禹(우), 貞(정), 俊(준), 秋(추), 泰(태), 扁(편), 河(하), 咸(함)

※10획 성씨

剛(강), 高(고), 骨(골), 宮(궁), 俱(구), 桂(계), 起(기), 唐(당), 馬(마), 芳(방), 徐(서), 席(석), 素(소), 孫(손), 袁(원), 芮(예), 殷(은), 曺(조), 眞(진), 晋(진), 倉(창), 夏(하), 洪(홍), 花(화)

※11획 성씨

康(강), 强(강), 國(국), 麻(마), 梅(매), 班(반), 邦(방), 彬(빈), 常(상), 卨(설), 梁(양), 魚(어), 御(어), 尉(위), 異(이), 張(장), 將(장), 章(장), 曹(조), 珠(주), 崔(최), 票(표), 畢(필), 海(해), 許(허), 胡(호), 扈(호)

※12획 성씨

景(경), 邱(구), 童(동), 閔(민), 冫馬 (빙), 象(상), 善(선), 邵(소), 筍(순), 順(순), 舜(순), 勝(승), 雁(안), 堯(요), 雲(운), 庾(유), 壹(일), 程(정), 曾(증), 智(지), 彭(팽), 弼(필), 賀(하), 黃(황), 大室(대실), 東方(동방), 小室(소실), 以先(이선)

※13획 성씨

賈(가), 琴(금), 廉(렴), 路(로), 睦(목), 新(신), 阿(아), 楊(양), 郁(욱), 慈(자), 莊(장), 楚(초), 令孤(령고), 司空(사공)

※14획 성씨

菊(국), 箕(기), 端(단), 裵(배), 鳳(봉), 賓(빈), 碩(석), 愼(신), 實(실), 榮(영), 溫(온), 趙(조), 華(화), 公孫(공손), 西

門(서문)

*15획 성씨

價(가), 葛(갈), 慶(경), 郭(곽), 廣(광), 歐(구), 魯(노), 德(덕), 董(동), 萬(만), 墨(묵), 葉(엽), 劉(유), 標(표), 漢(한), 司馬(사마), 仲室(중실)

*16획 성씨

霍(곽), 彊(강), 盧(노), 潭(담), 都(도), 陶(도), 道(도), 潘(반), 龍(용), 陸(육), 錢(전), 諸(제), 陳(진), 皇甫(황보)

*17획 성씨

鞠(국), 獨(독), 謝(사), 當(상), 遜(손), 鮮(선), 陽(양), 蓮(연), 蔣(장), 鍾(종), 蔡(채), 燭(촉), 鄒(추), 澤(택), 韓(한)

*18획 성씨

簡(간), 瞿(구), 顔(안), 魏(위), 革秋 (추)

*19획 성씨

鑑(감), 關(관), 羅(나), 龐(방), 薛(설), 薀(온), 鄭(정), 南宮(남궁), 再會(재회)

*20획 성씨

釋(석), 嚴(엄), 鮮于(선우)

*21획 성씨

顧(고), 藤(등), 釋(석), 遂(수), 負鼎(부정)

*22획 성씨

權(권), 蘆(로), 邊(변), 蘇(소), 襲(습), 隱(은)

*25획 성씨

獨孤(독고)

*31획 성씨

諸葛(제갈)

5. 성씨별 이름짓는 공식표

<table>
<tr><th colspan="4">2획 성씨에게 아주 좋은 삼원오행과 사격수리</th></tr>
<tr><th>성(姓)</th><th>성·이·름</th><th>삼원오행
(이격·형격·원격)</th><th>사격수리
(원· 형· 이· 정격)</th></tr>
<tr><td rowspan="15">2획 성씨
乃(내)
力(력)
卜(복)
丁(정)
又(우)
入(입)</td><td>02·01·04</td><td>土火土</td><td>05·03·06·07</td></tr>
<tr><td>02·01·14</td><td>土火土</td><td>15·03·16·17</td></tr>
<tr><td>02·03·03</td><td>土土土</td><td>06·05·05·08</td></tr>
<tr><td>02·03·13</td><td>土土土</td><td>16·05·15·18</td></tr>
<tr><td>02·04·01</td><td>火土土</td><td>05·06·03·07</td></tr>
<tr><td>02·04·11</td><td>火土土</td><td>15·06·13·17</td></tr>
<tr><td>02·09·22</td><td>火木木</td><td>31·11·24·33</td></tr>
<tr><td>02·11·04</td><td>土火土</td><td>15·13·06·17</td></tr>
<tr><td>02·13·03</td><td>土土土</td><td>16·15·05·18</td></tr>
<tr><td>02·13·22</td><td>火土土</td><td>35·15·24·37</td></tr>
<tr><td>02·14·01</td><td>火土土</td><td>15·16·03·17</td></tr>
<tr><td>02·14·23</td><td>土土金</td><td>37·16·25·39</td></tr>
<tr><td>02·16·23</td><td>土金水</td><td>39·18·25·41</td></tr>
<tr><td>02·22·09</td><td>木火木</td><td>31·24·11·33</td></tr>
<tr><td>02·23·14</td><td>土土金</td><td>37·25·16·39</td></tr>
<tr><th colspan="4">2획 성씨에게 보통으로 좋은 삼원오행과 사격수리</th></tr>
<tr><td rowspan="5">2획 성씨</td><td>02·01·05</td><td>金火土</td><td>06·03·07·08</td></tr>
<tr><td>02·01·15</td><td>金火土</td><td>16·03·17·18</td></tr>
<tr><td>02·01·22</td><td>火火火</td><td>23·03·24·25</td></tr>
<tr><td>02·04·09</td><td>木土火</td><td>13·06·11·15</td></tr>
<tr><td>02·04·19</td><td>木土火</td><td>23·06·21·25</td></tr>
</table>

성(姓)	성·이·름	삼원오행 (이격·형격·원격)	사격수리 (원·형·이·정격)
2획 성씨 乃(내) 力(력) 卜(복) 丁(정) 又(우) 入(입)	02·05·01	火金土	06·07·03·08
	02·05·06	金金木	11·07·08·13
	02·05·11	火金土	16·07·13·18
	02·05·16	金金木	21·07·18·23
	02·06·05	金金木	11·08·07·13
	02·06·09	木金土	15·08·11·17
	02·06·15	金金木	21·08·17·23
	02·06·23	土金水	29·08·25·31
	02·07·04	土水木	11·09·06·13
	02·09·04	土木火	13·11·06·15
	02·09·06	金木土	15·11·08·17
	02·09·14	土木火	23·11·16·25
	02·11·05	金火土	16·13·07·18
	02·11·14	土火土	25·13·16·27
	02·11·19	木火水	30·13·21·32
	02·11·22	火火火	33·13·24·35
	02·14·09	木土火	23·16·11·25
	02·14·11	火土土	25·16·13·27
	02·14·15	金土水	29·16·17·31
	02·14·19	木土火	33·16·21·35
	02·15·01	火金土	16·17·03·18
	02·15·06	金金木	21·17·08·23
	02·15·14	土金水	29·17·16·31

성(姓)	성·이·름	삼원오행 (이격 형격 원격)	사격수리 (원· 형· 이· 정격)
2획 성씨 乃(내) 力(력) 卜(복) 丁(정) 又(우) 入(입)	02·15·16	金金木	31·17·18·33
	02·15·22	火金金	37·17·24·39
	02·16·05	金金木	21·18·07·23
	02·16·13	土金水	29·18·15·31
	02·16·15	金金木	31·18·17·33
	02·16·17	水金火	33·18·19·35
	02·16·19	木金土	35·18·21·37
	02·16·21	火金金	37·18·23·37
	02·19·04	土木火	23·21·06·25
	02·19·11	火木水	30·21·13·32
	02·19·14	土木火	33·21·16·35
	02·19·16	金木土	35·21·18·37
	02·21·16	金火金	37·23·18·39
	02·22·01	火火火	23·24·03·25
	02·22·11	火火火	33·24·13·35
	02·23·06	金土水	29·25·08·31
	02·23·16	金土水	39·25·18·41
	02·25·14	土金水	39·27·16·41
3획 성씨에게 아주 좋은 삼원오행과 사격수리			
3획 성씨	03·02·03	土土土	05·05·06·08
	03·02·13	土土土	15·05·16·18
	03·03·02	土土土	05·06·05·08
	03·03·12	土土土	15·06·15·18

성(姓)	성·이·름	삼원오행 (이격 형격 원격)	사격수리 (원· 형· 이· 정격)
3획 성씨	03·08·21	火木水	29·11·24·32
	03·10·22	土火木	32·13·25·35
	03·12·03	土土土	15·15·06·18
	03·13·02	土土土	15·16·05·18
	03·20·12	土火木	32·23·15·35
3획 성씨에게 **보통**으로 **좋은** 삼원오행과 사격수리			
3획 성씨 干(간) 弓(궁) 大(대) 凡(범) 山(산) 也(야) 于(우) 子(자) 千(천)	03·03·18	木土木	21·06·21·24
	03·04·04	金金金	08·07·07·11
	03·04·14	金金金	18·07·17·21
	03·05·08	木金火	13·08·11·16
	03·05·10	火金土	15·08·13·18
	03·05·22	土金金	27·08·25·30
	03·05·24	金金水	29·08·27·32
	03·08·05	金木火	13·11·08·16
	03·08·10	火木金	18·11·13·21
	03·08·13	土木木	21·11·16·24
	03·10·05	金火土	15·13·08·18
	03·10·08	木火金	18·13·11·21
	03·13·08	木土木	21·16·11·24
	03·14·04	金金金	18·17·07·21
	03·15·20	火金土	35·18·23·38
	03·18·03	土木木	21·21·06·24
	03·18·20	火木金	38·21·23·41

성(姓)	성·이·름	삼원오행 (이격 형격 원격)	사격수리 (원· 형· 이· 정격)
3획 성씨	03·20·15	金火土	35·18·23·38
	03·20·18	木火金	38·23·21·41
	03·21·08	木火水	29·24·11·32
	03·22·05	金土金	27·25·08·30
	03·24·05	金金水	29·27·08·32
4획 성씨에게 **아주 좋은** 삼원오행과 사격수리			
4획 성씨 孔(공) 公(공) 今(금) 文(문) 毛(모) 木(목) 方(방) 夫(부) 王(왕) 元(원) 尹(윤) 允(윤) 午(오) 仁(인) 才(재) 天(천) 太(태) 巴(파) 片(편) 卞(변)	04·01·02	土土火	03·05·06·07
	04·01·12	土土火	13·05·16·17
	04·02·01	土土火	03·06·05·07
	04·02·11	土土火	13·06·15·17
	04·04·21	土金土	25·08·25·29
	04·09·02	土火木	11·13·06·15
	04·09·12	土火木	21·13·16·25
	04·11·02	土土火	13·15·06·17
	04·11·14	金土土	25·15·18·29
	04·12·01	土土火	13·16·05·17
	04·12·09	火土木	21·16·13·25
	04·12·21	土土火	33·16·25·37
	04·14·21	土金土	35·18·25·39
	04·19·02	土火木	21·23·06·25
	04·19·12	土火木	31·23·16·35
	04·20·01	土火木	21·24·05·25
	04·20·11	土火木	31·24·15·35

성(姓)	성·이·름	삼원오행 (이격 형격 원격)	사격수리 (원· 형· 이· 정격)
4획 성씨	04·20·21	土火木	41·24·25·45
	04·21·04	金土土	25·25·08·29
	04·21·14	金土土	35·25·18·39
	04·21·20	火土木	41·25·24·45
4획 성씨에게 **보통**으로 **좋은** 삼원오행과 사격수리			
4획 성씨 孔(공) 公(공) 今(금) 文(문) 毛(모) 木(목) 方(방) 夫(부) 王(왕) 元(원) 尹(윤) 允(윤) 午(오) 仁(인) 才(재) 天(천) 太(태) 巴(파) 片(편) 卞(변)	04·01·20	火土木	21·05·24·25
	04·02·09	火土木	11·06·13·15
	04·02·19	火土木	21·06·23·25
	04·02·21	土土火	23·06·25·27
	04·02·23	金土土	25·06·27·29
	04·03·04	金金金	07·07·08·11
	04·03·14	金金金	17·07·18·21
	04·04·03	金金金	07·08·07·11
	04·04·07	木金木	11·08·11·15
	04·04·09	火金火	13·08·13·17
	04·04·13	金金金	17·08·17·21
	04·04·17	木金木	21·08·21·25
	04·07·04	金木木	11·11·08·15
	04·07·14	金木木	21·11·18·25
	04·09·04	金火火	13·13·08·17
	04·09·20	火火水	29·13·24·33
	04·11·12	土土火	23·15·16·27
	04·11·20	火土木	31·15·24·35

성(姓)	성·이·름	삼원오행 (이격 형격 원격)	사격수리 (원· 형· 이· 정격)
4획 성씨 孔(공) 公(공) 今(금) 文(문) 毛(모) 木(목) 方(방) 夫(부) 王(왕) 元(원) 尹(윤) 允(윤) 午(오) 仁(인) 才(재) 天(천) 太(태) 巴(파) 片(편) 卞(변)	04·12·11	土土火	23·16·15·27
	04·12·13	金土土	25·16·17·29
	04·12·17	木土水	29·16·21·33
	04·12·19	火土木	31·16·23·35
	04·13·04	金金金	17·17·08·21
	04·13·12	土金土	25·17·16·29
	04·13·20	火金火	33·17·24·37
	04·14·03	金金金	17·18·07·21
	04·14·07	木金木	21·18·11·25
	04·14·17	木金木	31·18·21·35
	04·14·19	火金火	33·18·23·37
	04·17·12	土木水	29·21·16·33
	04·17·14	金木木	31·21·18·35
	04·17·20	火木金	37·21·24·41
	04·20·09	火火水	29·24·13·33
	04·20·13	金火火	33·24·17·37
	04·21·02	土土火	23·25·06·27
	04·23·02	土金土	25·27·06·29
5획 성씨에게 **아주 좋은** 삼원오행과 사격수리			
5획 성씨	05·01·02	金土火	03·06·07·08
	05·01·12	金土火	13·06·17·18
	05·02·01	土金火	03·07·06·08
	05·02·11	土金火	13·07·16·18

성(姓)	성·이·름	삼원오행 (이격 형격 원격)	사격수리 (원· 형· 이· 정격)
5획 성씨 功(공) 丘(구) 甘(감) 白(백) 史(사) 石(석) 申(신) 召(소) 玉(옥) 田(전) 占(점) 台(태) 平(평) 皮(피) 弘(홍) 玄(현) 乙支(을지)	05·03·03	金金土	06·08·08·11
	05·03·10	土金火	13·08·15·18
	05·03·13	金金土	16·08·18·21
	05·06·18	火木火	24·11·23·29
	05·08·08	火火土	16·13·13·21
	05·08·16	木火火	24·13·21·29
	05·10·03	金土火	13·15·08·18
	05·10·06	木土土	16·15·11·21
	05·12·13	金金土	25·17·18·30
	05·13·03	金金土	16·18·08·21
	05·13·12	金金土	25·18·17·30
	05·13·20	土金火	33·18·25·38
	05·16·08	火木火	24·21·13·29
	05·16·16	木木木	32·21·21·37
	05·20·13	金土火	33·25·18·38
5획 성씨에게 **보통**으로 **좋은** 삼원오행과 사격수리			
5획 성씨	05·01·10	土土木	11·06·15·16
	05·02·06	木金金	08·07·11·13
	05·02·16	木金金	18·07·21·23
	05·03·05	水金金	08·08·10·13
	05·03·08	火金木	11·08·13·16
	05·03·15	水金金	18·08·20·23
	05·03·21	土金火	24·08·26·29
	05·03·22	金金土	25·08·27·30

성(姓)	성·이·름	삼원오행 (이격 형격 원격)	사격수리 (원· 형· 이· 정격)
5획 성씨 功(공) 丘(구) 甘(감) 白(백) 史(사) 石(석) 申(신) 召(소) 玉(옥) 田(전) 占(점) 台(태) 平(평) 皮(피) 弘(홍) 玄(현) 乙支 (을지)	05·06·02	金木金	08·11·07·13
	05·06·05	水木木	11·11·10·16
	05·06·10	土木土	16·11·15·21
	05·06·12	金木金	18·11·17·23
	05·08·03	金火木	11·13·08·16
	05·08·10	土火金	18·13·15·23
	05·08·16	木火火	24·13·21·29
	05·08·19	火火金	27·13·24·32
	05·08·24	水火木	32·13·29·37
	05·10·01	土土木	11·15·06·16
	05·10·20	土土水	30·15·25·35
	05·12·06	木金金	18·17·11·23
	05·12·12	金金火	24·17·17·29
	05·12·18	火金水	30·17·23·35
	05·12·20	土金木	32·17·25·37
	05·13·19	火金木	32·18·24·37
	05·16·02	金木金	18·21·07·23
	05·18·06	木火火	24·23·11·29
	05·18·12	金火水	30·23·17·35
	05·19·08	火火金	27·24·13·32
	05·19·13	金火木	32·24·18·37
	05·20·10	土土水	30·25·15·35
	05·20·12	金土水	32·25·17·37

6획 성씨에게 **아주 좋은** 삼원오행과 사격수리			
성(姓)	성·이·름	삼원오행 (이격·형격·원격)	사격수리 (원·형·이·정격)
6획 성씨 光(**광**) 圭(**규**) 吉(**길**) 老(**노**) 牟(**모**) 米(**미**) 百(**백**) 朴(**박**) 先(**선**) 西(**서**) 安(**안**) 伊(**이**) 印(**인**) 任(**임**) 在(**재**) 朱(**주**) 全(**전**) 宅(**택**)	06·01·24	水金土	25·07·30·31
	06·02·23	水金土	25·08·29·31
	06·05·18	火木火	23·11·24·20
	06·07·18	火火土	25·13·24·31
	06·07·25	木火木	32·13·31·38
	06·09·09	土土金	18·15·15·24
	06·10·05	木土土	15·16·11·21
	06·10·07	火土金	17·16·13·23
	06·10·15	木土土	25·16·21·31
	06·10·17	火土金	27·16·23·33
	06·12·23	水金土	35·18·29·41
	06·15·17	火木木	32·21·23·38
	06·15·24	水木水	39·21·30·45
	06·17·15	木火木	32·23·21·38
	06·17·18	火火土	35·23·24·41
	06·18·07	火火土	25·24·13·31
	06·18·17	火火土	35·24·23·41

6획 성씨에게 **보통**으로 **좋은** 삼원오행과 사격수리			
6획 성씨	06·01·10	土金木	11·07·16·17
	06·01·17	火金金	18·07·23·24
	06·02·05	木金金	07·08·11·13

성(姓)	성·이·름	삼원오행 (이격 형격 원격)	사격수리 (원· 형· 이· 정격)
6획 성씨 光(광) 圭(규) 吉(길) 老(노) 牟(모) 米(미) 百(백) 朴(박) 先(선) 西(서) 安(안) 伊(이) 印(인) 任(임) 在(재) 朱(주) 全(전) 宅(택)	06·02·09	土金木	11·08·15·17
	06·02·15	木金金	17·08·21·23
	06·02·21	金金火	23·08·27·29
	06·05·02	金木金	07·11·08·13
	06·05·10	土木土	15·11·16·21
	06·05·12	金木金	17·11·18·23
	06·05·24	水木水	29·11·30·35
	06·07·08	火火土	15·13·14·35
	06·07·10	土火金	17·13·16·23
	06·07·11	金火金	18·13·17·24
	06·07·17	火火火	24·13·23·30
	06·07·24	水火木	31·13·30·37
	06·09·02	金土木	11·15·08·17
	06·09·08	火土金	17·15·14·23
	06·09·15	水土火	24·15·21·30
	06·09·18	火土金	27·15·24·33
	06·09·24	水土火	33·15·30·39
	06·10·01	金土木	11·16·07·17
	06·10·19	土土水	29·16·25·35
	06·10·23	水土火	33·16·29·39
	06·11·07	火金金	18·17·13·24
	06·11·18	火金水	29·17·24·35
	06·11·21	金金木	32·17·27·38

성(姓)	성·이·름	삼원오행 (이격 형격 원격)	사격수리 (원· 형· 이· 정격)
6획 성씨 光(광) 圭(규) 吉(길) 老(노) 牟(모) 米(미) 百(백) 朴(박) 先(선) 西(서) 安(안) 伊(이) 印(인) 任(임) 在(재) 朱(주) 全(전) 宅(택)	06·12·05	木金金	17·18·11·23
	06·12·17	火金水	29·18·23·35
	06·12·19	土金木	31·18·25·37
	06·15·02	金木金	17·21·08·23
	06·15·09	土木火	24·21·15·30
	06·17·01	金火金	18·23·07·24
	06·17·07	火火火	24·23·13·30
	06·17·12	金火水	29·23·18·35
	06·17·24	水火木	41·23·30·47
	06·18·05	木火火	23·24·11·29
	06·18·11	金火水	29·24·17·35
	06·19·12	金土木	31·25·18·37
	06·21·11	金金木	32·27·17·38
	06·21·18	火金水	39·27·24·45
	06·23·02	金水土	25·29·08·31
	06·23·09	土水木	32·29·15·38
	06·23·12	金水土	35·29·18·41
	06·24·01	金水土	25·30·07·31
	06·24·05	木水水	29·30·11·35
	06·24·07	火水木	31·30·13·37
	06·24·09	土水火	33·30·15·39
	06·24·15	木水水	39·30·21·45
	06·24·17	火水木	41·30·23·47

7획 성씨에게 아주 좋은 삼원오행과 사격수리

성(姓)	성·이·름	삼원오행 (이격 형격 원격)	사격수리 (원· 형· 이· 정격)
7획 성씨 江(**강**) 君(**군**) 甫(**보**) 成(**성**) 宋(**송**) 辛(**신**) 呂(**여**) 余(**여**) 汝(**여**) 延(**연**) 吳(**오**) 李(**이**) 位(**위**) 池(**지**) 廷(**정**) 車(**차**) 何(**하**) 孝(**효**)	07·01·10	金金木	11·08·17·18
	07·06·18	土火火	24·13·25·31
	07·08·08	土土土	16·15·15·23
	07·08·09	土土金	17·15·16·24
	07·08·10	金土金	18·15·17·25
	07·08·16	火土火	24·15·23·31
	07·08·17	火土土	25·15·24·32
	07·09·08	土土金	17·16·15·24
	07·09·09	土土金	18·16·16·25
	07·09·16	火土土	25·16·23·32
	07·10·08	土金金	18·17·15·25
	07·14·17	火木木	31·21·24·38
	07·14·18	土木木	32·21·25·39
	07·16·08	土火火	24·23·15·31
	07·16·09	土火土	25·23·16·32
	07·16·16	火火木	32·23·23·39
	07·17·08	土火土	25·24·15·32
	07·17·14	木火木	31·24·21·38
	07·17·24	木火木	41·24·31·48
	07·18·06	火土火	24·25·13·31
	07·22·10	金水木	32·29·17·39
	07·24·17	火木木	41·31·24·48

7획 성씨에게 보통으로 좋은 삼원오행과 사격수리			
성(姓)	성·이·름	삼원오행 (이격·형격·원격)	사격수리 (원· 형· 이· 정격)
7획 성씨 江(강) 君(군) 甫(보) 成(성) 宋(송) 辛(신) 呂(여) 余(여) 汝(여) 延(연) 吳(오) 李(이) 位(위) 池(지) 廷(정) 車(차) 何(하) 孝(효)	07·01·16	火金金	17·08·23·24
	07·01·22	水金火	23·08·29·30
	07·01·23	水金火	24·08·30·31
	07·01·24	木金土	25·08·31·32
	07·04·04	木木金	08·11·11·15
	07·04·14	木木金	18·11·21·25
	07·06·10	金火土	16·13·17·23
	07·06·11	金火金	17·13·18·24
	07·08·24	木土木	32·15·31·39
	07·09·14	木土火	23·16·21·30
	07·09·23	水土木	32·16·30·39
	07·10·01	金金木	11·17·08·18
	07·10·06	火金土	16·17·13·23
	07·10·14	木金火	24·17·21·31
	07·10·20	金金水	30·17·27·37
	07·10·22	水金木	32·17·29·39
	07·11·06	火金金	17·18·13·24
	07·11·14	木金土	25·18·21·32
	07·14·04	木木金	18·21·11·25
	07·14·09	土木火	23·21·16·30
	07·14·10	金木火	24·21·17·31
	07·14·11	金木土	25·21·18·32

성(姓)	성·이·름	삼원오행 (이격 형격 원격)	사격수리 (원· 형· 이· 정격)
7획 성씨 江(강) 君(군) 甫(보) 成(성) 宋(송) 辛(신) 呂(여) 余(여) 汝(여) 延(연) 吳(오) 李(이) 位(위) 池(지) 廷(정) 車(차) 何(하) 孝(효)	07·14·16	火木水	30·21·23·37
	07·14·24	木木金	38·21·31·45
	07·16·01	金火金	17·23·08·24
	07·16·14	木火水	30·23·21·37
	07·16·22	水火金	38·23·29·45
	07·18·14	木土木	32·25·21·39
	07·18·20	金土金	38·25·27·45
	07·18·23	水土木	41·25·30·48
	07·20·10	金金水	30·27·17·37
	07·20·18	土金金	38·27·25·45
	07·22·16	火水金	38·29·23·45
	07·23·01	金水火	24·30·08·31
	07·23·09	土水木	32·30·16·39
	07·23·18	土水木	41·30·25·48
	07·24·01	金木土	25·31·08·32
	07·24·08	土木木	32·31·15·39
	07·24·14	木木金	38·31·21·45
8획 성씨에게 **아주 좋은** 삼원오행과 사격수리			
8획 성씨	08·03·13	木木土	16·11·21·24
	08·05·08	土火火	13·13·16·21
	08·07·08	土土土	15·15·16·23
	08·07·09	金土土	16·15·17·24
	08·07·10	金土金	17·15·18·25

성(姓)	성·이·름	삼원오행 (이격 형격 원격)	사격수리 (원· 형· 이· 정격)
8획 성씨 空(공) 季(계) 庚(경) 京(경) 具(구) 金(김) 奇(기) 孟(맹) 明(명) 門(문) 房(방) 奉(봉) 舍(사) 昔(석) 松(송) 昇(승) 承(승) 沈(심) 岳(악) 林(임) 長(장) 宗(종) 周(주) 昌(창) 卓(탁) 表(표) 和(화)	08·07·16	火土火	23·15·24·31
	08·07·17	土土火	24·15·25·32
	08·08·05	火土火	13·16·13·21
	08·08·07	土土土	15·16·15·23
	08·08·09	金土金	17·16·17·25
	08·08·15	火土火	23·16·23·31
	08·08·17	土土土	25·16·25·33
	08·08·25	火土火	33·16·33·41
	08·09·07	土金土	16·17·15·24
	08·09·08	土金金	17·17·16·25
	08·10·07	土金金	17·18·15·25
	08·10·27	土金金	37·18·35·45
	08·13·03	木木土	16·21·11·24
	08·15·08	土火火	23·23·16·31
	08·15·16	火火木	31·23·24·39
	08·16·07	土火火	23·24·15·31
	08·16·15	火火木	31·24·23·39
	08·16·17	土火火	33·24·25·41
	08·17·07	土土火	24·25·15·32
	08·17·08	土土土	25·25·16·33
	08·17·16	火土火	33·25·24·41
	08·23·16	火木水	39·31·24·47

성(姓)	성·이·름	삼원오행 (이격 형격 원격)	사격수리 (원· 형· 이· 정격)
8획 성씨	08·24·15	火木水	39·32·23·47
	08·25·08	土火火	33·33·16·41
	08·27·10	金土金	37·35·18·45

8획 성씨에게 **보통**으로 **좋은** 삼원오행과 사격수리

성(姓)	성·이·름	삼원오행	사격수리
8획 성씨	08·03·05	火木金	08·11·13·16
	08·03·10	金木火	13·11·18·21
	08·03·21	水木火	24·11·29·32
	08·03·22	水木土	25·11·30·33
	08·05·03	木火金	08·13·11·16
	08·05·10	金火土	15·13·18·23
	08·05·16	火火木	21·13·24·29
	08·05·24	木火水	29·13·32·37
	08·07·24	木土木	31·15·32·39
	08·08·13	木土木	21·16·21·29
	08·08·23	木土木	31·16·31·39
	08·09·16	火金土	25·17·24·33
	08·09·22	水金木	31·17·30·39
	08·09·24	木金火	33·17·32·41
	08·10·03	木金火	13·18·11·21
	08·10·05	火金土	15·18·13·23
	08·10·13	木金火	23·18·21·31
	08·10·15	火金土	25·18·23·33
	08·10·19	金金水	29·18·27·37

성(姓)	성·이·름	삼원오행 (이격 형격 원격)	사격수리 (원· 형· 이· 정격)
8획 성씨 空(공) 季(계) 庚(경) 京(경) 具(구) 金(김) 奇(기) 孟(맹) 明(명) 門(문) 房(방) 奉(봉) 舍(사) 昔(석) 松(송) 昇(승) 承(승) 沈(심) 岳(악) 林(임) 長(장) 宗(종) 周(주) 昌(창) 卓(탁) 表(표) 和(화)	08·10·21	水金木	31·18·29·39
	08·10·23	木金火	33·18·31·41
	08·13·08	土木木	21·21·16·29
	08·13·10	金木火	23·21·18·31
	08·13·16	火木水	29·21·24·37
	08·13·17	土木水	30·21·25·38
	08·13·24	木木金	37·21·32·45
	08·15·09	金火火	24·23·17·32
	08·15·10	金火土	25·23·18·33
	08·15·22	水火金	37·23·30·45
	08·15·24	木火水	39·23·32·47
	08·16·05	火火木	21·24·13·29
	08·16·09	金火土	25·24·17·33
	08·16·13	木火水	29·24·21·37
	08·16·21	水火金	37·24·29·45
	08·16·23	木火水	39·24·31·47
	08·17·10	金土金	27·25·18·35
	08·17·13	木土水	30·25·21·38
	08·17·22	水土水	39·25·30·47
	08·19·10	金金水	29·27·18·37
	08·21·03	木水火	24·29·11·32
	08·21·10	金水木	31·29·18·39
	08·21·16	火水金	37·29·24·45
	08·22·03	木水土	25·30·11·33

성(姓)	성·이·름	삼원오행 (이격 형격 원격)	사격수리 (원· 형· 이· 정격)
8획 성씨	08·22·09	金水木	31·30·17·39
	08·22·17	土水水	39·30·25·47
	08·24·07	土木木	31·32·15·39
	08·24·09	金木火	33·32·17·41
	08·24·13	木木金	37·32·21·45
	08·24·17	土木木	41·32·25·49
9획 성씨에게 **아주 좋은** 삼원오행과 사격수리			
9획 성씨 姜(강) 南(남) 段(단) 柳(류) 思(사) 宣(선) 星(성) 信(신) 彦(언) 韋(위) 兪(유) 禹(우) 貞(정) 俊(준) 秋(추) 泰(태) 扁(편) 河(하) 咸(함)	09·02·21	水木火	23·11·30·32
	09·02·22	木木火	24·11·31·33
	09·04·02	木火土	06·13·11·15
	09·04·12	木火土	16·13·21·25
	09·06·09	金土土	15·15·18·24
	09·07·08	金土土	15·16·17·24
	09·07·09	金土土	16·16·18·25
	09·07·16	土土火	23·16·25·32
	09·08·07	土金土	15·17·16·24
	09·08·08	金金土	16·17·17·25
	09·09·06	土金土	15·18·15·24
	09·12·12	木木火	24·21·21·33
	09·14·02	木火土	16·23·11·25
	09·16·07	土土火	23·25·16·32
	09·16·08	金土火	24·25·17·33
	09·22·02	木木火	24·31·11·33

9획 성씨에게 보통으로 좋은 삼원오행과 사격수리			
성(姓)	성·이·름	삼원오행 (이격·형격·원격)	사격수리 (원· 형· 이· 정격)
9획 성씨 姜(강) 南(남) 段(단) 柳(류) 思(사) 宣(선) 星(성) 信(신) 彦(언) 韋(위) 兪(유) 禹(우) 貞(정) 俊(준) 秋(추) 泰(태) 扁(편) 河(하) 咸(함)	09·02·04	火木土	06·11·13·15
	09·02·06	土木金	08·11·15·17
	09·02·14	火木土	16·11·23·25
	09·04·20	水火火	24·13·29·33
	09·06·02	木土金	08·15·11·17
	09·06·15	火土木	21·15·24·30
	09·06·26	土土木	32·15·35·41
	09·07·14	火土木	21·16·23·30
	09·07·22	木土水	29·16·31·38
	09·07·23	木土水	30·16·32·39
	09·08·15	火金火	23·17·24·32
	09·08·16	土金火	24·17·25·33
	09·08·22	木金水	30·17·31·39
	09·08·24	火金木	32·17·33·41
	09·09·12	木金木	21·18·21·30
	09·09·14	火金火	23·18·23·32
	09·12·04	火木土	16·21·13·25
	09·12·09	金木木	21·21·18·30
	09·12·20	水木木	32·21·29·41
	09·14·07	土木火	21·23·16·30
	09·14·09	金火火	23·23·18·32
	09·14·16	土火水	30·23·25·39

성(姓)	성·이·름	삼원오행 (이격 형격 원격)	사격수리 (원· 형· 이· 정격)
	09·14·24	火火金	38·23·33·47
9획 성씨	09·15·06	土火木	21·24·15·30
姜(강)	09·15·08	金火火	23·24·17·32
南(남)	09·15·24	火火水	39·24·33·48
段(단)	09·16·14	火土水	30·25·23·39
柳(류)	09·16·16	土土金	32·25·25·41
思(사)	09·16·22	木土金	38·25·31·47
宣(선)	09·16·23	火土水	39·25·32·48
星(성)	09·18·21	水金水	39·27·30·48
信(신)	09·20·04	火水火	24·29·13·33
彦(언)	09·20·12	木水木	32·29·21·41
韋(위)	09·21·02	木水火	23·30·11·32
兪(유)	09·21·18	金水水	39·30·27·48
禹(우)	09·22·07	土木水	29·31·16·38
貞(정)	09·22·08	金木水	30·31·17·39
俊(준)	09·22·16	土木金	38·31·25·47
秋(추)	09·23·07	土木水	30·32·16·39
泰(태)	09·23·16	土木水	39·32·25·48
扁(편)	09·24·08	金火木	32·33·17·41
河(하)	09·24·14	火火金	38·33·23·47
咸(함)	09·24·15	火火水	39·33·24·48
	09·24·24	火火金	48·33·33·57
	09·26·06	土土木	32·35·15·41

10획 성씨에게 아주 좋은 삼원오행과 사격수리			
성(姓)	성·이·름	삼원오행 (이격 형격 원격)	사격수리 (원· 형· 이· 정격)
10획 성씨 剛(강) 高(고) 骨(골) 宮(궁) 俱(구) 桂(계) 起(기) 唐(당) 馬(마) 芳(방) 徐(서) 席(석) 素(소) 孫(손) 袁(원) 芮(예) 殷(은) 曺(조) 眞(진) 晋(진) 倉(창) 夏(하) 洪(홍) 花(화)	10·01·20	水木木	21·11·30·31
	10·01·22	木木火	23·11·32·33
	10·03·03	火火土	06·13·13·16
	10·03·22	木火土	25·13·32·35
	10·05·01	木土土	06·15·11·16
	10·05·03	火土金	08·15·13·18
	10·05·08	金土火	13·15·18·23
	10·06·07	金土火	13·16·17·23
	10·06·17	金土火	23·16·27·33
	10·07·08	金金土	15·17·18·25
	10·08·07	金金土	15·18·17·25
	10·11·20	水木木	31·21·30·41
	10·13·22	木火土	35·23·32·45
	10·14·01	木火土	15·24·11·25
	10·14·11	木火土	25·24·21·35
	10·14·21	木火土	35·24·31·45
	10·15·08	金土火	23·25·18·33
	10·15·23	火土金	38·25·33·48
	10·20·01	木水木	21·30·11·31
	10·20·11	木水木	31·30·21·41
	10·22·01	木木火	23·32·11·33
	10·25·13	火土金	38·35·23·48

10획 성씨에게 보통으로 좋은 삼원오행과 사격수리			
성(姓)	성·이·름	삼원오행 (이격·형격·원격)	사격수리 (원· 형· 이· 정격)
10획 성씨 剛(강) 高(고) 骨(골) 宮(궁) 俱(구) 桂(계) 起(기) 唐(당) 馬(마) 芳(방) 徐(서) 席(석) 素(소) 孫(손) 袁(원) 芮(예) 殷(은) 曺(조) 眞(진) 晋(진) 倉(창) 夏(하) 洪(홍) 花(화)	10·01·05	土木土	06·11·15·16
	10·01·06	土木金	07·11·16·17
	10·01·07	金木金	08·11·17·18
	10·01·14	火木土	15·11·24·25
	10·03·05	土火金	08·13·15·18
	10·03·08	金火木	11·13·18·21
	10·03·20	水火火	23·13·30·33
	10·05·06	土土木	11·15·16·21
	10·05·20	水土土	25·15·30·35
	10·06·01	木土金	07·16·11·17
	10·06·05	土土木	11·16·15·21
	10·06·15	土土木	21·16·25·31
	10·06·19	水土土	25·16·29·35
	10·06·23	火土水	29·16·33·39
	10·06·25	土土木	31·16·35·41
	10·07·01	木金金	08·17·11·18
	10·07·06	土金火	13·17·16·23
	10·07·14	火金木	21·17·24·31
	10·07·20	水金金	27·17·30·37
	10·07·22	木金水	29·17·32·39
	10·08·03	火金木	11·18·13·21
	10·08·05	土金火	13·18·15·23

성(姓)	성·이·름	삼원오행 (이격 형격 원격)	사격수리 (원· 형· 이· 정격)
10획 성씨 剛(강) 高(고) 骨(골) 宮(궁) 俱(구) 桂(계) 起(기) 唐(당) 馬(마) 芳(방) 徐(서) 席(석) 素(소) 孫(손) 袁(원) 芮(예) 殷(은) 曺(조) 眞(진) 晋(진) 倉(창) 夏(하) 洪(홍) 花(화)	10·08·13	火金木	21·18·23·31
	10·08·15	土金火	23·18·25·33
	10·08·17	金金土	25·18·27·35
	10·08·21	木金水	29·18·31·39
	10·08·23	火金木	31·18·33·41
	10·11·14	火木土	25·21·24·35
	10·13·08	金火木	21·23·18·31
	10·13·25	土火金	38·23·35·48
	10·14·07	金火木	21·24·17·31
	10·14·15	土火水	29·24·25·39
	10·14·23	火火金	37·24·33·47
	10·15·06	土土木	21·25·16·31
	10·15·14	火土水	29·25·24·39
	10·15·20	水土土	35·25·30·45
	10·15·22	木土金	37·25·32·47
	10·17·06	土金火	23·27·16·33
	10·17·08	金金土	25·27·18·35
	10·19·06	土水土	25·29·16·35
	10·20·03	火水火	23·30·13·33
	10·20·05	土水土	25·30·15·35
	10·20·15	土水土	35·30·25·45
	10·21·08	金木水	29·31·18·39
	10·21·14	火木土	35·31·24·45

성(姓)	성·이·름	삼원오행 (이격 형격 원격)	사격수리 (원· 형· 이· 정격)
10획 성씨	10·22·03	火木土	25·32·13·35
	10·22·07	金木水	29·32·17·39
	10·22·13	火木土	35·32·23·45
	10·22·15	土木金	37·32·25·47
	10·22·17	金木水	39·32·27·49
	10·23·06	土火水	29·33·16·39
	10·23·08	金火木	31·33·18·41
	10·23·14	火火金	37·33·24·47
	10·23·15	土火金	38·33·25·48
	10·25·06	土土木	31·35·16·41
11획 성씨에게 아주 좋은 삼원오행과 사격수리			
11획 성씨 康(강) 强(강) 國(국) 麻(마) 梅(매) 班(반) 邦(방) 彬(빈) 常(상) 卨(설) 梁(양) 魚(어) 御(어) 尉(위) 異(이) 張(장) 將(장) 章(장) 曹(조) 珠(주) 崔(최) 票(표) 畢(필) 海(해) 許(허) 胡(호) 扈(호)	11·02·04	土火土	06·13·15·17
	11·02·14	土火土	16·13·25·27
	11·04·02	火土土	06·15·13·17
	11·04·14	土土金	18·15·25·29
	11·05·02	火土金	07·16·13·18
	11·05·13	火土金	18·16·24·29
	11·14·02	火土土	16·25·13·27
	11·14·04	土土金	18·25·15·29
	11·14·13	火土金	27·25·24·38
	11·20·21	木木木	41·31·32·52
	11·21·20	木木木	41·32·31·52
	11·24·13	火土金	37·35·24·48

11획 성씨에게 보통으로 좋은 삼원오행과 사격수리

성(姓)	성·이·름	삼원오행 (이격·형격·원격)	사격수리 (원· 형· 이· 정격)
11획 성씨 康(강) 强(강) 國(국) 麻(마) 梅(매) 班(반) 邦(방) 彬(빈) 常(상) 卨(설) 梁(양) 魚(어) 御(어) 尉(위) 異(이) 張(장) 將(장) 章(장) 曹(조) 珠(주) 崔(최) 票(표) 畢(필) 海(해) 許(허) 胡(호) 扈(호)	11·02·05	土火金	07·13·16·18
	11·02·19	水火木	21·13·30·32
	11·02·22	火火火	24·13·33·35
	11·04·20	木土火	24·15·31·35
	11·05·19	水土火	24·16·30·35
	11·05·22	火土金	27·16·33·38
	11·06·07	金金火	13·17·18·24
	11·06·10	木金土	16·17·21·27
	11·06·12	火金金	18·17·23·29
	11·06·18	水金火	24·17·29·35
	11·07·06	金金火	13·18·17·24
	11·07·14	土金木	21·18·25·32
	11·10·14	土木火	24·21·25·35
	11·10·20	木木水	30·21·31·41
	11·12·06	金火金	18·23·17·29
	11·12·12	火火火	24·23·23·35
	11·13·05	土火金	18·24·16·29
	11·13·24	土火金	37·24·35·48
	11·14·07	金土木	21·25·18·32
	11·14·10	木土火	24·25·21·35
	11·16·14	土金水	30·27·25·41
	11·18·06	金水火	24·29·17·35

성(姓)	성·이·름	삼원오행 (이격 형격 원격)	사격수리 (원· 형· 이· 정격)
11획 성씨	11·19·02	火水木	21·30·13·32
	11·19·05	土水火	24·30·16·35
	11·20·04	土金火	24·31·15·35
	11·20·10	木木水	30·31·21·41
	11·22·02	火火火	24·33·13·35
	11·24·14	土土金	38·35·25·49
12획 성씨에게 아주 좋은 삼원오행과 사격수리			
12획 성씨	12·01·04	土火土	05·13·16·17
景(경) 邱(구) 童(동) 閔(민) 馮(빙) 象(상) 善(선) 邵(소) 筍(순) 順(순) 舜(순) 勝(승) 雁(안) 堯(요) 雲(운) 庾(유) 壹(일) 程(정) 曾(증) 智(지) 彭(팽) 弼(필) 賀(하) 黃(황) 大室(대실) 東方(동방) 小室(소실) 以先(이선)	12·01·20	木火木	21·13·32·33
	12·03·03	土土土	06·15·15·18
	12·04·01	火土土	05·16·13·17
	12·04·13	土土金	17·16·25·29
	12·04·21	火土土	25·16·33·37
	12·05·13	土金金	18·17·25·30
	12·06·23	土金水	29·18·35·41
	12·09·12	火木木	21·21·24·33
	12·12·09	木火木	21·24·21·33
	12·12·13	土火土	25·24·25·37
	12·13·04	土土金	17·25·16·29
	12·13·05	金土金	18·25·17·30
	12·13·12	火土土	25·25·24·37
	12·20·01	火木木	21·32·13·33
	12·21·04	土火土	25·33·16·37

12획 성씨에게 보통으로 좋은 삼원오행과 사격수리

성(姓)	성·이·름	삼원오행 (이격·형격·원격)	사격수리 (원· 형· 이· 정격)
12획 성씨 景(경) 邱(구) 童(동) 閔(민) 馮(빙) 象(상) 善(선) 邵(소) 筍(순) 順(순) 舜(순) 勝(승) 雁(안) 堯(요) 雲(운) 庾(유) 壹(일) 程(정) 曾(증) 智(지) 彭(팽) 弼(필) 賀(하) 黃(황) 大室(대실) 東方(동방) 小室(소실) 以先(이선)	12·01·05	金火土	06·13·17·18
	12·01·12	火火火	13·13·24·25
	12·03·12	火土土	15·15·24·27
	12·03·15	金土金	18·15·27·30
	12·03·18	水土木	21·15·30·33
	12·03·20	木土火	23·15·32·35
	12·04·09	木土火	13·16·21·25
	12·04·17	水土木	21·16·29·33
	12·04·19	木土火	23·16·31·35
	12·04·23	土土金	27·16·35·39
	12·04·25	金土水	29·16·37·41
	12·05·01	火金土	06·17·13·18
	12·05·06	金金木	11·17·18·23
	12·05·12	火金金	17·17·24·29
	12·05·18	水金火	23·17·30·35
	12·05·20	木金土	25·17·32·37
	12·06·05	金金木	11·18·17·23
	12·06·09	木金土	15·18·21·27
	12·06·11	火金金	17·18·23·29
	12·06·15	金金木	21·18·27·33
	12·06·17	水金火	23·18·29·35
	12·06·19	木金土	25·18·31·37

성(姓)	성·이·름	삼원오행 (이격 형격 원격)	사격수리 (원· 형· 이· 정격)
12획 성씨 景(경) 邱(구) 童(동) 閔(민) 馮(빙) 象(상) 善(선) 邵(소) 筍(순) 順(순) 舜(순) 勝(승) 雁(안) 堯(요) 雲(운) 庾(유) 壹(일) 程(정) 曾(증) 智(지) 彭(팽) 弼(필) 賀(하) 黃(황) 大室(대실) 東方(동방) 小室(소실) 以先(이선)	12·09·04	土木火	13·21·16·25
	12·09·09	木木金	18·21·21·30
	12·09·20	木木水	29·21·32·41
	12·11·06	金火金	17·23·18·29
	12·11·12	火火火	23·23·24·41
	12·12·01	火火火	13·24·13·25
	12·12·03	土火土	15·24·15·27
	12·12·05	金火金	17·24·17·29
	12·12·11	火火火	23·24·23·35
	12·12·21	火火火	33·24·33·45
	12·13·20	木土火	33·25·32·45
	12·15·03	土金金	18·27·15·30
	12·15·06	金金木	21·27·18·33
	12·15·20	木金土	35·27·32·47
	12·17·04	土水木	21·29·16·33
	12·17·06	金水火	23·29·18·35
	12·17·20	木水金	37·29·32·49
	12·18·03	土水木	21·30·15·33
	12·18·05	金水火	23·30·17·35
	12·18·19	木水金	37·30·31·49
	12·19·04	土木火	23·31·16·35
	12·19·06	金木土	25·31·18·37
	12·19·18	水木金	37·31·30·49

성(姓)	성·이·름	삼원오행 (이격 형격 원격)	사격수리 (원·형·이·정격)
12획 성씨	12·20·03	土木火	23·32·15·35
	12·20·05	金木土	25·32·17·37
	12·20·09	木木水	29·32·21·41
	12·20·13	土木火	33·32·25·45
	12·20·17	水木金	37·32·29·49
	12·21·12	火火火	33·24·33·45
	12·23·04	土土金	27·35·16·39
	12·23·06	金土水	29·35·18·41
	12·25·04	土金水	29·37·16·41
13획 성씨에게 아주 좋은 삼원오행과 사격수리			
13획 성씨 賈(가) 琴(금) 廉(렴) 路(로) 睦(목) 新(신) 阿(아) 楊(양) 郁(욱) 慈(자) 莊(장) 楚(초) 令孤(령고) 司空(사공)	13·02·03	土土土	05·15·16·18
	13·02·22	土土火	24·15·35·37
	13·03·02	土土土	05·16·15·18
	13·05·12	土金金	17·18·25·30
	13·08·03	土木木	11·21·16·24
	13·10·22	土火木	32·23·35·45
	13·12·05	金土金	17·25·18·30
	13·12·12	土土火	24·25·25·37
	13·12·20	火土木	32·25·33·45
	13·19·20	火木水	39·32·33·52
	13·20·12	土火木	32·33·25·45
	13·22·02	土土火	24·35·15·37
	13·22·10	火土木	32·35·23·45

13획 성씨에게 보통으로 좋은 삼원오행과 사격수리			
성(姓)	성·이·름	삼원오행 (이격 형격 원격)	사격수리 (원· 형· 이· 정격)
13획 성씨 賈(가) 琴(금) 廉(렴) 路(로) 睦(목) 新(신) 阿(아) 楊(양) 郁(욱) 慈(자) 莊(장) 楚(초) 令孤 (령고) 司空 (사공)	13·02·14	金土土	16·15·27·29
	13·02·16	水土金	18·15·29·31
	13·03·08	木土木	11·16·21·24
	13·03·14	金土金	17·16·27·30
	13·03·22	土土土	25·16·35·38
	13·04·04	金金金	08·17·17·21
	13·04·12	土金土	16·17·25·29
	13·04·14	金金金	18·17·27·31
	13·04·20	火金火	24·17·33·37
	13·05·20	火金土	25·18·33·38
	13·08·08	木木土	16·21·21·29
	13·08·10	火木金	18·21·23·31
	13·08·16	水木火	24·21·29·37
	13·08·17	水木土	25·21·30·38
	13·08·24	金木木	32·21·37·45
	13·10·08	木火金	18·23·21·31
	13·12·04	金土土	16·25·17·29
	13·14·02	土金土	16·27·15·29
	13·14·25	金金水	39·27·38·52
	13·16·02	土水金	18·29·15·31
	13·16·08	木水火	24·29·21·37
	13·16·16	水水木	32·29·29·45

<table>
<tr><th>성(姓)</th><th>성·이·름</th><th>삼원오행
(이격 형격 원격)</th><th>사격수리
(원· 형· 이· 정격)</th></tr>
<tr><td rowspan="11">13획 성씨</td><td>13·17·18</td><td>木水土</td><td>35·30·31·48</td></tr>
<tr><td>13·17·22</td><td>土水水</td><td>39·30·35·52</td></tr>
<tr><td>13·18·17</td><td>水木土</td><td>35·31·30·48</td></tr>
<tr><td>13·19·16</td><td>水木土</td><td>35·32·29·48</td></tr>
<tr><td>13·20·04</td><td>金火火</td><td>24·33·17·37</td></tr>
<tr><td>13·20·05</td><td>金火土</td><td>25·33·18·38</td></tr>
<tr><td>13·20·19</td><td>木火水</td><td>39·33·32·52</td></tr>
<tr><td>13·22·03</td><td>土土土</td><td>25·35·16·38</td></tr>
<tr><td>13·22·17</td><td>水土水</td><td>39·35·30·52</td></tr>
<tr><td>13·24·08</td><td>木金木</td><td>32·37·21·45</td></tr>
<tr><td>13·25·14</td><td>金金水</td><td>39·38·27·52</td></tr>
<tr><td colspan="4">14획 성씨에게 아주 좋은 삼원오행과 사격수리</td></tr>
<tr><td rowspan="13">14획 성씨
菊(국)
箕(기)
端(단)
裵(배)
鳳(봉)
賓(빈)
碩(석)
愼(신)
實(실)
榮(영)
溫(온)
趙(조)
華(화)
公孫(공손)
西門(서문)</td><td>14·01·02</td><td>土土火</td><td>03·15·16·17</td></tr>
<tr><td>14·02·01</td><td>土土火</td><td>03·16·15·17</td></tr>
<tr><td>14·02·21</td><td>土土火</td><td>23·16·35·37</td></tr>
<tr><td>14·02·23</td><td>金土土</td><td>25·16·37·39</td></tr>
<tr><td>14·04·21</td><td>土金土</td><td>25·18·35·39</td></tr>
<tr><td>14·07·16</td><td>水木火</td><td>23·21·30·37</td></tr>
<tr><td>14·07·17</td><td>木木火</td><td>24·21·31·38</td></tr>
<tr><td>14·09·02</td><td>土火木</td><td>11·23·16·25</td></tr>
<tr><td>14·09·07</td><td>木火土</td><td>16·23·21·30</td></tr>
<tr><td>14·10·11</td><td>土火木</td><td>21·24·25·35</td></tr>
<tr><td>14·10·21</td><td>土火木</td><td>31·24·35·45</td></tr>
</table>

<table>
<tr><th>성(姓)</th><th>성·이·름</th><th>삼원오행
(이격 형격 원격)</th><th>사격수리
(원· 형· 이· 정격)</th></tr>
<tr><td rowspan="13">14획 성씨
菊(국)
箕(기)
端(단)
裵(배)
鳳(봉)
賓(빈)
碩(석)
愼(신)
實(실)
榮(영)
溫(온)
趙(조)
華(화)
公孫(공손)
西門(서문)</td><td>14·11·10</td><td>火土木</td><td>21·25·24·35</td></tr>
<tr><td>14·15·16</td><td>水水木</td><td>31·29·30·45</td></tr>
<tr><td>14·16·15</td><td>水水木</td><td>31·30·29·45</td></tr>
<tr><td>14·17·07</td><td>木木火</td><td>24·31·21·38</td></tr>
<tr><td>14·17·18</td><td>木木土</td><td>35·31·32·49</td></tr>
<tr><td>14·18·07</td><td>木木土</td><td>25·32·21·39</td></tr>
<tr><td>14·18·17</td><td>木木土</td><td>35·32·31·49</td></tr>
<tr><td>14·19·02</td><td>土火木</td><td>21·33·16·35</td></tr>
<tr><td>14·21·02</td><td>土土火</td><td>23·35·16·37</td></tr>
<tr><td>14·21·03</td><td>金土火</td><td>24·35·17·38</td></tr>
<tr><td>14·21·04</td><td>金土土</td><td>25·35·18·39</td></tr>
<tr><td>14·21·10</td><td>火土木</td><td>31·35·24·45</td></tr>
<tr><td>14·23·02</td><td>土金土</td><td>25·37·16·39</td></tr>
<tr><td colspan="4">14획 성씨에게 보통으로 좋은 삼원오행과 사격수리</td></tr>
<tr><td rowspan="9">14획 성씨
菊(국) 箕(기)
端(단) 裵(배)
鳳(봉) 賓(빈)
碩(석) 愼(신)
實(실) 榮(영)
溫(온) 趙(조)
華(화)
公孫(공손)
西門(서문)</td><td>14·01·15</td><td>水土土</td><td>16·15·29·30</td></tr>
<tr><td>14·01·16</td><td>水土金</td><td>17·15·30·31</td></tr>
<tr><td>14·01·17</td><td>木土金</td><td>18·15·31·32</td></tr>
<tr><td>14·01·23</td><td>金土火</td><td>24·15·37·38</td></tr>
<tr><td>14·02·09</td><td>火土木</td><td>11·16·23·25</td></tr>
<tr><td>14·02·11</td><td>土土火</td><td>13·16·25·27</td></tr>
<tr><td>14·02·13</td><td>金土土</td><td>15·16·27·29</td></tr>
<tr><td>14·02·15</td><td>水土金</td><td>17·16·29·31</td></tr>
<tr><td>14·02·16</td><td>水土金</td><td>18·16·30·32</td></tr>
</table>

성(姓)	성·이·름	삼원오행 (이격 형격 원격)	사격수리 (원· 형· 이· 정격)
14획 성씨 菊(국) 箕(기) 端(단) 裵(배) 鳳(봉) 賓(빈) 碩(석) 愼(신) 實(실) 榮(영) 溫(온) 趙(조) 華(화) 公孫 (공손) 西門 (서문)	14·02·19	火土木	21·16·33·35
	14·03·04	金金金	07·17·18·21
	14·03·13	金金土	16·17·27·30
	14·03·15	水金金	18·17·29·32
	14·03·18	木金木	21·17·32·35
	14·03·21	土金火	24·17·35·38
	14·04·03	金金金	07·18·17·21
	14·04·07	木金木	11·18·21·25
	14·04·11	土金土	15·18·25·29
	14·04·17	木金木	21·18·31·35
	14·04·19	火金火	23·18·33·37
	14·07·04	金木木	11·21·18·25
	14·07·09	火木土	16·21·23·30
	14·07·10	火木金	17·21·24·31
	14·07·11	土木金	18·21·25·32
	14·07·24	金木木	31·21·38·45
	14·09·09	火火金	18·23·23·32
	14·09·16	水火土	25·23·30·39
	14·09·24	金火火	33·23·38·47
	14·10·07	木火金	17·24·21·31
	14·10·15	水火土	25·24·29·39
	14·10·23	金火火	33·24·37·47
	14·11·02	土土火	13·16·25·27

성(姓)	성·이·름	삼원오행 (이격 형격 원격)	사격수리 (원· 형· 이· 정격)
14획 성씨 菊(국) 箕(기) 端(단) 裵(배) 鳳(봉) 賓(빈) 碩(석) 愼(신) 實(실) 榮(영) 溫(온) 趙(조) 華(화) 公孫 (공손) 西門 (서문)	14·11·04	金土土	15·25·18·29
	14·11·07	木土金	18·25·21·32
	14·11·13	金土火	24·25·27·38
	14·11·16	水土金	27·25·30·41
	14·11·24	金土土	35·25·38·49
	14·13·02	土金土	15·27·16·29
	14·13·03	金金土	16·27·17·30
	14·13·11	土金火	24·27·25·38
	14·13·25	水金金	38·27·39·52
	14·15·03	金水金	18·29·17·32
	14·15·10	火水土	25·29·24·39
	14·16·01	土水金	17·30·15·31
	14·16·02	土水金	18·30·16·32
	14·16·07	木水火	23·30·21·37
	14·17·04	金木木	21·31·18·35
	14·17·21	土木金	38·35·31·52
	14·18·03	金木木	21·32·17·35
	14·19·04	金火火	23·33·18·37
	14·19·19	火火金	38·33·33·52
	14·21·17	木土金	38·35·31·52
	14·24·07	木金木	31·38·21·45
	14·24·11	土金土	35·38·25·49
	14·25·13	金水金	38·39·27·52

15획 성씨에게 아주 좋은 삼원오행과 사격수리			
성(姓)	성·이·름	삼원오행 (이격·형격·원격)	사격수리 (원·형·이·정격)
15획 성씨	15·01·02	金土火	03·16·17·18
價(가)	15·01·22	金土火	23·16·37·38
葛(갈)	15·02·15	水金金	17·17·30·32
慶(경)	15·03·03	金金土	06·18·18·21
郭(곽)	15·03·14	水金金	17·18·29·32
廣(광)	15·03·15	水金金	18·18·30·33
歐(구)	15·06·17	木木火	23·21·32·38
魯(노)	15·06·18	火木火	24·21·33·39
德(덕)	15·06·24	水木水	30·21·39·45
董(동)	15·08·08	火火土	16·23·23·31
萬(만)	15·08·16	木火火	24·23·31·39
墨(묵)	15·09·06	木火土	15·24·21·30
葉(엽)	15·10·06	木土土	16·25·21·31
劉(유)	15·10·08	火土金	18·25·23·33
標(표)	15·10·23	金土火	33·25·38·48
漢(한)	15·14·03	金水金	17·29·18·32
司馬(사마)	15·14·23	金水金	37·29·38·52
仲室(중실)	15·15·02	金水金	17·30·17·32
	15·15·03	金水金	18·30·18·33
	15·16·08	火木火	24·31·23·39
	15·16·16	木木木	32·31·31·47
	15·16·17	木木木	33·31·32·48

성(姓)	성·이·름	삼원오행 (이격 형격 원격)	사격수리 (원· 형· 이· 정격)
15획 성씨	15·17·06	木木火	23·32·21·38
	15·17·16	木木火	33·32·31·48
	15·20·03	金土火	23·35·18·38
	15·23·14	水金金	37·38·29·52
15획 성씨에게 **보통**으로 **좋은** 삼원오행과 사격수리			
15획 성씨 價(가) 葛(갈) 慶(경) 郭(곽) 廣(광) 歐(구) 魯(노) 德(덕) 董(동) 萬(만) 墨(묵) 葉(엽) 劉(유) 標(표) 漢(한) 司馬(사마) 仲室(중실)	15·01·14	水土土	15·16·29·30
	15·01·16	木土金	17·16·31·32
	15·01·17	木土金	18·16·32·33
	15·02·01	土金火	03·17·16·18
	15·02·06	木金金	08·17·21·23
	15·02·14	水金土	16·17·29·31
	15·02·16	木金金	18·17·31·33
	15·02·22	金金火	24·17·37·39
	15·03·12	金金土	15·18·27·30
	15·03·20	土火金	23·18·35·38
	15·06·02	金木金	08·21·17·23
	15·06·09	火木土	15·21·24·30
	15·06·10	土木土	16·21·25·31
	15·08·09	火火金	17·23·24·32
	15·08·10	土火金	18·23·25·33
	15·08·22	金火水	30·23·37·45
	15·08·24	水火木	32·23·39·47
	15·09·08	火火金	17·24·23·32

성(姓)	성·이·름	삼원오행 (이격 형격 원격)	사격수리 (원· 형· 이· 정격)
15획 성씨 價(가) 葛(갈) 慶(경) 郭(곽) 廣(광) 歐(구) 魯(노) 德(덕) 董(동) 萬(만) 墨(묵) 葉(엽) 劉(유) 標(표) 漢(한) 司馬 (사마) 仲室 (중실)	15·09·15	水火火	24·24·30·39
	15·09·23	金火木	32·24·38·47
	15·09·24	水火火	33·24·39·48
	15·10·14	水土火	24·25·29·39
	15·10·20	土土水	30·25·35·45
	15·10·22	金土木	32·25·37·47
	15·12·03	金金土	15·27·18·30
	15·14·02	金水土	16·29·17·31
	15·14·10	土水火	24·29·25·39
	15·14·16	木水水	30·29·31·45
	15·14·18	火水木	32·29·33·47
	15·15·09	火水火	24·30·24·39
	15·15·18	火水火	33·30·33·48
	15·15·22	金水金	37·30·37·52
	15·16·01	土木金	17·31·16·32
	15·16·02	金木金	18·31·17·33
	15·16·14	水木水	30·31·29·45
	15·17·01	土木金	18·32·16·33
	15·17·20	土木金	37·32·35·52
	15·18·06	木火火	24·33·21·39
	15·18·14	水火木	32·33·29·47
	15·18·15	水火火	33·33·30·48
	15·20·10	土土水	30·35·25·45

<table>
<tr><th>성(姓)</th><th>성·이·름</th><th>삼원오행
(이격 형격 원격)</th><th>사격수리
(원· 형· 이· 정격)</th></tr>
<tr><td rowspan="11">15획 성씨
價(가) 葛(갈)
慶(경) 郭(곽)
廣(광) 歐(구)
魯(노) 德(덕)
董(동) 萬(만)
墨(묵) 葉(엽)
劉(유) 標(표)
漢(한)
司馬(사마)
仲室(중실)</td><td>15·20·17</td><td>木土金</td><td>37·35·32·52</td></tr>
<tr><td>15·22·01</td><td>土金火</td><td>23·37·16·38</td></tr>
<tr><td>15·22·02</td><td>金金火</td><td>24·37·17·39</td></tr>
<tr><td>15·22·08</td><td>火金水</td><td>30·37·23·45</td></tr>
<tr><td>15·22·10</td><td>土金木</td><td>32·37·25·47</td></tr>
<tr><td>15·22·15</td><td>水金金</td><td>37·37·30·52</td></tr>
<tr><td>15·23·09</td><td>火金木</td><td>32·38·24·47</td></tr>
<tr><td>15·23·10</td><td>土金火</td><td>33·38·25·48</td></tr>
<tr><td>15·24·06</td><td>木水水</td><td>30·39·21·45</td></tr>
<tr><td>15·24·08</td><td>火水木</td><td>32·39·23·47</td></tr>
<tr><td>15·24·09</td><td>火水火</td><td>33·39·24·48</td></tr>
<tr><td colspan="4">16획 성씨에게 아주 좋은 삼원오행과 사격수리</td></tr>
<tr><td rowspan="11">16획 성씨
霍(곽) 彊(강)
盧(노) 潭(담)
都(도) 陶(도)
道(도) 潘(반)
龍(용) 陸(육)
錢(전) 諸(제)
陳(진)
皇甫(황보)</td><td>16·02·23</td><td>水金土</td><td>25·18·39·41</td></tr>
<tr><td>16·05·08</td><td>火木火</td><td>13·21·24·29</td></tr>
<tr><td>16·05·16</td><td>木木木</td><td>21·21·32·37</td></tr>
<tr><td>16·07·08</td><td>火火土</td><td>15·23·24·31</td></tr>
<tr><td>16·07·09</td><td>土火土</td><td>16·23·25·32</td></tr>
<tr><td>16·07·25</td><td>木火木</td><td>32·23·41·48</td></tr>
<tr><td>16·08·07</td><td>火火土</td><td>15·24·23·31</td></tr>
<tr><td>16·08·17</td><td>火火土</td><td>25·24·33·41</td></tr>
<tr><td>16·09·07</td><td>火土土</td><td>16·25·23·32</td></tr>
<tr><td>16·09·08</td><td>火土金</td><td>17·25·24·33</td></tr>
<tr><td>16·09·16</td><td>木土土</td><td>25·25·32·41</td></tr>
</table>

성(姓)	성·이·름	삼원오행 (이격 형격 원격)	사격수리 (원·형·이·정격)
16획 성씨	16·15·08	火木火	23·31·24·39
	16·15·16	木木木	31·31·32·47
	16·15·17	火木木	32·31·33·48
	16·16·05	木木木	21·32·21·37
	16·16·07	火木火	23·32·23·39
	16·16·15	木木木	31·32·31·47
	16·17·15	木火木	32·33·31·48
	16·23·02	金水土	25·39·18·41
	16·25·07	火木木	32·41·23·48
16획 성씨에게 **보통**으로 **좋은** 삼원오행과 사격수리			
16획 성씨 霍(곽) 彊(강) 盧(노) 潭(담) 都(도) 陶(도) 道(도) 潘(반) 龍(용) 陸(육) 錢(전) 諸(제) 陳(진) 皇甫(황보)	16·01·07	火金金	08·17·23·24
	16·01·14	水金土	15·17·30·31
	16·01·15	木金土	16·17·31·32
	16·01·16	木金金	17·17·32·33
	16·01·22	金金火	23·17·38·39
	16·02·05	木金金	07·18·21·23
	16·02·13	水金土	15·18·29·31
	16·02·19	土金木	21·18·35·37
	16·02·21	金金火	23·18·37·39
	16·05·02	金木金	07·21·18·23
	16·07·01	金火金	08·23·17·24
	16·07·14	水火木	21·23·30·37
	16·07·16	木火火	23·23·32·39

성(姓)	성·이·름	삼원오행 (이격 형격 원격)	사격수리 (원· 형· 이· 정격)
16획 성씨 霍(곽) 彊(강) 盧(노) 潭(담) 都(도) 陶(도) 道(도) 潘(반) 龍(용) 陸(육) 錢(전) 諸(제) 陳(진) 皇甫 (황보)	16·08·05	木火火	13·24·21·29
	16·08·09	土火金	17·24·25·33
	16·08·13	水火木	21·24·29·37
	16·08·15	木火火	23·24·31·39
	16·08·21	金火水	29·24·37·45
	16·08·23	水火木	31·24·39·47
	16·08·25	木火火	33·24·41·49
	16·09·14	水土火	23·25·30·39
	16·09·22	金土木	31·25·38·47
	16·09·23	水土木	32·25·39·48
	16·11·05	木金土	16·27·21·32
	16·11·14	水金土	25·27·30·41
	16·11·21	金金木	32·27·37·48
	16·13·02	金水土	15·29·18·31
	16·13·08	火水木	21·29·24·37
	16·13·19	土水木	32·29·35·48
	16·14·01	金水土	15·30·17·31
	16·14·07	火水木	21·30·23·37
	16·14·09	土水火	23·30·25·39
	16·15·01	金木土	16·31·17·32
	16·16·01	金木金	17·32·17·33
	16·16·09	土木土	25·32·25·41
	16·19·02	金土木	21·35·18·37

성(姓)	성·이·름	삼원오행 (이격 형격 원격)	사격수리 (원· 형· 이· 정격)
16획 성씨 霍(곽) 彊(강) 盧(노) 潭(담) 都(도) 陶(도) 道(도) 潘(반) 龍(용) 陸(육) 錢(전) 諸(제) 陳(진) 皇甫(황보)	16·19·13	水土木	32·35·29·48
	16·19·22	金土木	41·35·38·57
	16·21·02	金金火	23·37·18·39
	16·21·08	火金水	29·37·24·45
	16·21·11	金金木	32·37·27·48
	16·22·01	金金火	23·38·17·39
	16·22·07	火金水	29·38·23·45
	16·22·09	土金木	31·38·25·47
	16·22·19	土金木	41·38·35·57
	16·23·08	火水木	31·39·24·47
	16·23·09	土水木	32·39·25·48
	16·25·08	火木火	33·41·24·49
17획 성씨에게 **아주 좋은** 삼원오행과 사격수리			
17획 성씨 鞠(국) 獨(독) 謝(사) 嘗(상) 遜(손) 鮮(선) 陽(양) 蓮(연) 蔣(장) 鍾(종) 蔡(채) 燭(촉) 鄒(추) 澤(택) 韓(한)	17·06·15	木火木	21·23·32·38
	17·06·18	土火火	24·23·35·41
	17·07·08	土火土	15·24·25·32
	17·07·14	木火木	21·24·31·38
	17·07·24	木火木	31·24·41·48
	17·08·07	火土土	15·25·24·32
	17·08·08	土土土	16·25·25·33
	17·08·16	火土火	24·25·33·41
	17·14·07	火木木	21·31·24·38
	17·15·06	火木木	21·32·23·38

성(姓)	성·이·름	삼원오행 (이격 형격 원격)	사격수리 (원· 형· 이· 정격)
17획 성씨	17·15·16	火木木	31·32·33·48
	17·16·08	土火火	24·33·25·41
	17·16·15	木火木	31·33·32·48
	17·18·06	火土火	24·35·23·41
	17·24·07	火木木	31·41·24·48

17획 성씨에게 보통으로 좋은 삼원오행과 사격수리

성(姓)	성·이·름	삼원오행	사격수리
17획 성씨 鞠(국) 獨(독) 謝(사) 嘗(상) 遜(손) 鮮(선) 陽(양) 蓮(연) 蔣(장) 鍾(종) 蔡(채) 燭(촉) 鄒(추) 澤(택) 韓(한)	17·01·06	火金金	07·18·23·24
	17·01·12	水金火	13·18·29·30
	17·01·14	木金土	15·18·31·32
	17·01·20	金金木	21·18·37·38
	17·04·04	木木金	08·21·21·25
	17·04·12	水木土	16·21·29·33
	17·04·14	木木金	18·21·31·35
	17·04·20	金木火	24·21·37·41
	17·06·01	金火金	07·23·18·24
	17·06·07	火火火	13·23·24·30
	17·06·12	水火金	18·23·29·35
	17·06·24	木火水	30·23·41·47
	17·07·06	火火火	13·24·23·30
	17·08·10	金土金	18·25·27·35
	17·08·13	水土木	21·25·30·38
	17·10·08	土金金	18·27·25·35
	17·12·04	木水土	16·29·21·33

<table>
<tr><th>성(姓)</th><th>성·이·름</th><th>삼원오행
(이격·형격·원격)</th><th>사격수리
(원· 형· 이· 정격)</th></tr>
<tr><td rowspan="18">17획 성씨

鞠(국)
獨(독)
謝(사)
嘗(상)
遜(손)
鮮(선)
陽(양)
蓮(연)
蔣(장)
鍾(종)
蔡(채)
燭(촉)
鄒(추)
澤(택)
韓(한)</td><td>17·12·06</td><td>火水金</td><td>18·29·23·35</td></tr>
<tr><td>17·12·18</td><td>土水水</td><td>30·29·35·47</td></tr>
<tr><td>17·13·08</td><td>土水木</td><td>21·30·25·38</td></tr>
<tr><td>17·13·18</td><td>土水木</td><td>21·30·25·38</td></tr>
<tr><td>17·14·01</td><td>金木土</td><td>15·31·18·32</td></tr>
<tr><td>17·14·04</td><td>木木金</td><td>18·31·21·35</td></tr>
<tr><td>17·14·16</td><td>火木水</td><td>30·31·33·47</td></tr>
<tr><td>17·14·18</td><td>土木木</td><td>32·31·35·49</td></tr>
<tr><td>17·14·21</td><td>金木土</td><td>35·31·38·52</td></tr>
<tr><td>17·15·20</td><td>金木土</td><td>35·32·37·52</td></tr>
<tr><td>17·18·12</td><td>土水木</td><td>31·30·35·48</td></tr>
<tr><td>17·18·13</td><td>水土木</td><td>31·35·30·48</td></tr>
<tr><td>17·20·01</td><td>金金木</td><td>21·37·18·38</td></tr>
<tr><td>17·20·04</td><td>木金火</td><td>24·37·21·41</td></tr>
<tr><td>17·20·15</td><td>木金土</td><td>35·37·32·52</td></tr>
<tr><td>17·21·14</td><td>木金土</td><td>35·38·31·52</td></tr>
<tr><td>17·24·06</td><td>火木水</td><td>30·41·23·47</td></tr>
<tr><td>17·24·08</td><td>土木木</td><td>32·41·25·49</td></tr>
<tr><td colspan="4">18획 성씨에게 아주 좋은 삼원오행과 사격수리</td></tr>
<tr><td rowspan="4">18획 성씨</td><td>18·05·06</td><td>火火木</td><td>11·23·24·29</td></tr>
<tr><td>18·06·05</td><td>火火木</td><td>11·24·23·29</td></tr>
<tr><td>18·06·07</td><td>土火火</td><td>13·24·25·31</td></tr>
<tr><td>18·06·15</td><td>火火木</td><td>21·24·33·39</td></tr>
</table>

성(姓)	성·이·름	삼원오행 (이격 형격 원격)	사격수리 (원· 형· 이· 정격)
18획 성씨 簡(간) 瞿(구) 顔(안) 魏(위) 鞦(추)	18·06·17	土火火	23·24·35·41
	18·07·06	火土火	13·25·24·31
	18·07·20	金土金	27·25·38·45
	18·15·06	火火木	21·33·24·39
	18·17·06	火土火	23·35·24·41
	18·23·06	火木水	29·41·24·47
18획 성씨에게 **보통**으로 **좋은** 삼원오행과 사격수리			
18획 성씨 簡(간) 瞿(구) 顔(안) 魏(위) 鞦(추)	18·03·12	水木土	15·21·30·33
	18·03·14	木木金	17·21·32·35
	18·03·20	金木火	23·21·38·41
	18·05·12	水火金	17·23·30·35
	18·06·11	水火金	17·24·29·35
	18·06·23	木火水	29·24·41·47
	18·07·14	木土木	21·25·32·39
	18·07·23	木土水	30·25·41·48
	18·09·21	水木水	30·27·39·48
	18·11·06	火水金	17·29·24·35
	18·11·19	金水水	30·29·37·48
	18·12·03	木水土	15·30·21·33
	18·12·09	金水木	21·30·27·39
	18·14·03	木木金	17·32·21·35
	18·14·07	土木木	21·32·25·39
	18·19·11	水金水	30·37·29·48

성(姓)	성·이·름	삼원오행 (이격 형격 원격)	사격수리 (원· 형· 이· 정격)
18획 성씨	18·20·03	木金火	23·38·21·41
	18·20·07	土金金	27·38·25·45
	18·21·09	金水水	30·39·27·48
	18·23·07	土木水	30·41·25·48
19획 성씨에게 **아주 좋은** 삼원오행과 사격수리			
19획 성씨 鑑(감) 關(관) 羅(나) 龐(방) 薛(설) 薀(온) 鄭(정) 南宮(남궁) 再會(재회)	19·02·11	水木火	13·21·30·32
	19·04·02	木火土	06·23·21·25
	19·04·12	木火土	16·23·31·35
	19·05·06	土火木	11·24·25·30
	19·11·18	金水水	29·30·37·48
	19·13·20	水木火	33·32·39·52
	19·14·02	木火土	16·33·21·35
	19·18·20	水金金	38·37·39·57
	19·20·18	金水金	38·39·37·57
	19·22·11	水木火	33·41·30·52
19획 성씨에게 **보통**으로 **좋은** 삼원오행과 사격수리			
19획 성씨 鑑(감) 關(관) 羅(나) 龐(방) 薛(설) 薀(온) 鄭(정) 南宮(남궁) 再會(재회)	19·02·04	火木土	06·21·23·25
	19·02·14	火木土	16·21·33·35
	19·02·16	土木金	18·21·35·37
	19·05·11	水火土	16·24·30·35
	19·05·13	木火金	18·24·32·37
	19·06·05	火土木	11·25·24·30
	19·06·10	水土土	16·25·29·35

성(姓)	성·이·름	삼원오행 (이격 형격 원격)	사격수리 (원· 형· 이· 정격)
19획 성씨 鑑(감) 關(관) 羅(나) 龐(방) 薛(설) 蘊(온) 鄭(정) 南宮 (남궁) 再會 (재회)	19·06·12	木土金	18·25·31·37
	19·08·10	水金金	18·27·29·37
	19·10·06	土水土	16·29·25·35
	19·10·08	金水金	18·29·27·37
	19·10·19	金水水	29·29·38·48
	19·11·02	木水火	13·30·21·32
	19·11·05	火水土	16·30·24·35
	19·11·22	木水火	33·30·41·52
	19·12·04	火木土	16·31·23·35
	19·12·06	土木金	18·31·25·37
	19·12·18	金木水	30·31·37·49
	19·13·05	火木金	18·32·24·37
	19·13·16	土木水	29·32·35·48
	19·14·04	火火金	18·33·23·37
	19·14·19	金火火	33·33·38·52
	19·16·02	木土金	18·35·21·37
	19·16·13	木土水	29·35·32·48
	19·16·22	木土金	38·35·41·57
	19·18·11	水金水	29·37·30·48
	19·19·10	水木水	29·38·29·48
	19·19·14	火金火	33·38·33·52
	19·20·13	木水火	33·39·32·52
	19·22·16	土木金	38·41·35·57

20획 성씨에게 **아주 좋은** 삼원오행과 사격수리			
성(姓)	성·이·름	삼원오행 (이격·형격·원격)	사격수리 (원·형·이·정격)
20획 성씨 釋(**석**) 嚴(**엄**) 鮮于 (**선우**)	20·01·12	木木火	13·21·32·33
	20·03·12	木火土	15·23·32·35
	20·04·01	木火土	05·24·21·25
	20·04·11	木火土	15·24·31·35
	20·04·21	木火土	25·24·41·45
	20·05·13	火土金	18·25·33·38
	20·11·21	木木木	32·31·41·52
	20·12·01	木木火	13·32·21·33
	20·13·12	木木木	32·41·31·52
	20·18·19	水金金	37·38·39·57
	20·19·18	金水金	37·39·38·57
	20·21·11	木木木	32·41·31·52
20획 성씨에게 **보통**으로 **좋은** 삼원오행과 사격수리			
20획 성씨 釋(**석**) 嚴(**엄**) 鮮于 (**선우**)	20·01·04	火木土	05·21·24·25
	20·01·10	水木木	11·21·30·31
	20·01·17	金木金	18·21·37·38
	20·03·10	水火火	13·23·30·33
	20·03·15	土火金	18·23·35·38
	20·03·18	金火木	21·23·38·41
	20·04·09	水火火	13·24·29·33
	20·04·13	火火金	17·24·33·37
	20·04·17	金火木	21·24·37·41

성(姓)	성·이·름	삼원오행 (이격 형격 원격)	사격수리 (원· 형· 이· 정격)
20획 성씨 釋(석) 嚴(엄) 鮮于 (선우)	20·05·10	水土土	15·25·30·35
	20·05·12	木土金	17·25·32·37
	20·05·27	金土木	32·25·47·52
	20·07·10	水金金	17·27·30·37
	20·07·18	金金土	25·27·38·45
	20·09·04	火水火	13·29·24·33
	20·09·12	木水木	21·29·32·41
	20·09·18	金水金	27·29·38·47
	20·10·01	木水木	11·30·21·31
	20·10·03	火水火	13·30·23·33
	20·10·05	土水土	15·30·25·35
	20·10·07	金水金	17·30·27·37
	20·10·11	木水木	21·30·31·41
	20·10·15	土水土	25·30·35·45
	20·10·17	金水金	27·30·37·47
	20·11·04	火木土	15·31·24·35
	20·11·10	水木木	21·31·30·41
	20·12·03	火木土	15·32·23·35
	20·12·05	土木金	17·32·25·37
	20·12·09	水木木	21·32·29·41
	20·12·13	火木土	25·32·33·45
	20·12·17	金木水	29·32·37·49
	20·13·04	火火金	17·33·24·37

성(姓)	성·이·름	삼원오행 (이격 형격 원격)	사격수리 (원· 형· 이· 정격)
20획 성씨 釋(석) 嚴(엄) 鮮于(선우)	20·13·05	土火金	18·33·25·38
	20·13·19	水火木	32·33·39·52
	20·15·03	火土金	18·35·23·38
	20·15·10	水土土	25·35·30·45
	20·15·17	金土木	32·35·37·52
	20·17·01	木金金	18·37·21·38
	20·17·04	火金木	21·37·24·41
	20·17·10	水金金	27·37·30·47
	20·17·15	土金木	32·37·35·52
	20·18·03	火金木	21·38·23·41
	20·18·07	金金土	25·38·27·45
	20·18·09	水金金	27·38·29·47
	20·19·13	火水木	32·39·33·52
	20·21·04	火木土	25·41·24·45
	20·27·05	土金木	32·47·25·52
21획 성씨에게 **아주 좋은** 삼원오행과 사격수리			
21획 성씨 顧(고) 藤(등) 釋(석) 邃(수) 負鼎(부정)	21·02·14	土火土	16·23·35·37
	21·04·04	土土金	08·25·25·29
	21·04·12	火土土	16·25·33·37
	21·04·14	土土金	18·25·35·39
	21·08·10	木水金	18·29·31·39
	21·11·20	木木木	31·32·41·52
	21·12·04	土火土	16·33·25·37

성(姓)	성·이·름	삼원오행 (이격 형격 원격)	사격수리 (원· 형· 이· 정격)
21획 성씨	21·14·02	火土土	16·35·23·37
	21·14·03	火土金	17·35·24·38
	21·14·04	土土金	18·35·25·39
	21·20·11	木木木	31·41·32·52
	21·24·03	火土金	27·45·24·48
21획 성씨에게 **보통**으로 **좋은** 삼원오행과 사격수리			
21획 성씨 顧(고) 藤(등) 釋(석) 邃(수) 負鼎(부정)	21·02·04	土火土	06·23·25·27
	21·02·09	水火木	11·23·30·32
	21·02·16	金火金	18·23·37·39
	21·03·08	水火木	11·24·29·32
	21·03·14	土火金	17·24·35·38
	21·04·02	火土土	06·25·23·27
	21·04·20	木土火	24·25·41·45
	21·06·10	木金土	16·27·31·37
	21·08·03	火水木	11·29·24·32
	21·08·09	水水金	17·29·30·38
	21·08·16	金水火	24·29·37·45
	21·09·02	火水木	11·30·23·32
	21·09·08	水水金	17·30·29·38
	21·09·18	水水金	27·30·39·48
	21·10·08	水木金	18·31·29·39
	21·10·14	土木火	24·31·35·45
	21·12·12	火火火	24·33·33·45

성(姓)	성·이·름	삼원오행 (이격 형격 원격)	사격수리 (원· 형· 이· 정격)
21획 성씨 顧(고) 藤(등) 釋(석) 遂(수) 負鼎(부정)	21·14·10	木土火	24·35·31·45
	21·14·17	金土木	31·35·38·52
	21·16·02	火金金	18·37·23·39
	21·16·08	水金火	24·37·29·45
	21·17·14	土金木	31·38·35·52
	21·18·09	水水金	27·39·30·48
	21·20·04	土木火	24·41·25·45
22획 성씨에게 **아주 좋은** 삼원오행과 사격수리			
22획 성씨 權(권) 盧(로) 邊(변) 蘇(소) 襲(습) 隱(은)	22·01·10	木火木	11·23·32·33
	22·02·09	木火木	11·24·31·33
	22·02·13	土火土	15·24·35·37
	22·02·23	土火土	25·24·45·47
	22·03·13	土土土	16·25·35·38
	22·08·09	木水金	17·30·31·39
	22·09·02	火木木	11·31·24·33
	22·10·01	火木木	11·32·23·33
	22·13·02	火土土	15·35·24·37
	22·13·03	土土土	16·35·25·38
	22·15·15	金金水	30·37·37·52
	22·23·02	火土土	25·45·24·47
22획 성씨에게 **보통**으로 **좋은** 삼원오행과 사격수리			
22획 성씨	22·01·02	火火火	03·23·24·25
	22·01·15	金火土	16·23·37·38

성(姓)	성·이·름	삼원오행 (이격 형격 원격)	사격수리 (원· 형· 이· 정격)
22획 성씨 權(권) 蘆(로) 邊(변) 蘇(소) 襲(습) 隱(은)	22·01·16	金火金	17·23·38·39
	22·02·01	火火火	03·24·23·25
	22·02·03	土火土	05·24·25·27
	22·02·11	火火火	13·24·33·35
	22·02·15	金火金	17·24·37·39
	22·03·02	火土土	05·25·24·27
	22·03·08	水土木	11·25·30·33
	22·03·10	木土火	13·25·32·35
	22·07·08	水土土	15·29·30·37
	22·07·10	木水金	17·29·32·39
	22·08·03	土水木	11·30·25·33
	22·08·15	金水火	23·30·37·45
	22·08·17	水水土	25·30·39·47
	22·09·07	水木土	16·31·29·38
	22·09·08	水木金	17·31·30·39
	22·09·16	金木土	25·31·38·47
	22·09·26	金木土	35·31·48·57
	22·10·03	土木火	13·32·25·35
	22·10·07	水木金	17·32·29·39
	22·10·13	土木火	23·32·35·45
	22·10·15	金木土	25·32·37·47
	22·10·25	金木土	35·32·47·57
	22·11·02	火火火	13·33·24·35

<table>
<tr><th>성(姓)</th><th>성·이·름</th><th>삼원오행
(이격 형격 원격)</th><th>사격수리
(원· 형· 이· 정격)</th></tr>
<tr><td rowspan="15">22획 성씨

權(권)
蘆(로)
邊(변)
蘇(소)
龔(습)
隱(은)</td><td>22·13·10</td><td>木土火</td><td>23·35·32·45</td></tr>
<tr><td>22·13·17</td><td>水土水</td><td>30·35·39·52</td></tr>
<tr><td>22·15·01</td><td>火金土</td><td>16·37·23·38</td></tr>
<tr><td>22·15·02</td><td>火金金</td><td>17·37·24·39</td></tr>
<tr><td>22·15·08</td><td>水金火</td><td>23·37·30·45</td></tr>
<tr><td>22·15·10</td><td>木金土</td><td>25·37·32·47</td></tr>
<tr><td>22·16·01</td><td>火金金</td><td>17·38·23·39</td></tr>
<tr><td>22·16·07</td><td>水金火</td><td>23·38·29·45</td></tr>
<tr><td>22·16·09</td><td>木金土</td><td>25·38·31·47</td></tr>
<tr><td>22·16·19</td><td>木金土</td><td>35·38·41·57</td></tr>
<tr><td>22·17·08</td><td>水水土</td><td>25·39·30·47</td></tr>
<tr><td>22·17·13</td><td>土水水</td><td>30·39·35·52</td></tr>
<tr><td>22·19·16</td><td>金木土</td><td>35·41·38·57</td></tr>
<tr><td>22·25·10</td><td>木金土</td><td>35·47·32·57</td></tr>
<tr><td>22·26·09</td><td>木金土</td><td>35·48·31·57</td></tr>
<tr><td colspan="4">25획 성씨에게 아주 좋은 삼원오행과 사격수리</td></tr>
<tr><td rowspan="7">25획 성씨

獨孤
(독고)</td><td>25·06·07</td><td>木木火</td><td>13·31·32·38</td></tr>
<tr><td>25·07·06</td><td>木木火</td><td>13·32·31·38</td></tr>
<tr><td>25·07·16</td><td>木木火</td><td>23·32·41·47</td></tr>
<tr><td>25·08·08</td><td>火火土</td><td>16·33·33·41</td></tr>
<tr><td>25·10·13</td><td>金土火</td><td>23·35·38·48</td></tr>
<tr><td>25·12·04</td><td>水金土</td><td>16·37·29·41</td></tr>
<tr><td>25·16·07</td><td>木木火</td><td>23·41·32·48</td></tr>
</table>

성(姓)	성·이·름	삼원오행 (이격 형격 원격)	사격수리 (원· 형· 이· 정격)
25획 성씨	25·16·16	木木木	32·41·41·57
	25·20·13	金土火	33·45·38·58
25획 성씨에게 **보통**으로 **좋은** 삼원오행과 사격수리			
25획 성씨 獨孤 (**독고**)	25·04·04	水水金	08·29·29·33
	25·04·12	金水土	16·29·37·41
	25·06·10	土木土	16·31·35·41
	25·10·06	木土土	16·35·31·41
	25·10·22	金土木	32·35·47·57
	25·12·20	土金木	32·37·45·57
	25·13·10	土金火	23·38·35·48
	25·13·20	土金火	33·38·45·58
	25·20·12	金土木	32·45·37·57
	25·22·10	土金木	32·47·35·57
31획 성씨에게 **아주 좋은** 삼원오행과 사격수리			
31획 성씨 諸葛 (**제갈**)	31·01·20	木木木	21·32·51·52
	31·02·04	土火土	06·33·35·37
	31·02·14	土火土	16·33·45·47
	31·04·02	火土土	06·35·33·37
	31·04·04	土土金	08·35·35·39
	31·04·17	金土木	21·35·48·52
	31·14·02	火土土	16·45·33·47
	31·20·01	木木木	21·51·32·52

31획 성씨에게 보통으로 좋은 삼원오행과 사격수리			
성(姓)	성·이·름	삼원오행 (이격·형격·원격)	사격수리 (원·형·이·정격)
31획 성씨 諸葛 (제갈)	31·01·06	金木金	07·32·37·38
	31·01·16	金木金	17·32·47·48
	31·02·06	金火金	08·33·37·39
	31·04·20	木土火	24·35·51·55
	31·06·02	火金金	08·37·33·39
	31·06·10	木金土	16·37·41·47
	31·07·10	木金金	17·38·41·48
	31·07·14	土金木	21·38·45·52
	31·08·08	水水土	16·39·39·47
	31·10·06	金木土	16·41·37·47
	31·10·07	金木金	17·41·38·48
	31·14·07	金土木	21·45·38·52
	31·16·01	木金金	17·47·32·48
	31·16·16	金金木	32·47·47·63
	31·16·21	木金金	37·47·52·73
	31·17·04	土金木	21·48·35·52
	31·17·20	木金金	37·48·51·68
	31·20·04	土木火	24·51·35·55
	31·20·17	金木金	37·51·48·69

| 신상춘 |

충남 당진 출생

검정고시

충남대학교 심리학과 졸업

세종대학교 교육학과 석사

세종대학교 교육학과 박사 수료

부산디지털대학교 미술치료학과 졸업

전 한국인성개발원 선임연구위원

전 부천대학 강사, 동우대학 겸임교수

현 예원예술대학교 초빙교수

현 청운대학교 강사, 목포과학대학 겸임교수

현 사회교육신문부설 평생교육원장

연락처 010-4156-0574

저서

교육학의 이해, 아동문제 및 행동수정, 자아발견을 위한 명심보감, 최신 만세력, 건강하고 성공하는 이름 어떻게 지을 것인가?

논문

수면 중에 나타난 꿈과 성주기에 관한 고찰, 사주팔자로 살펴 본 다면적 인성진단, 사주가 운명과 심리에 미치는 영향과 교육과의 관계

"이름효과" 작명법

첫판 1쇄 2010년 11월 12일

첫판 7쇄 2021년 12월 21일

지은이 신상춘
펴낸이 장석홍

펴낸곳 도서출판 장서원
04352 서울 용산구 한강대로 88길 21-5 201호
전화 703-5362. 팩스 713-7436
등록 가제 03-01213호

파본 된 책은 교환해드립니다.

정가 20,000원